성장,
그 새빨간 거짓말

성장,
그
새빨간
거짓말

The Elusive Quest for Growth

경제개발 정책을 위한 개발 경제학자들의 모험과 불운

윌리엄 이스털리 지음 | 박수현 옮김

모티브
BOOK

경제학자들이 탐색

탐색은 오랜 주제이다. 여러 가지 버전에서 탐색은 마법의 속성을 보유하고 있는 귀중한 물건을 찾는 것이었다. 황금 양털, 성배, 불로장생의 약이 모두 그러하다. 대부분의 이야기에서 그 귀중한 물건은 미지의 것으로 남아 있거나, 아니면 발견했을 때 실망만을 안긴다. 이아손은 메디아의 도움으로 황금 양털을 얻고, 메디아는 이아손을 위해 아버지를 배신하지만, 정작 이아손은 다른 여자를 위해 메디아를 배신한다. 메디아는 결국 이아손의 새 신부와 자기 친자식들을 죽이고 만다.

50여 년 전, 2차 세계대전이 종전된 직후 경제학자들은 대담한 탐색을 시작했다. 유럽과 북아메리카의 선진국처럼 빈국이 부유해질 수 있는 방법을 찾는 것이다. 빈국의 고난과 선진국의 안락함을 보면서 경제학자들은 탐색에 박차를 가했다. 만약 우리의 야심적인 탐색이 성공한다면 그것은 그야말로 인류의 가장 위대한 지적 승리로 기록될 것이다.

이전의 탐색자들처럼 우리 경제학자들도 귀중한 보물을 찾으려고 노력했다. 빈국이 부유해질 수 있는 열쇠가 바로 그것이다. 우리는 여러 번 마법의 약을 찾았다고 믿었다. 우리가 제시했던 귀중한 보물은 외국 원조부터 기계 투자, 교육 촉진부터 인구 통제, 구조조정 대출부터 구조조정 부채 탕감까지 다양했다. 그러나 그 중 어떤 것도 성공하지 못했다.

우리가 여러 해법을 통해 치료를 시도했던 빈국들은 기대했던 만큼 성장하지 못했다. 우리가 가장 집중적인 노력을 쏟아 부었던 사하라 이남 아프리카 역시 성장에 실패했다. 라틴아메리카와 중동은 짧은 성장을 경험한 다음, 1980년대와 1990년대 성장 붕괴의 소용돌이 속에 빠졌다. 경제학자들의 집중적인 관심을 받은 또 다른 지역인 남아시아는 아직도 불규칙적인 성장으로 고통받고 있으며 여전히 엄청난 빈민 인구가 살고 있다. 우리가 몇 번이고 그 찬란한 성공을 찬양했던 동아시아도 현재 성장세를 회복하기는 했지만 어쨌든 성장 붕괴를 경험했다. 또한 우리는 빈국에 적용했던 몇몇 치료책을 구공산권 국가들에 적용해 봤지만 매우 실망스러운 결과만을 낳았을 뿐이다.

불로장생약을 찾았다는 주장들이 하나같이 근거 없는 것으로 밝혀지듯이 경제학자들은 경제학의 기본 원칙을 위반하는 방법을 너무 자주 설파했다. 문제는 경제학의 실패가 아니라, 실제 정책 결정을 내리는 과정에서 경제학 원칙의 적용 실패이다. 그렇다면 무엇이 경제학의 기본 원칙인가? 예전에 현명한 선배가 이렇게 말한 적이 있다. "사람들은 보수를 받으면 일을 해. 보수를 받지 않은 일은 하지 않아." 스티븐 랜즈버그Steven Landsburg의 뛰어난 저서, 《런치타임 경제학The Armchair Economist》은 바로 이 원칙의 정수를 제시하고 있다.

"사람들은 유인誘因에 반응한다. 나머지는 전부 그에 대한 설명이다."

과거 20여 년 동안 경제학자들은 어떻게 경제 성장이 유인에 반응하는지 많은 연구를 해왔다. 이 연구는 사적 기업과 개인이 유인에 어떻게 반응하는지, 정부 관료들, 그리고 원조 제공국이나 기관이 유인에 어떻게 반응하는지 여러 가지로 상세히 설명한다. 아울러 한 사회의 경제 성장이 정부 관료, 원조 제공자, 민간 기업과 가계에 개별적인 수준에서 항상 보수를 제공하지는 않는다는 것을 보여 준다. 유인은 정부 관료, 원조 제공자, 민간 기업, 가계를 예상했던 것과는 다른, 비생산적인 방향으로 이끌었다. 또한 이 연구는 뒤늦게 깨달은 것이긴 하지만, 빈국의 경제 성장을 부르짖은 과거의 만병통치약들이 불행하게도 얼마나 잘못된 해법이었는지 명확하게 보여 준다. 그럼에도 불구하고 잘못된 치료책 중 일부는 오늘날에도 여전히 사용된다.

빈국이 빈곤을 탈출하여 번영으로 가는 길을 찾으려면 사람들이 보수를 받는 일을 한다는 것을 상기할 필요가 있다. 우리가 제1세계의 원조 제공자들, 제3세계의 정부들, 보통의 제3세계 국민들이 모두 올바른 유인을 갖도록 열심히 노력한다면 발전이 일어날 것이지만, 이들이 올바른 유인을 갖지 못한다면 발전도 없을 것이다. 우리는 경제학의 기본 원칙을 위반했던 기존의 공식을 검토하면서 원조 제공자, 정부, 개인, 기업이 자주 잘못된 유인에 직면했다는 것을, 그래서 기대했던 성장이 일어나지 않았다는 것을 살펴볼 것이다.

이것은 슬픈 이야기이다. 그러나 희망적인 이야기가 될 수도 있다. 오늘날 우리는 어떻게 만병통치약이 실패했고, 어떻게 유인에 기반한 정책이 작동할 수 있는지 설명하는 이론들을 뒷받침할 통계학적 증거를 보유하고 있다. 유인은 번영을 향한 여정에서 국가를 변화시키고 출발시킬 수 있다. 물론 이는 쉽지 않을 것이다. 유인은 그 자체로 쉬운 해법이 아니다. 우리는 원조 제공자, 정부, 시민의 서로 맞물린 유인들이 쉽게 풀리지 않는 복잡한 그물망을 어떻게 형성하는지 볼 것이다.

더구나 탐색들이 성공적이지 않았다는 광범위한 실망이 이미 존재한다. 시애틀에서 프라하까지 시위대는 탐색의 포기를 요구하고 있다. 그러나 탐색의 포기는 받아들일 수 없는 요구이다. 질병, 압제, 배고픔으로 고통받고 있는 빈국이 존재하는 한, 인간의 지적인 노력으로 빈국이 부유해지는 방법을 고안할 수 있는 한, 탐색은 계속되어야만 한다.

탐색을 시작하기에 앞서 세 가지만 언급하겠다. 첫째, 내가 이 책에서 말하는 내용은 내 자신의 의견이지 세계은행의 의견이 아니다. 심지어 세계은행이 과거에 한 일을 비판하기도 할 것이다. 내가 세계은행에 대해 감탄하고 있는 한 가지는 세계은행이 나처럼 성가신 사람들이 지적 자유를 행사하도록 장려하며, 세계은행의 정책에 대한 내부 논쟁을 억누르지 않는다는 것이다.

둘째, 나는 환경 문제에 대해서는 아무것도 말하지 않을 것이다. 이 책의 초고에서 환경에 대해 뭔가를 말하려고 시도했지만 내가 말할 만한 유용한 내용이 없다는 결론에 도달했다. 성장이 환경에 미치는 효과는 중요한 주제이지만 이 책의 주제는 아니다. 대부분의 경제학자들은 성장이 환경에 끼치는 부정적인 영향은 현명한 환경 정책으로 완화될 수 있다고 믿는다. 예로 오염을 일으킨 기업이 인류 복지에 미친 해로운 영향의 비용을 부담하도록 강제하는 것이다. 따라서 우리는 환경 보호를 위해 경제 성장을 멈출 필요는 없다. 이는 좋은 일이다. 왜냐하면 성장을 멈추는 것은 빈국에 매우 나쁜 소식이 될 것이기 때문이다.

셋째, 이 책은 모든 경제학자들의 성장 연구에 대한 일반적인 조사가 아니다. 스탠포드 비즈니스 스쿨의 폴 로머와 노벨 경제학 수상자 로버트 루카스의 연구 이래, 성장에 대한 연구는 과거 20년간 폭발적으로 증가했다. 그러나 주제에 따라 학자들 사이에 합의가 도출된 주제가 있는가 하면, 그렇지 않은 주제도 있다. 나는 이 책에서 특히 빈국을 부유하게 하는 법을 이해하기 위해 경제학자들의 노력과 관련된 연구의 실을 쫓아갈 것이다.

차 례

제1부

왜 성장이 문제인가

빈곤 국가를 연구하는 전문가로서 커리어를 쌓으면서 나를 추동한 것은 무엇보다 부자와 가난한 자의 삶이 너무도 다르다는 사실이었다. 우리 전문가들은 국민총생산GDP의 증가 그 자체에는 관심이 없다. 우리가 GDP 증가에 관심을 가지는 이유는 GDP 증가로 사람들이 더욱 풍요로운 삶을 살 수 있고 수많은 빈민들의 삶이 개선되고 빈민들의 수가 줄어들며, 가난한 아이들을 위한 더 나은 의약품을 구입할 수 있기 때문이다. 1부에서는 성장과 빈곤 퇴치에 대한 몇 가지 사실을 검토할 것이다.

1장

가난한 사람 돕기

나는 다른 아이가 먹고 있는 걸 보았다.
그애가 내게 뭔가를 주지 않는다면 나는 굶어죽을 거라고 생각했다.

_가봉의 10세 소년

나는 세계은행 출장차 파키스탄의 인구 600만 명의 도시 라호르 Lahore 시를 방문했다. 그리고 가이드와 함께 라호르에서 그다지 멀지 않은 걸베라Gulvera라는 마을을 찾아갔다. 우리는 믿기지 않을 만큼 좁은 포장도로를 따라 걸베라로 진입했는데, 운전사는 미친 듯이 달리다가 도로를 건너는 소떼를 만나면 속도를 줄이곤 했다. 포장도로가 끝나자 흙길로 접어들었는데, 이 흙길이 얼마나 좁은지 자동차와 길 양옆 집들 사이에 거의 공간이 없을 지경이었다. 이어서 들판이 나오고 길이 끝난 것처럼 보였다. 나는 도대체 길이 어디에 있는 건지 알 수 없었지만, 가이드는 운전사에게 어떻게 넓은 들판을 가로지를 수 있는지 설명했고, 들판을 가로지르자마자 다시 길을 찾을 수 있었다. 물론 흙길이었다. 우기에 그 길들이 어떻게 될까를 생각하니, 정말 괴로웠다.

그 '길'을 통해 마침내 걸베라의 마을 회관으로 들어갈 수 있었다. 그곳에는 많은 젊은이들과 노인들이 나와 있었으며, 여자들은 없었다. 마을에는 퇴비 냄새가 진동했다. 주민들은 우리를 기다리고 있었고 매우 친절했으며, 우리를 벽돌과 회반죽으로 만들어진 마을 회관으로 안내했다. 주민 모두가 우리의 오른손을 두 손으로 잡으며 인사했으며, 몇 개의 등나무 의자에 앉으라고 권했다. 주민들은 우리가 기대거나 편안하게 앉을 수 있도록 베개도 몇 개 가져왔다. 그리고 요구르트와 우유를 섞은 전통음료 라씨를 권했다. 라씨를 담은 주전자는 파리로 두껍게 덮여 있었지만 어쨌든 난 라씨를 마셨다.

주민들은 주중에는 들판에서 하루 종일 일한다고 했다. 그리고 매일 저녁 마을 회관에 모여 카드 게임을 하거나 이야기꽃을 피운다는 것이다. 여자들은 올 수 없는데 저녁에도 할 일이 남아 있어서였다. 사방에서 파리떼가 윙윙 소리를 내며 날아다녔고, 몇몇 남자들은 다리에 상처가 있었다. 특히 디누라는 젊은이가 인상적이었는데, 디누는 젊지만 위엄이 있었으며 모두가 그를 존경하는 것처럼 보였다. 남자들 대부분이 맨발인데다 먼지투성이의 로브를 걸치고 있었다. 아이들 여러 명이 마을 회관 입구에 매달려 우리를 보고 있었는데 여자아이는 한 명도 없었다.

나는 디누에게 걸베라 마을의 주요 문제가 무엇이냐고 물었다. 디누는 여섯 달 전에 드디어 마을에 전기가 들어와서 너무도 기쁘다고 말했다. 몇 세대 동안 어둠 속에서 살다가 이제 전기의 혜택을 입게 되었으니 그 기쁨이 얼마나 크겠는가? 또한 주민들은 마을에 남자아이들을 위한 초등학교가 건립되어 너무도 행복하다고 말했다. 그러나 걸베라 마을에는 여전히 많은 것이 부족했다. 일단 여자아이들은 초등학교를 갈 수 없고, 의사도 없으며, 하수 설비도 없어 모든 것이 마을 회관 밖 악취를 풍기는 저수통에 버려지며, 전화 설비도 없고, 포장도로도 없다. 걸베라 같은 마을들에서 볼 수 있는 열악한 위생 환경과 의료 서비스 부재는 파키스탄에서 왜 1,000명 중 100명 꼴로 아기들이 돌도 되기 전에 죽는지 설명해 준다.

나는 디누에게 집을 구경할 수 있는지 물었다. 디누는 우리를 동생 집으로 안내했다. 그 집의 벽은 진흙을 굳혀 만든 벽돌벽이고 바닥은 흙바닥으로, 집의 구조는 동생 가족들이 생활하는 작은 방 두 개와 소 외양간이 있는 구조였다. 벽에는 말린 소의 배설물로 불을 때는 화덕이 설치되어 있고, 밖에는 소의 배설물이 산더미처럼 쌓여 있었다. 마당 우물에는 펌프가 달려 있었다. 아이들은 사방에 있었다. 여자아이도 몇 명 있었는데 모두들 우리를 신기하다는 듯 쳐다보고 있었다. 디누는 동생의 아이들이 모두 7명이라고 말했다. 디누만 해도 6명의 남자 형제와 7명의 여자 형제들이 있었는데, 남자들은 모두 고향에 살고 있고, 여자들은 결혼을 해서 다른 마을에서 살고 있다. 집 안에 있는 여자들은 방 옆에 엉거주춤하게 서 있었는데, 아무도 우리를 여자들에게 소개하지 않았다.

파키스탄의 농촌 지역에서 여성의 상황은 열악하다. 이는 파키스탄에서 남녀 성비가 여성 100명당 남성이 108명이라는 사실을 봐도 잘 알 수 있다. 선진국에는 여성의 수가 남성의 수보다 약간 많다. 여성의 수명이 더 길기 때문이다. 파키스탄에서는 노벨 경제학상 수상자인 아마티아 센Amartya Sen이 "사라지는 여성들"이라고 불렀던 현상이 발생하고 있다. 이 같은 현상의 이면에는 음식 섭취나 의료 서비스 제공, 낙태 등에서의 성차별이 결합되어 있다. 때로 여성 억압은 훨씬 더 폭력적인 형태로 나타나기도 한다. 예로 라호르 지역신문에 실린 기사에 따르면 한 청년이 가족의 명예를 지킨다는 명목으로 여동생을 살해했다. 청년은 여동생이 불법적인 일에 연루되었다고 의심했던 것이다.

걸베라는 외관상 매우 평화로워 보이지만 파키스탄 농촌에서 폭력은 매우 넓게 퍼져 있다. 신문에 실린 또 다른 기사는 주민들 사이에 극심한 갈등이 계속되고 있는 한 마을을 다루고 있는데, 이 마을의 어떤 가족이 다른 가족의 구성원 7명을 전부 살해한 사건이 발생했다. 또한 강도와 납치범들이 파키스탄 농촌에서 여행자들을 노리고 있기도 하다.

우리는 디누의 동생 집을 나와 다시 마을 회관으로 걸어갔는데, 가는 길에 남자아이들 몇 명이 놀이를 하고 있는 것을 보았다. 바닥에 호두알 4개를 던진 다음에 다른 호두알을 던져 바닥의 호두알 중 하나를 맞추는 놀이였다. 디누는 우리에게 점심을 먹고 가라고 말했지만, 우리는 정중하게 거절했다. 그들의 식량을 축내고 싶지 않아서였다. 디누를 비롯한 마을 사람들에게 작별을 고하고 마을을 떠났는데, 모험을 하고 싶었던 마을 사람 한 명이 우리와 동행했다. 그 사람한테 우리의 점심을 위해 마을 사람들이 2명의 요리사까지 불렀다는 말을 듣고, 호의를 거절한 것이 미안했다.

들판을 가로지르자 또 다른 마을이 나타났다. 4명의 형제들이 가족과 함께 모여 사는 곳으로 이 작은 마을에 들어서자 같은 일이 반복되었다. 남자들이 우리 손을 잡고 따뜻한 환영의 표시를 한 후에 밖에 있는 등나무 벤치로 인도한다. 여성들은 역시 1명도 볼 수 없었다. 아이들의 수는 걸베라 마을보다 더 많았고 좀더 자유로워 보였다. 대부분 남자아이들이었지만 여자아이도 몇 명 보였다. 아이들은 우리를 둘러싸고 우리의 일거수일투족을 눈으로 쫓았는데, 우리가 뭔가 실수할 때마다 웃음을 터트리곤 했다. 남자들은 매우 달콤한 밀크티를 내놓았다. 나는 집 안에서 밖을 내다보고 있는 여성을 발견했는데, 내가 그녀가 있는 쪽을 쳐다보자마자 그녀는 안으로 숨어 버렸다.

우리는 마을 안으로 좀더 깊이 들어갔다. 많은 여성들이 문 뒤에 매달리다시피 숨어서 우리를 보고 있었다. 남자들은 우리에게 버터와 요구르트를 만들 때 사용하는 교유기攪乳器를 보여 주었다. 한 남자가 교유기를 어떻게 사용하는지 시범을 보이려고 했지만 그 자신이 교유기 사용법을 몰라 실패했다. 버터나 요구르트를 만드는 것은 여자들의 일이었다. 아이들이 우리 옆을 웃으면서 지나갔다. 남자들은 우리에게 버터를 맛보라고 권했다. 그 마을에서는 버터를 섞어 파키스탄 요리의 주재료인 기ghee(우유의 지방만을 정제해서 만든 버터)를 만든다. 주민들은 기를 많이 먹을수록 힘이 세진다고 설명했다. 우리는 주민들의 권유로 기를 맛보았다. 주민들이 먹는 음식 대부분이 유제품인 것 같았다.

나는 주민들에게 마을의 문제점이 무엇인지 물었다. 이 마을은 겨우 한 달 전에 전기가 들어왔다. 전기를 제외하면 걸베라 마을과 동일한 문제를 겪고 있었다. 전화도 없고, 식수도 부족하고, 의사도 없고, 하수 시설도 없고, 길도 닦여 있지 않다. 이 마을은 라호르 시 외곽 주도로에서 겨우 1킬로미터 떨어져 있을 뿐이다. 어딘지도 모르는 오지 한가운데에 있는 마을이 아니란 말이다. 이들은 가난하지만, 파키스탄의 더 외진 곳에 있는 다른 마을에 비하면 상대적으로 부유한 편이다. 작은 마을로 향하는 길은 주민들 스스로가 벽돌을 놓아 만든 길이다.

파키스탄 국민의 대다수는 가난하다. 인구의 85%가 하루에 2달러 미만으로 생활하고, 31%는 하루 생활비 1달러 미만의 극빈자들이다. 세계 인구의 대다수가 파키스탄같이, 심지어 대도시 근처에서도 가난 속에 살아야 하는 빈국에서 살고 있다. 그들은 여성들이 억압받고, 수많은 아기들이 죽고, 수많은 사람들이 굶주림으로 고통받는 빈국에서 살고 있는 것이다. 우리가 빈국의 경제 성장에 관심을 두는 이유는 경제 성장을 통해 걸베라 주민 같은 빈민들의 삶의 질을 향상시킬 수 있기 때문이다. 경제 성장은 빈민들을 배고픔과 질병으로부터 해방시킨다. 1인당 국내총생산GDP의 증가는 최빈민층의 소득 증대에 기여하며 이들을 가난의 고통에서 해방시킨다.

가난한 나라 아이들의 높은 사망률

세계에서 가장 부유한 상위 20% 국가의 유아 사망률은 1,000명당 4명이다. 반면에 최빈국 하위 20% 국가에서 유아 사망률은 1,000명당 200명이다. 최빈국의 부모들은 부모가 되는 기쁨보다는 자식을 잃는 슬픔을 느낄 가능성이 부국의 부모들보다 50배나 높다는 말이다. 1997년 필머Filmer와 랜트 프리쳇Lant Pritchett의 연구에 따르면, 소득이 10% 감소하면 유아 사망률이 6% 증가한다.

최빈국에서의 높은 유아 사망률은 부분적으로 결핵, 매독, 설사, 소아마비, 홍역, 파상풍, 수막염, 간염, 수면병, 주혈흡충증, 사상충증, 한센병, 트라코마, 기생충, 하기도下氣道 감염 같은 쉽게 예방할 수 있는 전염성 질병 때문이다.[1] 저소득층에서 질병은 훨씬 더 위험하다. 의료 수준이 낮고, 영양 섭취가 부족하며, 의료 서비스 접근도 떨어지기 때문이다.

매년 200만 명의 아동들이 설사로 인한 탈수 증상 때문에 사망한다.[2] 역시 매년 200만 명의 아동들이 백일해, 소아마비, 디프테리아, 파상풍, 홍역으로 사망에 이른다.[3]

또한 매년 300만 명의 아동들이 세균성 폐렴으로 죽고 있다. 이 병의 주범은 과밀한 주택, 담배 연기 등이다. 그리고 영양 상태가 좋지 않은 아동은 영양 상태가 양호한 아동에 비해 폐렴에 걸릴 확률이 높다.[4] 세균성 폐렴은 코트리목사졸 같은 값싼 항생제를 5일 정도 처방하면 쉽게 치료될 수 있는 질병이다.[5] 또한 매년 1억 7,000만~4억 명의 아동들이 구충, 회충 같은 기생충에 감염되어 인식 능력 저하, 빈혈 및 성장부진을 겪고 있다.[6]

요오드 결핍은 갑상선이 팽창하는 갑상선종을 유발하며 정신 능력을 저하시킨다. 매년 약 12만 명의 아동들이 요오드 결핍으로 인한 정신지체와 신체마비로 고통받고 있다. 성인, 아동 모두 합쳐 전세계 인구의 약 10%가 갑상선종을 앓고 있다.[7]

비타민A 결핍으로 약 100만 명의 아동들이 시력 장애를 겪고 있

1) 이 질병 리스트는 세계은행의 1993년 〈세계 개발 보고서〉에 실린 개발도상국에서 높은 '장애 적용 생존 연수(DALYs : disability-adjusted life years)'를 나타내는 전염성 질병 리스트인 〈표 B2〉에서 인용한 것이다.
2) UNICEF 1994, 6쪽.
3) 세계은행, 〈세계 개발 보고서〉, 1993, 224쪽.
4) 1987년 개발 프로젝트를 위한 인구데이터, 23쪽.
5) UNICEF 1994, 6쪽.
6) 세계은행, 〈세계 개발 보고서〉, 1993, 74쪽.
7) UNICEF 1994, 26쪽.

고, 매년 800만 명의 아동들이 역시 비타민A 결핍으로 사망하고 있다.[8] 비타민A 결핍은 앞서 언급된 다른 질병과도 무관하지 않다. 비타민A가 부족하면 설사, 홍역, 폐렴으로 사망할 확률이 더 높다.

위 질병들의 치료약은 때로 놀라울 정도로 저렴하다. 이는 유니세프UNICEF가 이런 질병으로 고통받는 사람들이 얼마나 심각한 빈곤 상황에 놓여 있는지 보여 주기 위해 자주 언급하는 사실이기도 하다. 탈수증 치료에 사용되는 구강수분보충염은 1회 투입 가격이 10센트도 되지 않는다.[9] 백일해, 소아마비, 디프테리아, 홍역, 파상풍 백신은 아동 1명당 15달러의 비용이 소요될 뿐이다.[10] 비타민A는 염이나 당의 형태로 음식물에 추가되거나 6개월에 한 번씩 비타민A 캡슐을 복용하여 섭취할 수 있다. 비타민A 캡슐의 가격은 개당 2센트 정도이다.[11] 요오드결핍증 치료에 사용되는 요오드염은 환자 1인당 연간 5센트의 비용이 소요될 뿐이다.[12] 기생충으로 인한 질병 역시 알벤다졸이나 프라지칸텔 같은 저렴한 의약품으로 치료될 수 있다.[13]

더 부유하고 더 건강한

하버드 케네디 스쿨의 랜트 프리쳇과 전 미국 재무장관 래리 서머스Larry Summers는 경제 성장과 유아 사망률의 변화 사이에 강한 상관관계가 존재한다는 사실을 증명했다. 프리쳇과 서머스는 각 국가의

---

8) 세계은행, 〈세계 개발 보고서〉, 1993, 77쪽.
9) UNICEF 1994, 6쪽.
10) 세계은행, 〈세계 개발 보고서〉, 1993, 73쪽.
11) UNICEF 1993, 12쪽; 1995, 13쪽.
12) UNICEF 1994, 26쪽.
13) 세계은행, 〈세계 개발 보고서〉, 1993, 74쪽.

'문화'와 '제도' 같은, 오랫동안 변하지 않는 제3의 요소는 소득과 유아 사망률의 동시 변화를 설명할 수 없다고 지적한다. 이들은 여기에서 한발 더 나아가 소득 증가는 유아 사망률 감소를 야기한다고 주장했다. 프리쳇과 서머스는 이 책에서 나중에 다루게 될 통계적 증명을 사용했다. 이들은 수출 가격의 상승으로 발생하는 소득 증가 같은, 사망률과 상관관계가 없는 몇 가지 소득 증가 유형을 관찰하고, 이 같은 소득 증가의 효과를 분석했다. 그 결과 이 경우에도 소득 증가는 유아 사망률 감소로 이어졌다는 사실을 발견했다. 즉 소득 증가가 사망률 변화와 아무 상관이 없는데도 사망률 감소와 상관관계가 있다면, 이는 소득 증가가 사망률 감소를 초래한다고 볼 수 있다는 것이다.

프리쳇과 서머스의 발견은 소득 증가가 유아 사망률 감소에 미치는 엄청난 효과를 함축하고 있다. 만약 1980년대 아프리카의 성장률이 1.5% 포인트만 더 높았더라도 1990년 약 50만 명의 아동이 죽음을 면했을 것이다.

빈국 중에서도 최빈국

위에서 소개한 통계치는 각 국가별 평균치일 뿐이다. 이 같은 평균치는 지역별 차이를 반영하지 못한다. 심지어 최빈국 내에서도 지역 격차가 존재한다. 말리는 지구상에서 가장 가난한 국가에 속한다. 그런데 톰북투 시 니제르 강 근처의 농촌 지역은 말리에서도 가장 가난한 지역이며, 따라서 세계에서 가장 가난한 지역이기도 하다. 1987년 조사 당시, 해당 지역에서 5세 미만 아동의 3분의 1이 2주전에 설사로 인한 탈수증을 겪었지만, 그중 소수의 아동만이 간단하고도 값싼 구강수분보충 치료를 받았을 뿐이다. 더구나 디프테리아, 백일해, 장티푸스 백신을 맞은 아동은 1명도 없었다. 5세 이전에 사망하는 영유아의 비율이 전체의 41%로 수도인 바마코보다 3배나 높으며, 이는 지금까지 기록된 가장 높은 유아 사망률이다.[14]

톰북투 시처럼 경제 피라미드의 하층 중에서도 최하층에 놓여 있는 지역과 사람들이 존재한다. 이들은 심지어 다른 빈민층에게도 멸시의 대상이다. "이집트에서 최하층민은 '살아 있는 송장'이라는 뜻의 '매드펀madfoun'이라고 불리며, 가나에서는 끔찍하게 가난하며 직업도 없고 돌봐 줄 사람도 없이 병까지 든 사람을 가리켜 '오히아브루브로ohiabrubro'라고 한다. 인도네시아에서 이들은 '엔덱 아랙 타다 endek arak tadah'라고 불리며, 브라질에서는 빈민을 의미하는 '미제라베이스miseraveis', 러시아에서는 노숙자를 의미하는 '봄치bomzhi', 방글라데시에서는 멸시받는 빈민을 의미하는 '기리노 고리브ghrino gorib'라고 불린다." 잠비아에서 '발란다나 사나balandana sana' 또는 '바피나bapina'는 다음과 같이 묘사된다. "이들은 음식이 부족해 하루에 한두 끼만 먹으며, 위생 상태가 나빠 항상 파리들이 주위를 맴돌고 교육비나 의료비 지출은 엄두도 내지 못하는 끔찍할 정도로 가난한 삶을 살며 더러운 옷을 입고, 식수 부족에 허덕이고, 채소나 고구마로 연명한다." 말라위의 최빈곤층인 '오소킷싯사osaukitsitsa'는 "주로 병들고 장애가 있는 고령자나 고아, 과부가 생계를 책임지는 가계"를 의미한다. 또는 '온옌체라onyentchera'도 있다. 이들은 "왜소하고 비쩍 마른

---

14) Muhuri & Rutstein 1994, 표 A.6.4, 67쪽.

몸에, 작은 키, 듬성듬성 있는 머리, 심지어 목욕 후에도 윤기가 나지 않는 몸, 잦은 병력과 심각한 영양실조를 달고 사는" 사람들이다.[15]

최빈국의 기아 문제

최빈국의 높은 사망률은 또한 지속적인 기아 문제를 반영한다. 세계 5대 최빈국 국민의 하루 칼로리 섭취량은 5대 선진국 국민의 3분의 1 수준이다.

전 세계 최빈국 중 4분의 1은 지난 30년 동안 기아를 겪었다. 부룬디, 마다가스카르, 우간다 같은 국가에서 3세 미만 유아들 중 거의 절반은 영양이 결핍되어 기형적으로 키가 작다.[16]

인도에서 짚을 얹은 오두막집에 사는 가족은 "하루에 두 끼도 충분히 먹지 못한다. 보통 점심은 사탕수수를 씹어 먹는 것으로 끝이다. 때때로 서민음식인 '사투sattu', 말린 콩, 감자 등을 먹기도 하지만, 이는 그야말로 드문 일이다."[17]

말라위에서 최빈층은 "이삼일, 심지어 일주일 동안 먹지 못하는 경우도 있으며…… 하루에 한 끼조차 채소만 간신히 먹을 뿐이다…… 어떤 가계는 약간의 옥수수꽃이 섞인 톱밥과 쓰디쓴 옥수수겨를 먹으며 1~2월 보릿고개를 버틴다."[18]

---

15) Narayan et al. 2000a.
16) Demographic and Health Services, 1994, 55쪽.
17) Narayan et al. 2000a.
18) Narayan et al. 2000a.

억압 받는 빈민층

빈곤한 사회에서는 때로 부채 상환을 위한 노예 노동이 자행되기도 한다. 예로 인도의 연구자들은 "채무자가 채권자의 집에서 하인처럼 일하거나 채권자의 농장에서 노동자처럼 일하는 부채의 악순환이 존재한다. 부채는 고금리, 질병으로 인한 결근, 채권자의 숙식 제공으로 발생하는 지출 때문에 눈덩이처럼 불어난다."라고 설명한다.[19]

특히 소수 민족은 억압에 쉽게 노출된다. 1993년 파키스탄 카라치 시 레마나배드의 벵갈 공동체는 "과거 축출과 강제 이주의 피해자였으며, 현재는 해당 지역에 다시 정착하였으나 갈대와 마대로 만든 임시 주택에서 살고 있다. 또한 땅투기꾼, 경찰 및 정치단체들로부터 끊임없는 괴롭힘을 당하고 있다."[20]

빈민 아동에 대한 억압도 강도 높게 자행되고 있다. 최빈국에서는 10~14세 아동의 42%가 노동자이다. 반면에 부국에서 같은 나이의 아동 노동 비율은 2%도 안 된다. 대부분의 국가들이 아동 노동을 법으로 금지하고 있지만 미국 국무성은 많은 국가에서 아동 노동 금지법이 '유명무실'한 것으로 보고 있다. 최빈국의 88%가 바로 이 '아동 노동 금지법 비적용국' 범주에 속하며, 부국 중에서는 어떤 나라도 이 범주로 분류되지 않는다.[21]

인도의 서부 오리사 주州에 살고 있는 패차왁이라는 소년을 예로

---

19) Narayan et al. 1999, 2장, 9쪽; 6장, 10쪽.
20) Narayan et al. 1999, 6장, 12쪽.
21) Kidron & Segal 1995.

들어 보자. "패차왁은 어느 날 선생님한테 심하게 매를 맞고 학교를 자퇴했다. 왜냐하면 패차왁은 이미 일을 해야 하는 노동자였기 때문이다. 패차왁의 아버지는 1.5에이커의 토지를 소유하고 있으며 역시 노동자이다. 패차왁의 열한 살 난 동생은 가족이 큰형 결혼을 위해 돈을 빌려야 하는 상황이 되자 노예 노동자가 되었다. 이 같은 아동 노동 시스템은 특히 부채와 밀접하게 연결되어 있다. 많은 가계들이 지주에게 대출을 받는데, 지주는 돈을 빌려 주는 대가로 채무자의 아이들을 '볼모'로 잡아 두기 때문이다. 패차왁은 하루 두 끼의 식사, 한 벌의 롱기lungi(미얀마나 인도 등지에서 허리에 두르는 천)를 제공받고, 오전 6시부터 오후 6시까지 소를 돌보는 목동일을 하며, 그 대가로 1년에 쌀을 2~4 포대를 받는다."

가장 불미스러운 아동 노동의 형태는 성매매이다. 예로 베냉에서 "소녀들은 보통 14세, 심지어 12세부터 성매매를 시작하며, 사실 몸을 파는 것 말고는 선택의 여지가 없다. 소녀들은 기껏해야 50프랑, 또는 한 끼의 저녁식사를 약속받고 몸을 판다."[22]

빈국 아동들의 또 다른 직업은 특히 위험한데, 바로 전쟁 참여이다. 6~16세 사이의 소년병 20만 명이 미얀마, 앙골라, 소말리아, 라이베리아, 우간다, 모잠비크 등지에서 전투에 나서고 있다.[23]

빈국의 여성 역시 억압에 노출되어 있다. 찰스 휴마나Charles Humana의 〈세계 인권 가이드〉에 따르면 세계에서 가장 부유한 상위 20% 국가 중 5분의 4에서는 여성에 대한 경제적, 사회적 평등이 보장되어 있다. 그러나 최빈국 하위 20% 국가 중 어떤 국가에서도 여성 평

22) Narayan et al. 1999, 6장, 24쪽.
23) UNICEF, 〈세계 아동 현황 보고서〉, 1996, 14쪽.

등은 보장되어 있지 않다.24 카메룬에서 "어떤 지역의 여성들은 외출을 하려면 아버지나 남편, 또는 남자 형제의 허락을 받아야 한다. 또한 여성의 남편이나 남자 형제는 여성의 은행계좌에 자유롭게 입출금을 할 수 있지만 그 반대는 금지되어 있다." 1997년에 자메이카에서 실시된 조사에 따르면 "모든 지역에서 매맞는 아내는 일상적이고 공통된 경험으로 인식되고 있었다." 코카서스 지방의 그루지아에서, 여성들은 "부부 싸움은 항상 남편에게 맞는 것으로 끝난다." 고 고백했다. 1998년 우간다 여성들에게 "귀하의 지역에서 남자들이 하는 일은 무엇입니까?" 하고 물었을 때 여성들은 웃음을 터트리며 이렇게 말했다. "먹고 자고, 일어나서는 술 마시러 가는 거요."25

성장과 빈곤

세계은행 동료인 마틴 라발리온Martin Ravallion과 샤오후아 첸Shaohua Chen은 가계소득과 지출에 대한 국가 조사 보고서들을 분석해 1981~1999년 시기 동안 빈곤의 변화와 경제 성장 사이클을 파악할 수 있는 데이터를 얻었다. 라발리온과 첸은 조사 방법이 연구 대상 시기 동안 변하지 않은 조사 보고서를 택했다. 그래야 정의 변화에 따른 무의미한 변화를 제외할 수 있기 때문이다. 그 결과 이 요구 조건을 만족하는 데이터를 선택해 65개 개발도상국에서 154차례의 변화 시기를 찾아 낼 수 있었다.

---

24) Humana 1992 ; Dollar & Gatti 1999. Easterly 1999a는 장기적인 소득 증가와 함께 여성을 위한 교육 평등이 매우 향상되었으나 이는 단기 성장과 필연적인 관계가 있지는 않다고 설명한다.
25) Narayan et al. 2000a, 5장.

다. 즉 빈민층은 매 시기 초, 하루 소득 1달러 미만으로 생활하는 인구로 정의된다. 라발리온과 첸은 분석 기간 동안 각 국가별 빈곤선을 이렇게 하루 소득 1달러로 고정한 것이다. 그렇다면 문제는 어떻게 경제 성장이 빈곤선 이하 인구 비율을 변화시키느냐는 것일 것이다.

답은 매우 명확하다. 빠른 경제 성장은 빠른 빈곤 감소를 가져왔으며, 경기 후퇴는 빈곤 증가를 초래했다. 여기서 나는 라발리온과 첸의 데이터상 시기를 가장 빠른 증가에서 가장 빠른 감소의 순서로 4개의 동일한 그룹으로 분류해 보았다.[26]

빈곤은 특히 동유럽과 중앙아시아에서 심각한 경제 후퇴의 시기에 극단적으로 심화되었다. 이 지역에서는 공산주의의 붕괴로 경제가 불

	연평균 소득의 변화(%)	빈곤선 이하 연인구 비율 변화(%)
강한 후퇴	-9.8	23.9
약한 후퇴	-1.9	1.5
약한 성장	1.6	-0.6
강한 성장	8.2	-6.1

황 국면에 접어든 이후 새로운 시스템의 탄생을 기다리는 동안 불황이 계속되고 있다. 이처럼 빈곤을 증가시키는 경기 후퇴는 아프리카에서도 발생했다. 예로 잠비아, 말리, 코트디부아르에서는 몇 번의 심각한 경기 후퇴 시기 동안 빈곤이 급증했다.

반면에 소득 증가를 겪은 국가들에서는 빈곤선 이하 인구 비율이 감소했다. 또 소득의 평균 증가율이 높으면 평균 빈곤 감소율도 높았다.

---

26) Ravallion & Chen 1997.

반면에 소득 증가를 겪은 국가들에서는 빈곤선 이하 인구 비율이 감소했다. 또 소득의 평균 증가율이 높으면 평균 빈곤 감소율도 높았다. 예를 들어 인도네시아에서 경제 성장은 빈곤층에까지 영향을 미쳤는데, 이는 1984년부터 1996년까지 평균 소득 증가율이 76%에 달했던 것을 봐도 알 수 있다. 그 결과 1993년 인도네시아에서 빈곤선 이하 인구의 비율은 1984년의 4분의 1 수준으로 감소했다. 이후 1997~1999년 경제 위기를 겪으면서 평균 소득이 12%나 감소하고, 빈곤선 이하 인구 비율이 65%까지 급등했다. 이는 마찬가지로 소득과 빈곤 사이에 강한 상관관계가 존재한다는 사실을 입증하는 것이다.

이 모든 사실은 그다지 놀랍지 않아 보인다. 만약 경제 성장을 이루었는데도 빈곤이 심화된다면 이는 소득이 증가함에 따라 소득 분배의 불평등이 심화되기 때문일 것이다. 그러나 소득이 증대한다고 반드시 소득 불평등이 악화되는 것은 아니다. 라발리온과 첸의 데이터를 봐도 소득 불평등은 경제 성장과 별다른 함수관계를 보여 주지 않는다. 불평등 수준이 동일하게 유지된다면 빈민층의 소득과 부유층의 소득은 같은 방향으로 움직일 것이다.

이는 또한 세계은행 동료인 데이비드 돌라David Dollar와 아트 크라이Aart Kraay가 발견한 결과이기도 하다. 한 국가에서 평균 소득이 1% 증가할 때, 소득 계층 하위 20%의 소득도 1% 증가한다. 돌라와 크라이는 또한 인과관계의 방향을 고정시키는 통계 기술을 적용했을 때, 1인당 국민소득 1%의 성장은 빈민층 소득의 1% 증가를 유발한다는 사실을 발견했다.[27]

빈민층의 상황을 개선시킬 수 있는 방법은 두 가지이다. 첫째, 부유층으로부터 빈민층으로 소득이 재분배되는 것이다. 둘째, 경제 성장을 통해 부유층과 빈민층의 소득이 동시에 증가하는 것이다. 라발리온과 첸, 돌라와 크라이의 연구 결과는 평균적으로 경제 성장이 소득 재분배보다 빈민층을 위한 구원의 열쇠로 작용할 수 있다는 것을 암시한다.

성장을 위한 탐색을 시작하면서

1인당 GDP 성장을 통해 기아, 사망률, 빈곤이 개선될 수 있다는 사실은 우리가 성장의 길을 모색해야 한다는 것을 의미한다. 빈곤은 단순히 낮은 GDP 이상의 문제이다. 빈곤은 죽어 가는 아기들, 굶주림에 허덕이는 아이들, 짓밟히고 학대받는 여성들을 양산한다. 빈국에서 미래 세대의 복지는 빈국을 부유하게 만들기 위한 우리의 탐색이 성공하느냐에 달려 있다. 나는 파키스탄 마을에서 나를 응시하고 있던 그 여성을 생각한다. 누군지도 모르는 그 여성에게 이 책을 바친다. 경제학자들은 부국에서 왔건 빈국 출신이건 빈국의 성장을 향한 힘든 노정을 시작해야 하기 때문이다.

---

27) Dollar & Kraay 2000.

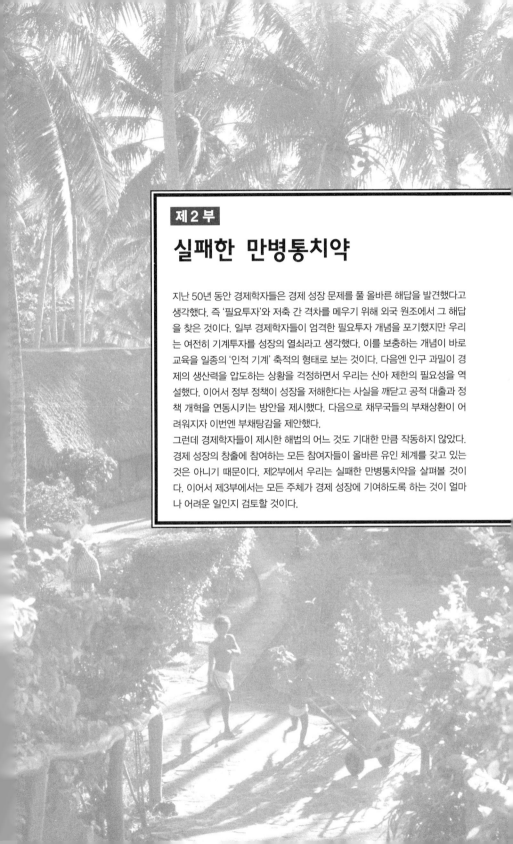

제2부

실패한 만병통치약

지난 50년 동안 경제학자들은 경제 성장 문제를 풀 올바른 해답을 발견했다고 생각했다. 즉 '필요투자'와 저축 간 격차를 메우기 위해 외국 원조에서 그 해답을 찾은 것이다. 일부 경제학자들이 엄격한 필요투자 개념을 포기했지만 우리는 여전히 기계투자를 성장의 열쇠라고 생각했다. 이를 보충하는 개념이 바로 교육을 일종의 '인적 기계' 축적의 형태로 보는 것이다. 다음엔 인구 과밀이 경제의 생산력을 압도하는 상황을 걱정하면서 우리는 산아 제한의 필요성을 역설했다. 이어서 정부 정책이 성장을 저해한다는 사실을 깨닫고 공적 대출과 정책 개혁을 연동시키는 방안을 제시했다. 다음으로 채무국들의 부채상환이 어려워지자 이번엔 부채탕감을 제안했다.

그런데 경제학자들이 제시한 해법의 어느 것도 기대한 만큼 작동하지 않았다. 경제 성장의 창출에 참여하는 모든 참여자들이 올바른 유인 체계를 갖고 있는 것은 아니기 때문이다. 제2부에서 우리는 실패한 만병통치약을 살펴볼 것이다. 이어서 제3부에서는 모든 주체가 경제 성장에 기여하도록 하는 것이 얼마나 어려운 일인지 검토할 것이다.

2장
투자 원조

어떻게 필요가 습관을 낳는지 봐라!

_셰익스피어, 《베로나의 두 신사》

1957년 3월 6일, 영국 식민지 골드코스트Gold Coast는 사하라 이남 아프리카에서 독립을 획득한 첫 번째 국가가 되었다. 골드코스트는 독립과 함께 국명도 가나로 바꿨다. 당시 소련과 미국을 필두로, 동서 양 진영의 국가들은 신생국에 대표단을 보내 서로 기술 원조와 대출을 제공하겠다고 경쟁을 벌였다. 미국 대표단은 당시 리처드 닉슨 부통령이 이끌었다. 어떤 정보에 따르면 닉슨은 일군의 흑인 기자들에게 다음과 같이 물었다고 한다. "자유를 얻은 느낌이 어떤지요?" 그러자 기자들이 이렇게 대답했다. "모르겠는데요. 우리는 앨라배마 출신이라."[1]

---

1) Rooney 1988, 133쪽.

나중에 한 작가는 가나의 독립에 대해 이렇게 평했다. "가나처럼 순조로운 출발을 할 수 있었던 식민지 국가는 극히 드물었다."[2] 당시 가나는 세계 카카오 소비량의 3분의 2를 공급하고 있었고, 아프리카에서 가장 좋은 학교들을 보유하고 있었다. 경제학자들은 교육을 성장의 핵심 열쇠라고 생각했던 것이다. 가나는 또한 대규모 투자를 유치했는데, 투자를 성장의 또 다른 열쇠라고 생각한 경제학자들의 영향이었다. 1950년대 제한적인 자치권이 보장되던 시기, 은크루마Nkrumah 대통령이 이끄는 정부와 영국인들은 새 도로, 의료센터, 학교를 건설했다. 미국, 영국, 독일 기업들은 신생국 투자에 지대한 관심을 표현했다.[3] 나라 전체가 경제 발전에 대한 장밋빛 꿈을 꾸기 시작했다. 당시 한 가나인은 이렇게 썼다. "이제 경제 왕국을 건설합시다."[4]

은크루마 대통령은 아서 루이스Arthur Lewis, 니콜라스 칼도Nicholas Kaldor, 더들리 시어스Dudley Seers, 앨버트 허시만Albert Hirschman, 토니 킬릭Tony Killick 같은 여러 명의 저명한 경제학자들의 도움을 받았다. 이들은 1952년 한 보고서에서 더들리 시어스가 제시했던 낙관적 전망을 공유하고 있었다. 가나에 대한 원조는 매우 높은 수익을 가져올 것이라는 전망이었다. 다시 말해 시어스가 1952년 주장했던 것처럼, 이들은 "타르크와~타코라디 간 도로 건설은 영국에서의 도로 건설에 비해 동일한 자재를 투입했을 때 훨씬 더 높은 수익을 낳을 것"이라고 생각했던 것이다.[5]

---

2) Rooney 1988, 5쪽.
3) Rooney 1988, 88쪽.
4) Rooney 1988, 137쪽.
5) Seers & Ross 1952.

볼타 강의 기적

은크루마 대통령은 단순히 몇 개의 도로를 닦는 것보다 더 큰 목표를 갖고 있었다. 바로 볼타 강에 대규모 수력발전 댐을 건설하는 일이었다. 댐이 건설되면 알루미늄 제련소 건설에 충분한 전기를 공급할 수 있을 것이라는 복안이었다.[6] 은크루마는 일단 제련소가 들어서면 전체 알루미늄 산업이 발전할 것이라고 기대했다. 이 제련소 역시 새로 건설될 정련소가 정련한 알루미늄을 사용할 것이다. 또한 새 정련소는 새 보크사이트 광산에서 산출된 보크사이트를 가공할 것이다. 마지막으로 철도와 가성소다 공장이 볼타 댐-제련소-정련소-보크사이트 광산으로 이어지는 산업단지를 보완할 것이다. 볼타 프로젝트에 대한 외국 전문가들의 보고서 역시 매우 낙관적이다. 볼타 댐 건설로 만들어질 호수가 가나의 북부와 남부를 연결하는 중요한 하천교통망을 제공할 것이라는 예상이다. 또한 "호수를 기반으로 새로운 대형 어업이 출현하게 될 것이다."라고 했다. 호수의 물을 사용하는 대규모 농업 관개시설로 인해 농경지 3,500스퀘어마일이 수몰되겠지만, 이는 어업의 출현으로 어느 정도 보상될 것이다.[7]

실제로 그로부터 몇 년 후 미국 및 영국 정부, 세계은행의 지원으로 아코솜보 댐이 건설되었고, 세계에서 가장 큰 인조 호수인 볼타 호수가 완성되었다. 자본의 90%를 거대 다국적 그룹 카이저 알루미늄이 소유하고 있는 알루미늄 제련소 역시 단기에 건설되었다. 은크루마 대통령은 1964년 5월 19일, 아코솜보 댐의 댐문을 닫아 볼타

6) Rooney 1988, 4~6쪽.
7) Frempong 1982, 130쪽.

호수에 물을 채우는 기념식에 참석했다.8

나는 1969～1970년 가나에 거주하던 당시 아코솜보 댐을 방문한 적이 있다. 볼타 강을 막고 있던 거대한 아코솜보 댐은 그야말로 장관이었다. 1969년 나는 가나의 장밋빛 미래를 낙관했다. 그러나 나의 예상은 누구의 주의도 끌지 못했다. 아마도 당시 내가 이제 막 초등학교를 졸업한 어린아이였기 때문일 것이다.

그러나 다른 유명한 어른들도 나처럼 성급한 낙관적 전망을 내놓았다. 1967년 세계은행의 경제분과 책임자였던 앤드루 카막Andrew Kamarck은 가나의 볼타 프로젝트로 가나 경제가 연 7%의 성장률을 기록할 것이라고 예상했다.9

가나 국민이 겪은 재앙

1982년 4월, 피츠버그 대학의 가나 출신 학생인 아게이 프램퐁 Agyei Frempong은 자신의 박사 논문에서 은크루마 대통령과 그의 국내외 보좌관들이 산업화, 교통, 농업, 전체 산업 발전의 동력으로서 볼타 프로젝트에 가졌던 기대와 실제 볼타 프로젝트의 성과를 비교했다. 볼타 강에는 볼타 호수도 있고, 발전소도 있으며, 알루미늄 제련소도 있다. 제련소의 알루미늄 생산은 활황과 불황을 거듭하면서도 1969년에서 1992년까지 연평균 1.5%의 성장세를 보였다.

그러나 볼타 프로젝트의 성과는 그것이 전부였다. 프램퐁은 "그곳에는 보크사이트 광산도, 정련소도, 가성소다 공장도, 철도도 없다."

---

8) Rooney 1988, 154～168쪽.
9) Kamarck 1967, 247쪽.

고 지적한다. 호수 어업을 창출하기 위한 노력도 "빈약한 행정과 기계 장비 실패로 수포로 돌아갔다." 8만 명의 노인을 포함하는 호수 근처 거주민들은 사상충증, 십이지장충, 말라리아, 주혈흡충병 같은 수인성 질병으로 고통받고 있다. 볼타 프로젝트 입안자들이 계획했던 대규모 관개시설 프로젝트 역시 빛을 보지 못했다. '가나의 교통 문제'를 해결할 것이라던 북부와 남부를 잇는 하천 교통망 건설도 '완전한 실패'로 끝났다.[10]

그럼에도 볼타 프로젝트는 가나 역사상 가장 성공한 투자 프로젝트로 꼽히고 있으니 이 얼마나 슬픈 일인가? 프램퐁은 볼타 프로젝트의 핵심 부분은 성공했다고 평가하는 토니 킬릭을 비롯한 다른 학자들의 의견에 동의한다. 발전소와 알루미늄 제련소는 오늘날에도 작동하고 있으며, 특히 제련소는 수입 알루미늄과 보조 전기로 작동하고 있다.

진짜 재앙은 가나 국민들이 1950년대 초반이나 지금이나 똑같이 가난하다는 것이다. 가나는 반세기 동안 성장 정체를 겪었다. 어떻게 이런 일이 일어났을까? 모든 게 최악으로 흘렀다. 먼저 1966년 은크루마 정부가 군사쿠데타로 전복되었다. 이후 15년 동안 발생한 다섯 번의 군사쿠데타 중 첫 번째 쿠데타였다. 1966년의 쿠데타는 국민들의 환영을 받았다. 은크루마 정부의 경제 발전 프로젝트가 식량 부족과 고인플레를 제외하면 가져다 준 것이 거의 없었기 때문이었다.

그러나 이후 20년 동안 상황이 어느 정도까지 나빠질지 가나 국민

---

10) Frempong 1982, 84쪽, 85쪽, 87쪽, 126쪽.

들이 미리 알았더라면 1966년의 군사쿠데타를 그토록 환영하지는 않았을 것이다. 1969년에서 1971년 사이, 코피 부시아Kofi Busia 대통령 치하에서 민주주의가 잠시 부활했다. 그러나 1971년 쿠데타로 부시아 정부가 무너지고 경제와 정치가 산산조각 났다. 더욱이 1970년대 가나는 극심한 기아를 겪었다.[11]

가나는 1983년 제리 롤링스Jerry Rawlings 신군부 치하에서 최악의 상황에 도달한다. 가나인의 평균 소득은 1971년의 3분의 2 수준으로 떨어졌고, 가뭄으로 볼타 호수의 수위가 낮아지면서 수력 발전소는 볼타 알루미늄 회사에 전기 공급을 중단해야 했다. 국민들의 칼로리 섭취량은 하루 권장 칼로리 섭취량의 3분의 2 정도에 불과했다.[12] 심지어 비교적 부유한 가나인들 조차도 영양 부족으로 툭 튀어나온 쇄골을 가리켜 '롤링스의 교수형 밧줄'이라고 무시무시한 농담을 하곤 했다.[13] 전체 사망 아동의 거의 절반이 영양실조로 죽었다.[14] 그 해 1인당 국민소득은 1957년 독립 당시의 국민소득보다 밑돌았다.

1983년의 위기로 롤링스 정부는 가나를 되살리기 위해 새로운 노력을 하였고, 경제도 성장세를 회복했으나 이는 사반세기 동안의 경기 후퇴를 거치는 길고도 느린 과정이었다.

1946~2000년의 해로드-도마 모델

댐, 도로, 기계에 대한 투자 원조가 성장을 추동할 것이라는 사고

---

11) Ending the Hunger 1985 ; USAID 2000.
12) 1987년 개발프로젝트를 위한 인구 데이터, 표8, 90쪽.
13) Rimmer 1992, 4쪽.
14) UNICEF, Progress of Nations 1995, 14쪽.

의 발생은 오래 전으로 거슬러 올라간다. 1946년 4월, 경제학 교수 에브시 도마Evsey Domar는 경제 성장에 대한 논문 한 편을 발표했다. 〈자본 확대, 성장률과 고용〉이라는 제목의 이 논문은 미국의 단기 경기 후퇴와 투자의 상관관계를 분석하는 논문이었다. 도마는 이 논문에서 생산 능력이 기계스톡에 비례한다고 가정했지만, 그로부터 11년 후 1957년, 도마는 '양심의 가책'을 느낀다며 그 가정이 비현실적이라는 사실을 인정하고 자신의 이론을 폐기했다.[15] 도마는 논문 집필 당시 자신의 목표는 경기 변동 논쟁에 대한 논평이었지 '경험적으로 의미 있는 성장률'의 도출이 아니었다고 말한다. 또한 자신의 이론은 장기 성장 연구에는 전혀 유용하지 않다고 해명하며, 로버트 솔로Robert Solow의 새로운 성장 이론을 지지했다.

이를 요약하면, 도마의 모델은 성장 모델로 제시된 것도 아니며, 더구나 성장 모델이 될 수도 없고, 이미 40여 년 전 도마 자신이 직접 폐기 처분한 모델이다. 그러나 아이러니하게도 도마의 성장 모델은 오늘날까지도 경제학사상 가장 보편적으로 적용되는 성장 모델이다.

어떻게 도마 모델이 1950년대 사망 선언을 받고도 현재까지 살아남을 수 있었을까? 현대 경제학자들은 알바니아에서 짐바브웨에 이르기까지, 빈국들을 대상으로 도마의 성장 모델을 적용했고, 적용하고 있다. 이는 목표 성장률 달성을 위한 '필요'투자율을 결정하기 위해서이다. 한 국가의 필요투자와 국내 저축 간의 차이를 자금조달갭financing gap이라고 부른다. 민간 금융은 이 갭을 메울 수 없기 때문에 목표 성장률을 달성하기 위해서는 외국 원조를 통해 자금조달갭을

---

15) Domar 1957, 7~8쪽.

메워야 한다. 이것이 바로 빈국에게 투자 원조를 통한 성장을 약속하고 있는 성장 모델로 그 핵심은 성장을 위한 투자 원조이다.

뒤늦은 깨달음이지만, 필요 원조액과 성장 예상치를 결정하는 데 도마 모델을 적용한 것은 커다란 실수였다. 그러나 도마 모델의 주창자들을 너무 비난하지는 말자. 나 역시 초기에는 도마 모델을 지지했다. 더구나 그들은 돌이켜볼 수 있는 경험이라는 자산도 없었다. 도마 모델의 전성기에 관찰된 사실들은 투자 원조와 성장 간에 엄격한 상관관계의 존재를 증명하는 것처럼 보였던 것이다. 도마 모델의 실패가 그야말로 명백해진 것은 좀더 많은 데이터가 확보된 이후였다.

도마의 성장 이론은 모델이 제시하고 있는 놀라울 정도로 단순한 예상 덕분에 유명해졌다. 바로 GDP 성장은 GDP에서 투자지출이 차지하는 비율에 비례할 것이라는 예상이었다. 도마는 산출GDP량이 기계스톡에 비례하므로 산출량의 변화도 기계스톡의 변화, 즉 전년도 투자량에 비례할 것이라고 가정했다. 이때 양변을 전년도 산출량으로 나누면 올해의 GDP 성장은 결국 전년도 투자/GDP에 비례한다.[16]

어떻게 도마는 생산이 기계스톡에 비례한다는 생각을 하게 되었을까? 생산에서 노동은 아무런 역할도 하지 않는다는 말인가? 도마가 해당 논문을 썼던 시기는 대공황 직후였다. 대공황 기간 동안 기계를 돌리던 수많은 사람들이 일자리를 잃었다. 도마를 비롯한 다수의 경제학자들은 정부가 이를 해결하기 위해 뭔가를 하지 않는다면 2차대전 종전 후 또다시 공황이 발생할 것이라고 예측했다. 이때 도

---

16) 여기서 투자란 감가상각 순투자를 의미하지만, 해로드-도마 모델을 적용한 대부분의 경제학자들은 순투자보다는 총투자 개념을 사용했다.

마는 고실업을 주어진 것으로 간주했다. 따라서 기계를 돌릴 노동력은 항상 존재했다. 도마의 이론은 해로드-도마 모델로 알려지게 된다. 로이 해로드Roy Harrod라는 영국의 경제학자가 1939년 도마와 유사한, 그러나 훨씬 복잡한 논문을 발표했기 때문이다.

당시 도마가 선진국의 단기 경기 변동에 관심을 두고 있었다는 점은 명백하다. 그렇다면 어떻게 도마의 모델이 빈국의 성장 분석에 적용되었던 것일까?

개발 이론의 발견

성장 및 발전 이론에 대한 탐색은 경제학의 역사만큼이나 오랫동안 경제학자들을 괴롭히고 있는 문제이다. 1776년 경제학의 아버지, 애덤 스미스Adam Smith는 무엇이 국가의 부를 결정하는지 물었다. 1890년 영국의 위대한 경제학자 알프레드 마샬Alfred Marshall은 성장의 탐구야말로 "경제학 연구의 가장 중요하고 핵심적인 주제"라고 말했다.[17] 노벨 경제학상 수상자인 로버트 루카스Robert Lucas는 1988년에 발표한 한 논문에서 일단 경제 성장을 고민하기 시작하면, "다른 것에 대해 사고하는 것이 어렵다."고 고백했다. 그러나 성장 이론에 대한 이 같은 지속적인 관심은 단지 부유한 국가들에만 초점이 맞춰져 있었다. 어떤 경제학자도 빈국의 문제에는 그다지 관심을 기울이지 않았다. 한 예로, 미래 노벨 경제학상 수상자 제임스 미드James Meade가 준비한 국제 연맹League of Nations의 〈세계 경제 조사 보고서〉

---

17) Marshall 1946, 4쪽.

(1938)는 남아메리카에 대해서는 단 한 문단만을 포함하고 있을 뿐이다. 아시아와 아프리카의 빈곤 지역에 대해서는 아무런 내용도 실려 있지 않다.[18]

그런데 2차대전 종전 후 갑자기 정책 전문가들은 수세기 동안 무시해 왔던 빈국의 '긴급한 문제'에 주의를 기울일 것을 호소했다.[19] 경제학자들은 어떻게 해야 신생 독립국들이 성장할 수 있고, 선진국들을 따라잡을 수 있는지 다양한 이론을 제시하기 시작했다.

그러나 빈국들은 운이 없었다. 1세대 개발 이론가들이 강제 저축 및 투자를 통한 소련의 산업화와 대공황이라는, 역사적으로 거의 동시에 일어난 두 가지 사건에 깊은 영향을 받았기 때문이다. 개발 경제학자 아서 루이스는 빈국의 경제 불황과 수많은 농촌 실업자의 존재를 목도하고 '잉여 노동' 모델을 제안했다. 루이스의 '잉여 노동' 모델에서는 단지 기계스톡만이 제약으로 작용한다. 그는 농업 생산 감소를 초래하지 않고도 공장 건설을 통해 '잉여 노동'을 흡수할 수 있다고 주장했다.

루이스와 1950년대의 다른 개발 경제학자들은 노동과 기계의 비율을 1 대 1의 고정 비율로 가정했다. 따라서 잉여 노동 상황에서 노동이 아닌 기계가 생산을 구속하는 제약이 되며, 도마의 성장 모델에서처럼 생산은 기계스톡에 비례한다. 루이스는 노동자의 공급을 '무제한'으로 가정하였고, 농촌의 잉여 노동 흡수를 통해 성장한 경제, 즉 소련의 예를 들어 자신의 모델을 방어했다.

루이스에 따르면 "경제 발전의 핵심 요소는 신속한 자본 축적"이

---

18) Arndt 1987, 33쪽.
19) Arndt 1987, 49쪽.

다.[20] 성장이 투자에 비례하기 때문에 성장과 투자 간 비율을 평가할 수 있고, 목표 성장률 달성을 위해 필요한 투자량을 도출할 수 있다. 예로 투자가 4% 포인트 증가할 때마다 GDP가 1% 포인트만큼 증가한다고 하자. 어떤 국가가 성장률을 1%에서 4%로 증가시키고자 한다면 투자 비율을 GDP의 4%에서 16%로 증가시켜야 한다. 인구 성장률이 2%일 경우, 4%의 GDP 성장률을 인구 성장률로 나눈 값인 2%가 1인당 GDP 성장률이다. 연성장률이 2%일 때 1인당 소득은 36년마다 두 배로 증가할 것이다. 투자는 인구 성장률보다 앞서야 한다. 결국 발전이란 기계와 모성애 간의 경주인 것이다.

그렇다면 어떻게 충분한 투자를 확보할 수 있을 것인가? 현재 국내 저축이 GDP의 4%라고 가정하자. 초기 개발 경제학자들은 빈국은 너무도 가난해서 국내 저축 증대의 가능성은 거의 없다고 생각했다. 따라서 목표 성장률 4% 달성을 위한 '필요투자'(GDP의 16%)와 현 국내 저축 수준인 4%의 차이인 12%의 '자금조달갭'이 발생한다. 서구의 지원국들은 바로 이 자금조달갭을 외국 원조라는 방식으로 메워야한다고 주장했다. 이렇게 필요투자량에 도달하면 목표 성장률을 달성할 수 있다는 것이다. 나는 앞으로 논의를 전개하면서 '자금조달갭 이론'을 '해로드-도마 모델'의 동의어로 사용할 것이다.

초기 개발 경제학자들은 성장을 위한 투자 원조가 얼마나 오랫동안 지속되어야 하는지 막연한 생각만을 갖고 있었지만, 실제로는 신속한 결과를 기대했다. 즉 올해의 원조는 올해의 투자로 환원될 것이고, 이는 내년의 GDP 성장을 가져올 것이라고 기대한 것이다.

---

20) Lewis 1954, 139쪽.

성장이 투자에 비례한다는 사고는 새로운 것이 아니었다. 도마는 1957년 저서에서 성장 문제에 지대한 관심을 갖고 있던 초기 경제학자들, 특히 1920년대 소련 경제학자들이 이미 동일한 사고를 적용하고 있었다고 설명한다. 〈계획 경제〉의 편집자인 코발레프스키Kovalevskii는 1930년 3월, 투자 비례 성장 개념을 소련의 경제 성장 프로젝트에 적용했다. 이후 1950년대부터 1990년대에 걸쳐 수많은 경제학자들이 코발레프스키와 동일한 방식으로 이 이론을 실제 정책 입안에 적용하게 된다.[21] 소련의 경험이 해로드-도마 모델에 영감을 제공하기는 했지만, 소련인들 자신도 모델의 발명에 어느 정도의 책임이 있었던 것이다.

로스토의 경제 성장 단계

자금조달갭 이론의 진화에서 다음 단계는 부국들이 원조를 제공하여 갭을 메워 줄 것을 설득하는 일이었다. 1960년 월터 로스토Wlat Rostow는 베스트셀러 저서, 《경제 성장의 단계 The Stages of Economic Growth》를 발표했다. 로스토가 제시한 경제 성장 5단계 중에서 사람들의 마음을 사로잡은 단계가 바로 '자력 발전으로의 이륙 단계'이다. 당시 로스토가 제시한 이륙 단계의 유일한 결정 요소는 투자를 소득의 5%에서 10%로 증가시키는 것이었다. 이는 아서 루이스가 6년 전 제안했던 방안과 거의 정확하게 일치하는 것으로, 로스토의 '경제 이륙' 모델은 활주로에서 항공기가 이륙하는 생생한 이미지를 통해

---

21) Domar 1957, 255쪽.

도마와 루이스의 이론을 재천명하고 있다고 볼 수 있다.

　로스토는 투자 주도 경제 이륙이 정형화된 사실과 일치한다는 것을 보여 주고자 했다. 스탈린의 러시아는 로스토에게 커다란 영향을 미쳤다. 사실 당시 경제학자들 대부분이 소련의 경제 성장으로부터 깊은 영향을 받았다. 소련의 성장은 로스토의 이륙 이론을 뒷받침하고 있었던 것이다. 로스토는 그 밖의 다수의 역사적 사실 및 제3세계의 경우를 검토했으나 만족스럽지는 못했다. 로스토가 인용한 15개의 예 중 단 3개의 예만이 투자 주도 이륙 이론으로 설명이 가능했다. 노벨상 수상자인 사이먼 쿠즈네츠Simon Kuznets는 1963년 로스토의 역사적 예들은 이륙 이론을 뒷받침하지 못한다는 사실을 발견했다. "우리는 각 예에서 경제 이륙 시기 동안 국민총생산의 급성장을 발견하지 못했다."[22] 그러나 정형화된 사실은 결코 사라지지 않는다. 30년이 지나 한 유명한 경제학자는 다음과 같이 썼다. "세계 역사상 가장 중요한 정형화된 사실은 저축의 대규모 증대가 경제 성장의 이륙 단계에 앞서 발생한다는 것이다."[23]

소련 공포와 외국 원조

　경험적 증거와 상관없이 로스토의 경제 성장 단계론은 엄청난 반향을 일으켰고, 빈국에 대한 관심을 증폭시켰다. 로스토는 외국 원

---

22) Kuznets 1963, 35쪽. 이것은 실제로 해로드-도마-루이스-로스토 모델을 테스트한 매우 드문 예이다. 이후 성장과 투자·성장 비율 간의 강한 음의 상관관계의 존재를 보여 주는 몇 개의 논문이 발표되었다. (Patel 1968 ; Vanek & Studenmund 1968) 리히벤스테인(Leibenstein)과 보즈럽(Boserup)은 성장과 투자 간에 낮은 단기 상관관계가 존재할 경우, 기계적으로 강한 음의 상관관계가 발생할 수 있다는 사실을 지적했다.
23) Edwards 1995, 37쪽.

조를 지지한 유일한 경제학자도 아니며, 심지어 가장 중요한 경제학자도 아니지만 그의 주장은 예증의 힘이 강했다.

로스토는 《경제 성장의 단계》에서 냉전의 공포를 이용했다. 더구나 이 책의 부제는 '반反공산당 선언'이었다. 로스토는 러시아를 "공산주의 하에서 세계적인 산업 강국으로 부상하고 있는 국가"로 간주했다. 사실 로스토의 시각은 당시 일반적으로 받아들여지고 있는 시각이었다. 오늘날 상상하기는 어렵지만, 당시 많은 미국의 오피니언 리더들 역시 소련 시스템이 개인의 자유를 보장하지는 않아도 산업 생산량만을 볼 때는 더 우월한 시스템이라고 생각했다. 1950년대 〈포린 어페어Foreign Affairs〉의 출간 무렵 저자들은 '대규모 강제 저축'을 창출하겠다는 소련의 의지를 지적하면서, "강제 저축의 이점을 무시할 수는 없다."고 설명한다. "경제 대국으로서 소련은 미국보다 더욱 빠르게 성장할 것이다."라고 예측하기도 했다. 저자들은 또한 소련이 "중앙 계획 경제로부터 어떤 이점을 누리고 있다."고 경고했다. 따라서 공산주의의 '어떤 이점'에 매료된 제3세계가 공산화될 위험이 있다는 것이다.[24]

오늘날 이 같은 두려움을 비웃을 수는 있을 것이다. 그러나 1990년 8월, 내가 소련을 처음으로 방문했을 때 그제야 사람들은 뒤늦게 소련이 예나 지금이나 가난하다는 것을 깨달았다. 소련은 '세계적인 산업 강국'이 아니었다. 밀폐된 창문, 흐루시초프 정권 시절 고장난 후 아직까지 수리되지 않은 에어컨, "안녕, 나타샤예요. 난 외로워요."라며 방으로 들어오려는 매춘 여성들을 견디며 작은 호텔방에

---

24) Wiles 1953, Thorp 1956.

앉아 있는 동안, 난 정말이지 어떻게 소련이 우리를 그토록 오랫동안 속일 수 있었나 궁금해졌다. 오늘날 러시아의 1인당 소득은 미국의 6분의 1 수준에도 미치지 못한다. 경제학자들에게 주어지는 예언 능력 때문인지 나는 당시 동료들에게 "이곳은 당장이라도 터지고 말 거야."라고 말한 적이 있는데, 사실 1990년 이후 러시아 경제는 마이너스 성장을 기록하고 있다.

그렇지만 당시 로스토는 제3세계에 공산주의만이 "이륙을 추동하는 효과적인 국가 조직 형태"는 아니며, 비공산주의의 길도 존재한다는 것을 보여 줄 필요를 느꼈던 것이다. 바로 서방 국가들이 빈국의 이륙에 필요한 필요투자와 국내 저축 수준 간의 자금조달갭을 메우기 위한 원조를 제공할 수 있다는 것이다. 로스토는 '이륙'에 필요한 투자 수준을 계산하기 위해 자금조달갭 이론을 사용했다.[25] 빈국으로 유입되는 국제 자본 플로는 극히 적었기 때문에 민간 금융의 역할은 무시되었다.

소련의 공포는 효과가 있었다. 미국의 해외 원조는 이미 1950년대 아이젠하워 정부 시절부터 급증했다. 로스토는 아이젠하워 대통령의 정책고문이었다. 로스토의 이론은 야심만만한 상원의원, 존 F. 케네디의 마음을 사로잡았고, 케네디는 로스토의 조언을 받아들여 1959년 상원에서 외국 원조 결의안 통과를 주도했다. 대통령에 당선되자 케네디는 1961년 의회 메시지를 통해 해외 원조 증가를 요청하기에 이르렀다. "우리 시대에 이 신생국들은…… 자력 성장 단계에 도달하기 위해…… 특별한 이유로…… 도움이 필요합니다. 예외

---

25) Rostow 1960, 37쪽.

없이 모든 신생국은 공산화의 압력에 놓여 있습니다."

로스토는 케네디와 존슨 정부에서 일했다. 그 영향으로 케네디 정부 시절 미국의 해외 원조는 25% 증가했고, 존슨 정부 시절 140억 달러, 즉 미국 GDP의 0.6%라는 사상 최고치에 도달했다.

이후 미국의 해외 원조는 감소했지만, 다른 선진국의 해외 원조 증가는 미국의 해외 원조 감소를 보상하고도 남음이 있었다. 1950년에서 1995년 사이, 서방 선진국은 해외 원조로 1조 달러를 지출한 것이다.[26] 사실상 모든 해외 원조 추종자들이 자금조달갭 이론을 사용했기 때문에 해외 원조는 단일 경제 이론에 기초한 정책 가운데 가장 광범위하게 적용된 정책 경험이었다.

저축을 기억하라

1966년 자그디시 바그와티Jagdish Bhagwati가 지적한 것처럼, 성장을 위한 투자 원조 도그마가 "대체로 타당하다."는 높은 공감대가 형성되어 있었다. 그러나 원조를 구성하는 저금리 대출 제공국들에 과도한 부채의 경종을 울리는 목소리도 있었다. 예로 터키는 과거 원조 대출의 채무원리금 상환 문제를 겪고 있었다. 1971년 폴 바우어Paul Bauer의 냉소적인 지적처럼, "개도국이 외국 원조 협정으로 원조받은[27] 대출을 상환할 수 있으려면 다시 외국 원조가 필요하다."

채무 문제를 해결하는 명백한 방법은 국내 저축을 늘리는 것이었

---

26) 여기서 선진국이란 서유럽, 북미, 오스트레일리아, 뉴질랜드, 일본을 포함하는 경제협력개발기구의 회원국들이다.
27) Bauer 1972, 127쪽.

다. 바그와티가 보기에 국내 저축 증대는 국가의 일이다. 국가가 세금을 올려서 공공 저축을 발생시켜야 하는 것이다.[28] 로스토는 원조 수혜국이 이륙과 동시에 자연스럽게 국내 저축을 증대시킬 것이며, 따라서 '10년에서 15년' 후에 원조 제공국은 원조를 '중단'할 수 있을 것이라고 예상한 바 있다. 그러나 40년이 지난 오늘날, 우리는 여전히 로스토의 예언이 현실화되기를 기다리고 있다.

홀리스 체너리Hollis Chenery도 자금조달갭 이론 적용시 더욱 높은 수준의 국내 저축의 필요성을 역설했다. 그에 따라 체너리와 앨런 스트라웃Alan Strout은 1966년 논문에서 외국 원조가 "투자 능력과 저축 능력의 시간갭을 메워 주는" 모델을 제시했다.[29] 따라서 투자는 성장으로 직결된다. 그러나 체너리와 스트라웃은 소득 증가에 따른 높은 저축률을 가정했다. 이 저축률은 경제가 잠재적으로 '자력 성장'의 길로 들어설 수 있을 만큼 충분히 높아야 한다. 여기서 자력 성장이란 국내 저축만으로 투자 자금 필요를 만족시킬 수 있는 상태를 의미한다. 체너리와 스트라웃은 원조 제공국이 "원조 수준을 수혜국의 국내 저축률 증대능력에 연동시킬 것"을 제안했다.

자금조달갭 이론이 컴퓨터를 만나다

경제학자들은 체너리가 1971년 세계은행 총재 로버트 맥나마라

---

28) Bhagwati 1966, 69쪽, 170쪽, 219쪽.
29) 체너리와 스트라웃은 자신들의 모델을 투갭(two-gap) 모델이라고 불렀다. 체너리-스트라웃 모델의 두 가지 갭은 투자-저축갭과 무역갭이다. 사후 무역갭은 투자갭과 일치하지만 사전 무역갭은 고정가격하 결핍 경제에서 제약이 될 수 있다. 나는 이 장에서 무역갭은 고려하지 않을 것이다. 일단 시장 친화적 정책이 도입되어 결핍 경제의 상황을 호전시킬 경우 개발 정책 맥락에서 무역갭의 영향은 줄어들기 때문이다.

Robert McNamara의 수석 경제보좌관 시절 제시한 모델을 컴퓨터화했다. 맥나마라 총재는 마침내 각국에 필요한 정확한 원조 수준을 알 수 있는 도구를 얻게 되었다고 기뻐했다.

세계은행 경제학자 존 홀슨John Holsen이 어느 주말 동안 최소 표준 모델MSM을 개발한 것이다. 홀슨은 자신의 '최소' 모델이 약 6주 정도의 수명을 가질 거라고 기대했다.[30] 각국의 경제학자들이 자국의 상황에 맞는 더욱 세련된 모델을 개발하여 최소 표준 모델을 대체할 것이라고 예상했던 것이다. 그러나 29년이 지난 오늘날에도 홀슨의 최소 표준 모델은 여전히 사용되고 있다. 나 역시 11년 전에 홀슨의 모델을 근본적으로 수정하려고 시도한 적이 있으나 실패했다. 따라서 홀슨 모델이 아직도 사용되고 있는 것은 부분적으로 나의 잘못이기도 하다. 최소 표준 모델이 개발되고 2년 후 세계은행 경제학자들은 그것을 수정하고 개정 최소 표준 모델RMSM이라고 명명했다.[31] RMSM의 성장파트는 해로드–도마 모델이다. GDP 성장률은 전년도 투자/GDP 비율에 비례한다. 따라서 고성장을 위해서는 외국 원조와 민간 금융이 저축과 필요투자량 간의 자금조달갭을 메워야 한다.

이처럼 수혜국에 필요한 원조나 기타 자금 조달 수준을 결정하는 논의에서 자금조달갭 이론은 중요한 역할을 수행했다. 그런데 체너리의 주장을 따라 RMSM의 창시자들은 추가 소득으로부터 나오는 저축이 부채의 급증을 방지할 수 있을 만큼 충분히 높아야 한다고 경고했다. 실제로 많은 남아메리카 국가와 아프리카 국가들이 1980년대와 1990년대 부채 위기를 겪었다.

---

30) 존 홀슨의 서신, 1996년 12월 17일.
31) 닉 카터와 노만 힉스의 서신, 1996년 12월 16일.

현실적으로 성장이 투자 원조에 반응하지 않았다는 점 때문에 경제학자들은 잠시 주춤했지만, 자금조달갭 이론의 옹호자들에게는 만일을 위해 대비해 둔 논리적 방어 무기가 있었다. 한 권의 개발 경제학 교과서가 나중에 새로운 도그마가 된 다음과 같은 주장을 제시한 것이다. "비록 물적 자본 축적이 발전의 '필요조건'으로 간주될 수는 있으나 '충분조건'은 아니다."[32] 또 다른 유명한 개발 경제학 교과서도 비슷한 설명을 하고 있다. "'투자 주도 이륙'이 작동하지 않았던 기본적인 이유는 높은 저축과 투자가 '필요조건'이 아니기 때문이 아니라, 그것이 '충분조건'이 아니기 때문이다."[33] 우리는 다음에서 투자는 필요조건이지만 충분조건은 아니라는 아이디어가 어떻게 작동하는지 살펴볼 것이다.

자금조달갭 이론은 영원히

자금조달갭 이론은 1960년대와 1970년대의 전성기 이후, 특이한 운명을 맞게 된다. 즉 학계에서는 사망 선고가 내려진 죽은 이론이지만 그 유령은 여전히 살아 있다. 우리 같은 국제 금융기관의 경제학자들은 오늘날에도 원조, 투자, 성장 예측을 위해 자금조달갭 이론을 사용하고 있다.

우리는 심지어 자금조달갭 이론이 명백히 작동하지 않을 때조차도 이 이론을 적용했다. 한 예로 가이아나의 GDP는 1980~1990년까지 급격히 감소했지만 투자는 GDP의 30%에서 40%까지 증가했

32) Meier 1995, 153쪽.
33) Todaro 2000.

다.[34] 또한 해외 원조는 GDP의 8%에 달했다.[35] 이는 분명히 자금 조달갭 이론의 승리가 아니었다. 그러나 1993년의 세계은행 보고서는 가이아나에는 "경제 성장을 위한 충분한 자원을 제공하기 위해…… 대규모 외국 원조가 계속 필요할 것이다."라고 주장하고 있다.[36] 마치 "잘 안 되었으니 다시 한 번 시도해 보자."라는 식이다.

우리는 전후 복구프로그램에도 자금조달갭 이론을 적용했다. 예로 세계은행 경제학자들은 1996년 우간다 경제가 빠르게 성장할 수 있는 프로그램을 제시했다. 그것도 연 7%의 성장률을 목표로 말이다. 연 7%가 누구 집 개 이름이라도 된단 말인가. 우간다의 낮은 저축과 투자 수준을 고려하면 이는 높은 수준의 외국 원조 유입을 뜻한다. 보고서는 이처럼 높은 수준의 외국 원조를 주장한다. 그보다 낮은 외국 원조는 "우간다의 중기 경제 성장에 해로울 수 있기 때문이다."[37]

우리는 거시 경제 위기 후에도 자금조달갭 이론을 적용했다. 1995년의 세계은행 보고서는 라틴아메리카 국가들을 대상으로 "저축과 투자를 GDP의 8%까지 향상시킨다면 연성장률은 약 2% 포인트 가까이 증가할 것"이라고 지적하고 있다.[38] 인터 아메리카개발은행의 1995년 보고서는 "지속적인 산출 증가를 위해 필요한 투자 수준 유지라는 라틴아메리카의 도전"에 대해 걱정하고 있다.[39] 태국 경제를 분석한 2000년 세계은행 보고서는 동아시아 위기의 진원지였던 태

---

34) 세계은행 1993a.
35) OECD 데이터.
36) 세계은행 1993a, 32쪽.
37) 세계은행 1996, 23쪽.
38) 세계은행 1995a, 10쪽, 23쪽.
39) 인터 아메리카개발은행 1995, 19쪽.

국에 "민간 투자야말로 성장 회복의 열쇠"라고 조언하고 있다.[40]

또한 경제학자들은 개발도상국 공무원들을 교육할 때도 자금조달 갭 이론을 사용했다. 세계은행과 국제통화기금IMF이 제공하는 교육 과정은 개발도상국 공무원들에게 '목표 성장률'에 비례하는 투자 필요 수준을 계산하는 법을 가르치고 있다.[41]

우리는 공산주의에서 자본주의로의 이행이라는 혼란의 한가운데 에서도 여전히 자금조달갭 이론을 포기하지 않았다. 리투아니아 경제를 살핀 1993년 세계은행 보고서는 "생산 수준 감소를 막는 데 필요한 투자 자원을 제공"하기 위해 "높은 수준의 외국 원조가 필요하다."고 설명한다.[42] 리투아니아에 대한 1998년 세계은행 보고서는 여전히 성장이 투자에 비례한다는 가정을 사용하고 있다. 전쟁으로 피폐해진 크로아티아 경제를 전망한 1997년 보고서 역시 마찬가지 이다. "앞으로 3년 이내에 5~6%의 성장률을 달성하기 위해서 는…… 투자 수준이 GDP의 21~22%에 도달해야 한다."[43]

목표 성장률을 달성하려면 어느 정도의 투자와 원조가 필요한가? 유럽부흥개발은행EBRD의 1995년 보고서는 이것이야말로 중앙계획 관의 문제라고 재치 있게 지적하면서도, 어쨌든 이 문제를 풀 해답 을 제시한다. 해답은 "필요투자 수준을 계산하기 위해 '해로드-도 마 성장 방정식'을 사용하는 것"이다. 이 성장 방정식은 구공산주의 국가들에게 연 5%의 성장률을 달성하려면 "GDP의 20% 혹은 그 이 상의 투자가 필요할 것"이라고 설명한다. 보고서는 또한 "조건부 공

---

40) 세계은행 2000b.
41) IMF 1966a, 228쪽, 239쪽.
42) 세계은행 1993b, 20쪽.
43) 세계은행 1997a, 15쪽.

공 원조가 국내 저축과 투자의 차이를 메워 줄 것"이라고 지적한다.[44]

그래서 아이러니의 순환이 완성된다. 공산주의 국가들은 자금조달갭 이론에 영감을 주었고, 냉전은 자금조달갭을 원조로 메운다는 생각에 영감을 주었으며, 이제는 자본주의 국가들이 구공산주의 국가들을 위해 자금조달갭을 메우려고 애쓰고 있는 것이다.[45]

경험에 비추어본 투자원조

내가 아는 한, 지금까지 자금조달갭 이론을 실제 경험적 증거와 비교한 학자는 없었다. 국가별 데이터가 충분히 구축되었을 때 자금조달갭 모델은 이미 학계의 관심 밖이었다. 그러나 앞서 보았듯이 모델은 죽었지만, 모델의 유령은 빈국의 성장과 필요 원조 수준을 결정하는 과정에서 여전히 살아 있다. 이제 이 모델을 테스트해 보자.

자금조달갭 이론가들은 국내 저축을 초과하는 '필요투자량'만큼 원조 수준을 계산할 때 원조가 1 대 1의 비율로 투자로 직결될 것이라고 가정한다. 더구나 원조 제공국은 수혜국이 원조와 동시에 국내 저축률을 증가시킬 것을 요구하는 조건으로 원조를 제공했다. 로스토를 비롯한 몇몇 학자들은 당연히 수혜국의 저축률이 상승할 것이라고 생각했다. 따라서 저축률 증대와 결합된 원조는 심지어 1 대 1의 비율을 넘어서는 투자 증대로 귀결될 것이라고 판단한 것이다.

---

44) 유럽부흥개발은행 1995, 5쪽, 66쪽, 71쪽. EBRD의 수석경제학자 니콜라스 스턴(Nicholas Stern)은 EBRD 프로젝트에서 해로드-도마 모델의 사용을 부인했다.

45) 소련의 성장-투자 선형 관계 이론도 완전히 무너졌다. 1960~1980년대, 투자율이 계속 증가했으나 성장률은 감소했다. Esterly & Fischer 1995.

그렇다면 실제로는 무슨 일이 일어났는지 살펴보자.

우리는 1965년부터 1995년까지 88개국의 데이터를 갖고 있다.[46] 원조의 투자 직결 여부는 두 가지 테스트를 거쳐야만 한다. 첫째, 통계학적으로 원조와 투자 간 양의 상관관계가 있어야 한다. 둘째, 원조가 최소 1 대 1의 비율 이상으로 투자로 전환되어야 한다. 즉 원조가 GDP의 1%만큼 추가로 증가한다면 투자도 GDP의 1%만큼 증가해야 한다. 로스토는 더 나아가 원조 수혜국의 저축률 증대로 인해 투자 증가율은 1 대 1 이상일 것이라고 예상했다. 그렇다면 원조의 투자 직결 가정이 이 두 가지 테스트를 통과했는가? 첫 번째 테스트 결과 88개국 중 단지 17개국에서 원조와 투자 간 양의 상관관계가 존재했다.

이 17개국 가운데 단지 6개국에서 원조 증가시 투자가 1 대 1 이상으로 증가했다. 이 놀라운 6개국에 홍콩과 중국이라는, 원조를 매우 적게 받은 두 국가가 포함된다. 홍콩은 1965년부터 1995년까지 GDP의 평균 0.07%에 해당하는 원조를 받았고, 중국은 0.2%에 해당하는 원조를 받았을 뿐이다. 다른 4개국 즉 튀니지, 모로코, 몰타, 스리랑카는 상당한 수준의 원조를 제공받았다. 나머지 82개국은 위의 두 가지 테스트를 통과하지 못했다.

이 같은 국가별 결과는 원조와 투자 간의 어떤 관계도 발견하지 못했다는 1994년 한 연구의 결론을 연상시킨다. 그렇지만 이 연구와는 달리 나의 목표는 외국 원조가 효과가 있는지 여부를 밝히는 일

---

46) 나는 여기서 투자에 대한 국내 가격 데이터를 사용했다. 왜냐하면 해외 개발 원조는 조정된 구매력(purchasing power adjusted)이 아니기 때문이다. 나는 모든 데이터를 한꺼번에 사용하면서 구매력 평가지수와 국내 가격 데이터를 혼합할 수밖에 없었다. 해외 개발 원조에 대한 데이터는 OECD 데이터이다.

반적인 주장을 제시하는 것이 아니다. 그 같은 작업에는 많은 문제가 따른다. 원조와 투자 모두 어떤 제3의 요소에 반응할 수 있다는 가능성 때문이다. 예로 한 국가에서 가뭄이 발생하면 투자는 떨어지고 원조를 증가시킬 수 있다. 나는 단지 투자와 원조가 자금조달갭 모델의 주창자들이 기대했던 방식으로 변하는지 여부만을 검토했다. 사실 자금조달갭 이론가들은 원조가 투자로 전환될 것을 예상했지, 가뭄을 극복하는 데 사용되리라고는 예상하지 못했다. 그런데 나의 연구 결과에 따르면 투자와 원조는 자금조달갭 이론가들이 기대했던 방식으로 움직이지 않았다.

치료책으로서의 자금조달갭 이론이 실패한 이유는 이 책의 모토인 "사람들은 유인 체계에 반응한다."를 지키지 않았기 때문이다. 그렇다면 원조 수혜국이 직면하는 유인 체계에 대해 생각해 보자. 원조 수혜국은 투자의 고수익이 보장될 때 원조금을 투자할 것이며, 그렇지 않을 경우에는 투자하지 않을 것이다. 단지 원조가 수혜국의 투자를 유도할 거라고 생각할 이유는 전혀 없으므로 원조 수혜국의 투자는 증가하지 않을 것이다. 반면에 수혜국들은 더 많은 소비재 구매를 위해 원조금을 사용할 것이다. 이것이야말로 우리가 원조-투자 관계를 검토했을 때 발견한 것이다. 결국 원조와 투자 간에는 아무런 관계도 존재하지 않는다.

물론 원조가 전부 소비로 전환되는 것 대신에 투자를 촉진할 수도 있다. 다수의 원조 주창자들이 제안했던 것처럼 원조는 수혜국의 저축률 증가를 조건으로 제공될 수도 있다. 이 경우 수혜국 정부는 정부 저축을 늘리거나 민간 저축을 촉진하여 국내 저축을 증가시키려는 유인을 가질 수 있다. 전자는 정부 지출을 줄이는 방법으로, 후자는 저축 소득에 대한 감세와 소비세 등을 통해 실현될 수 있다. 이렇게 저축이 증가하면 원조 수혜국들은 부채 문제를 겪지 않아도 될 것이며 투자가 증대될 것이다. 그런데 국내 저축과 원조의 동반 증가는 낮은 국내 저축으로 인해 자금조달갭을 메울 목적으로 더 많은 원조를 필요로 하는 현재의 원조 시스템과 상반된다.

성장 원조

자금조달갭 이론의 두 번째 함수관계는 투자와 성장 간 관계이다. 과연 자금조달갭 모델이 가정하고 있는 것처럼 투자가 신속한 경제 성장을 가져오는가?

나는 일단 모든 국가에 대해 동일한 단기 투자-성장 관계를 가정했다. 그리고 투자-성장 관계를 평가하기 위해 4년 평균 수치를 적용했다. 보통 국제 금융기관에서는 5년을 예상 주기로 사용한다. 각국 경제학자들은 일반적으로 현재의 경기조건으로부터 첫 번째 연도를 산정하기 때문에 4년이 사실상 공통적인 예상 주기라고 볼 수 있다. 그런데 4년 평균 수치를 적용한 결과는 자금조달갭 이론을 뒷받침하지 못했다. 4년 동안의 성장과 그에 앞선 4년간의 투자 사이에 아무런 통계학적 관계도 존재하지 않았기 때문이다.[47]

이제 모든 국가에 대해 동일한 것으로 가정한 투자-성장 관계를 국가별로 변화시켜 각국의 투자-성장 관계를 검토해 보자. 적어도 성장과 투자에 대한 10개의 자료가 제공되는 국가는 138개국이다.

---

47) 이 결과는 성장은 연기된 투자의 함수가 아니지만 투자는 연기된 성장의 함수라는 블롬스트롬(Blomström), 립시(Lipsey), 헤스턴(Heston)의 연구 결과와 비슷하다.

여기에는 두 가지 투자-성장 관계 테스트가 존재한다. 첫째, 성장과 전년도 투자 간에 통계학적으로 양의 상관관계가 존재해야 한다. 둘째, 투자-성장 관계는 합리적 '자금조달갭'이 형성될 수 있도록 '일반적인' 범위 내에 존재해야 한다. 결국 두 가지 테스트를 모두 통과한 국가는 4개국으로, 이스라엘, 라이베리아, 레유니옹, 튀니지이다.48

앞서 원조-투자 관계가 예상대로 작동했던 6개국을 떠올려 보자. 그렇다면 이제 자금조달갭 이론을 뒷받침하는 실례는 단 한 국가, 튀니지 밖에 없다는 결론을 내릴 수 있을 것이다. 튀니지 국민들이 축하의 샴페인을 터트리기 전에 나는 138개국 중 1개국의 성공은 자금조달갭 모델과 상관없이 순전히 우연히 발생할 수도 있다는 사실을 지적하고 싶다.

단기에 투자가 필요조건인가?

우리 같은 실무자들이 다른 137개국에 대해 할 수 있는 변명은 투자는 필요조건일 뿐 충분조건이 아니라는 것이다. 나는 이 주장을 테스트하기 위해 고성장 기간(7% 이상)의 전시기에 몇 번이나 투자가 필요투자율에 도달했는지 검토해 보았다. 전체 국가의 10분의 9에서 성장의 '필요'조건으로서의 투자는 존재하지 않았다. 사실 국제금융기관 경제학자들이 주로 연구하는 단기에서 투자가 고성장을 위한 필요조건인지 충분조건인지는 명확히 알 수 없다. 장기의 경우

---

48) 나는 투자와 산출을 모두 국제 가격으로 계산한 서머스와 헤스턴의 1991년 자료를 이용했다. 그러나 국내 가격으로 계산된 세계은행 자료를 사용해도 비슷한 결과를 얻을 수 있다.

기계의 축적이 성장과 나란히 증가하기는 하지만, 다음 장에서 어떻게 투자가 아니라 기술이 핵심 요소인지 논할 것이다.

성장과 투자 모두 4년 평균 주기를 적용하고, 성장이 증가한 시기를 파악하고, 투자가 몇 번이나 '필요한 양'만큼 증가했는지 살펴보자. 고성장을 기록했던 시기들 중에서 투자가 '필요한 양'만큼 증가한 기간은 전체의 6%에 불과하다. 나머지 94%에서 투자는 성장의 '필요조건'이 아니었다. 경험적으로 단기나 중기에서 투자 증가는 고성장을 위한 필요조건도 충분조건도 아니다.

성장이 전년도의 투자에 비례한다는 가정이 왜 실제로는 성립되지 않았을까? 성장과 투자의 비례관계는 기계가 생산을 제약한다고 가정한다. 노동의 초과 공급 상태가 영원히 지속되기 때문이다. 노벨 경제학상 수상자인 로버트 솔로Robert Slow는 이미 1956년에 이 가정이 문제가 있다는 사실을 지적한 바 있다. 비록 국제 금융기관 경제학자들은 솔로의 지적을 40년 동안이나 무시했지만 말이다. 만약 노동력은 풍부하게 공급되지만 기계의 공급은 제한적이라면 기업들은 많은 노동자와 적은 수의 기계가 소요되는 기술을 사용하려는 강한 유인을 갖게 될 것이다. 예로 노동력이 부족한 미국에서 도로 건설 프로젝트는 수동 착암기를 많이 활용하며 비교적 적은 수의 노동자를 고용한다. 반대로 노동력이 풍부한 인도에서 도로를 건설한다면 노동자들이 직접 곡괭이를 들고 돌을 쪼개 가며 일을 할 것이다. 따라서 투자가 성장을 제약한다는 사고는 "사람들은 유인 체계에 반응한다"는 명제와 양립 불가능하다.

잉여 노동을 가정하는 것은 '필요투자'를 위해 자금조달갭을 긴급하게 메워야 하는 또 다른 이유가 된다. 만약 투자가 잉여 노동을 흡수하기에 충분한 생산량 증대를 일으킬 수 없다면 실업이 증가할 것이다. 예로 세계은행이 이집트 경제를 분석한 1998년 보고서는 투자에 비례하는 성장이라는 아이디어를 그대로 적용하여, 성장률이 연 2%에 불과할 경우 1998년 9.5%에 달하던 실업률이 2002년에는 20%까지 급증할 가능성이 있다고 경고한다. 반면에 고투자를 동반하여 성장률이 6.5%에 달하게 되면 2002년의 실업률은 단지 6.4%에 불과할 것이라고 설명한다.49

말할 것도 없이 저투자가 고실업으로 직결된다는 것은 어리석은 사고이다. 이것은 기계를 노동으로 대체하는 가능성을 고려하지 않고 있기 때문이다. 만약 저투자 때문에 기계스톡이 느리게 증가한다면 풍부한 노동력이 부족한 기계를 대체할 것이다. 잉여 노동 이론은 주어진 투자 수준에서 추가로 노동력을 투입하면 생산에 아무런 영향을 미치지 못한다고 가정하지만, 이는 실제 현실과 전혀 부합되지 않는다.

어떻게 투자에 대한 성장의 반응도가 커질 수 있을까? 경제가 성장함에 따라 더 많은 기계가 필요하다는 것은 사실이다. 그러나 엄격한 투자-성장 관계가 작동하지 않는 이유는 기계 투자가 단지 미래의 생산을 증대시키는 여러 가지 형태 중 하나이며, 이 모든 생산 증대 방식은 유인 체계에 반응하기 때문이다. 만약 미래의 투자 유인이 강하다면 기계 투자가 증가할 것이며, 신기술의 적용도 늘어날 것이다. 다음 장에서 살펴볼 신기술은 성장의 중요한 요소이다. 또한 교육과 직업 훈련에 대한 투자도 증가할 것이며, 자본 조직 투자

---

49) 세계은행 1998, 2쪽.

도 증가할 것이다.

성장에 영향을 미치는 다양한 요소들로 인해 투자-성장 관계는 불안정해진다. 각국의 성장은 평균 성장률 근처에서 변하는 반면, 투자율의 변화는 예측 불가능하다. 그럼에도 국제 금융기관에서 투자 '생산성'의 역수로서 투자-성장 비율, 즉 한계고정자본계수ICOR를 사용하는 것은 매우 일반적이다. 예로 세계은행이 태국 경제를 파악한 2000년 보고서는 1997~1998년 금융 위기의 조짐 중 하나는 "1996년에 ICOR이 거의 사상 최고 수준에 육박했다."는 사실이라고 지적한다.50 마찬가지로 아프리카에 대한 세계은행의 2000년 보고서는 1970~1997년 아프리카가 저성장과 마이너스 성장을 기록한 이유는 "한계고정자본계수로 측정된" 낮은 투자 생산성 때문이라고 설명한다.51

한계고정자본계수는 단지 불명확한 관계가 있는 두 요소의 비율을 나타낼 뿐이지만 독립적인 인과 요소로 고려된다. 심지어 성장이 투자와는 전혀 상관없는 이유로 감소한다고 해도(예로 태국은 잘못 관리된 은행 시스템 때문에, 아프리카는 권력자에게 집중되는 부 때문에 성장률이 하락했다) 여전히 우리는 투자율의 변화가 없으니 성장률이 하락했다고 말할 것이다. ICOR이 상승했기 때문에 즉 투자-성장 비율이 하락했기 때문이다. 그렇다면 오렌지 가격은 변화가 없고 사과-오렌지 비율이 하락했으니, 사과 가격이 하락했다고 말할 수도 있을 것이다!

그렇다면 주어진 성장률을 유지하기 위해 어느 정도의 투자가 '필

---

50) 세계은행 2000b.
51) 세계은행 2000c.

요'한지 걱정하기보다 미래의 투자 유인 강화에 집중해야 하며, 다양한 형태의 투자가 실행될 수 있도록 노력해야 한다.

투자 원조와 성장 원조 메커니즘의 동시 검토

나는 자금조달갭 이론의 예상에 따른 국가 소득의 변화 모델을 구성해 보았다. 자금조달갭 모델은 원조가 1 대 1, 혹은 그 이상의 비율로 투자로 전환될 것이라고 예상한다. 나는 신중한 판단을 위해 원조와 투자의 1 대 1 전환관계만을 고려했다. 따라서 당해 연도 GDP 대비 원조가 증가한 만큼 GDP 대비 투자도 증가할 것이며, 이 투자는 다음 연도 성장을 증가시킬 것이다. 이는 결국 총 GDP 성장을 의미한다. 또한 1인당 성장률을 파악하기 위해 전체 GDP 성장률에서 인구 증가율을 뺐다.

우선 잠비아의 실제 평균 소득과 20억 달러의 원조를 통해 자금조달갭 이론이 예상대로 작동했을 경우의 소득을 비교해 보았다(그림 2.1 참조). 자금조달갭 이론대로라면 잠비아는 오늘날 1인당 국민 소득 2만 달러의 산업 국가가 되었어야 한다. 그러나 실제로는 어떠한가? 잠비아의 1인당 국민 소득은 600달러로, 세계에서 가장 가난한 국가에 속한다. 결국 잠비아는 자금조달갭 이론을 부정하는 최악의 케이스이다. 잠비아는 자체적인 투자율도 높았으며 해외 원조도 많이 받았다. 그러나 잠비아의 투자율은 원조가 증가함에 따라 상승하는 것이 아니라 오히려 하락했다. 투자가 성장으로 이어지지 않았다.[52]

그렇다면 전체 원조 수혜국들의 성장은 자금조달갭 이론의 예상

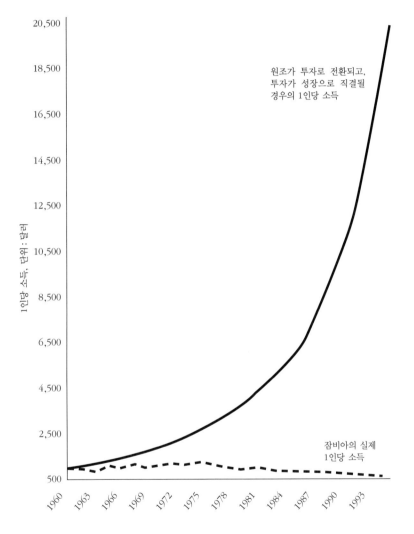

20,500

18,500

원조가 투자로 전환되고,
투자가 성장으로 직결될
경우의 1인당 소득

16,500

14,500

12,500

10,500

8,500

6,500

4,500

2,500

잠비아의 실제
1인당 소득

500

1인당 소득, 단위 : 달러

1960 1963 1966 1969 1972 1975 1978 1981 1984 1987 1990 1993

그림 2.1
잠비아의 실제 소득과 자금조달갭 모델이 예측한 소득의 차이

결과에 비해 어떻게 나타났는가? 첫째, 수혜국들의 실제 성장은 예상 성장률보다 단순히 낮은 것 이상이었다. 둘째, 자금조달갭 모델은 성장의 슈퍼스타를 제대로 파악하지 못했다. 대표적인 예가 기니비사우, 자메이카, 잠비아, 가이아나, 코모로, 차드, 모리타니, 모잠비크, 짐바브웨이다. 이들 국가는 높은 초기 투자율과 대규모 원조에도 불구하고 성장의 슈퍼스타는커녕 재앙임이 드러났다. 진짜 슈퍼스타는 자금조달갭 이론이 예상하지 못한 싱가포르, 홍콩, 태국, 말레이시아, 인도네시아였다. 이들 국가는 낮은 초기 투자 또는 낮은 원조 수준을 극복하고 빠르게 성장했다. 결론적으로 자금조달갭 이론이 예상한 성장률과 실제 성장률 사이에는 아무런 관계가 없다.

50년이면 충분하다

투자 원조에 대한 맹신 때문에 우리는 50년 동안 성장을 위한 탐색 중에 길을 잃었다. 이제 자금조달갭 모델은 폐기해야만 한다. 자금조달갭이라는 개념도, 일국에 필요한 원조액을 계산하는 자금조달갭 모델의 그럴싸한 계산도 전부 버려야 한다. 목표 성장률 달성을 위해 '필요한' 투자가 어느 정도인지 계산하려고 시도해서는 안 된다. 단기에서는 투자와 성장 간의 어떠한 안정적인 관계도 존재하지 않기 때문이다. 또한 주어진 성장률에서 일국이 '필요한' 원조액이 얼마인지 계산하려고 시도해서도 안 된다. 이 질문에 대답할 수

---

52) 나는 서머스와 헤스턴의 1991년 논문에서의 GDP와 투자율을 사용했다. GDP 대비 원조비율은 OECD 자료에서 도출했다. 이는 물론 이상적인 방법은 아니다. GDP 대비 원조 비율은 구매력 평가에 기초한 금액이 아니며, 따라서 얼마나 많은 투자가 이루어졌는지 과대평가되거나 과소평가될 수 있기 때문이다.

있는 경제 모델은 존재하지 않기 때문이다.

더구나 자금조달갭 이론에 따른 원조 제공은 수혜국에게 좋지 않은 유인을 제공한다. 자금조달갭이 클수록, 원조가 늘어날수록 수혜국의 저축률은 낮아진다. 이는 수혜국이 발전을 위해 자국의 자원을 활용하는 유인을 떨어뜨린다.

가나의 경험으로 돌아가 보자. 가나가 독립 당시나 지금이나 여전히 가난하다는 사실은 슬픈 현실이다. 우리가 제3부에서 볼 것처럼, 만약 저축과 성장을 위한 좋은 유인을 창출하는 국가들에 원조가 제공되었다면 원조는 성장의 길을 모색하는 국가들을 돕는 데 더욱 효과적이었을 것이다. 가나가 1983년 최저점을 통과한 이후 개혁을 시작하였고, 이후 1인당 성장률 연 2%를 유지하고 있다는 사실은 그래도 희망적인 현실이다.

그러나 아직도 공장을 건설하고 기계를 도입하여 경제 성장을 이룩한다는 사고는 놀라울 정도로 팽배해 있다. 다음 장에서 우리는 어떻게 좀더 탄력적인 버전의 기계 맹신주의가 성장을 위한 치료책으로서 구축되었는지 살펴볼 것이다.

3장
투자는 성장의 열쇠가 아니다

정치인들은 모두 똑같다. 그들은 심지어 강이 없는데도
다리를 짓겠다고 약속한다.

_니키타 흐루시초프

노벨 경제학상 수상자 로버트 솔로는 1956년 논문과 1957년 논문을 통해 자신의 성장 이론을 발표했다. 솔로의 결론을 접한 많은 사람들은 무척 놀랐으며 그 효력은 여전하다. 즉 기계 투자가 장기에서 성장의 원천이 될 수 없다는 결론이었다. 그는 장기에서 성장의 유일한 원천은 기술 변화라고 주장했다. 1957년 논문에서 솔로는 20세기 전반기 미국의 노동자 1인당 성장률의 8분의 7은 기술 변화로 설명된다고 평가했다.

경제학자들은 빈국에 솔로의 성장 모델을 적용했고, 적용하고 있지만, 투자가 아니라 기술 변화가 장기 성장을 이끈다는 솔로의 관점을 거부한 경제학자들도 많다. 개발 전문가들은 단기 성장이 투자에 비례한다는 해로드-도마 모델에서 서서히 벗어났지만, 어쨌든 장기에서는 투자가 성장의 지배적 결정 요소라고 믿었다.

경제학자들은 건물 및 기계 투자가 성장의 근본적 결정 요소라는 믿음을 '자본 근본주의capital fundamentalism'라고 부른다. 자본 근본주의가 효과가 있는지는 수많은 성장 관련 문헌에서 치열하게 논의되었다. 우리는 다음 장에서 '자본'이 기술skill과 교육을 포함하는 개념으로 확장될 때 어떤 일이 벌어지는지 살펴볼 것이다. 이 장에서는 자본 근본주의가 "사람들은 유인 체계에 반응한다"는 명제에 부합되지 않는다는 사실을 살펴볼 것이다.

그러나 자본 근본주의에 문제제기를 하는 국제 금융기관은 거의 없다. 국제 금융기관이 발표한 최근 보고서들을 읽어 보면 다음과 같은 문장을 발견할 수 있다. "사하라 이남 아프리카의 구조조정 경험은 민간 저축 및 투자 확대가 1인당 실질 GDP 성장의 열쇠라는 사실을 보여 주고 있다."(IMF, 1996)[1] 라틴아메리카는 "지속적 성장을 위해 필요한 투자 수준 유지라는 도전"에 직면해 있으며(인터 아메리카개발은행, 1995)[2], 중동 지역의 경우 "물적, 인적 자본 모두 투자 성과를 향상시키는 것이 이 지역의 성장 능력의 중요한 결정 요소이다."(IMF, 1996)[3] 동아시아에서 "생산 자산의 축적은 경제 성장의 기초이다."(세계은행, 1993)[4] 그래도 의심이 생기는가? 그렇다면 "투자 증대는 대부분의 사회·경제 분야 정책 문제에 대한 해답, 또는 해답의 일부"(유엔, 1996)[5]라는 것을 알아야 한다.

---

1) Hadjmichael et al, 1996, 1쪽.
2) 인터 아메리카개발은행 1995, 19쪽.
3) 중동 지역 분과, 1996, 9쪽.
4) 세계은행, 1993d, 191쪽.
5) 유엔, 1996, 8쪽.

그러나 건물과 기계에 대한 투자가 장기 발전의 열쇠라는 전통적인 사고는 기대를 충족시키지 못한 또 하나의 치료책에 불과하다.

솔로 쇼크

솔로가 어떻게 투자는 성장의 원천이 될 수 없다는 놀라운 결론에 도달했는지 살펴보자. 먼저 그의 1956년 논문과 1957년 논문에 제시된 성장 모델을 검토해 보자. 경제가 보유하고 있는 노동자와 기계의 수가 많으면 많을수록 생산이 증가한다. 즉, 우리가 기계에 더 많은 투자를 하고, 더 많은 노동자를 고용할수록 경제가 성장할 것이다.

그런데 '성장'이라 함은 각 개인의 삶의 수준이 계속 향상되는 것을 의미한다. 각 개인이 평균적으로 더 높은 수준의 삶을 유지할 수 있는 유일한 방법은 우리 각자가 평균적으로 더 많은 상품을 생산하는 것이다. 결국 문제가 되는 것은 노동자 1인당 생산량, 즉 노동 생산성이다.

기계와 노동, 단 두 종류의 투입 요소가 존재한다고 가정하자. 이럴 경우 노동자 1인당 생산량을 증대시키는 방법은 노동자 수의 증가보다 빠르게 기계의 수를 증가시키는 것이라고 생각할 수 있을 것이다. 다시 말해 노동자 1인당 생산량을 증대시키는 방법은 노동자 1인당 기계의 수를 증가시키는 것이다.

그러나 노동자 1인당 기계의 수를 증가시키는 일은 즉각적인 문제를 낳는다. 이 경우 노동자 1인당 기계의 수가 증가함에 따라 각 노동자는 한 번에 1대 이상을 사용할 것이고, 이 기계에서 저 기계로 정신없이 이동해야 할 것이다. 마치 영화 〈모던 타임스〉의 찰리 채

플린처럼 말이다. 이미 기계 8대를 돌려야 하는 노동자가 1대의 기계를 더 사용한다면, 전체 생산에 긍정적인 효과를 줄 것이라고 생각할 수는 없다. 이른바 수확체감의 법칙이다.

수확체감은 단순하면서도 피할 수 없는 논리이다. 다른 투입 요소에 비해 한 생산 요소를 무한정 증가시킨다고 해도 생산은 무한정 증가하지 않는다. 즉, 노동자 수 대비 기계의 수가 증가할 때 추가되는 각 기계의 수익은 점점 더 낮아질 것이다.

수확체감이 실제로 어떻게 작동하는지 보기 위해 두 요소 중 우선 하나를 고정시켜 놓고 나머지 요소를 증가시켜 보자.

투자의 수확체감 법칙

나는 아이들이 가장 좋아하는 아침식사 메뉴로 팬케이크를 만들 것이다. 팬케이크 조리법은 간단하다. 재료는 우유 1컵, 팬케이크 가루 2컵이다. 물론 이 비율이 항상 고정되어 있는 것은 아니다. 내가 조리법보다 우유를 많이 넣어 팬케이크를 좀더 얇게 만든다고 해도 아이들은 내가 만든 팬케이크를 먹을 것이다.

팬케이크를 만들려고 보니, 팬케이크 가루가 나의 아이들 3명이 먹을 팬케이크를 만들 수 있는 양밖에 남아 있지 않다. 그런데 갑자기 내 딸 레이첼이 "아빠, 오늘 브런치에 이브가 오기로 한 거 아시죠?"라고 묻는다. 문제는 내가 이브가 온다는 사실을 잊고 있었다는 것이다. 나는 아무도 모르게 팬케이크 반죽 그릇을 감춘 다음 그릇에 슬쩍 우유 1컵을 더 넣는다. 잠시 후 아들 칼렙이 팬케이크 킬러인 자기 친구 케빈도 브런치에 오기로 했다고 말한다. 나는 우유를 좀더 반죽 그릇에 넣는다. 아마 아이들은 눈치채지 못했을 것이다. 다음엔 부모님이 들어오셔서 딸 그레이스의 친구인 콜린이 올 거라고 말씀하신다. 나는 이제 자포자기의 심정으로 팬케이크 반죽에 우유를 다시 붓는다. 15분 후, 브런치를 위해 모인 사람들은 세계에서 가장 얇은 팬케이크 먹기를 거절한다.

이것이야말로 수확체감 법칙이 현실에서 어떻게 작동하는지 잘 보여 주는 예이다. 다른 재료는 그대로 둔 채, 하나의 재료만 더 많이 사용한다고 더 많은 양의 팬케이크를 만들 수 있는 것은 아니다. 투입 요소인 우유에 대한 수확체감이 발생한 것이다. 팬케이크를 만들 때 처음 우유 1컵의 효과는 매우 훌륭하다. 사실 이 1컵의 우유가 없다면, 난 그저 팬케이크 가루 덩어리 말고는 아무것도 얻을 수 없을 것이다. 그러나 팬케이크 가루 2컵에, 이미 3컵의 우유를 넣은 상황에서 또다시 우유 1컵을 추가한다면 적당한 두께의 맛있는 팬케이크를 만들기는 이미 틀렸다.

마찬가지로 노동자 수가 주어졌을 때, 1인당 기계의 수를 늘리는 방법으로 GDP 생산 증대를 꾀할 수 있다. 만약 기계가 전혀 없는 상태에서 출발했다면 이는 매우 좋은 방법이다. 추가되는 기계 1대당 높은 생산 증가를 기대할 수 있다. 그러나 이미 기계의 수가 많다면 기계 1대를 추가할 때 생산은 아주 약간만 증가할 것이다.

이 같은 수확체감의 강도는 해당 요소가 생산에서 얼마나 중요한 역할을 하는지에 달려 있다. 예로 팬케이크 실험에서 수확체감의 강도는 내가 늘리려는 재료가 팬케이크 요리에서 얼마나 중요한 재료인지에 달려 있다는 말이다. 앞의 실험에서 나는 팬케이크 가루는 그대로 둔 채 우유만 더 넣는 방법으로 팬케이크의 양을 늘리려고

했으나 실패했다. 그런데 만약 이 재료가 우유가 아니라 소금같이 덜 중요한 재료였다면 결과는 더욱 참담했을 것이다. 내가 밀가루와 우유의 양은 그대로 둔 채 소금을 더 넣어서 팬케이크의 양을 두 배로 늘릴 경우 아이들은 이렇게 만들어진 팬케이크를 좋아하지 않을 것이다.

반대로 소금 같은 부차적인 재료가 공급이 고정되어 있는 유일한 재료라면 팬케이크 생산을 늘릴 가능성은 커진다. 만약 소금은 부족하지만 팬케이크 가루와 우유는 충분히 있다면 나는 아이들의 입맛에 맞는 맛있는 팬케이크를 만들 수 있을 것이다. 소금은 그대로 두고, 팬케이크 가루와 우유의 양을 두 배로 늘린다면 팬케이크의 양도 늘어날 것이다. 자본 근본주의에 대한 논쟁은 생산요소로서의 자본이 얼마나 중요한지에 달려 있다.

솔로가 주장한 투자의 수확체감 법칙이 특히 격렬한 반응을 불러일으킨 이유는 건물과 기계가 전체 GDP에서 차지하는 비율이 놀라울 정도로 낮다는 사실 때문이었다. 미국에서 자본의 중요도는 전체 소득에서 자본 소득이 차지하는 비율로 측정될 수 있다. 여기서 자본 소득이란 건물과 기계의 직접·간접적 소유자들에게 귀속되는 모든 소득, 회사 이윤, 주식 배당금, 금리 소득을 전부 포함한다. 솔로는 1957년 논문에서 자본 소득은 미국의 전체 GDP의 약 3분의 1을 차지하고 있다고 설명한다.[6] 오늘날에도 미국의 자본 소득은 여전히 전체 GDP의 3분의 1을 차지하고 있다.[7] 나머지 3분의 2는 임금 소득, 즉 노동자들에게 귀속되는 소득이다.

---

6) Solow 1957.
7) U.S Statistical Abstract Calculation 1995.

따라서 자본은 전체 생산의 3분의 1만을 설명할 수 있을 뿐이며, 노동이 나머지 3분의 2를 설명한다. 만약 자본의 비중이 생산의 3분의 1에 불과하다면 투자의 수확체감이 강하게 발생할 것이다. 기계가 부족할 때 기계 1대가 추가되면 산출량이 증가되는 정도는 매우 높다. 그러나 기계를 이미 많이 보유하고 있을 때 추가되는 기계 1대로 인한 산출량의 증가 정도는 낮을 것이다.

그것은 성장을 위한 길이 아니다

수확체감의 법칙은 단순 명쾌해 보이지만, 솔로의 서프라이즈라는 놀라운 결론으로 귀결된다. 기계의 수를 늘리는 것은 성장 유지를 위한 적합한 방법이 아니라는 것이다. 만약 한 국가가 더 많은 기계를 구입함으로써 경제 성장을 시도한다면 그 국가는 기계가 부족한 초기에는 매우 높은 성장률을 기록할 것이다. 그러나 수확체감 때문에 노동에 비해 기계가 흔해짐에 따라 성장이 줄어들 것이다. 1인당 기계의 수가 일정 비율로 증가할 경우 1인당 생산 증가는 결국 제로 수준으로 떨어질 것이다.

솔로 모델이 함축하는 또 다른 놀라운 결론은 저축이 성장을 유지할 수 없다는 것이다. 저축이란 오늘의 소비를 자제하고 내일의 생산을 위한 기계를 구입하려고 돈을 아껴두는 것이다. 그러나 이것은 장기 성장률을 증가시키지 못한다. 기계 투자가 장기 성장의 원천이 될 수 없기 때문이다. 따라서 고저축률 경제가 저저축률 경제보다 더 높은 성장률을 달성하는 것은 아니다. 저축률이 높든 낮든, 기계 스톡 증가에 따른 피할 수 없는 수확체감이 발생하면서 성장률은 제로 수준으로 떨어질 것이다. 물론 고저축률 경제는 저저축률 경제보다 소득은 높겠지만, 두 경제 모두 성장을 유지할 능력은 없다.

바로 여기에 솔로의 서프라이즈가 있다. 수확체감이라는 단순 생산 논리 때문에 노동자 1인당 생산량 증대가 유지될 수 없다는 것이다. 그러나 미국을 비롯한 기타 선진국들은 지난 두 세기 동안 1인당 경제 성장률 2%를 유지하고 있다. 논리적으로 성장률 유지는 불가능하다. 그렇다면 이들 국가는 어떻게 그 같은 경제 성장률을 유지할 수 있는 것일까?

열쇠는 기술이다

솔로가 제시한 해법은 바로 기술 변화이다. 기술 변화 덕분에 공급이 고정되어 있는 투입 요소의 절약이 가능하다. 다시 말해 기술 변화로 인해 주어진 노동량으로 더 많이 생산할 수 있는 것이다.

솔로에 따르면 기술 진보는 기초 과학의 진보 같은 비경제적인 이유로 발생한다. 미국에서 기술 프론티어가 꾸준히 확대되고 있다는 것을 고려할 때 일정 비율의 기술 진보율을 가정해 볼 수 있다. 1인당 장기 소득 증가율을 결정하는 것은 바로 이 기술 진보율이다.

기술을 노동자와 기계를 조직하는 일종의 청사진이라고 생각하자. 기술 변화란 이 청사진이 점점 개선되는 것을 의미한다. 예로 어떤 청사진에 따르면 노동자가 제품의 생산 과정 전체를 혼자 처리해야 한다고 가정하자. 우선 산더미처럼 쌓여 있는 원자재 더미에서 재료를 골라서 용해기로 가져가 녹인다. 다음으로 이렇게 녹인 재료를 주조 기계로 운반하여 제품 모양으로 주조한다. 이번엔 주조된 제품을 최종 마무리 기계로 가져가 제품을 완성한다. 다음으로 완성된 제품을 도색 기계로 운반하여 제품을 도색한다. 마침내 도색까지 끝난 제품을 운송 트럭에 싣고 제품을 주문한 고객의 집으로 향한다. 제품을 인도한 후 고객에게 받은 돈을 은행에 예금하고, 공장으로 돌아온다. 공장에 도착해서는 다시 원자재 더미에서 재료를 골라서 용해기로 가져간다…….

어느 날 이 노동자는 한 소비자로부터 편지를 한 통 받는다. 그런데 소비자는 편지에서 새로운 청사진을 제시했다. 노동자가 하나의 기계에서 제품을 처리하는 것이 이 기계에서 저 기계로 이동하는 것보다 더 효율적이라는 것이다. 그러면서 기계와 기계 사이에 제품을 운반하는 컨베이어 벨트를 설치할 것을 제안한다. 이제 이 노동자는 하나의 기계, 예로 도색 기계 앞에서만 머물러 있을 수 있다. 그 동안 이 기계에서 저 기계로 뛰어다니느라 낭비했던 시간이 사라지는 것이다. 또한 이 노동자는 도색에 특화함으로써 숙련된 도색 기술을 익힐 수 있다. 그 결과 남는 시간과 기술을 사용하여 더 많은 제품을 도색할 수 있을 것이다. 다른 기계를 사용하는 노동자들 역시 마찬가지이다. 결국 새로운 노동 절약적 조직 방법 덕분에 동일한 수의 노동자들이 동일한 기계를 사용하여 더 많은 제품을 생산할 수 있게 된 것이다.[8]

만약 새 청사진과 동시에 새 기계가 추가된다면 기술 진보가 수확체감 법칙의 작동을 저지할 것이다. 결국 노동 시간을 더 효과적으로 조직한 덕분에 노동자의 생산성이 증가한 것이다. 사실 새 청사

---

8) 애덤 스미스에서 폴 로머에 이르기까지 수많은 경제학자들이 전문화의 이점을 강조했다.

진은 효율적인 노동 시간 조직을 통해 노동자 수를 증가시킨 거나 다름없다. 따라서 노동과 기계가 모두 증가한 셈이기 때문에 기계에 대한 수확체감이 발생하지 않은 것이다.

위의 예는 기술 변화가 공급이 고정되어 있는 생산 요소, 즉 노동을 절약하는 효과가 있을 때 수확체감이 발생하지 않는다는 일반적인 원칙을 설명하고 있다. 각 노동자는 더 나은 기술 덕분에 점점 더 효율적으로 일하게 되고, 이는 더 많은 노동자들이 일하는 것과 같은 결과를 낳는다. 이런 식으로 노동자의 수가 기계의 증가에 맞춰 유지되면 수확체감은 결코 발생하지 않는다.

장기적으로 볼 때 1인당 생산량의 증가는 결국 노동 절약적 기술 변화 덕분에 가능할 것이다.

러다이트 오류

어떤 사람들은 노동 절약적 기술 변화가 노동자의 일자리를 빼앗기 때문에 노동자에게 불리하다고 믿는다. 이것이 러다이트Luddite 오류이다. 러다이트 오류는 어리석은 생각들로 점철된 경제학의 오랜 전통에서도 단연 눈에 띄는 가장 어리석은 사고이다. 솔로의 논리를 더욱 명확하게 이해하기 위해 러다이트 오류가 왜 바보 같은 생각인지 살펴보도록 하자.

1811년 처음 러다이트 운동을 시작한 노동자들은 영국 노팅엄의 메리야스와 레이스 제조 노동자들이었다.9 이들은 실업에 항의하는 표시로 노동 절약 신기술을 담고 있는 면직 기계를 파괴하고, 자신들의 행동을 '킹 러드'라고 서명이 된 선전물에 발표했다. 면직 기계를 파괴한 행위는 메리야스 제조 노동자들의 이해관계 방어로 이해될 수 있다. 사실 이들은 구기술에 적합한 스킬을 갖고 있는 노동자들로, 신기술이 도입되면 자신들의 스킬이 그다지 유용하지 않으리라는 것을 알고 있었다. 영국 정부는 1813년 3월 러다이트 운동을 주도한 노동자들 중 14명을 교수형에 처했다.

지적인 어리석음이 등장한 것은 그 후의 일이다. 몇몇 사상가들이 러다이트 운동의 실패를 러다이트 오류로 일반화했던 것이다. 즉 기술 진보 경제에서는 더 적은 수의 노동자로 동일한 양의 상품 생산이 가능해지기 때문에 결국 노동자의 수가 줄어드는 결과가 초래될 것이라는 결론이다. 그런데 실제로 이런 일이 한 번도 일어난 적이 없다는 사실이 밝혀지자 러다이즘 신봉자들은 다른 대안을 내놓는다. 바로 동일한 수의 노동자들이 더 많은 양의 상품을 생산한다는 것이다. 노동절약적 기술은 1인당 생산을 증가시키는 기술을 지칭하는 또 다른 명칭이다. 시장 경제의 모든 유인 체계는 고용 감소보다 투자와 산출물 증가를 추구한다. 만약 바보 같은 공장주들이 고용을 줄인다면 이들은 이윤 기회를 날리는 것이다. 그런데 동일한 수의 노동자에 대해 산출물이 증가한다면 각 노동자에게 돌아가는 소득이 늘어난다.

물론 초기 러다이트 노동자들처럼 단지 구기술만을 알고 있는 노동자들은 일자리를 잃을 것이고, 이들에게 실업은 극심한 고통이 될 것이다. 그러나 노동자 계층 전체로 볼 때 상황은 더 나아진다. 생산성이 더 높은 기술이 도입되었기 때문이다. 러다이트 노동자들은 구

---

9) Groliers on Compuserve, 러다이트 운동에 대한 논문.

기술 분야에서 신기술 분야로의 고용 이동을 전체적인 고용 감소와 혼동했다. 고용은 이동한 것이지 줄어든 게 아니다. 독일, 영국, 미국같이 기술 진보를 경험한 국가들은 장기에서 실업 증가 추세를 나타내지 않는다. 이들 국가에서는 노동자 1인당 소득이 추세적으로 증가한다.[10]

솔로의 논리에 따르면, 노동 절약적 기술 진보는 장기적으로 볼 때 노동자 1인당 생산량이 꾸준히 증가할 수 있는 유일한 방법이다. 그런데 신新러다이트 신봉자들은 아이러니하게도 노동 절약적 기술 진보라는 소득이 꾸준히 증가할 수 있는 유일한 방법을 부인한다.

러다이트 오류는 오늘날에도 매우 흔하다. 유엔개발계획UNDP이 매년 발표하는 〈인간 개발 보고서〉 같은 유명한 자료를 살펴보면 현재에도 러다이트 오류가 존재한다는 것을 알 수 있다. 예로 1996년 판 〈인간 개발 보고서〉에 따르면 많은 국가들이 '고용 없는 성장'을 겪고 있다. 보고서의 저자들은 고용 증가율이 생산 증가율에 미치지 못할 경우 '고용 없는 성장'이 발생한다며, 고용 없는 성장 때문에 수백만 명의 노동자들이 '매우 낮은 소득'만으로 살아가야 한다고 설명한다. 1993년판 〈인간 개발 보고서〉 역시 '고용 없는 성장' 문제에 대해 마찬가지 우려를 표명하고 있다. 이 보고서에 따르면 1960년에서 1973년까지 개발도상국에서 이 문제가 특히 심각했다. "GDP 성장률은 상당히 높았지만, 고용 증가율은 GDP 성장률의 2분의 1 수준에도 미치지 못했다."[11] 마찬가지로 2000년에 발표된 베트남에

---

10) 보몰(Baumol)의 1986년 논문은 영국, 미국, 독일의 장기 실업에 대한 자료를 논하고 있다.
11) UNDP, 〈인간 개발 보고서〉, 1996, 2쪽; 1993 〈인간 개발 보고서〉 35~36쪽의 '고용 없는 성장'.

대한 한 연구는 제조업 생산에 비해 느린 제조업 고용 증가율을 걱정하고 있다.[12] 이 모든 보고서의 저자들은 고용보다 빠른 GDP 성장은 '노동자 1인당 소득의 증가'라고 불린다는 사실을 잊고 있었던 것이다. 그리고 1인당 소득의 증가는 저소득 노동자들의 소득이 증가할 수 있는 유일한 방법이다.[13]

이행

노동자 1인당 기계스톡의 증가는 장기 성장의 원천이 될 수는 없지만 장기 성장으로 가는 과정에서 성장의 원천이 될 수는 있다. 처음 시작 단계에서 기계가 별로 없었다면 추가되는 기계 1대 당 수익은 매우 높을 것이다. 이 같은 고수익 덕분에 투자는 일시적으로 높은 성장을 이끌 수 있다. 그런데 기계가 축적됨에 따라 수확체감 법칙이 작동한다. 성장률이 감소하기 시작하는 것이다. 결국 경제는 노동 절약적 기술 진보 성장률 수준에서 안정적인 성장을 계속할 것이다. 그렇게 투자는 성장의 원천으로 재등장한다. 물론 이행 과정이 장기 성장에서 중요하다면 말이다.

그러나 장기 성장률에서 이행 시기가 중요하다는 사고는 문제가 있다. 만약 경제가 주로 이행기에서 장기 경로로 가는 동안 성장한다면 초기의 기계스톡이 매우 적어야 한다. 이 경우 기계가 매우 드물기 때문에 기계로 인해 발생할 고수익을 기대할 수 있다. 이는 경제에서 기계에 대한 보수, 즉 금리가 초기에 매우 높다는 것을 의미

---

12) Belser 2000.
13) UNDP, 〈인간 개발 보고서〉, 1996.

한다. 그것도 터무니없을 정도로 높아야 한다. 로버트 킹Robert King과 세르지오 레벨로Sergio Rebelo에 따르면 이행기의 1인당 자본 증가가 미국의 성장을 설명할 수 있으려면 한 세기 전 미국의 금리는 100%를 초과해야만 한다. 그러나 실제 미국의 금리는 한 세기 동안 비교적 일정하게 유지되었다. 어쨌든 결코 100%는 아니었다. 이는 미국의 성장이 장기적 현상이며, 낮은 수준의 자본량에서 높은 수준의 자본량으로 이행하는 현상이 아니라는 솔로의 설명을 다시 한 번 확인해 주고 있다.

이행과 투자가 성장을 설명하는 중요한 요소라는 주장은 논리적인 문제를 안고 있다. 이 주장은 모든 경제가 장기 성장 경로에 한참 못 미치는 수준에서 출발한다고 가정한다. 따라서 기계 투자 덕분에 장기 수준 아래의 국가들은 빠르게 성장할 수 있고, 장기 성장 경로에 도달한 후에는 기술 변화율 수준에서 성장할 것이다. 반면에 장기 성장 수준 위에서 출발한 국가들은 다시 장기 성장 수준으로 회귀할 때까지 느리게 성장하거나 심지어 마이너스 성장을 기록할 것이다. 그리고 장기 수준에 도달한 후에는 이 국가들 역시 기술 변화율 수준에서 성장할 것이다.

그러나 투자가 성장의 동력이라는 주장의 지지자들은 모든 국가가 장기 수준보다 훨씬 아래에서 출발한다는 가정의 합리적 근거를 제시하지 못했다. 그나마 가장 논리적인 가정은 대부분의 국가들이 장기 성장 수준에 근접하였다는 것이다.

빈국에 적용된 솔로 모델

솔로는 한 번도 국가 간 소득 격차를 설명하려고 시도한 적이 없다. 그는 자신의 이론을 단지 미국의 성장에만 적용했을 뿐이다. 미국 경제의 핵심은 장기에서 일정 수준의 성장률이 유지되었다는 사실이다. 또한 솔로는 자신의 논문에서 빈국을 언급한 적이 없다. 사실 솔로는 자신의 모델을 미국이 아닌 다른 국가에 적용한 적이 없기 때문에 어떻게 그의 모델이 빈국에 적용되었는지는 솔로의 책임이 아니다. 그러나 그의 모델은 경제학의 기본적인 성장이론이 되었다. 1960년대 경제학자들은 빈국을 포함한 매우 다양한 성장 경험들을 설명하면서 솔로 모델을 사용했다.

이제 어떻게 솔로 모델이 국가 간 격차를 설명하는 데 적용되는지 살펴보자. 모든 국가는 동일한 기술과 동일한 기술 진보율을 갖고 있다고 가정한다. 한 국가에서 발생한 기술 진보가 다른 국가에서는 실현되지 못할 이유가 없다는 것이다. 이는 다른 국가들이 그 기술 진보를 실행한다는 것이 아니라, 실행할 수 있다는 것을 의미한다. 일단 한 국가에서 새로운 청사진이 적용될 수 있다면 다른 국가에서도 똑같은 청사진이 사용될 수 있다.

이렇게 국가 간 기술 격차가 배제된다. 이제 한 국가가 다른 국가보다 가난한 이유는 단 하나, 그 국가가 다른 국가보다 낮은 기술스톡 수준에서 출발했기 때문이다. 그러나 부유한 국가들보다 빈국에서 기계에 대한 수익이 높을 것이다. 따라서 빈국은 기술 진보율에서 성장하는 국가들보다 더 빠르게 성장할 강한 유인을 갖게 될 것이다. 결국 빈국은 부유한 국가들을 따라잡을 것이며, 종국에는 모든 국가들이 기술 진보율에서 성장하게 될 것이다.

낮은 자본 수준에서 출발하는 국가는 이 같은 태생적 불리함을 높은 자본 수익으로 보상받을 것이다. 그런데 국제 금융 자본은 자본 수익이 높은 국가들로 유입된다. 사람들은 유인 체계에 반응하기 때문이다. 따라서 국제 금융 자본은 낮은 자본 수준, 높은 수익의 국가들로 유입될 것이다. 이 국가들은 불운했던 출발의 기억을 지우고, 운좋은 출발을 한 국가들을 따라잡을 것이다. 이 같은 유인의 존재로 빈국이 부국보다 더 빠르게 성장하는 것이다. 이런 시각은 2장에서 설명한 전후 빈국의 발전에 대한 낙관주의와 놀라울 정도로 잘 부합된다.

그러나 많은 빈국의 성장 실패로 국가 간 소득 격차를 설명하는 데 솔로 모델을 적용하는 것은 문제가 있다는 것이 명백해졌다. 노벨 경제학 수상자 로버트 루카스는 솔로 모델을 국가 간 소득 격차 설명에 적용했을 때 생길 수 있는 큰 문제를 지적했다. 미국의 1인당 소득은 인도의 1인당 소득보다 15배가 많다. 국가 간 동일한 기술 수준과 기술 변화율을 가정하는 솔로 모델에서 이 같은 소득 격차는 미국의 노동자 대비 기계의 수가 인도의 노동자 대비 기계의 수보다 더 많을 때만 가능하다. 그렇다면 15배의 소득 격차가 가능하려면 미국의 노동자 대비 기계 수는 인도보다 얼마나 많아야 하는가? 기계가 그다지 중요한 생산 요소가 아니라는 사실을 감안한다면 답은 뻔하다. 아주 많아야 한다. 루카스의 계산에 따르면 15배의 소득 격차가 가능하려면 미국의 노동자 1인이 인도의 노동자 1인보다 거의 900배나 많은 기계를 보유하고 있어야 한다.[14] 물론 미국은 인도보다 훨씬 많은 기계스톡을 보유하고 있다. 그러나 900배까지는 아니다. 실제로 미국의 노동자 대비 자본스톡은 인도의 노동자 대비 자본스톡의 20배에 불과하다.

도대체 왜 15배의 소득 격차를 설명하는 데 900배의 자본스톡 격차가 필요한 것인가? 생산에서 자본의 역할이 부차적이기 때문이다. 자본은 전체 생산의 3분의 1만을 설명할 뿐이다. 자본처럼 비교적 부차적인 요소로 국가 간 소득 격차를 설명하는 것은 어려운 일이다. 솔로 모델로 국가 간 소득 격차를 설명하려면 노동자 1인당 기계스톡이 국가별로 어마어마하게 차이가 나야 한다.

이는 간과해서는 안 될 부분이었다. 결국 솔로 자신이 왜 기계가 한 국가, 예로 미국의 40년 성장 역사에서 시기에 따른 소득 격차를 설명할 수 없는지 보여 주지 않았는가? 왜냐하면 초기에 기계스톡이 현재보다 더 많이 부족했기 때문이다. 기계가 국가 간 소득격차를 설명할 수 없는 것도 마찬가지 논리이다.

그러나 일국의 장기 성장을 위해 수확체감의 해법으로 솔로가 제시했던 기술 진보, 즉 기초 과학 진보 같은 비경제적 이유로 결정되는 기술 진보는 국가 간 성장 분석에는 적합하지 않다. 비경제적 이유로 시간의 흐름에 따라 기술이 변한다는 가정은 타당할 수 있다. 그러나 각국이 알 수 없는 비경제적 이유로 인해 서로 다른 기술 진보율을 갖게 되어 성장률 격차가 발생한다는 주장은 그야말로 전혀 만족스럽지 못하다. 이는 왜 성장률이 다르냐는 질문에 "성장률이 다르기 때문이다."라고 답하는 것과 마찬가지다. 국가 간 기술 격차가 발생하는 이유는 경제적 이유 때문이어야 한다. 만약 기술이 일

---

14) Lucas 1990. 나는 루카스처럼 자본의 몫을 0.4로 놓았다. 자본스톡 비율은 (15)^(1/0.4)=871이다.

국 경제의 장기 성장을 설명하는 데 그렇게 유용한 요소라면, 당연히 국가 간 소득 격차의 설명에도 유용한 요소여야 한다. 그리고 기술이 국가별로 다르다면 더 나은 기술을 확보하려는 강한 경제적 유인이 존재할 것이다. 나는 제3부에서 기술이 유인 체계에 반응한다는 사고를 전개할 것이다.

수익과 플로

기계가 발전의 열쇠라는 사고의 최악의 부분이 아직 남아 있다. 루카스는 기계에 대한 수익률도 계산했다. 미국과 인도의 소득 격차를 기계스톡의 차이로만 설명하려면 인도의 기계스톡은 미국의 기계스톡의 900분의 1에 불과해야 한다. 루카스는 기계스톡이 적을 때 기계에 대한 수익이 높다는 솔로 원칙을 적용하여, 인도의 기계가 그렇게나 희귀하다면 그 이윤율은 미국보다 58배나 높아야 한다고 계산했다. 이 같은 엄청난 수익률은 만약 미국의 성장을 이행 자본 축적만으로 설명하고자 한다면 한 세기 전 자본에 대한 보수가 100%를 초과해야 한다는 킹과 레벨로의 계산 결과에 상응한다. 이렇듯 빈국에 대한 어마어마한 투자 유인이 존재하는데 "왜 자본이 부국에서 빈국으로 유입되지 않는 것인가?"

하나의 가능한 대답은 빈국이 투자가들에게 안정적인 투자 환경을 제공하지 못한다는 것이다. 정치 불안, 부패, 국가 몰수의 위험이 상존하기 때문이다. 그러나 워낙 수익률 차이가 압도적이기 때문에 이 같은 요소를 고려한다고 투자 유인이 떨어지지는 않을 것이다. 인도에서 활동하는 외국인 투자가가 평균 100루피의 이윤당 단지 2루피만을 나라 밖으로 가져갈 수 있다고 해도 이는 투자가에게는 여전히 유리한 상황이다. 아무도 인도에서 국가 몰수의 가능성이 98%라고 생각하지 않는다. 아무리 탐욕스러운 정부도 수년에 걸쳐 평균 1달러당 98센트를 몰수하지는 않을 것이다. 따라서 설령 인도에 정치적 위험이 존재한다 해도 뉴욕에서 뉴델리로의 자본 이동이 관찰되어야 한다. 사람들은 유인 체계에 반응하기 때문이다.

그런데 그 같은 일은 일어나지 않았다. 1990년대 세계 각지에서 미국으로 막대한 규모의 신규 대출과 투자가 유입되었다. 매년 미국인 1명당 371달러를 받은 셈이다. 같은 시기에 인도로 유입된 대출과 투자의 규모는 국민 1명당 4센트였다. 따라서 인도에 대한 투자 유인은 존재하지 않았다.

사실 인도 같은 국가에 외국 자본이 부족한 것은 전혀 이상하지 않다. 1990년대 전체 자본 포트폴리오 플로의 92%는 세계에서 가장 부유한 상위 20% 인구에게 귀속되었다. 반면에 가장 가난한 하위 20%는 전체 자본 포트폴리오 플로의 0.1%를 받는 데 그쳤다. 해외 직접 투자의 79%가 가장 부유한 상위 20% 인구에게 집중되며, 가장 가난한 하위 20%에게 돌아가는 해외 직접 투자는 0.7%에 불과하다. 모두 합쳐서 민간 자본 플로의 88%가 가장 부유한 상위 20%에, 1%가 가장 가난한 하위 20%에게 돌아갔다.

성장은 없었다

국가 간 비교에 적용된 솔로 모델을 반박하는 가장 중요한 증거는 많은 빈국들이 경험한 성장 실패이다. 자본이 귀해 자본 수익이 높을 테니 빈국은 선진국보다 빠르게 성장할 모든 유인을 갖고 있었다. 가난한 국가일수록 성장이 빨라야 한다. 빈국은 태생적으로 고성장률을 기록할 수밖에 없다. 그러나 실제 상황은 이런 식으로 진행되지 않았다.

아이러니하게도 처음으로 빈국의 성장 실패를 인식한 경제학자들은 빈국 전문가들이 아니었다. 빈국을 연구한 개발 경제학자들도 아프리카와 라틴아메리카에서 상황이 매우 좋지 않게 흘러간다는 사실을 알고는 있었지만 구舊성장 패러다임에 대한 도전을 감지하지는 못했다. 데이터를 조사하여 구성장 패러다임이 작동하지 않는다는 사실을 지적한 사람은 폴 로머Paul Romer 같은 선진국 경제학자였다.

로머는 로버트 서머스와 앨런 헤스턴의 각국별 소득 자료 가운데 100여 개국에 대한 자료를 사용했다. 로머가 1987년 경제조사국의 연례 거시경제학 회의에서 자신의 주장을 발표할 당시 로머는 1960년에서 1981년까지의 성장 데이터를 사용했다. 이를 통해 로머는 빈국의 성장률이 선진국의 성장률보다 높지 않다는 사실을 제시했다. 즉 빈국에 적용된 솔로 모델이 실패했음을 확인한 것이다.

로머는 1960~1981년 데이터를 사용하여 빈국이 더 빠르게 성장할 것이라는 예측이 빗나갔음을 증명했다. 그런데 아이러니하게도 빈국들에게 이 시기는 좋은 시기였다. 빈국들은 이 시기 후에 더 좋지 않은 시기를 경험했다.

로머의 데이터에서 가장 최근 연도는 1981년이다. 많은 빈국들에게 1981년은 그래도 괜찮았던 마지막 해였다. 우리가 5장에서 볼 것처럼, 라틴아메리카와 사하라 이남 아프리카는 1981년 이후 두 번의 '잃어버린 10년'을 겪었다. 중동과 북아프리카 역시 얼마 안 있어 같은 일을 겪었다. 1981년 이후 빈국들은 선진국들을 따라잡기는커녕 더 나빠지고 있다. 안타깝게도 빈국들은 설 땅을 잃어버렸다.

세계에서 가장 가난한 하위 60% 국가들은 1981년 이래 1인당 소득 증가율이 제로에 가깝거나 마이너스를 기록하고 있다. 특히 하위 40%의 상황은 1960~1981년까지도 좋지 않았지만, 1981~1998년까지도 계속 좋지 않다. 1960~1981년까지는 상황이 좋았던 중위 20%의 상황은 1981~1998년까지 좋지 않았다. 가장 부유한 상위 20% 국가들은 1인당 평균 성장률 면에서 1%의 성장률을 기록했다. 동아시아의 슈퍼스타를 포함하는 그 다음 20%는 평균적으로 높은 성장률을 기록하고 있다.

부유한 국가들은 성장에서 하향세를 겪기도 했다. 1960~1980년까지 2.2%였던 미국의 1인당 성장률은 1981~1998년까지 1.1%였다. 그러나 이 같은 하향세는 성장률이 1960~1980년까지 4.8%에서 1981~1998년까지 −1.5%로 급락한 나이지리아의 경우와 비교해보면 아무것도 아니다.

선진국이 낮은 성장률을 보이자 온갖 불평과 한탄이 쏟아졌지만 그래도 지난 반세기 동안 선진국은 빈국보다 평균적으로 더 높은 성장률을 기록했다. 이 시기 동안 빈국의 1인당 소득 대비 선진국의 1인당 소득은 급격하게 증가했다. 부유한 국가들은 점점 부유해졌고, 빈국들은 제자리걸음만 했다(그림 3.1 참조).

1960~1999년까지 최빈국들의 성장 성과는 선진국보다 훨씬 나빴다. 그래서 최빈국 중 40%만이 간신히 플러스 성장률을 유지했다. 1960년의 최빈국 하위 80%는 나중에 '제3세계'라는 명칭으로 알려진 국가들에 해당한다. 제3세계 국가들의 70%는 전 시기 동안, 선진

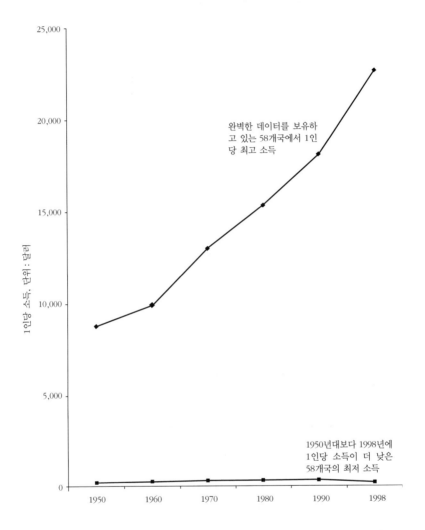

완벽한 데이터를 보유하
고 있는 58개국에서 1인
당 최고 소득

1950년대보다 1998년에
1인당 소득이 더 낮은
58개국의 최저 소득

그림 3.1
1인당 최고 소득은 지난 반세기 동안 급격하게 증가한 반면에 1인당 최저 소득은 거의
변화가 없었다.

국의 1인당 성장률의 중앙값인 2.4%보다 더 느리게 성장했다. 빈국
들은 선진국들을 따라잡는 게 아니라 한참 뒤쳐졌다.

역사의 표시

이제 빈국의 성장이 부국보다 빠를 것이라는 예측이 작동하지 않
는다는 사실이 명백해졌다. 그러자 경제학자들은 초기의 빈국 상황
에 대해 몇 가지 핵심적인 질문을 던지기 시작했다. 경제학자들이
1960년대 빈국에 솔로 모델을 적용했을 때 이들은 빈국이 가난하다
는 사실을 주어진 것으로 간주했다. 1960년대에는 아무도 어떻게 빈
국이 부국보다 그렇게나 가난한지 질문하지 않았다.

어떤 순간의 생각이 해답을 제시하는 경우가 있다. 비록 이 순간
이 나중에 다시 오지는 않는다 해도 말이다. 빈국이 부국보다 더 가
난해진 이유는 이전의 특정 시기 동안 빈국이 부국보다 느리게 성장
했기 때문이다. 그렇다면 태고부터 현재에 이르는 어디쯤에 국가 간
소득 격차가 지금보다 훨씬 더 작았을 원시 시기가 존재했을 것이
다. 또한 오늘날 놀라울 정도로 벌어진 국가 간 소득격차를 고려할
때 강한 국가 간 소득 격차의 심화 과정이 존재했을 것이다. 이는
국가 간 소득 수렴을 예상하는 솔로 모델의 결론과 대립된다.

하버드 케네디 스쿨의 랜트 프리쳇은 최근 논문에서 이 같은 생각
을 구체화했다.[15] 프리쳇의 추론은 그야말로 간단명료하다. 오늘날
매우 가난한 국가들의 1인당 소득 수준은 간신히 생계비 수준을 약

---

15) Pritchett 1997b.

간 상회한다. 여기서 생계비 수준이란 굶어죽지 않을 정도의 소득을 말한다. 따라서 오늘날 매우 가난한 국가들은 한 세기나 두 세기 전에도 현재와 비슷한 정도의 소득 수준을 기록했을 것이다. 그렇지만 현재보다 소득 수준이 낮을 수는 없다. 현재보다 소득이 낮다는 말은 1~2세기 전의 소득 수준이 생계비에 미치지 못했다는 말인데 그렇다면 이들 국가는 오늘날까지 존재할 수 없다. 부유한 국가들 역시 1~2세기 전에는 생계비 수준에 가까운 소득 수준을 기록했다. 데이터를 봐도 지난 1~2세기 동안 부국들이 놀라운 소득 증가를 경험했다는 사실을 알 수 있다. 따라서 지난 1~2세기 동안 국가 간 빈부 격차가 심화되었다.

아직도 의심이 남아 있다면 오늘날의 빈국에 대한 데이터를 살펴보라. 지칠 줄 모르는 경제사가 앵거스 매디슨Angus Maddison은 1820~1992년까지 26개국에 대한 데이터를 재구축했다. 비록 매디슨이 조사한 26개국에 빈국들이 많이 포함되어 있지는 않지만 국가간 소득 격차가 심화되었다는 것은 분명하다. 오늘날 최빈국인 방글라데시와 최선진국 미국의 소득 격차는 30배이다. 그런데 1820년에 최선진국과 최빈국의 소득 격차는 약 3배에 불과했다(그림 3.2 참조). 매디슨의 연구에 포함된 오늘날의 8개 빈국 모두 1820년에도 최하위였다. 반면에 가장 부유한 국가들의 소득은 이 기간 동안 10배 이상 증가했다.

이것은 주목할 만한 결과이다. 오늘날 부유한 국가들의 경우 현재 이루어 낸 소득의 90% 이상은 1820년 이후 창출된 것이다. 그러나 거의 두 세기 전 이 국가들이 달성한 소득은 나중에 이들이 부유한 국가가 될지 어떨지를 결정하는 의미 있는 전조였다.

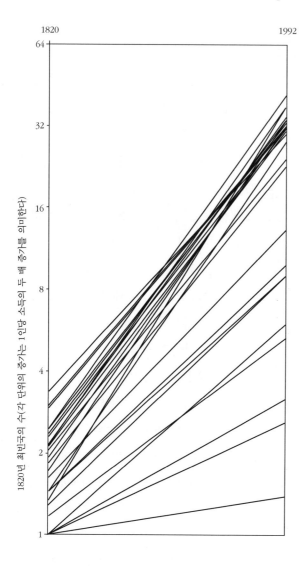

그림 3.2

1820~1992년에 부국들은 더욱 부자가 되었다.

경제사는 승자의 역사이다

그렇다면 경제학에서 왜 빈국이 부국을 따라잡을 것이라는 가정이 그토록 오랫동안 존재했던 것일까? 예로 프린스턴 대학의 윌리엄 보몰_William Baumol은 한 유명한 논문에서 16개의 산업국들이 과거한 세기 동안 선진국을 따라잡았다는 사실을 제시했다. 이 국가들중에서 가난한 국가는 부유한 국가보다 더 빠르게 성장했다. 이에기초하여 보몰은 국가 간 소득이 수렴하는 일반적인 추세가 존재한다고 주장했다.[16]

어떻게 보몰은 나중에 나올 반박이 불가능해 보이는 프리쳇의 주장과 상반되는 결론에 도달한 것일까? 보몰의 결론, 그리고 아주 오랫동안 경제학계에서 유통되던 그와 유사한 결론들은 한 가지 오류에기초하고 있다는 것이 드러났다. 사실 이는 일단 실수를 지적한 다음에는 절대로 실수할 수 없는 실수이지만, 실수를 지적하기 전까지는그것이 실수인지 명백하지 않다. 이것은 경제학자들이 빈국이 부국보다 빠르게 성장하느냐 그렇지 않느냐 같은 기초적인 문제를 해결하는 데도 얼마나 어렵게 일하는지 단적으로 보여 주는 예이다. 버클리대학의 브래드 드 롱_Brad de Long은 보몰이 어떻게 16개국을 선별했는지 질문을 던짐으로써 보몰의 실수를 지적했다.[17] 사실 오늘날 쉽게역사적 데이터를 살펴볼 수 있는 국가는 부유한 국가들이다. 장기에걸친 소득 통계 자료를 재구축하는 경제사가들이 접근할 수 있는 국가들은 부유한 국가들이다. 따라서 보몰이 쉽게 데이터를 구할 수 있

---

16) Baumol 1986.
17) De Long 1988.

는 국가들을 선택한 것은 이해할 수 있는 선택이었다. 그러나 그렇게 함으로써 보몰은 의도한 바는 아니었지만 자신의 소득수렴 결론에 유리한 해답을 사전에 결정지었던 것이다. 당연히 이들 16개 국가들은 과거엔 어떠했든 간에 오늘날 모두 부유한 국가들이며, 소득 수준도 수렴할 것이다. 보몰의 선택은 이들 국가가 어느 지점에서 출발했는지를 기초로 가려진 것이 아니기 때문에 이들 국가의 초기 상황은 매우 다양할 것이다. 이들 중 어떤 국가는 비교적 부유한 상태에서 출발했을 것이고, 또 어떤 국가는 상대적으로 가난한 상태에서 출발했을 것이다. 그러나 16개국 모두 마지막에는 부국이 되었다는 점을 고려할 때 이들 16개 부국들 중 처음에 가난했던 국가가 부자 국가보다 더 빠르게 성장했을 거라는 사실은 너무도 당연하다.

보몰 자신도 인정한 것처럼 이 같은 치우침은 왜 보몰이 길을 잃었는지 설명해 준다. 더 일반적으로 이는 경제학 논의에서 그런 치우침 때문에 그렇게 오랫동안 국가 소득 수렴 가정이 살아남을 수 있었다는 것을 보여 준다. 경제학자들은 주로 최종 승자인 국가들을 연구해 왔다. 이들 국가는 좋은 데이터를 보유하고 있기 때문이다. 마찬가지로 부국의 경제학자들은 빈국보다는 다른 부국을 방문하거나 연구하는 것을 선호한다. 경제사는 승자들이 쓰는 역사인 것이다.

심지어 매디슨이 선택한 26개국조차 오늘날 세계은행이 빈국으로 분류하는 국가들 중 단 8개국만을 포함하고 있다는 점에서 승자에게 치우친 선별이었다. 현재 세계 대다수의 국가들이 빈국이다. 따라서 이는 오늘날 부자가 된 국가들에 대한 심각한 치우침이다. 예로 1820년의 소득을 추정할 수 있는 매디슨의 국가 표본에서 아프리카 국가는 하나도 없다. 이 같은 아프리카 데이터 부족은 아프리카의 빈곤과 직결되는 문제이다. 예를 들어 차드의 과거를 연구하는 경제사가들은 많은 어려움을 겪고 있다. 왜냐하면 1820년에 차드는 가난했고, 문맹률도 높았으며, 여러 가지 수치를 발표하는 통계 당국도 없었기 때문이다. 따라서 더욱 완벽한 표본을 구축한다 해도 부국이 더욱 부자가 되는 더 확실한 증거를 발견하게 될 것이다.

1960~1999년 시기의 추세를 살피는 나의 논문도 승자에게 치우쳐 있다. 사실상 거의 모든 승자들이 좋은 데이터를 보유하고 있으며, 재앙을 겪은 국가들은 종종 완전치 못한 데이터를 보유하고 있다. 각국을 산업국(OECD 회원국)이나 개발도상국으로 분류하는 세계은행의 국가 분류를 보면서 이를 확인할 수 있었다. 1960~1999년 시기의 추세 계산은 해당 시기 동안의 자료가 존재하는 100개국만을 대상으로 하였다. 여기에 단 하나의 산업국만이 불완전한 데이터를 보유하고 있었는데 바로 독일이다. 독일은 통일 전후에 대한 일관성 있는 자료를 수집하는 데 어려움을 겪고 있다. 반면에 1999년 세계은행이 개발도상국으로 분류한 국가들 중 거의 절반이 불완전한 데이터를 갖고 있었다. 따라서 1960~1999년 시기에 대한 나의 연구도 최종 승자들에 치우쳐 있다고 볼 수 있다.

나는 이미 1960~1999년 시기 동안 빈국은 느리게 성장하고 부국은 빠르게 성장하는 추세가 존재했다는 것을 제시한 바 있다. 그런데 승자에 대한 치우침까지 고려하면 실제 현실은 이보다 훨씬 더 심각할 것이다. 미얀마, 콩고민주공화국, 라이베리아, 차드, 아이티 같이 데이터가 없는 빈국들의 경우 훨씬 더 큰 재앙을 겪었을 것이다. 빈약한 경제 사정 때문에 통계 당국이 제대로 운영될 수도 없었을 것이다. 예로 콩고민주공화국의 통계청은 1999년까지 붕괴된 상태였다. 그러나 그 이전의 데이터를 보면 콩고민주공화국의 장기 성장률이 −2.4%였다는 것을 알 수 있다.

성장 계산이 아시아의 네 마리 용을 만나다

자본 축적의 중요성을 평가하는 가장 단순한 방법은 노동자 1인당 생산량 증가에서 얼마만큼이 노동자 1인당 자본 증가로 설명되느냐를 파악하는 것이다. 1인당 생산량 증가에 대한 1인당 자본 증가의 기여분은 생산에서 자본이 차지하는 비율과 자본 증가율을 곱한 값과 같다. 앞에서 지적한 것처럼 생산에서 자본이 차지하는 비율은 약 3분의 1이다. 따라서 만약 1인당 자본 증가율이 3%라면 성장에 대한 자본의 기여분은 단지 1% 포인트에 불과하다. 그런데 1인당 생산량 증가율이 3%라면 1인당 성장률의 3분의 1은 자본 증가로 설명된다고 말할 수 있다. 자본 축적으로 설명되지 않는 성장 부분은 기술 진보로 설명되는 부분이다. 성장에 대한 노동 절약적 기술 진보의 기여분은 생산에서 노동이 차지하는 비율과 기술 변화율을 곱한 값과 같다. 따라서 만약 노동 절약적 기술 진보율이 3%라면 3%의 성장률의 3분의 2는 기술 변화로 설명된다고 말할 수 있다.

시카고 비스니스 스쿨의 앨윈 영Alwyn Young은 이른바 동아시아의 네 마리 용이라고 불리는 한국, 대만, 싱가포르, 홍콩을 대상으로 이와 비슷한 계산을 한 적이 있다. 영은 동아시아 국가들의 급속한 경제 성장은 자본 축적에 기인한 바가 크며 기술 진보의 역할은 상대적으로 미미하다는 결론에 도달했다. 가장 놀라운 발견은 싱가포르에 대한 것이었는데, 싱가포르의 기술 진보율이 연 0.2%에 불과하다는 것이다. 폴 크루그만Paul Krugman은 나중에 〈포린 어페어〉에 논문을 실어 이 같은 사고를 대중화시켰다. 크루그만은 이 논문에서 자본 집약적인 싱가포르의 성장과 역시 자본 집약적인 소련의 성장을 비교하여 커다란 반향을 일으켰다. 당시 싱가포르 수상은 크루그만을 공개적으로 비난했고, 싱가포르는 앞으로 연 2%의 기술 진보율을 목표로 할 것이라고 선언했다.18

영과 크루그만의 연구를 비판한 학자들과 정치인들의 주장은 몇 가지 근거에 기초하고 있었다. 첫째, 영과 크루그만은 사람들은 유인 체계에 반응한다는 명제를 고려하지 않았다. 하버드 대학의 로버트 배로Robert Barrow와 콜롬비아 대학의 자비에 살라이마틴Xavier Sala-i-Martin은 자신들의 성장 이론서에서 자본 축적 자체는 기술 변화에 반응한다고 지적했다. 즉 기술이 향상되면 자본 수익률도 향상된다. 자본 수익률이 향상되면 더욱 많은 자본이 축적될 것이다. 장기적으로 노동자 1인당 자본량, 노동 절약적 기술, 노동자 1인당 산출량은 모두 동일한 비율로 증가할 것이다. 그런데 자본 축적과 생산 증가가 모두 기술 진보에 반응하기 때문에 성장의 원인이 기술 진보라고 말할 수 있는 것이다. 피터 클레나우Peter Klenow와 안드레아스 로드리게즈 클레어Andrés Rodríguez-Clare가 기술 진보에 대한 자본 축적의 반응을 고려하여 영–크루그만 계산을 다시 했을 때 그들은 영이 주장한 것보다 아시아의 네 마리 용의 경제 성장에서 기술 변화로 설명되는 부분이 훨씬 크다는 것을 발견했다.

둘째, 자본 축적이 동아시아 경제 성장을 설명한다는 주장은 비록

---

18) 팩(Pack)과 페이지(Page)의 1994년 논문을 참조하라. 이 논문 역시 싱가포르의 경제 성장에서 자본 축적의 중요성을 역설하고 있으며 생산 요소의 생산성 증가율은 상당히 낮았다는 것을 보여 주고 있다.

그것이 사실이라 할지라도 동아시아의 경험이 다른 지역에서 반복될 수 있는지 여부를 다루지 않는다. 이 문제를 다루기 위해서는 국가 간 자본 증가율의 차이가 국가 간 성장률의 차이를 얼마나 많이 설명할 수 있는지 살펴봐야 한다. 답은 "자본 증가율의 차이는 그다지 중요하지 않다."이다. 클레나우와 로드리게즈 클레어에 따르면 국가 간 성장률 격차의 단 3%만이 자본 증가율 격차로 설명되는 반면에, 기술 진보율 격차는 성장률 격차의 91%를 설명하며, 인적 자본의 차이가 나머지 6%를 설명한다.[19] 또 다른 연구는 물적 자본 증가율 격차는 국가 간 성장률 격차의 25%만을 설명한다고 주장한다.[20]

좀더 구체적으로 동아시아 국가들과 비동아시아 국가들의 예를 들어보자. 나이지리아와 홍콩은 둘 다 1960~1985년까지 노동자 1인당 물적 자본스톡이 250% 이상 증가한 국가들이다. 그런데 나이지리아와 홍콩에서 이루어진 대규모 투자의 결과는 서로 달랐다. 같은 시기 나이지리아의 노동자 1인당 생산량이 12% 증가한 반면에 홍콩은 328% 증가했다. 또 다른 예를 들어보자. 감비아와 일본은 1960~1985년까지 1인당 자본스톡이 500% 이상 증가한 국가들이다. 그런데 같은 기간에 감비아의 1인당 생산 증가율은 2%에 불과했지만, 일본의 1인당 생산 증가율은 260%에 달했다.[21] 물론 나이지리아와 홍콩, 감비아와 일본의 비교는 최악의 비교라 하겠지만, 비교 결과는 전체 국가들로 일반화될 수 있다. 즉 자본 증가율의 차이가 성장률의 차이를 별로 설명하지 못한다는 것이다. 모든 '투자'가 생산 기

19) Klenow & Rodríguez-Clare 1997.
20) Esterly & Levine 2000.
21) King & Levine 1994.

계로 전환된 것은 아니기 때문에 자본 투자가 올바르게 측정되지 않아서 이 같은 결과가 나온 것일 수도 있지만 어쨌든 측정된 투자가 성장의 열쇠는 아니라고 말할 수는 있을 것이다.

자본 주도 성장 실패의 또 다른 예로는 1976~1990년까지 탄자니아 제조업 부문에서 노동자 1인당 자본 증가율이 연 8%에 달했지만, 제조업 노동자 1인당 생산 증가율은 3.4%로 하락한 사실을 들 수 있다. 이는 특히나 충격적인데, 일반적으로 우리는 제조업의 설비 및 기술 장비를 국제 시장에서 구매할 수 있으므로 제조업의 투입-산출 관계가 국가별로 크게 차이가 나지 않을 거라고 예상하기 때문이다.[22]

셋째, 동아시아 경제 성장의 핵심 원천이 자본 축적이었다면, 자본 수익률이 솔로 모델을 따랐어야 한다. 즉, 이행 시기의 자본 축적이 성장의 주요 원천이라면 초기의 자본 수익률은 매우 높아야 한다. 그리고 자본축적이 진행됨에 따라 수확체감이 발생하므로 자본 수익률은 감소해야만 한다. 그런데 1997년의 한 연구는 싱가포르의 자본 수익률이 계속 증가했다는 것을 보여준다.[23] 이 연구는 싱가포르의 높은 1인당 생산 증가율의 열쇠는 기술 진보였다고 결론내리고 있다.

결론

1970년대 세계은행은 탄자니아의 모로고로 신발 공장에 자금을

22) Devarajan, Easterly, & Pack 1999.
23) Hsieh 1999.

지원했다. 모로고로 공장은 노동, 기계, 그리고 최신 신발 제조 기술을 모두 보유하고 있어 신발을 제외한 모든 것을 갖고 있다고 할 수 있었다. 그러나 이 공장은 생산 능력의 4% 이상을 생산한 적이 한 번도 없다. 이 신발 공장에서 생산된 신발로 탄자니아 신발 시장 전체를 커버한 다음, 예상 생산량 400만 켤레 중 4분의 3을 유럽으로 수출할 예정이었으나, 단 한 켤레의 신발도 수출하지 못했다. 가장 큰 문제점은 이 공장이 탄자니아의 기후에 맞게 설계되지 않았다는 것이다. 환기 시스템이 갖추어지지 않은 알루미늄벽으로 건설되었던 것이다. 결국 모로고로 공장은 1990년에 생산을 중단했다.[24]

많은 개발도상국에서 기계가 손톱만큼도 생산적이지 못했던 이유는 기계와는 별 상관이 없고, 생산자들이 기계를 사용한 환경과 관련이 있다. 모로고로 신발 공장은 탄자니아 정부의 소유였는데, 이 정부는 탄자니아 독립 이후 실행한 크고 작은 개발 계획에서 전부 실패를 경험했다.

성장에 대한 유인이 존재하지 않을 때 기계수를 늘리는 것만으로 아무 소용이 없다. 기계가 누구도 원하지 않았던 것을 생산할 수는 있을 것이다. 그러나 기계만 있을 뿐 다른 중요한 투입 요소를 구할 수 없을 수도 있다. 탄자니아와 다른 국가들에서 공통적인 문제는 달러 매도에 대한 정부 통제로 인해 수입 원자재와 부품이 자주 부족했다는 점이다. 기계는 경제 성장의 항구적인 요소가 될 수 없었을 뿐만 아니라, 정부가 기계의 효율적 사용을 도모하는 시장 유인을 저해하는 바람에 기계의 놀라운 생산 능력은 자주 낭비되었다.

---

24) 세계은행 1995a, 35쪽.

심지어 기계가 효율적으로 사용되었을 때조차도 자본은 성장의 궁극적인 원천이 될 수 없다는 솔로의 통찰은 옳았다. 부유한 국가들은 더 많은 자본을 보유하고 있지만, 이는 기술 진보가 수확체감을 보상했기 때문이다.

　자본 근본주의는 현실의 뒷받침을 받지 못한다. 솔로 모델을 빈국에 적용했던 자본 근본주의의 신봉자들은 솔로의 생각을 거꾸로 뒤집었다. 만약 이행 시기의 자본 축적이 성장 격차의 주요 원인이라면, 국가들은 초기에 높은 자본 수익률을 기록해야만 한다. 그런데 현실은 그렇지 않다. 만약 이행 시기의 자본 축적이 성장 격차의 주요 원인이라면, 자본이 귀한 가난한 국가들이 높은 자본 수익률로 인한 투자 유인 덕분에 부유한 국가들보다 더 빠르게 성장할 것이다. 그런데 현실은 그렇지 않았다. 만약 이행 시기의 자본 축적이 성장 격차의 주요 원인이라면, 높은 자본 수익률을 쫓는 금융 자본 플로가 부국에서 빈국으로 유입되어야 할 것이다. 또한 자본 축적이 국가 간 성장률 격차를 상당 부분 설명할 수 있어야 한다. 그렇지만 현실은 그렇지 않았다. 단지 물적 자본 축적을 통한 경제 성장 시도는 또 하나의 실패한 만병통치약일 뿐이다.

　이것이 이야기의 끝이 아니다. 노동자들의 교육, 즉 인적 자본 축적 이론을 통해 또다시 빈국에 솔로 모델을 적용하려는 시도가 있기 때문이다. 이 새로운 학자들은 빈국이 교육과 저축을 통해 부국보다 더 빠르게 성장할 수 있다고 주장한다. 그렇다면 교육이 성장의 만병통치약임이 증명되었는지 살펴보자.

4장
무엇을 위한 교육인가

표적을 확실히 맞추기 위해서는 먼저 발사부터 한다.
그리고 무엇을 맞추든 간에 그것을 표적이라고 부르는 것이다.

_애실리 브릴리언트

내 인생의 첫 28년 중 22년을 배움에 투자하면서 나는 자연스럽게 교육이 중요하다는 생각을 하게 되었다. 아마도 다른 잘 교육받은 전문가들도 비슷한 상황일 것이다.

1996년 유네스코 21세기 교육위원회는 《배움 : 내면의 보물 *Learning:The Treasure Within*》이라는 보고서를 발간했다. 보고서의 서론에서 자크 들로르Jacques Delors 전 유럽집행위원회 위원장이자 유네스코 21세기 교육위원회 위원장은 위원회는 교육을 '기적의 치료약'으로 간주하지 않는다고 밝히고 있다. 교육위원회 위원들은 교육을 "더욱 심오하고 조화로운 형태의 인간 발전을 촉진하고, 이를 통해 빈곤, 소외, 무시, 억압, 전쟁을 줄일 수 있는 주요 수단"으로 간주하고 있다는 것이다.

21세기 교육위원회는 일선에서 물러난 유명 정치가들로 구성되어 있었다. 위원회의 또 다른 위원인 마이클 멘리Michael Manley는 전 자메이카 수상으로, 1972~1980년 동안 자메이카 경제를 파산시킨 경험을 겪었지만 개발 전문가로서 자격을 완전히 상실한 인물은 아니었다.

들로르 위원장은 《배움 : 내면의 보물》의 서론에서 라퐁텐La Fontaine의 시 몇 구절을 인용했다.

물려받은 재산을 팔지 마라
우리의 선조들이 우리에게 물려준 것
보물이 그 안에 숨겨져 있다.

다음에 들로르는 그 자신의 시구를 추가했다.

그러나 노인은 현명했다
죽기 전 그들에게
배움이 보물이라는 것을 보여 주었으니.

다른 인사들도 교육이 "인간 발전을 위한 가장 중요한 수단"이라는 주장을 반복했다. 유네스코, 유니세프, 세계은행, 유엔개발계획은 1990년 3월 5일부터 9일까지 '모두를 위한 세계 교육회의'를 태국의 방콕 근처에 위치한 좀티엔에서 개최했다. 이때 채택된 '모두를 위한 교육에 관한 세계 선언'에서, 이 기관들은 교육이 "더 안전하고, 더 건강하고, 더 부유하고, 환경적으로 더 건전한 세계를 보장하는 동시에, 사회·경제·문화적 진보, 관용, 국제 협력에 기여함으로써" 인간 발전을 이룩한다고 지적한다.[1] 당시에 모두를 위한 세계 교육회의는 2000년까지 모든 국가에서의 초등교육 실시를 목표로 설정했다. 이 목표는 물론 달성되지 못했다.

당시 유네스코 사무총장 프레데리코 메이어는 덜 시적인 언어로 들로르와 장단을 맞췄다. "한 나라의 전체 인구의 교육 수준은······ 그 나라가 세계 발전에서 기여할 수 있고, 지식의 진보를 이용할 수 있고, 다른 국가의 교육에 기여하는 것과 동시에 진보 그 자체를 추동할 수 있는 능력을 결정한다. 이는 논쟁의 여지가 없는 너무도 자명한 진리이다."[2]

이 자명한 진리에 대한 다른 설명은 그렇게까지 멀리 나가지는 않지만, 성장을 위한 탐색의 성공에서 교육의 역할을 강조한다. 인터아메리카개발은행은 "인적 자본 투자(교육)가 경제 성장을 촉진한다는 사실은 잘 알려져 있다."고 지적하고 있으며, 세계은행의 1997년 〈세계 개발 보고서〉는 "많은 학자들이 동아시아 국가들의 경제적 성공의 상당 부분을 경제 발전의 주춧돌인 기초 교육에 대한 확고한 공공 투자 약속으로 돌린다."고 설명한다.[3] 어떤 세계은행 경제학자는 이를 다음과 같이 요약하고 있다. "교육과 직업 훈련은 생산성, 습득, 직업 이동성, 회사 스킬, 기술 혁신에 대한 효과를 통해 직접적으로 경제 성장에 기여한다."[4]

이 같은 교육에 대한 신념의 표명에 비추어 볼 때, 지난 40년간 교육 기회의 엄청난 확대에 비해 성장의 반응이 매우 실망스러운 수

---

1) Bulletin: The Major Project in the Field of Education in Latin America and the Caribbean 1990, 9쪽.
2) Mayor 1990, 445쪽.
3) 세계은행, 〈세계 개발 보고서〉, 1997, 52쪽.
4) Verspoor 1990, 21쪽.

준이라는 사실은 놀라운 일로 느껴질 수도 있다. 정부 주도 교육을 통한 성장이 실패한 이유도 "사람들은 유인 체계에 반응한다."는 우리의 모토에서 찾아볼 수 있다. 미래의 투자 유인이 없는 상황에서 교육을 확대해 봤자 아무 소용이 없다. 정부가 여러분에게 학교에 가라고 강요한다고 여러분의 투자 유인이 변하지는 않는다. 정부에 대한 로비활동이 유일한 이윤 획득 활동인 국가에서 고숙련 인구 창출은 성장 공식이 될 수 없다.

교육 확대

1960~1990년까지 정부의 교육 정책에 힘입어 학교 교육이 놀라울 정도로 확대되었다. 세계은행과 다른 국제기관들이 기초 교육을 강조한 덕분에 1990년 전 세계 국가의 절반에서 초등학교 취학률이 100%에 도달했다. 1960년에는 전 세계 국가의 28%만이 100%의 초등학교 취학률을 기록하고 있었다. 초등학교 취학률 중앙값도 1960년의 80%에서 1990년 99%로 상승했다. 또한 1960년 10%에 불과했던 초등학교 취학률이 1990년 80%로 급증한 네팔 같은 교육 기적 사례도 존재한다.

1960년에는 중등학교 취학 연령 아동 200명당 1명만이 학교에 다녔던 니제르 같은 중등 교육의 재앙 사례가 존재했다. 그러나 1960년 이후 중등학교 취학률 중앙값은 4배 이상 증가했다. 1960년 13%에서 1990년 45%로 상승한 것이다.

대학 취학률도 마찬가지이다. 1960년 대학 취학률이 0%인 국가가 29개국이었으나, 1990년에는 코모로, 감비아, 기니비사우만이 대학 취학률이 0%이다. 1960~1990년까지 세계 대학교 취학률 중앙값은 1%에서 7.5%로 7배 이상 증가하였다.

이 모든 교육이 어디로 사라졌나?

교육 확대에 대한 경제 성장의 반응은 어떠했나? 안타깝게도 거의 없거나 전혀 없었다. 학교 교육의 증대와 GDP 성장 간의 상관관계가 없다는 사실은 몇몇 연구에서 언급된 바 있다. 한 연구는 아프리카에서 교육이 확대되었음에도 경제 성장이 없었다는 사실을 지적하며 다음과 같은 질문을 던진다. "이 모든 교육이 어디로 사라졌나?"[5] 이 연구는 인적 자본(교육) 축적에 대한 시계열자료를 구축했지만 교육 증가와 1인당 생산량 증가 사이에 어떠한 양의 상관관계도 발견하지 못했다(사실 나는 몇몇 통계학적 조사에서 인적 자본과 성장 간 음의 상관관계를 발견한 적이 있다).[6] 뒤에서 소개한 그림 4.1은 이 연구에서 동아시아와 아프리카 국가들을 비교한 것이다.

앙골라, 모잠비크, 가나, 잠비아, 마다가스카르, 수단, 세네갈 같은 아프리카 국가들은 1960~1987년까지 인적 자본이 빠르게 성장했지만 경제 성장은 그야말로 대실패였다. 일본 같은 국가들은 인적자본 성장은 보통이었으나 성장의 기적을 이루었다. 싱가포르, 한국, 중국, 인도네시아 같은 다른 동아시아 기적 국가들의 인적 자본 성장률은 높긴 했지만, 아프리카의 성장 실패 국가들의 인적 자본 성장률과 같거나 더 낮았다. 예로 잠비아의 인적 자본 성장률은 한국보

---

5) 이 문장은 프리쳇의 1999년 논문에서 인용하였다.
6) Prichett 1999.

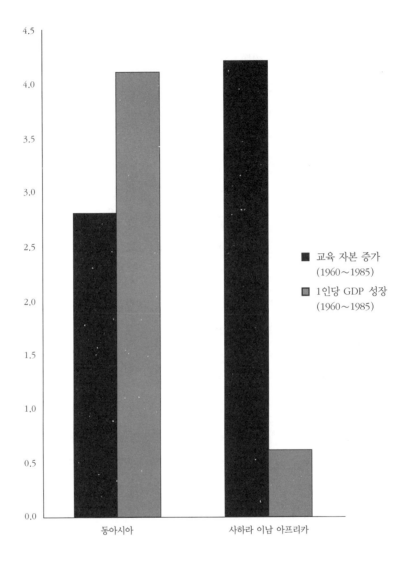

교육 자본 증가
(1960~1985)
1인당 GDP 성장
(1960~1985)

그림 4.1
이 모든 교육은 어디로 사라졌나?(프리쳇 1999)

다 다소 높았으나, 경제 성장률은 한국보다 7% 포인트나 낮았다.

이 연구는 또한 동유럽과 구소련의 학교 교육 연수를 서유럽과 북아메리카와 비교한 결과, 전자의 교육 연수가 후자에 비해 낮지 않다고 지적했다. 그러나 이들 국가의 1인당 GDP 수준은 서유럽과 북아메리카 GDP에 비하면 극히 낮다. 예로 미국의 중등학교 취학률은 97%로 92%의 우크라이나보다 약간 높을 뿐이지만 미국의 1인당 소득은 우크라이나의 9배이다.

교육이 성장에 기여하는 정도가 크지 않다는 사실을 보여 주는 또 다른 증거가 있다. 빈국의 성장률 중앙값은 시간이 갈수록 하락했다. 1인당 생산량 증가율은 1960년대 3%, 1970년대 2.5%를 기록하더니, 1980년대 -0.5%, 1990년대 0%로 하락했다. 이 연구는 빈국의 성장률 하락이 대대적인 교육 확대와 동시에 발생했다고 지적한다.

이 연구의 결론은 그야말로 놀랍다. 따라서 이 같은 결과가 다른 연구에서도 되풀이되고 있는지 살펴볼 필요가 있다.7 또 다른 일군의 경제학자들도 유사한 연구를 수행했다. 1965~1985년까지 노동자들의 평균 학교 교육 연수의 변화에 성장률이 어떻게 반응하는지 분석한 것이다.8 이들 역시 학교 교육 연수의 증가와 1인당 GDP 성장 간에 어떤 관계도 없다는 것을 발견했다. 특히 성장의 다른 결정 요소들을 고정시켜 놓았을 때조차 교육과 GDP 성장은 아무 관계가 없었다. 그러나 초기 교육 수준과 이후의 생산성 증가 간에는 양의 상관관계가 있다는 것을 발견했다.

---

7) 최근의 한 연구는(Krueger & Lindahl 1999) 프리쳇의 발견을 교육 성취에 대한 측정 오류로 돌리고 있다. 그러나 프리쳇은 측정 오류를 신중하게 제어했고, 따라서 그의 결론이 측정 오류로 인해 취약하다고 볼 수는 없다.

8) Benbabib & Spiegel 1994.

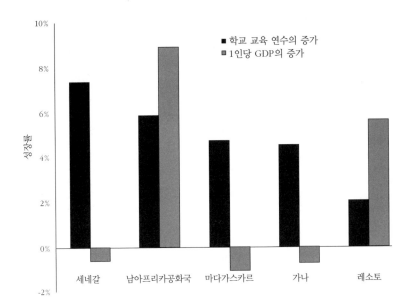

그림 4.2
아프리카의 교육 확대와 경제 성장, 1965~1985(Benhabib & Spiegel 1994)

물론 이 두 연구에서 아프리카가 교육과 경제 성장 간 관계의 부
재를 설명한다고 생각할 수도 있다. 아프리카는 매우 낮은 교육 수
준에서 출발했기 때문에 퍼센트로 측정된 교육 자본의 변화가 엄청
날 수밖에 없다는 주장이다. 그러나 두 번째 연구는 아프리카를 조
사 대상 국가에서 제외했을 때도 학교 교육 연수와 GDP 성장 간에
는 어떤 상관관계도 존재하지 않는다는 것을 보여준다. 또한 퍼센트
변화 대신, 평균 학교 교육 연수의 절대적 변화를 적용한 경우에도
양자 간에는 여전히 상관관계가 존재하지 않는다(그림 4.2 참조).
  이 연구는 초기 학교 교육 수준이 이후의 생산성 증가와 양의 상
관관계가 있다는 것을 밝히고 있다. 초기 인적 자본 수준이 높은 국

가에서 인적 자본은 생산성 증가를 통해 간접적으로 성장에 영향을 미치게 되고, 따라서 이 국가는 더 빠르게 성장할 것이다. 다른 경제학자들도 생산량 증가와 초기 학교 교육 수준이 양의 상관관계가 있다는 것을 발견했다.9 이 관계는 보통 일시적인 것으로 간주된다. 물적 자본에 비해 인적 자본 수준이 높을 때, 물적 자본과 인적 자본이 균형을 찾는 시점까지 물적 자본의 투자 수익은 높을 것이고 성장률도 높아진다.10

그러나 이 관계는 일시적일 것이다. 초기 학교 교육 수준에 따른 성장의 변화는 장기에서는 의미가 없기 때문이다. 첫 번째 연구가 지적하고 있는 것처럼 성장은 학교 교육 연수가 증가하는 상황에서도 추세적으로 일정한 평균치 수준에서 변동한다. 성장과 초기 학교 교육 수준의 관계는 성장률의 증가 추세를 함축하지만 실제로는 그렇지 않다. 예로 1960년대에서 1990년대까지 교육 수준이 증가했음에도 세계 평균 경제 성장률은 하락했다. 비록 초기 학교 교육 수준이 10년이나 20년의 단기 성장을 추동할 수 있다 해도 장기 성장의 결정 요인은 아닌 것이다.

또 다른 경제학자들 역시 국가 간 성장률 차이는 인적 자본 증가율 차이와 거의 관계가 없다는 것을 발견했다. 만약 일국의 1인당 성장률이 평균치보다 1% 포인트 높다면, 성장률 차이의 0.06% 포인트만이 평균보다 높은 인적 자본 증가율에 기인하며, 0.91% 포인트는 생산성 증가로 설명된다. 나머지 요소는 물적 자본으로, 1% 포인

---

9) Barro & Sala-i-Martin 1995, Barro 1991. 교육과 성장 관계를 파악하는 데 유용한 자료를 찾으려면 Judson 1996의 표 1을 참조하라.
10) 배로와 살라이마틴의 1995년 논문은 이 효과를 논하고 있다.

트 중 0.03% 포인트에 해당한다.[11]

또 다른 연구는 인적 자본 증가가 성장을 추동하는 주된 힘이라는 사고가 갖고 있는 좀더 미묘한 문제를 지적하고 있다. 말 그대로 인적 자본 축적이 GDP 성장을 추동한다면 빠르게 성장하는 국가들은 인적 자본도 빠르게 증가해야 할 것이다. 이는 젊은 노동자들이 인적 자본이 더 낮았던 시기에 교육을 받은 노동자들보다 훨씬 더 많은 인적 자본을 보유하고 있다는 것을 의미한다. 그렇다면 젊은 노동자들은 연장자들보다 더 높은 임금을 받아야 할 것이다. 그러나 지구상 어디를 가도 임금은 근속 연수에 따라 상승한다. 심지어 빠르게 성장하는 국가에서도 연장자들이 젊은 노동자들보다 훨씬 더 많은 임금을 받는다. 근속 연수가 뭔가를 설명한다면, 빠르게 성장하는 국가에서는 젊은 노동자들이 가진 인적 자본 이점 때문에 근속 연수에 따른 임금 증가가 작아야 하지만 실제로는 그렇지 않다. 따라서 빠르게 성장하는 국가에서 인적 자본 축적은 그렇게 빠를 수도 없고, 그 국가의 급속한 경제 성장을 설명할 수도 없다.[12]

이 연구는 학교 교육 수준과 성장 관계의 더욱 심각한 결함을 지적하고 있다. 초기 학교 교육 수준과 경제 성장 간의 인과관계가 역전될 수 있다는 것이다. 예컨대 한 개인이 성장을 어느 정도 예측할 수 있다면 미래의 성장은 현재의 교육에 대한 수익률을 증가시킬 것이다. 교육은 숙련 노동 임금이 빠르게 증가하는 분야에서 더욱 가치가 있다. 초기 학교 교육 수준과 경제 성장 간의 양의 상관관계는

---

11) Klenow & Rodríguez-Clare 1997, 94쪽. 배로와 살라이마틴의 1995년 논문에 따르면, 1인당 성장률과 중등 교육 및 고등 교육 연수의 변화 간에는 아무런 상관관계도 존재하지 않는다.
12) Bils & Klenow 1998.

학교 교육이 성장에 영향을 미친다는 명제보다 성장이 학교 교육에 영향을 미친다는 명제에 더욱 잘 부합된다.[13]

결론적으로 교육이 성장을 위한 또 다른 만병통치약이라는 사고는 기대를 충족시키지 못했다.

교육과 소득

경제 성장에서 교육이 그다지 중요하지 않다는 결론은 많은 논쟁을 불러일으켰다. 물적 자본과 인적 자본으로 성장률 격차를 설명할 수 없다는 사실에도 불구하고 많은 경제학자들은 물적 자본과 인적 자본이 국가 간 소득 격차를 상당 부분 설명할 수 있다고 주장했다. 하버드 대학의 그레고리 맨큐Gregory Mankiw 같은 경제학자는 솔로 모델에서 장기 소득은 물적 자본 형태의 저축과 인적 자본 형태의 저축에 의해 결정된다고 지적한다. 맨큐는 인적 자본 저축의 측정 지표로서 중등학교 취학률을 사용했는데, 실제로 소득 수준과 중등학교 취학률 사이에는 강한 상관관계가 존재했다. 맨큐는 물적 자본과 인적 자본이 국가 간 1인당 소득 격차의 78%를 설명할 수 있다고 주장했다.[14] 어떻게 이 발견이 생산량 증가가 인적 자본 축적과 상관이 없다는 사실과 양립할 수 있을까?

이 문제를 다루기 전에 어떻게 맨큐가 인적 자본을 추가함으로써 (빈국에 적용된) 솔로 모델의 허점을 수정했는지 살펴보자. 솔로 모델에서 물적 자본 축적은 성장의 원천이 될 수 없다. 물적 자본이 생

---

13) Bils & Klenow 1998.
14) Mankiw 1995, 295쪽.

산에서 차지하는 비중이 낮아 급속한 수확체감이 발생하기 때문이다. 그러나 여기에 인적 자본을 추가하면 생산에서 모든 유형의 자본이 차지하는 비율은 80%까지 상승한다. 물적·인적 자본 전체에 대한 수확체감은 물적 자본의 수확체감보다 훨씬 덜 심각하다. 이는 마치 팬케이크를 만들 때 팬케이크 가루와 우유의 양을 동시에 늘리는 것과 같다. 이 두 재료는 팬케이크의 대부분을 차지하고 있기 때문에 다른 모든 재료의 양은 그대로 둔 채 이 두 재료만을 늘리게 되면 팬케이크 생산은 급속도로 증가한다. 마찬가지로 물적 자본과 인적 자본을 동시에 증가시키면 놀라운 생산량 증가가 발생한다. 이는 동일한 기술을 갖고 있는 국가들이 물적 자본과 인적 자본 축적의 차이 때문에 매우 상이한 소득 수준을 기록할 수 있다는 것을 의미한다. 몇몇 연구들은 높은 인적·물적 자본 축적률이 동아시아 국가들의 급속한 성장의 대부분을 설명한다고 지적하며 맨큐의 주장을 뒷받침한다.[15]

둘째, 맨큐는 솔로 모델과 맞지 않는 빈국의 느린 성장 결과도 수정했다. 솔로 모델에 따르면 빈국은 부국보다 더 빠르게 성장해야 하지만 실제로는 그렇지 않았다. 그런데 맨큐는 자본 축적과 교육을 고려했을 때 빈국이 부국보다 추세적으로 더 빠르게 성장했다는 것을 발견했다. 물론 모든 국가가 동일한 종착지를 향해 나아간다는 솔로 모델의 결론을 방어할 필요는 없다. 서로 다른 자본 축적과 교육 수준을 갖고 있는 국가들은 종착지도 다르다. 인적 자본과 물적 자본의 축적 수준이 높은 국가들은 부유해질 것이고, 그렇지 못한

---

15) Young 1992, 1995 ; 세계은행 1993d.

국가들은 가난해질 것이다. 그러나 최종 종착 지점에 비해 가난하다는 것은 그 종착지를 향해 더욱 빠르게 나아간다는 것을 뜻한다. 또 다른 연구는 여러 가지 변수를 제어할 경우 맨큐가 제시한 것보다 빈국이 더 빠르게 성장했다는 것을 보여 준다.[16]

셋째, 맨큐는 빈국으로 유입되는 자본 플로가 낮은 이유를 제시했다. 맨큐는 인적 자본(숙련 노동력)은 국가 간 이동이 자유롭지 않은 반면, 물적 자본은 국가 간 이동이 가능하다고 가정했다. 만약 빈국의 빈곤이 낮은 인적 자본에 기인한다면 국제 투자가들은 이들 국가에 투자하기를 원치 않을 것이다. 기계에 대한 고수익을 기대하려면 숙련 노동이 필요하기 때문이다. 따라서 숙련 노동이 부재한다면 기계에 대한 수익은 낮을 것이다. 자본 플로가 빈국보다는 선진국에 집중되는 이유도 여기에 있다.

그러나 안타깝게도 이론적 포장이 훌륭하다고 해서 엄밀함이 보장되는 것은 아니다. 맨큐가 주장한 중등학교 취학률과 소득 간 관계에는 세 가지 문제가 존재한다.

첫 번째 문제는 중등 교육이 매우 제한적인 인적 자본 축적의 측정 지수라는 점이다. 초등 교육의 경우는 어떠한가? 1인당 소득과 초등 교육 취학률 간의 관계는 훨씬 덜 만족스럽다. 초등학교 취학률이 0.2에서 0.9로 증가한다 해도 1인당 소득이 그렇게 엄청나게 증가하지는 않는다. 이 국가들은 모두 가난하다. 초등 교육이 보편화된 많은 국가들은 이 국가들보다 더 높은 평균 소득을 기록하고 있지만, 국가별 소득은 매우 가난한 국가에서부터 매우 부자 나라에

---

16) Barro & Sala-i-Marin 1995, 431쪽. Barro 1991.

이르기까지 믿을 수 없을 정도로 다양하다. 이를 요약하면 초등 교육의 국가 간 격차는 중등 교육 격차보다 작고, 따라서 소득 격차를 설명할 수 있는 부분도 작다. 맨큐는 오직 중등 교육만을 고려함으로써 일반적인 교육 격차를 과장했다.[17]

두 번째 문제는 맨큐의 가정에서 인적 자본의 소득에 관한 것이다. 맨큐는 자본 플로가 물적 자본의 수익률 균등화를 낳을 것이라고 가정했다. 따라서 단지 인적 자본만이 국가별로 수익률이 다르다. 소득 격차를 인적 자본만으로 설명하는 것은 그것을 물적 자본만으로 설명하는 것과 같다. 즉 비교적 부차적인 요소로 커다란 소득 격차를 설명하는 것이다. 스탠포드 대학의 폴 로머는 맨큐의 이론을 논평하면서 만약 어떤 국가가 숙련 노동이 부족하여 가난하다면 적은 수의 숙련 노동자들은 매우 높은 임금을 받아야 한다고 지적했다.

다시 미국과 인도를 비교해 보자. 1992년 미국의 1인당 소득은 인도의 14배이다. 미국의 비숙련 노동 임금 역시 인도의 14배이다. 인도에서 비숙련 노동은 풍부하지만 숙련 노동은 부족하다. 맨큐의 가정은 인도의 숙련 노동 임금이 미국의 숙련 노동 임금의 3배가 되어야한다는 것을 함축한다.[18] 이 경우 숙련 노동이 미국에서 인도로 이동할 것이다. 그런데 실제로는 인도의 숙련 노동이 미국으로 이동하고 있다. 더구나 만약 맨큐의 이론이 사실이라면, 인도의 비숙련 노동 인구는 미국으로 이동할 것이며 숙련 인구는 국내에 머물러 있을 것이다. 그러나 실제로는 그렇지 않았다. 인도의 숙련 인구는 비

---

17) 이 점은 클레나우와 로드리게즈 클레어의 1997년 논문에서 처음으로 지적되었다.
18) Romer 1995.

숙련 인구보다 14.4배나 많이 미국으로 건너갔다.

인도의 숙련 인구가 미국으로 이민가는 경향은 일반적인 두뇌 유출 현상에 속한다. 최근 61개 빈국을 조사한 한 연구에 따르면, 61개국 전체에서 중등 교육 이상을 받은 인구는 초등 교육 이하 수준의 인구보다 미국 이민을 더 선호했으며, 51개국에서 대학 교육을 받은 인구가 중등 교육을 받은 인구보다 더 많이 미국으로 이민을 떠났다. 심지어 자국의 숙련 노동력 대부분을 미국에 빼앗긴 국가도 있었다. 예로 가이아나에서는 대학 교육을 받은 인구의 77%가 미국으로 빠져 나갔다.[19]

숙련 노동 인구가 빈국으로 이동할 것이라는 맨큐의 예측과는 반대되는 현상이 발생하는 이유는 숙련 노동의 임금 격차가 부국에 유리하게 작동하기 때문이다. 봄베이의 엔지니어는 연 2,300달러를 벌지만 뉴욕의 엔지니어는 연 5만 5,000달러를 번다.[20] 인도의 숙련 노동 임금이 미국의 3배가 아니라, 미국의 숙련 노동 임금이 인도보다 24배 높다. 맨큐의 모델은 숙련 노동 임금과 1인당 소득 간에 음의 상관관계가 존재함을 암시하지만, 실제로는 강한 양의 상관관계가 존재한다.

또한 맨큐의 모델이 맞다면, 인도의 숙련 노동 임금 대 비숙련 노동의 임금비가 엄청나게 높아야 한다. 맨큐의 가정에 따르면 미국의 비숙련 노동 임금은 인도의 14배이다. 또한 인도의 숙련 노동 임금은 미국의 3배이다. 따라서 맨큐가 추측한 것처럼 미국에서 숙련 노동 임금이 비숙련 노동 임금의 2배라면, 인도의 숙련 노동 임금은

---

19) Carrington & Detragiache 1998.
20) 스위스 유니언뱅크 1994.

비숙련 임금의 84배가 되어야 한다. 다시 강조하지만 사람들은 유인체계에 반응한다. 따라서 이렇게 되면 인도에서 고임금이 보장되는 숙련 노동을 습득하려는 교육열풍이 불 것이며, 인도에서 교육의 수익률은 미국보다 42배나 높을 것이다. 그러나 인도에는 그 같은 어마어마한 기술 격차는 존재하지 않으며, 다른 나라도 마찬가지이다. 인도에서 엔지니어 임금은 건설노동자가 받는 임금의 약 3배에 불과하다. 그리고 또 다른 연구에 따르면 빈국에서 교육 수익률은 부국보다 42배는커녕 2배 정도 높을 뿐이다. 그것도 빈국에서 투자 비용—과거 소득—이 낮기 때문이다.[21]

세 번째 문제는 또다시 인과관계이다. 만약 고등학교 교육이 부유해지면서 빠지게 되는 사치재라면 어떤 일이 발생할 것인가? 1인당 소득이 증가함에 따라 고등학교 교육에 대한 수요도 증가할 것이다. 그러나 이는 고등학교 교육이 얼마나 생산성 있는 노동력을 키워 내는지 증명할 수 없다.

국가 간 소득 격차를 설명하는 맨큐 주장의 더욱 근본적인 문제는 바로 여기에 있다. 설령 소득 격차가 저축의 차이에서 비롯된다는 맨큐의 주장을 수용한다 해도 무엇이 저축의 차이를 설명해 주는가? 이 같은 해법은 국가 간 성장 격차를 설명하는 문제를 저축 격차를 설명하는 문제로 바꾸는 것에 불과하다. 빈국은 원래 검약하지 않기 때문에 가난하다고 말하는 것은 아무 의미가 없다. 그것은 빈국의 가난을 빈국의 탓으로 돌리는 것과 같다.

---

21) Psacharopoulos 1994, 1332쪽.

교육과 유인

왜 교육이 경제 성장에서 중요한 요소가 아닌지 이해하기 위한 첫 번째 실마리는 교육받은 사람들이 그렇게 습득한 스킬로 무엇을 하는지에 달려 있다. 정부 개입이 지배적인 국가에서 가장 수익률이 높은 기술은 정부에 대한 로비 기술이다. 정부는 개입을 통해 이윤 기회를 창출한다. 예로 환율을 고정하고, 외환 거래를 금지하고, 고인플레를 야기하는 정부는 달러 거래 유인을 창출한다. 이때 숙련된 인구는 낮은 고정 환율로 외환을 매입하기 위해 정부에 로비를 할 것이다. 매입한 외환을 암시장에 내다 팔면 막대한 이윤을 챙길 수 있기 때문이다. 하지만 이 같은 활동은 GDP 성장에 기여하지 않는다. 이는 달러를 공식 환율로 매도해야 하는 가난한 수출업자에게서 암시장 중개자에게로 소득이 재분배되는 것이다.

정부 개입이 흔한 경제에서 숙련 노동 인구는 성장을 창출하는 활동보다 소득 재분배 활동을 선택한다. 변호사가 많은 국가가 엔지니어가 많은 국가보다 느리게 성장하는 이유도 여기에 있다.[22] 예로 외환 거래 암시장 프리미엄이 높은 국가는 학교 교육 수준에 상관없이 낮은 성장률을 기록한다. 반면에 암시장 프리미엄이 낮은 국가의 경우 학교 교육 수준이 낮을 때보다 높을 때 성장률도 높다. 학교 교육은 정부 정책이 재분배가 아니라 성장의 유인을 창출할 때에만 높은 수익률을 기대할 수 있다.

두 번째 실마리는 국가가 무상 공공 교육을 제공하고 의무 교육

---

22) Murphy, Shleifer, & Vishny 1991.

규정을 마련하여 교육 확대를 주도하는 것이다. 그런데 초등 교육의 보편화를 위한 정책 목표는 그 자체로 성장과 직결되는 미래 투자 유인을 창출하지는 않는다. 일국에서 교육의 질은 미래 투자 유인의 존재 유무에 따라 달라진다. 미래 투자 유인이 존재한다면 학생들은 열심히 공부할 것이고, 부모는 교육의 질을 감시할 것이고, 교사들도 열심히 가르칠 것이다. 미래 투자 유인이 없다면 학생들은 수업에 빠질 것이고, 부모들은 자녀를 학교보다는 농장에서 일하라고 시킬 것이며, 교사들은 고학력 베이비시터로서 시간을 낭비할 것이다.

부패, 낮은 교사 임금, 낮은 수준의 교육 자재 투자는 양질의 교육을 위한 유인을 감소시킨다. 한 예로 브라질의 빌라 정퀘이라 주민들은 이렇게 말한다. "국립 학교가 무너지고 있다. 교사도 없고, 교장도 없고, 효율적인 교사도 없고, 안전하지도 않으며, 위생적이지도 않다." 말라위 주민들의 사정도 비슷하다.

우리는 정부가 무상 초등 교육을 도입하면서 공책과 필기구를 비롯한 필요한 교육 자재를 모두 제공할 것이라고 들었다. 그러나 아이들은 아무것도 받지 못했다. 여전히 부모들이 직접 학용품을 구해야 한다. 우리는 그것이 정부의 잘못이 아니라 학교의 관리 문제라고 생각한다. 우리는 몇몇 교사들이 학용품을 팔러 다니는 것을 보았다. 더구나 이 교사들은 교사로서의 의무를 다하지도 않는다. 아이들이 한 과목도 듣지 않고 집으로 돌아오는 일도 흔하다. 우리는 교사들이 열악한 노동조건 때문에 열의가 생기지 않는다고 들었다. 교사들이 받는 저임금을 생각하면 이들이 무상 교육 자원을 빼돌려 보잘것없는 임금을 보충하고자 하는 것도 놀랍지 않다. 이는 학교 교육 수준에 역효과를 가져오고 있다. 지

난 6년간 단 10명만이 중등학교에 입학했다.[23]

파키스탄에서 정치인들은 후원금을 받고 교사 자격을 제공한다. 따라서 부도덕하거나 소심한 교사들이 감독하는 시험에서 대규모 커닝이 발생한다. 또 교사의 4분의 3은 학생들이 보는 시험을 통과하지 못한다. 파키스탄이라는 다언어 사회에서 실용 언어는 영어이지만, 공립 학교의 수업은 우르두 어로 행해진다. 몇몇 공립 학교는 이슬람 학교이며, 여기서 학생들은 주로 코란을 배운다. 나머지 공립 학교들은 교육의 질이 너무도 낮아 비싼 사립 학교에 자녀를 보낼 여력이 되는 부모라면 절대로 이 공립 학교에 자녀를 보내지 않을 것이다. 또한 종교가 다른 학생들이 학교 안에서 AK-47 소총으로 무장한 채 싸우는 일도 다반사이다.[24] 학교에 교과서보다 총이 더 많을 때 좋은 일은 결코 일어나지 않는다.[25]

종종 교사들이 저임금을 받기도 하지만, 때로는 너무 많은 임금을 받기도 한다. 교과서, 공책, 필기 도구보다 교사 임금으로 더 많은 돈이 지출되는 것이 일반적인 패턴이다. 필머와 프리쳇은 교육 자재 지출의 수익률이 교사 임금 지출보다 10배에서 100배나 높다는 것을 발견했다. 이는 교육 자재가 교사에 비해 훨씬 더 부족하다는 것을 의미한다.

세 번째 실마리는 경제의 다른 분야에 대한 투자로부터 얻을 수 있다. 숙련 노동이 첨단 기계, 선진 기술 수용 및 기타 성장 유인 투

---

23) Narayan et al. 2000.
24) Talbot 1998, 339쪽.
25) Husain 1999, 384쪽, 404쪽.

자와 결합될 때에야 숙련 노동의 생산성이 향상된다. 성장 유인이 없다면 첨단 기계도 선진 기술도 없다. 따라서 숙련 노동 수요가 없는 곳에 숙련 노동을 공급하는 셈이다. 이럴 경우 고학력 택시 운전사의 예처럼 숙련 노동이 낭비되거나, 첨단 기계와 선진 기술을 접할 수 있는 부국으로 유출된다. 숙련 노동의 창출이 그 자체로 첨단 기계와 선진 기술 수용에 대한 투자 유인을 강화하는 것은 사실이다. 그러나 만약 정부 정책이 성장 유인을 파괴한다면 이는 숙련 노동으로 창출되는 투자 유인을 상쇄하는 것 이상이다.

결론

교육의 중요성을 밝힌 이 모든 천명에도 불구하고 과거 40년 동안 교육 확대에서 거둔 수익은 실망스러운 수준이다. 물론 좋은 환경에서 배우는 것은 매우 좋은 일이다. 그러나 정책적으로 취학률 목표를 세우고, 국제 기관들이 교육에 대해 온갖 수사를 동원하는 것만으로는 성장을 위한 유인을 창출하지 못한다. 성장을 위한 탐색에서 교육은 실패한 또 하나의 치료책이다.

숙련 노동의 창출은 미래에 대한 투자 유인에 반응한다. 어떤 국가도 전 국민이 비숙련 노동 인구라면 부유해질 수 없다. 학교 교육 취학률은 숙련 노동 창출을 측정하는 올바른 단위가 될 수 없다.

성장 유인의 결핍이 물적 자본과 인적 자본 축적에 대한 성장의 실망스러운 반응의 원인이라는 것을 뒤늦게 깨달은 국제 사회는 다른 방법을 찾기 시작했다. 바로 물적 자본과 인적 자본을 절약하기 위해 인구 증가를 통제하는 것이다.

5장

콘돔 보급을 위해 현금 지원을

경제학자보다 더 유일하게 위험한 것은 아마추어 경제학자이다.
_벤틀리의 경제학의 제2법칙

그렇다면 번영의 성배를 누가 찾을 것인가? 가장 호감이 가지 않는 후보는 17센티미터짜리 라텍스, 즉 콘돔이다. 많은 개발 경제학자들은 끔찍한 굶주림을 피하고, 빈국을 부유하게 해주는 불로불사의 약으로 인구 통제를 내세웠다. 인구 통제를 위한 외국 원조, 즉 콘돔 보급을 위한 현금 지원이 빈국에 번영을 가져다 줄 만병통치약일 거라고 말이다.

제3세계 전문가들이 두려워하는 것이 있다면 그것은 바로 인구 증가다. 인구 증가는 빈국 국민들의 생명까지는 아니라 해도, 빈국의 번영을 심각하게 위협한다는 것이다. 거꾸로 말하면 가족 계획, 즉 성관계시 콘돔 사용을 통한 인구 통제는 빈국의 번영을 촉진할 수 있다는 것이다.

인구는 경제학에서 오래된 걱정거리였다. 19세기 초 토머스 맬서스Thomas Malthus는 인구는 기하급수적으로 성장하는 반면에 식량 생산은 그렇지 못하다며, 이는 결국 광범위한 기아의 형태로 커다란 인구 감소를 유발할 것이라고 주장했다. 스탠포드 대학의 생물학자 폴 에를리히Paul Ehrlich는 오늘날 맬서스의 화신이다. 그는 1968년 유명한 저서 《인구 폭탄*The Population Bomb*》에서 앞으로 10년 안에 기아가 "아시아, 아프리카, 남아메리카를 차례로 휩쓸고, 전 세계 인구의 5분의 1을 죽일 것"이라고 예언했다.[1] 에를리히는 또한 이렇게 되면 페스트를 포함한 세계적인 전염병이 돌아 사망률은 더욱 높아질 것이라고 주장했다.

특히 인구 공포는 아직 일어나지 않은 일에 대한 공포라는 점에서 두드러진다. 바로 기아로 인한 떼죽음이다. 1960년대 에를리히가 웅변적인 경고문을 집필할 당시 10개국 중 한 나라는 적어도 10년에 한 번씩 기아를 겪고 있었다. 그런데 실제로 1990년대까지 세계 200여 국가 중 한 나라만이 기아를 겪었다. 그리고 1960~1998년까지 세계 인구는 약 2배로 증가했으나, 식량 생산은 같은 기간 빈국과 부국 모두에서 3배로 증가했다.[2] 식량 부족은커녕 과거 20년 동안 식량 가격이 거의 절반 가까이 하락했다.[3]

예로 에를리히가 "빠르면 1970년대 초, 늦어도 1980년대 초" 대규모 기아와 식량 폭동을 예상했던 여러 지역 중 하나인 파키스탄에서 과거 15년 동안 식량 생산은 2배로 증가했다.[4] 개발도상국 전체로

---

1) Ehrlich 1968, 74쪽, 88쪽.
2) 세계은행 세계 발전 지수 2000 : Simon 1995, 397쪽.
3) http://www.worldbank.org/data/wdi/pdfs/tab64.pdf.
4) Ehrlich 1968, 44쪽 ; 세계 발전 지수 2000, 표 3.3.

봐도, 식량 생산은 같은 기간 87% 증가했다. 아마도 이 때문에 에를리히가 최근에 "지구의 거주 가능성이 빠르게 감소하고 있다는 것을 설명하기 위해 지속적인 노력을 하고 있다."고 고백한 이유일 것이다.[5]

1968년 에를리히는 인구 증가 문제에 깊은 관심을 갖고 있었다. 《인구 폭탄》이 출판되었을 당시 세계 연간 인구 성장률은 2.1%를 기록하며 최고치에 도달해 있었다. 이후 인구 성장률은 점차 낮아져 오늘날 세계은행은 2015년까지 인구 성장률이 1.1% 수준에 도달할 것이라고 예측하고 있다.[6] 인구 증가율은 사망률이 감소하는데도 꾸준히 감소하고 있다. 출생률이 사망률보다 더 큰 폭으로 떨어지고 있기 때문이다.[7]

그러나 인구 공포는 여전히 생생히 살아 있다. 오늘날 인구 공포의 왕좌를 계승한 사람은 월드와치 연구소World Watch Institute의 레스터 브라운Lester Brown이다. 1999년에 출판된 브라운의 저서 《맬서스를 넘어Beyond Malthus》을 소개하는 보도자료에 따르면 "세계는 이제 인구 문제를 무시해 온 대가를 치러야 할 것"이라고 한다. 보도자료는 또한 "거의 반세기에 걸쳐 인구가 지속적으로 증가한 결과 많은 국가에서 식량, 물, 임업 생산물에 대한 수요는 공급을 훨씬 초과하고 있다."[8]고 경고한다. 월드와치 연구소의 〈세계 동향 보고서 2000〉은 인구 증가가 "다른 모든 환경 및 사회 문제를 악화시킬 뿐만 아니라, 다른 어떤 단일 요소보다 더 직접적으로 경제 발전에 영향을 미칠

5) Ehrlich & Ehrlich, 1990, 185쪽.
6) http://www.worldbank.org/data/wdi/pdfs/tab2…1.pdf.
7) 세계은행, 〈세계 개발 보고서〉, 1984, 3쪽.
8) http://www.worldwatch.org/alerts/990408.html.

것"이라고 지적하고 있다.9 그리고 파키스탄은 또다시 위험에 빠지게 된다고 경고하고 있다. "2050년까지 파키스탄의 인구는 오늘날의 1억 4,600만 명에서 3억 4,500만 명으로 증가할 것이며, 이 같은 인구 증가로 1인당 농경지는 현재의 0.08헥타르에서 0.03헥타르, 즉 테니스코트 크기도 될까 말까 한 정도로 감소할 것이다."10

국제인구행동 연구소Population Action International도 "농업이 미래 세계 인구를 부양할 능력도 큰 난관에 부딪칠 것"이라고 지적한다.11 연구소는 또한 "21세기 아포칼립스를 가져올 수 있는 4대 요소로 과잉 인구, 삼림 황폐화, 물부족, 기아"를 경고하고 있다. 결과적으로 "선진국들은 앞으로 수년 안에…… 재난 구조 예산의 급증을 겪을 것이다."12

더구나 레스터 브라운에 따르면 인구는 일자리보다도 빠르게 증가한다. 브라운은 "앞으로 인구 증가를 둔화시키기 위해 노력하지 않는다면 실업은 통제할 수 없는 수준까지 증가할 것"이라며, 파키스탄의 경우 "노동력이 1999년 7,200만 명에서 2050년까지 1억 9,900만 명으로 증가할 것이 예상된다."고 경고한다.13

인구 문제를 푸는 이들의 해법은 가족 계획에 대한 지원을 더욱 강화하는 것이다. 한 마디로 더 많은 콘돔을 보급하는 것이다. 이 같은 선행자들의 비밀실력자회의 중 하나로 1994년 카이로에서 열린 유엔 주최 인구 및 개발에 관한 국제 회의는 "2015년까지 가족 계획

---

9) 월드와치 연구소 2000, 5쪽.
10) http://www.worldwatch.org/alerts/990408.html.
11) http://www,populationaction.org/why…pop/whyfood.htm.
12) http://www,populationaction.org/issue.html.
13) http://www.worldwatch.org/alerts/990902.html.

수단을 세계 곳곳에 보급하고…… 필요한 국제 지원과 국내 자원의 수준을 평가하며, 각국 정부에 이 자원을 제공할 것을 요구하는" 행동프로그램을 채택했다. 카이로 회의는 "국제 사회가 즉각적으로 피임 도구 및 개발도상국과 이행 경제 국가들의 보건프로그램에 필요한 다른 필수품을 조달하기 위해 세계적, 지역적, 국가적 차원에서 효율적인 조정시스템을 마련할 것을" 촉구했다.14

레스터 브라운은 문제에 대한 해법은 현금을 지원하여 콘돔을 보급하는 것이라고 결론내린다. "가족 계획 서비스를 위한 국내 및 국제적 지원 강화는…… 다음 세기, 더 나은 삶의 조건과 더 밝은 일자리 전망이라는 두 가지 이익을 가져올 것이다."15

카이로 결의안에 대한 한 검토서는 "핵가족화가 진행되고 안전하고 저렴한 피임법에 대한 접근이 향상됨에 따라 출산율이 감소했다."고 희망적인 평가를 내놓으면서도 "1,500만 쌍 이상의 커플의 피임 수요가 여전히 충족되지 못하고 있다."고 지적한다.16 1994년 카이로 결의안의 실행을 평가하는 1999년 유엔 보고서에서 코피 아난Kofi Annan 당시 유엔 사무총장은 "자금 없이는 불가능하다."고 지적한다. 아난 총장은 각국에 다른 예산 지출 선결 과제가 있다는 것을 인정하면서도, "세계 인구가 후손의 수를 통제하는 것을 돕는 것보다 더 중요한 것이 무엇이겠는가?"라고 묻고 있다.17

인구커넥션Population Connection 그룹은 "미국 역시 더 나은 조건을 찾아 인구 과밀과 환경오염 지역을 떠나고 있는 환경 난민들이나 유

---

14) http://www.un.org/ecosocdev/geninfo/population/icpd.htm#intro.
15) http://www.worldwatch.org/alerts/990902.html.
16) http://populationinstitute.org/thehague.html.
17) http://www.undp.og/popin/unpopcom/32ndses/gass/state/secgeneral.pdf.

전, 수자원, 토지 같은 한정된 자연자원에 대한 관심으로 인한 갈등의 영향을 받을 것"이라고 경고한다.18

따라서 성장을 촉진하고 인구 재앙을 피할 수 있는 치료책은 단순 코믹하게 말하자면 콘돔 보급을 위해 현금 지원을 하는 것이다. 유니세프는 다음과 같은 신념을 밝히고 있다. "가족 계획은 현재 인류가 사용할 수 있는 다른 어떤 단일 기술보다 더 적은 비용으로 더 많은 사람들에게 더 많은 이익을 제공할 수 있다."19

미국의 원조 기구 USAID도 가족 계획 보급에서 중요한 역할을 담당한다. "USAID는 피임 도구 보급하는 글로벌 시스템을 관리한다. 많은 국가들과 원조 제공자들이 1년 내내 피임 도구의 선택과 이용 가능성을 보장하기 위해 고안된 우리 기관의 피임 도구 공급 예측시스템에 의존한다."20 이렇게 피임 도구 조달에 헌신하고 있는 USAID 덕분에 시장이 콘돔으로 넘쳐나고 있다. 엘살바도르와 이집트 같은 USAID 수혜국에서는 콘돔이 너무도 많아 축구경기 때 팬들이 콘돔을 풍선처럼 불어 응원을 하고 있다.

원치 않는 아기의 신화

현금을 지원하여 콘돔을 보급한다는 치료책은 사람들이 유인 체계에 반응한다는 원칙에 부합하지 않는다. 피임 도구 지원에 대한 이 모든 관심은 정부 개입이 없을 경우 시장의 피임 도구 공급이 수요

---

18) http://www.populationconnection.org/Reports···Publications/Reports/report83.html.
19) -UNICEF, State of the World's Children, 1992.
20) http://www.info.usaid.gov/pop···health/pop/popunmetneed.htm.

를 만족시킬 수 없다는 가정을 함축한다. 따라서 "피임 수요를 충족시키지 못하고 있는 1,500만 쌍 이상의 커플"은 국제 원조를 통해 보급된 콘돔을 사용할 수 있다면 더는 아이를 갖지 않을 것이다. 그러나 콘돔은 코카콜라처럼 시장이 공급할 수 있는 보통 상품이다. 우리는 코카콜라가 필요한 1,500만 쌍의 커플을 위한 원조 프로그램을 고안하지는 않는다.

콘돔 보급을 위한 현금 지원 주창자들은 빈곤 가정은 콘돔을 구매할 수 없다고 말할지도 모른다. 이는 그야말로 비논리 그 자체이다. 원치 않는 아이는 콘돔보다 훨씬 비용이 많이 들기 때문이다. 콘돔은 국제적으로 33센트에 구입할 수 있다.[21] 콘돔 가격은 임신을 결정하는 데 영향을 미치는 다른 유인과 반反유인과 비교했을 때 정말로 부차적인 요소이다.

피임 도구 지원 주창자들은 빈국 국민들은 33센트건 몇 센트건 간에 콘돔을 구입할 수 없다고 대답할 것이다. 그러나 이 같은 대답은 시장이 1,500만 쌍이라는 엄청난 수요가 존재하는 저렴한 상품을 어떻게 공급할 수 없는지에 대한 답이 아니다. 시장은 빈국에서 코카콜라를 공급하는 데 아무런 어려움이 없었다.

이는 우리가 이른바 충족되지 않은 피임 도구 수요에 초보적인 경제 논리를 적용하는 것보다 훨씬 나은 일을 할 수 있다는 것을 보여준다. 많은 국가에서 가계를 대상으로 몇 명의 아이를 원하는지 체계적인 조사가 실행되었다. 랜트 프리쳇은 원하는 자녀의 수와 실제 자녀의 수를 비교했다. 그 결과 프리쳇은 출산율이 높은 국가의 여

---

21) http://www.condoms.net/cgi-bin/SoftCart.cgi/condoms/crown.html?L+csense+hGSb8034+948055430.

성들은 원하는 아이의 수도 많다는 것을 발견했다. 국가 간 출산율 차이의 약 90%는 이 같은 '원하는 아이의 수'의 차이로 설명된다.[22]

인구 재앙?

만약 인구 증가로 인해 기아, 물 부족, 대량 실업, 또 다른 재앙이 초래된다면 인구 증가는 전체적인 경제 성장에도 영향을 미쳐야 할 것이다. 따라서 인구 성장률이 높은 나라는 1인당 GDP 성장률이 낮거나 마이너스여야 할 것이다. 인구 재앙을 경고하는 사람들의 주장에 따르면 인구 증가는 경제의 일자리 창출 능력을 압도하고 식량 생산을 훨씬 초과하기 때문에 인구 성장률이 높을 경우 1인당 GDP는 떨어질 수밖에 없다.

이 같은 예측은 쉽게 테스트해 볼 수 있다. 1인당 경제 성장과 인구성장 간 관계는 통계 관련 문헌에서도 가장 많이 연구된 분야이다. 관련된 문헌이 너무도 많다 보니 이제는 연구 조사를 연구한 자료까지도 찾을 수 있다. 그 중 한 연구에 따르면 "인구 문제를 전공하는 경제학자들은 대부분 인구 증가를 크게 걱정하지 않는다." 경제학자들은 일반적으로 인구 증가가 1인당 경제 성장에 영향을 미치는지 아닌지 확실한 증거가 없다고 생각한다는 것이다.[23] 성장과 성장 결정 요소 간의 통계적 관계를 연구한 가장 유명한 조사에서도 인구 증가와 1인당 경제 성장 사이에는 아무 관련이 없었다.[24] 인구

---

22) Prichett 1994.
23) Kelly & Schmidt, 1995, 1996 ; Kling & Prichett 1994.
24) Levine & Renelt 1992.

증가가 경제 성장에 미치는 영향이 자원 희소성이나 발전 수준 같은 여러 이유로 달라질 수 있다는 것을 인정해도 인구 증가는 여전히 경제 성장에 별 문제가 되지 않는다.[25] 나 역시, 1960년대에서 1990년대까지의 정부 정책을 연구하는 과정에서 성장 결정 요소를 고정시키고 나서야 인구 증가와 경제 성장 간 극히 약한 양의 상관관계를 발견했을 뿐이다.[26]

사실 인구 증가와 1인당 경제 성장 간 관계 부재는 그다지 놀라운 것도 아니다.[27] 첫째, 인구 증가율과 1인당 경제 성장률은 장기에서 꾸준히 증가했다. 오늘날의 선진국들에서 인구와 소득 성장은 19세기까지는 매우 느렸으나, 이후 둘 다 증가했다. 그리고 과거 몇십 년 동안 선진국의 인구 증가율과 1인당 경제 성장률은 다시 둔화되었다. 따라서 인구 증가가 재앙을 낳을 것이며, 인구 통제가 성장을 위한 치료책이라는 주장은 이 같은 현실과는 맞지 않는다.

둘째, 1인당 인구 성장률 격차로 국가 간 경제 성장률 격차를 설명하기에는 인구 성장률 격차가 크지 않다. 1960~1992년까지 1인당 GDP 성장률은 국가별로 −2%에서 7%까지 다양하다. 반면에 인구성장률은 최저 1%, 최고 4%로, 격차가 3% 포인트에 불과하다. 심지어 비관주의자들의 주장처럼 인구 증가율 증가와 1인당 경제 성장률 감소 간에 1 대 1의 비례관계가 존재한다 할지라도, 이는 1인당 경제 성장률 격차의 3분의 1만을 설명할 수 있을 뿐이다. 예로

---

25) Kling & Pritchett 1994.

26) 나는 1960년대부터 1990년대까지 평균 1인당 성장률을 암시장 프리미엄, GDP 대비 M2 비율, 인플레이션, 실질 환율 과대평가, 중등 교육 취학률, 초기 소득, GDP 대비 무역 이득, OECD 무역 파트너 성장, 인구 증가에 대해 회귀분석을 실시했다. 여기서 인구 증가는 t-통계량 0.4.에 계수 0.09라는 결과가 나왔다.

27) Kling & Prichett 1994.

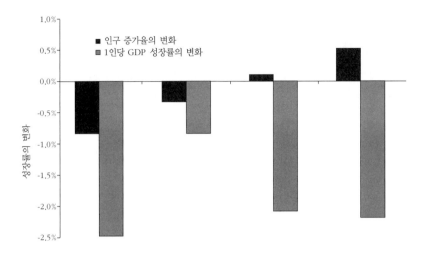

그림 5.1
1961~1979년부터 1980~1998년까지 인구 증가율과 1인당 경제 성장률의 변화. 각 집단은 표본의 25%에 해당하며, 인구 증가률이 가장 낮은 국가부터 가장 높은 국가의 순서를 따른다.

아르헨티나는 인구 증가율과 경제 성장률이 모두 낮았고, 보츠와나는 인구 증가율과 경제 성장률이 둘 다 높았다. 동아시아는 선진국보다 인구 증가율이 높았지만 경제 성장률은 훨씬 더 높았다. 높은 출산율을 보이는 아프리카 국가들도 비관주의자들이 예측한 것과 같은 대규모 기아를 겪지는 않았다.

셋째, 1960년대부터 1990년대까지 제3세계 인구 증가율은 약 0.5% 포인트 감소했다. 그러나 같은 기간 경제 성장률도 감소했다. 더구나 인구 증가율이 감소한 국가와 1인당 경제 성장률이 증가한 국가 간에 아무런 관계도 없었다(그림 5.1 참조). 사실상 모든 국가의 1인당 경제 성장률이 감소했고, 성장률 감소 정도도 인구 증가율의 변화와는 상관없었다.

명백하게 경제 성장은 인구 증가와 상관없는 여러 가지 요소에 달려 있다. 사실 이런 요소들을 고정시켜 놓을 경우 인구 증가가 경제 성장에 영향을 미친다고 판단할 수 있는 아무런 증거도 없다.

인구 증가가 1인당 소득 감소와 실업 증가를 유발할 것이라는 관점은 추가되는 1인의 생산성이 제로이며, 인구 증가의 유일한 결과는 각 개인에게 돌아가는 파이의 크기를 줄이는 것에 불과하다고 가정하는 것이다. 이는 빈국 국민들의 잠재력을 어느 정도 무시하는 관점일 뿐만 아니라, 사람들은 유인 체계에 반응한다는 원칙에 위배된다. 새로 추가되는 사람은 그 사람을 고용하는 고용주에게는 잠재적인 이윤 기회이다. 이 사람은 생존을 위해 생산적인 고용을 찾으려는 유인을 가진다. 실질임금은 노동자에 대한 수요와 공급이 같아질 때까지 조정될 것이다.

더 많은 인구가 좋은 것인가, 나쁜 것인가?

그럼에도 인구 통제를 지원해야 한다는 주장이 존재할 수 있다. 아이를 갖기로 결심한 부모들은 자신들의 결정이 사회에 미치는 영향을 고려하지 않는다. 더 많은 인구는 자연환경에 해가 될 수 있다. 예로 인구가 증가하면 육지의 인구 밀도가 높아지고, 기존 거주민들에게 불쾌감을 유발할 수 있다. 부모들이 아이를 가질 때 사회가 부담해야 하는 이 같은 비용을 고려하지 않는다.

그러나 부모들이 고려하지 않는 긍정적인 영향이 있을 수 있다. 아기가 한 명 더 탄생함으로써 기존 정부 프로그램의 비용을 부담할 미래의 납세자가 한 사람 더 생기는 것이다. 대부분의 선진국에서 사회보장 제도의 재정 확보가 어려워진 주요 이유는 인구 증가율이 감소하면서 퇴직자 대비 노동 인구의 비율이 낮아졌기 때문이다. 그나마 미국의 상황이 다른 선진국에 비해 나은 이유는 이민자가 유입된 덕분에 미국의 인구 증가율이 더 높았기 때문이다.

인구 증가가 긍정적인 효과를 낳을 수 있는 더욱 미묘한 이유는 천재 탄생의 가능성 때문이다. 아기가 많이 태어날수록 그 아기들 중 한 명이 나중에 모차르트, 아인슈타인, 빌 게이츠 같은 인물이 될 가능성도 높아진다. 사이먼 쿠즈네츠Simon Kuznets와 줄리안 사이먼 Julian Simon이 지적한 것처럼 이 효과 덕분에 사람들이 더 나은 삶을 위해 사용할 수 있는 아이디어의 스톡이 증가한다.

예로 수많은 사람들이 모차르트의 아리아를 들을 수 있는 것처럼, 더 많은 사람들이 제로 비용으로 아이디어를 공유할 수 있기 때문에 새로운 아이디어는 적은 인구보다 많은 인구에서 더욱 효과적으로 사용된다. 더 많은 사람들이 새로운 아이디어의 최초 실행 비용을 부담할 수 있고, 그들 모두가 이 아이디어를 제로 비용으로 사용할 수 있는 것이다. 예로 인터넷 보급 비용은 더 많은 사람들이 비용을 나누어 부담할수록 낮아지며, 인터넷의 이익은 더 많은 사람이 인터넷을 사용할수록 증가한다. 수렵·채집 사회에서 농경 사회로의 이행이나, 농경 사회에서 산업 사회로의 이행 같은 전통적인 혁신도 마찬가지다. 사람이 많으면 많을수록 비용은 줄어들고 이익은 늘어난다.

인구 증가는 기술 혁신을 촉진할 수 있다. 이용 가능한 자원에 대한 압력이 높아지기 때문이다. 예로 인구 대 토지 비율이 상승하면 사람들은 기존의 토지에서 더 많은 식량을 생산하기 위해 새로운 아이디어를 개발할 수밖에 없다. 이 같은 '인구 압력 원칙'을 처음으로 제기한 학자는 이스터 보제럽Ester Boserup이다.

하버드 대학의 경제학자 마이클 크레머Michael Kremer는 〈기원전 100만 년 전 이후 인구 증가〉라는 도발적인 논문에서 인구 증가가 유익하다는 '쿠즈네츠-사이먼-보제럽 원칙'을 테스트하였다. 크레머는 이 원칙이 초기 인구와 이후의 인구 증가 간 양의 상관관계를 암시하고 있다고 지적했다.28 더 많은 초기 인구는 더 많은 아이디어 창출을 의미하고, 더 많은 사람들이 아이디어를 사용하며, 더 많은 사람들이 고정비용을 분담할 수 있다. 이제 사회로 더 많은 이익이 환원되기 때문에 더 많은 아기가 태어날 수 있고, 따라서 인구 증가율이 상승한다. 이 같은 예측은 높은 인구 증가율이 기아로 인한 인구 파괴를 낳을 것이라는 맬서스-에를리히-브라운 원칙과 완전히 상반된다. 그렇다면 누가 옳은 것인가? 보제럽인가? 맬서스인가?

크레머는 아주 장기로 관찰했을 때 보제럽의 예측이 옳다고 지적한다. 세계 인구는 꾸준히 증가했다. 기원전 100만 년경 1만 2,500명에서 기원전 만 년경에는 400만 명으로, 예수 시대에는 1억 7,000만 명으로, 모차르트의 시대에는 약 10억 명으로, 대공황 때는 20억 명으로, 워터게이트 사건 때는 40억 명으로, 오늘날에는 60억 명으로 증가했다.29 인구 증가율 역시 감소하는 것이 아니라 증가했다. 아주 장기로 봤을 때 맬서스-에를리히-브라운의 주장처럼 초기 인구와 이후 인구 증가 사이에는 음의 상관관계가 아니라, 쿠즈네츠-사이먼-보제럽 모델의 예측처럼 양의 상관관계가 존재한다.

---

28) Kremer 1993b는 보제럽이 고소득이 인구 압력을 낮추고 기술 진보를 둔화시킨다고 예상한 점에서 쿠즈네츠-사이먼의 주장과는 다르다고 지적한다.

29) http://www.census.gov/ipc/www/worldhis.html ; Kremer 1993b.

만약 기원전 100만 년이 아니라 기원전 10억 년경부터 최근까지의 추세를 조사한다면 이 같은 양의 상관관계는 존재하지 않을 것이다. 인구는 1960년대 이후 계속 증가해 왔으나 인구 증가율은 감소하기 시작했다. 그러나 이것도 맬서스의 주장을 뒷받침하지는 못한다. 인구 증가율이 감소한 이유는 출생률 감소 때문이지, 맬서스가 예측한 것처럼 기아로 인해 사망률이 증가해서가 아니기 때문이다.

그렇다면 인구 통제를 지원해야 하는가라는 질문에 대한 대답은 무엇인가? 첫째, 비록 인구 통제가 바람직하다고 해도 피임 도구 보급을 지원하는 것은 효과적이지 않다. 피임 도구의 가격은 아이를 갖느냐 갖지 않느냐의 결정에서 극히 부차적인 요소이기 때문이다. 둘째, 인구 증가의 순이익과 비용은 매우 불명확하다. 각국은 인구 증가가 자연자원에 대한 과도한 압력이 될 것인지, 아니면 조세 수입과 새로운 아이디어를 위한 비옥한 토양이 될 것인지 스스로 결정해야 한다.

발전이 최고의 피임법이다

한 국가가 인구 증가율을 낮추기를 원한다고 가정하자. 통계학적으로 모두가 동의하는 규칙성이 하나 있는데, 바로 인구 증가와 1인당 소득 간에 음의 상관관계가 존재한다는 것이다. 부국의 부모들은 빈국의 부모들보다 적은 수의 자녀를 가진다. 최빈국 하위 20% 국가들의 가임여성 1인당 평균 출산율은 6.5명인 반면에 상위 20% 국가들의 출산율은 1.7명에 불과하다.[30] 노골적으로 말하자면 부모들은 자녀의 수냐 질이냐를 결정하는 것이다. 부국의 부모들은 빈국의 부모들보다 자녀의 수는 더 적지만, 자녀에게 학교 교육, 영양, 발레

레슨 등의 형태로 더 많은 투자를 할 수 있다.

왜 이런 현상이 발생하는가? 다시 한 번 말하지만 사람들은 유인 체계에 반응하기 때문이다. 노벨상 수상자 게리 벡커Gary Becker는 가정 생활에 유인 체계를 적용한 선구자이다. 벡커에 따르면 부자일수록 시간의 가치가 높아진다. 높은 보수를 가져다 주는 일에 소비되지 않는 시간은 결국 소득 손실이기 때문이다. 그렇다면 아이들을 돌보는 일은 시간을 소비하는 것이다. 따라서 부유한 부모들은 자녀 양육보다 사회 생활에 더 많은 시간을 투자하는 것을 선택한다. 즉 자녀를 적게 갖기로 결정하는 것이다. 가난한 부모들은 노동의 보수가 더 적고, 따라서 더 많은 시간을 자녀 양육에 할애하며 더 많은 자녀를 갖는다.

부자들은 가난한 부모보다 더 적은 수의 자녀를 갖는 대신, 자녀 한명 한명에 더 많은 투자를 한다. 기능에 대한 투자 보수는 초기 기능 수준이 높을수록 증가할 것이다. 예로 이미 산수를 알고 있는 사람은 기하학 학습에 대한 보수가 더 높다. 부유한 부모들의 높은 기능 수준은 자연스러운 가정 학습을 통해 부분적으로 아이들에게 전수된다. 따라서 양질의 학교 교육에 대한 투자는 가난한 부모와 그 자녀들보다 부유한 부모와 그 자녀들에게 더 높은 보수를 가져다 준다. 이렇게 해서 부자들은 가난한 부모들보다 자녀들의 기능 획득에 더 많은 투자를 한다. 한 국가 전체로 봤을 때 높은 출산율과 저소득 사회가 될지, 낮은 출산율과 고소득 사회가 될지는 부모들의 평균 초기 기능 수준에 달려 있다.

---

30) Population Action International,1995.

두 조건 모두 영원히 지속될 수 있다. 가난한 국가는 기능에 대한 보수가 낮고, 따라서 기능 획득을 위한 투자는 별로 가치가 없다. 기능 획득에 투자를 안 하기 때문에 이 국가는 가난한 상태로 머물러 있다. 평균적으로 부모들이 저임금 노동에 종사하므로 이들은 노동보다는 자녀 양육에 더 시간을 많이 보낼 것이다. 즉 더 많은 아이를 낳을 것이다. 부유한 국가에서는 기능에 대한 보수가 높다. 평균적으로 부모들이 고임금을 받기 때문에 이들은 자녀 양육보다는 노동에 더 많은 시간을 보낼 것이다. 따라서 경제 성장을 이룬 국가는 높은 출산율-빈곤 사회에서 낮은 출산율-부자 사회로 이동할 것이다.[31] 발전이야말로 콘돔보다 더욱 강력한 피임도구이다.

산업 혁명과 인구 혁명

우리 시대는 두 차례의 혁명의 덕을 보았다. 하나는 다소 시대에 뒤떨어진 표현이긴 하지만 산업 혁명이고, 다른 하나는 인구 혁명이다. 산업 혁명을 통해 우리는 주어진 양의 자연 자원으로 더 많은 양을 생산할 수 있었다. 인구 혁명의 경우 인구 증가율이 증가하다가 감소했다.

이 두 혁명이 어떻게 연관되는지는 매우 흥미로운 문제이다. 앞서 논의한 것처럼 산업 혁명의 초기 단계에서 기술 진보와 인구 증가 간 양의 상관관계가 존재한다. 더 많은 인구는 더 많은 천재 발명가

---

31) 이 주장은 Becker, Murphy & Tamura 1990에 기초한 것이다. 그러나 많은 다른 연구자들과 이론도 1인당 경제 성장률과 출산율 간에 음의 상관관계가 존재한다고 설명한다. 저소득-높은 인구 증가율 트랩 주장은 Nelson의 1956년 논문으로 거슬러 올라간다.

들과 더 커다란 시장 규모를 의미하며, 이는 기술 개선으로 이어진다. 또한 기술 진보로 더 많은 인구를 부양할 수 있다. 기술 프런티어와 인구가 수세기 동안 동시에 증가했다. 기술 진보율과 인구 증가율도 최근까지 증가했다. 이 같은 성장 국면은 생활수준의 개선 없이 노동 투입과 생산량이 증가하기 때문에 외연적 성장 국면이라고 불린다. 외연적 성장은 현재 세계의 모든 지역으로 확대되었다. 이것 때문에 비관론자들이 인구 증가를 두려워하는 것이다. 그러나 이들이 예측한 것 같은 재앙은 일어나지 않았다.

두 혁명의 다음 단계에 들어서자 부국에서 1인당 소득 증가율은 증가하였고 인구 증가율은 감소하였다. 이 같은 성장 국면을 보통 내포적 성장이라고 부른다. 각 노동자의 노동 생산성이 증가하고 생활 수준도 향상되기 때문이다. 내포적 성장은 아직 모든 지역으로 확대되지 않았으나, 서방 선진국과 동아시아 국가에서는 계속 유지되고 있다.

노벨상 수상자 로버트 루카스는 지식과 기능 또는 '인적자본'에 대한 수익률이 외연적 성장에서 내포적 성장으로의 이동을 설명한다고 주장한다.[32] 기술은 인적 자본 수익률이 미래 할인율보다 높아지는 지점까지 진보한다. 이는 두 가지를 암시하는데, 첫째, 1인당 생산량이 증가한다. 각 개인이 더 높은 숙련 수준에서 더 많이 생산할 수 있기 때문이다. 둘째, 자녀의 복지를 걱정하는 부모들이 자녀의 수를 줄이는 대신 자녀 한 명당 투자를 늘리는 방법으로 높은 인적 자본 수익률을 이용할 것이다. 경제학자들의 냉정한 표현을 빌리자면, 자녀의 수와 자녀의 질 간에는 상충관계trade-off가 존재한다. 따라서 경제는 생

---

32) Lucas 1998.

활 수준 향상과 인구 증가율 감소라는 내포적 성장을 하게 된다.

그런데 다음의 두 가지를 고려해야 한다. 첫째, 인적 자본 투자가 반드시 공식 학교 교육을 의미하는 것은 아니다. 공식 학교 교육은 성장을 설명하는 데 유용하지 않다. 인적 자본은 친구, 가족, 동료를 통한 지식 습득, 일터에서 또는 직업 훈련을 통해 배우는 기능을 모두 포함하는 훨씬 광범위한 개념이다. 이 같은 광범위한 인적 자본을 측정하는 것은 어려운 일이다. 그러나 우리는 적어도 어떻게 인적 자본을 증가시킬 수 있는지는 알고 있다. 바로 미래에 대한 투자 유인을 창출하는 것이다.

둘째, 모든 국가가 내포적 성장을 할 수 있는 것은 아니다. 인적 자본 수익률이 기술 진보 덕분에 증가한다면 왜 모든 국가가 이 높은 수익률을 이용하지 못하는 것일까? 우리는 이 책의 제3부에서 어떤 국가에서는 정부가 개입하여 국민들이 자신의 소득을 전부 가질 수 없었다는 사실을 검토할 것이다. 이런 정부가 다스리는 국가는 외연적 성장 단계에 머물러 있다. 반면에 소유권과 시장 경제를 보호하는 정부들은 대부분 내포적 성장 단계로 이행했다. 또한 우리는 너무 낮은 기술 수준에서 출발하는 것이 기술에 대한 높은 수익률 실현을 방해할 수 있다는 것을 볼 것이다.

인구 증가를 위한 해법은 사람에 대한 투자 유인을 증가시키는 것이다. 이렇게 되면 부모들은 자녀의 수를 줄일 것이며, 국제 기구들이 콘돔을 사라고 현금을 나눠 줄 필요도 없을 것이다.

국제 기구들은 올바른 유인을 창출하기 위해 대출을 정책 개혁에 연동시켰다. 다음 장에서는 이렇게 제공된 대출이 효과가 있었는지 살펴볼 것이다.

6장
대출은 있으나 성장은 없었다

한 번 더 그런 식으로 승리한다면 우리는 패배할 것이다.

_피로스

1982년 8월 18일, 멕시코의 실바 헤르조그Silva Herzog 재무장관이 외채를 지불유예하겠다고 선언했다. 멕시코와 다른 중진국들은 상업은행들로부터 과도한 부채를 지고 있었고, 은행들은 더 이상의 대출을 거부했다. 신규 대출 없이 멕시코가 기존 부채의 원리금을 상환할 수는 없었다.

실바 헤르조그 장관의 지불유예 선언은 라틴아메리카와 아프리카의 중진국 채무 위기의 서막을 장식했다. 신규 대출 시장이 완전히 얼어 버린 것이다. 동시에 아프리카 저소득 국가들의 채무 위기도 악화되었다. 중동과 북부 아프리카 역시 위기를 겪었다. 과도한 부채와 1980년대 석유 가격의 하락이 원인이었다.

타이타닉호의 승객들처럼 개발 경제학자들 역시 처음엔 무슨 일이 일어난 건지 이해하지 못했다. 세계은행의 1983년 〈세계 개발 보고서〉는 1982~1995년까지 개발도상국의 1인당 성장률을 연평균 3.3%로 예측했다. 세계은행이 예측한 최저 수치도 2.7%였다. 그런데 이 기간 동안 실제 1인당 성장률은 거의 제로에 가까웠다.[1]

우리는 성장 붕괴를 예방할 수 있는 좋은 해법을 갖고 있다고 생각했다. 바로 개발도상국 대출을 정책 개혁과 연동시키는 것이다. 즉 투자 원조 대신에 이제 정책 개혁을 원조하는 것이다.

이전에 세계은행의 대출은 프로젝트별로 이루어졌고, 대출 조건도 해당 프로젝트에 대해 정해졌다. 그러나 1980년 세계은행은 위기를 겪고 있는 국가들에게 경제 정책 개혁을 조건으로 대출을 제공하기 시작했다. 채무 위기에 대처하기 위해 구조조정 대출 정책adjustment lending을 실시한 것이다. 구조조정 대출이란 수혜국들이 경제 성장을 위해 정책을 개혁하도록 유도하고, 상업 대출이 부재한 상황에서 필요한 자금을 제공하는 것이다.

IMF는 언제나 대출에 조건이 있었다. 그러나 1982년 이후 많은 신규 대출과 대출 연장에 IMF식 조건이 붙었다. 원조 제공자들과 수출 촉진기구 같은 공식 대출기관 역시 대출 정책을 IMF와 세계은행의 정책에 맞게 조정했고, 지급보증과 대출 조건이 더욱 까다로워졌다.

구조조정 대출은 성장 유지를 위해 정책 변화를 촉진하는 한편, 상업 대출 감소의 상쇄를 목표로 했다. 12년 후 1994~1995년 2차 멕시코 위기와 그로부터 2년 후 1997~1998년 동아시아 위기 당시 비슷한 전략이 시도되었다.

---

1) 세계은행, 〈세계 개발 보고서〉, 1983, 27쪽, 〈세계 개발 보고서〉 1997, 221쪽. 나는 GDP 성장률 예측치를 실제 인구성장률로 나누는 방법으로 1인당 인구성장률 예측치를 얻었다.

'성장을 동반한 구조조정'은 당시의 유명한 슬로건이었다. 내가 세계은행과 IMF 도서관에서 이 키워드로 검색을 해 보니 검색 결과가 192건에 달했다. 예로 1983년 6월, 세계은행과 IMF는 "구조조정과 성장 : IMF와 세계은행이 어떻게 현재의 어려움에 대처하고 있는가"라는 제목으로 두 기관 총재들의 연설 발췌문을 출간했다.[2] 1986년 세계은행 총재 클라우센Clausen은 "개발도상국에서 성장을 동반한 구조조정 : 국제 사회를 위한 도전"이라는 제목의 연설문을 발표했다.[3] 1987년 세계은행과 IMF는 "구조조정과 경제 성장의 근본적 보완성"을 논하고 있는 서론이 실린 《성장 지향적 구조조정 프로그램Growth-Oriented Adjustment Programs》이라는 책을 출간했다.[4]

세계은행과 IMF는 수혜국들의 적극적인 참여를 통해 '성장을 동반한 구조조정'을 달성할 수 있다는 야심찬 희망을 포기하지 않았다. 그리하여 1980년대 세계은행과 IMF는 아프리카 1개국당 평균 6차례, 라틴아메리카 1개국당 평균 5차례, 아시아 1개국당 평균 4차례의 대출을 제공했으며, 동유럽, 북아프리카, 중동의 경우 1개국당 평균 3차례의 대출을 제공했다.

수술은 모두에게 성공적이었다. 단, 수술을 받은 환자를 제외하면 말이다. 1980년대와 1990년대 많은 대출이 행해졌지만 구조조정도, 성장도 거의 없었다. 어떤 연구는 세계은행이 구조조정 대출 수혜국의 장기 성장률을 3.5% 포인트까지 과대평가했다고 지적한다.[5] 그런데 1980년대와 1998년 사이 개발도상국들의 1인당 성장률은 제로

---

2) 세계은행 & IMF, 1983.
3) Clausen 1986.
4) Corbo, Goldstein & Khan, 1987.
5) Ghosh 1994.

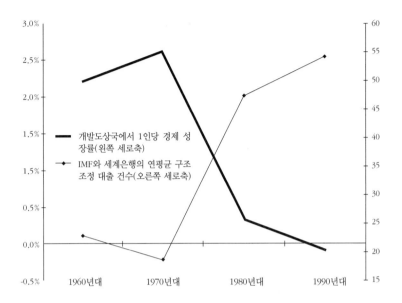

그림 6.1
IMF와 세계은행의 구조조정 대출 정책은 제3세계의 경제 성장을 촉진하지 못했다.

였다.[6] 대출은 존재하되, 성장은 없었다(그림 6.1 참조).

1980년대와 1990년대 아프리카, 라틴아메리카, 동유럽, 중동, 북아프리카의 성장률은 감소하였다. 1997년 아시아 위기 전까지 오직 아시아 지역만 개발도상국 경제의 일반적 후퇴를 면할 수 있었다. 구조조정 대출 정책의 결과는 각양각색이다. 우리는 구조조정 대출 정책이 사람들은 유인 체계에 반응한다는 원칙과 양립할 수 없다는 사실을 살펴볼 것이다. 구조조정 대출은 채권자에게도 채무자에게

6) Esterly 2000b.

도 성장 회복을 위한 올바른 유인을 창출하지 못했다.

구조조정 대출 정책의 성공 사례

구조조정 대출 정책이 성공을 거둔 사례가 몇 개 존재한다. 이 사례들은 올바른 조건에서 실행된다면 구조조정 대출이 효과가 있을 수 있음을 보여 준다.

1985년 10월, 나는 세계은행에서 일한 이후 처음으로 출장을 갔다. 출장지는 가나였는데, 당시 가나는 구조조정 대출의 시범 사례였다. 때마침 가나에 대출 제공국들의 대표들이 대거 방문해 있어서 괜찮은 수준의 호텔은 방이 하나도 없었다. 나는 다소 수준이 떨어지는 호텔에서 머물렀는데, 폭풍우가 불자 침대의 지붕이 날아가고 에어컨이 폭발했다.

그런데도 세계은행과 IMF는 1980~1994년까지 가나에 19건의 대출을 제공했다. 1983년의 강도 높은 개혁 이후 가나는 1984~1994년까지 1인당 연 1.4%의 성장률을 기록했다. 이는 1961~1983년까지의 −1.6% 성장률에 비하면 커다란 발전이었다.

다른 성공 사례들도 있다. 1980~1994년 사이, 세계은행과 IMF는 모리셔스에 7건의 구조조정 대출을 제공했다. 모리셔스는 같은 기간 1인당 성장률 4.3%라는 눈부신 성과를 올렸다. 또한 태국도 같은 기간 세계은행과 IMF로부터 5건의 대출을 제공받았다. 태국의 1인당 성장률은 더욱 놀라워 5.3%를 기록했다. 세계은행과 IMF는 한국에도 7건의 대출을 제공했는데, 한국의 1인당 성장률은 연 6.7%였다.

그리고 라틴아메리카에서 구조조정 대출은 1980년대의 실망스러운 결과 이후 1990년대에 효과를 보기 시작했다. 세계은행과 IMF는 1980~1994년까지 아르헨티나에 15건의 대출을 제공했다. 아르헨티나는 몇 번의 심각한 개혁 실패를 겪었으나 1990년대에는 어느 정도 성공했다. 1980~1990년까지 −1.9%를 기록했던 1인당 성장률이 1990~1994년까지 4.7%를 기록한 것이다. 불행하게도 이후 성장률은 다시 감소했다.

페루도 상황은 비슷하다. 세계은행과 IMF는 1980~1994년 사이 페루에 8건의 대출을 제공했다. 처음에 페루는 심각한 개혁 실패를 겪었으나 1990년대부터 어느 정도 성공했다. 1980~1990년까지 −2.6%였던 1인당 성장률이 1990~1994년까지 2.6%로 돌아선 것이다.

구조조정 없는 대출

그렇다면 왜 구조조정 대출이 모든 국가에 효과가 있는 것은 아니었을까? 왜 아르헨티나와 페루를 비롯해 '잃어버린 10년'을 겪은 라틴아메리카 국가들에서 대출이 어느 정도 효과를 보기까지 그토록 오랜 시간이 걸렸을까? 이 질문에 답하려면 대출 기관들이 어떤 국가들에 대출을 제공했으며, 이 국가들이 대출을 받은 후 무엇을 했는지 살펴봐야 한다. 대출은 제공되었지만, 너무도 자주 구조조정은 없었다. 이 같은 무차별적 대출은 성장을 위해 필요한 개혁을 하는 데 별다른 유인을 창출하지 못했다.

잠비아는 1980~1994년까지 세계은행과 IMF로부터 12건의 대출을 제공받았다. 그 기간 동안 대출과 원조는 잠비아 GDP의 4분의 1을 차지했다. 그러나 잠비아는 1985~1996년까지 두 해를 제외하고 매년 40% 이상의 인플레이션을 겪었다.

모두가 높은 인플레이션이 성장 유인을 없앤다는 사실에 동의한다. 따라서 구조조정 대출의 조건은 일반적으로 인플레이션을 낮추기 위한 프로그램을 요구한다. 그렇다면 왜 대출 기관들은 높은 인플레이션에도 불구하고 잠비아에 대출을 계속 제공했을까?

잠비아의 경우는 전형적인 예이다. 인플레이션이 세 자리 숫자인 국가들이 한 자리 수 인플레이션을 기록하는 국가들만큼이나 세계은행이나 IMF로부터 대출을 제공받는다. 이 같은 대출이 인플레이션을 낮추기 위해 제공되는 거라면 정당화될 수 있다. 그러나 잠비아에서, 그리고 다른 많은 국가에서 인플레이션이 계속 높게 유지되고, 심지어 더 높아지는 상황에서도 대출은 계속되었다. 1995년 IMF는 "저소득 국가에서 인플레이션 감소를 목적으로 한 IMF 프로그램의 효과는 국가마다 매우 달랐다."고 지적한다. 사실 IMF 프로그램을 수용한 국가 중 절반에서는 인플레이션이 감소했고, 다른 절반에서는 증가했다.[7]

이행의 어려움

구조조정 대출을 통한 인플레이션 억제의 또 다른 실패 사례는 러시아다. 러시아는 1992년 1월 1일 시장 경제를 도입한 이후 1995년까지 정말 위험한 상황을 겪었다. 나중에 살펴보겠지만 세계은행과 IMF는 위기를 사전에 예방하기보다는 사후에 반응하는 경향이 있는

---

7) Schadler et al, 1995, 39쪽.

데, 역시나 러시아가 시장 경제를 도입한 중요한 날짜에 맞춰 구조조정 대출을 제공하는 데 실패했다. 1991년 8월의 실패한 쿠데타 이후 옐친의 승리와 1992년 1월 1일의 가격 자유화 사이, IMF와 세계은행은 시장 경제 도입이라는 충격 요법이 제대로 실행될 수 있도록 개혁 당국을 충분히 적극적으로 지원하지 못했다. 가격 자유화로 인해 인플레이션이 수천 퍼센트를 기록하고, 러시아 중앙은행이 국영기업을 살리기 위해 허둥지둥 돈을 마구 찍어 낸 후에야 IMF와 세계은행이 러시아에 구조조정 대출을 제공했다. 그러나 이미 개혁 당국은 국민의 신뢰와 지지를 상실했다. 높은 인플레이션으로 저축과 연금의 가치가 뚝 떨어졌기 때문이다. 구조조정 대출이 제공된 후에도 인플레이션은 여전히 매우 높았다. 인플레이션이 마침내 안정적인 수준으로 떨어진 것은 1995년의 일이었다. 그러는 동안 중요했던 몇 년이 날아갔고, 러시아 국민들은 자유 시장에 환멸을 느끼게 되었으며, 그 정치적 결과는 오늘날까지 러시아에 암울한 그림자를 드리우고 있다.

러시아는 구조조정 대출(그리고 경제학자들)의 가장 뼈아픈 실패 경험인 공산주의에서 자본주의로의 이행 지원에 실패한 사례 중 하나일 뿐이다. 개발도상국에서 했던 실수가 동유럽 국가에서도 재현되었다. 1990년대 24개의 구공산주의 국가들은 143건의 구조조정 대출을 제공받았고, 서방 경제학자들에게도 많은 조언을 받았다. 그럼에도 결과는 좋지 못했다. 1990년대 동유럽 구공산주의 국가들의 생산량이 41% 감소했으며, 하루 2달러 미만으로 생활하는 인구 비율이 전체의 1.7%에서 20.8%로 급증했다. 비록 이행이 복잡한 과정이라고 하지만 대출은 심지어 기본 역할도 제대로 하지 못했다. 대

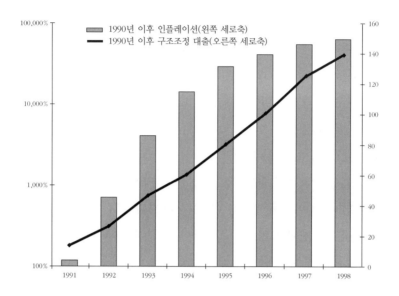

그림 6.2
구공산주의 국가들에서 인플레이션과 구조조정 대출

출을 제공받은 구공산주의 국가들에서 인플레이션은 여전히 엄청나게 높았고, 이는 '자유 시장'에 대한 편견을 품게 했다. 그 모든 구조조정 대출에도 불구하고 1990~1998년까지 구공산주의 국가들의 평균 인플레이션은 64%에 달했다(그림 6.2 참조).[8]

다른 정책들

나쁜 정책을 실행하는 국가들을 지원하는 현상은 다른 정책의 경

---

8) 여기서 평균 인플레이션은 각국 인플레이션의 기하평균이다.

우에도 사실이다. 모리타니는 1982~1989년까지 매년 암시장 프리미엄이 평균 100%를 넘었다. 암시장 프리미엄은 암시장 환율과 공식 환율 간의 차이를 말한다. 따라서 암시장 프리미엄은 수출업자에 대한 일종의 세금이라고 할 수 있다. 왜냐하면 수출업자들은 보통 암시장 환율 가격으로 원자재를 구입해서 공식 환율 가격으로 상품을 판매할 수밖에 없기 때문이다. 구조조정 대출은 수출업자들이 경쟁력을 갖출 수 있는 수준의 공식 환율을 조건으로 제공된다. 그러나 모리타니에 높은 암시장 프리미엄이 존재하는데도 세계은행과 IMF는 1982~1989년까지 6건의 구조조정 대출을 제공했다. 다른 대출 제공자들도 세계은행과 IMF의 예를 따랐고, 그 결과 모리타니는 이 기간 동안 GDP의 평균 23%에 해당하는 지급보증과 대출을 제공받았다. 표 6.1은 모리타니 외에 높은 암시장 프리미엄에도 불구하고 많은 원조가 제공된 다른 국가들의 예를 보여 준다.

각 암시장 프리미엄 수준에서 평균 원조 수령액을 검토해 보면 원조 제공 조건들이 충족되지 않았다는 사실을 알 수 있다. 원조 제공자들은 원조를 제공할 때 해당 국가의 암시장 프리미엄이 얼마나 높은지 놀라울 정도로 잘 잊어버리는 것 같다. 암시장 프리미엄이 10% 이하든지, 100% 이상이든 원조액은 변화가 없었다.

세계은행과 IMF가 대출 제공시 자주 요구하는 또 다른 유형의 조건은 손실을 기록하고 있는 정부 기업들을 구조조정하거나 폐쇄하는 것이다. 이 경우 역시 대출 조건은 그저 서류상의 조건일 뿐이었다. 마치 십계명을 지키는 사람이 별로 없는 것처럼 말이다.

케냐 철도청의 예를 들어 보자. 1979~1996년까지 세계은행과 IMF는 케냐에 19건의 대출을 제공했다. 그 과정에서 6대 부실 국영

표 6.1_ 높은 암시장 프리미엄과 높은 수준의 원조의 예

나라	연도	암시장 프리미엄(%)	공식 개발 원조 /GDP(%)
방글라데시	1985~1992	198.9	7.4
코스타리카	1981~1984	179.2	6.0
에티오피아	1984~1993	176.8	10.4
구아나	1980~1990	344.4	14.3
마우리타니아	1982~1989	156.8	23.0
니카라구아	1981~1988	2,116.1	17.7
시에라레온	1987~1990	545.7	7.0
수단	1984~1990	269.0	6.5
시리아	1984~1991	403.6	10.1
우간다	1980~1988	301.0	5.7
잠비아	1987~1991	308.0	14.0

기업 문제를 해결하는 조건을 대출에 포함했다. 그 중에서도 케냐 철도청은 1972년부터 재정적으로 심각한 문제를 겪고 있었다.[9] 1983년 세계은행 보고서는 "준準국영기업들을 조사하고 합리화하기 위해 최근에 발표된 정책들이 상황을 개선시킬 것"이라고 기대하면서도, 케냐 철도청이 "재정적으로 심각한 어려움"을 겪고 있다고 평가한다.[10] 1989년의 공공 지출 리뷰는 케냐 정부가 케냐 철도청을 위한 공동 계획을 준비했으며, 저자들의 기대가 크다고 설명한다. 그러나 "프로젝트 수행이 상당한 지체되고 있기 때문에 케냐 철도청의 재정 상황은 여전히 좋지 않다."고 지적한다.[11] 1995년 IMF 보

9) Grosh 1991, 22쪽, 144ff.
10) 세계은행 1983, 43쪽.

고서에 따르면 케냐 철도청은 "여전히 유동성 문제를 겪고 있고, 정부 보장 대외부채의 원리금 상환을 계속 연기하고 있다. 공무원 감축과 중요치 않은 분야의 매각도 지체되고 있다."[12] 1996년의 세계은행 보고서는 케냐 철도청의 '빈약한 재정 상태', '표준에 못 미치는 기술 수준', '보수 유지 및 업그레이드'의 필요성을 지적하고 있다. 최근 보고서에서도 케냐 철도청은 손실을 기록하고 있으며, 개혁은 없었다. 아마 케냐 철도청의 개혁은 계속 지체될 것이다.

대출 제공자들은 예산 적자 조건의 미충족도 별로 신경 쓰지 않는 것 같다. 세계은행과 IMF는 1980~1994년까지 코트디부아르에 18건의 구조조정 대출을 제공했다. 그러나 1989~1993년까지 코트디부아르의 평균 예산 적자는 GDP의 14%에 달했다. 높은 예산 적자가 성장 유인을 떨어뜨린다는 사실은 모두가 알고 있다. 코트디부아르에 대한 1988년 세계은행 보고서가 지적하고 있는 것처럼 "현재의 높은 적자와 미래의 더 높은 적자 예상은 불확실한 환경을 창출하고, 이는 민간 투자 유인을 떨어뜨린다."[13] 그리고 대출 조건은 일반적으로 예산 적자의 감소를 요구한다. 그렇다면 어떻게 코트디부아르가 18건의 구조조정 대출을 제공받은 후에 GDP 대비 예산 적자 비율이 두 자리 수까지 올라가게 되었을까?

코트디부아르가 유일한 예가 아니다. 1970년과 1997년 사이, 세계은행과 IMF는 파키스탄에 22건의 구조조정 대출을 제공했다. 이 모든 대출은 파키스탄이 예산 적자를 줄이는 조건으로 제공되었지만

---

11) 세계은행 1989b, 11쪽.
12) IMF 1996c, 35쪽.
13) 세계은행 1988c, vol.1, 3쪽.

이 시기 동안 적자는 GDP의 7% 수준에서 계속 유지되었다. 2000년
대 들어서도 두 기관은 역시 예산 적자를 줄이는 조건으로 파키스탄
에 신규 구조조정 대출을 제공했다.

공정하게 평가하자면, 높은 적자의 일부는 계획된 것이다. 수익률
이 높고, 원조로 자금이 지원되는 제공 기관 프로젝트들도 예산 적
자에 포함되기 때문이다. 그 같은 프로젝트들이 더 많을수록 원조와
적자가 모두 높아진다. 그러나 제공 기관의 의도는 수혜국이 원조에
대한 의존에서 벗어나 좋은 프로젝트를 위한 자금을 스스로 조달할
수 있게 도와 주는 것이다. 그러나 코트디부아르와 파키스탄의 예는
의존에서 벗어나는 것이 아니라 지속적인 의존을 보여 준다. 또한
코트디부아르는 더 일반적인 패턴의 대표적 예인데, 바로 높은 적자
에도 불구하고 대출 기관들의 대출 지원도 높다는 것이다.

조심성 없는 대출 제공 기관들의 또 다른 실수는 심각하게 낮은
마이너스 실질금리이다. 정부가 금리를 고정하고 돈을 찍어 내어 인
플레이션이 높아지면 실질금리(명목금리 - 인플레이션)는 보통 마이너
스가 된다. 마이너스 실질금리는 은행 예금자에 대한 일종의 세금인
데, 이 세금은 결국 은행 시스템을 파괴하게 된다. 아무도 은행 예금
을 원하지 않기 때문이다. 그런데 견고한 은행 시스템은 경제 발전
을 이루는 데 매우 중요하다. 그러나 심각하게 낮은 마이너스 실질
금리 국가들이 플러스 실질금리 국가들보다 더 많은 원조를 제공받
았다. 표 6.2는 이에 대한 몇 가지 예를 보여 준다.

아마도 가장 심각한 것은 구조조정 대출이 부정부패가 심한 정부
와 그렇지 않은 정부를 제대로 구별하지 못했다는 점일 것이다. 나
중에 다시 논하겠지만, 부패한 정부에 대출을 제공하면 좋지 않은

표 6.2_ 심각하게 낮은 마이너스 실질금리와 높은 원조의 예

나라	연도	암시장 프리미엄(%)	공식 개발원조 /GDP(%)
볼리비아	1979~1985	−49.4	5.6
구니아비사우	1989~1992	−15.9	38.3
니카라구아	1989~1991	−86.7	54.5
시에라레온	1983~1991	−34.4	6.3
수단	1979~1984	−15.6	10.7
소말리아	1979~1988	−24.9	40.4
우간다	1981~1988	−41.8	5.7
잠비아	1985~1991	−33.6	17.0

일이 일어나게 마련이다.

국제 신용리스크 가이드에서 발표한 신용 평가에 따르면, 1980년 대와 1990년대 초 세계에서 가장 부패한 개발도상국들은 콩고민주 공화국, 방글라데시, 라이베리아, 아이티, 파라과이, 가이아나, 인도 네시아이다. 그런데도 이 국가들은 같은 기간 세계은행과 IMF로부 터 도합 46건의 구조조정 대출을 제공받았다. 어떻게 부정부패로 모 은 재산이 수십억 달러에 이르는 콩고민주공화국의 모부투 같은 독 재자가 IMF와 세계은행으로부터 9건의 대출을 제공받을 수 있었는 지 이해하기 어렵다.

이 같은 사실들과 표들은 더 일반적인 문제에 속한다. 최근 세계 은행은 연구를 통해 원조가 수혜국의 정책 선택에 영향을 미치지 못 한다는 사실을 발견했다. 심지어 제공국 전문가들도 원조 제공을 결 정하면서 수혜국의 정책 가치는 고려하지 않는다. 원조는 수혜국의

정책 선택이 아니라 제공국의 전략적 이해관계에 따라 결정되는 것으로 보인다. 예로 미국은 이집트에 캠프 데이비드 평화협정에 대한 보상으로 대규모 원조를 제공했다. 프랑스는 자국의 옛 식민지 국가들에 많은 원조를 제공했다. 세계은행 같은 다자간 기관들은 좋은 정책을 실행하는 국가들에 더 많은 원조를 제공하는 경향이 있지만 더 나은 정책에 대한 보상은 낮다. 최악의 정책에서 최선의 정책으로의 이동은 0.25% 포인트의 원조 증가를 낳았을 뿐이다.[14]

구조조정 흉내내기

에서Escher의 〈올라가기와 내려가기〉라는 유명한 판화를 보자. 에서는 이 놀라운 작품을 통해 사각형 모양의 계단을 올라가고 내려가는 사람들이 결국 출발점으로 돌아오는 모습을 보여 준다. 마찬가지로 많은 국가들이 구조조정 대출이 제공됨에 따라 구조조정을 하고, 또 하는 것처럼 보이지만 종국에는 출발점으로 돌아갔다.

구조조정 대출을 받기 전에 무책임했던 정부는 구조조정 대출을 받은 후에도 여전히 무책임하다. 유인이 변하지 않았기 때문이다. 단지 나쁜 정부에서 좋은 정부로의 변화만이 진정한 정책 변화를 가능하게 할 것이다. 변함없이 무책임한 정부는 진짜로 뭔가를 하지도 않고 구조조정의 환상만 만들어 낸다. 예로 제공 기관들이 예산 적자의 감축을 요구해도 무책임한 정부는 진짜 구조조정을 피하기 위해 창조적인 재정 회계를 만들어 낼 것이다.

---

14) 세계은행 1998b.

오늘날의 적자는 미래를 담보로 돈을 빌리는 것이다. 정부는 적자를 감당하기 위해 신규 대출을 이용한다. 즉 미래에 상환할 부채 원리금을 더욱 증가시키는 대신, 현재의 정부 수입을 늘리는 것이다. 그러나 공공 부채 말고도, 정부가 미래를 담보로 돈을 빌릴 수 있는 방법은 다양하다. 예로 정부는 도로 보수유지 비용을 줄여 그 돈을 정부 소비와 후원에 사용할 수 있다. 이는 장차 절약한 보수 비용보다 몇 배나 더 높은 도로 재건설 비용을 낳게 될 것이다. 세계은행의 1994년 〈세계 개발 보고서〉는 "과거 10년 동안 아프리카에 도로 유지 비용 120억 달러를 제때에 투입만 했어도 오늘날 450억 달러의 재건설 비용을 절약할 수 있었을 것"이라고 평가한다.

비록 제공 기관들이 이 같은 '무늬만 구조조정'인 수혜국 정부의 대출을 제공받기 위한 방법을 인식하고 있지만 어쨌든 이 조건들을 강제하는 것은 어려운 일이다. 예로 대출 제공시 적자 감축 조건은 아무리 그 정도가 약할지라도 보수유지 지출 조건보다는 강하기 때문이다. 적자 감축에도 불구하고 보수유지 비용을 유지하려고 시도한 예를 살펴보자. 다시 1979~1996년까지 세계은행과 IMF로부터 19건의 구조조정 대출을 제공받은 케냐로 돌아가면, 세계은행은 이 기간 동안 몇 차례의 케냐 공공 지출 리뷰를 발표했다. 공공 지출 리뷰는 구조조정 기간 동안 케냐로 하여금 필요 없는 지출을 줄이고 도로 보수 같은 유용한 지출은 유지하도록 유도하는 것이 목적이었다. 그러나 케냐에서 공공 지출 리뷰는 거의 무시되었다.

2000년 세계은행의 케냐 담당 경제학자는 형편없이 낮은 보수유지 비용을 언급하고 있다. 1996년의 공공 지출 리뷰도 "각 정부 부처의 장비와 시설 유지 지출은 그야말로 빈약하기 이를 데 없다."고 지적하고 있다.[15] 1994년 공공 지출 리뷰는 "보수유지를 위한 심각한 자원 부족"을 언급하고 있으며,[16] 1989년 리뷰는 보수유지 지출이 "거의 전 부문에 걸쳐 심각하게 낮다."고 지적한다. 1983년 국가 경제 메모랜덤은 중간재 구입에 필요한 자금 지원이 불충분해 "프로젝트 가동률이 계획했던 수준보다 낮고, 물적 자산을 보충한 후에도 상당 기간 동안 여러 시설이 사용되지 않는 결과가 발생했다."고 설명한다.[17] 1979년 국가 경제 메모랜덤은 "기존의 프로젝트를 전부 가동할 수 있는 자금이 항상 부족하다."고 지적한다. 이 메모랜덤은 특히 도로의 유지보수를 위한 자금이 심각하게 부족하다고 말하고 있다.[18]

미래를 먹어치우는 정부

기본적인 원칙은 언제나 똑같다. 부채를 짐으로써 미래를 먹어치우는 정부는 다른 방법을 통해서도 미래를 먹어치울 것이다. 예로 정부는 미래의 소득을 낳는 인프라 투자를 줄여 오늘의 적자를 낮추고 미래의 적자를 늘릴 수 있다. 아프리카 국가들의 국영 전화회사들은 신규 통신 투자를 너무도 많이 감축하는 바람에 고객들이 새로 전화 서비스를 받으려면 평균 8년 이상을 기다려야 한다. 그 결과 아프리카에서 회선당 수입은 세계 표준을 훨씬 더 초과한다.[19]

---

15) 세계은행 1996, 4쪽.
16) 세계은행 1994c, 27쪽.
17) 세계은행 1983, 35쪽.
18) 세계은행 1979, 51쪽.
19) Mallet 1998.

정부는 수익성이 높은 공공 기업을 매각함으로써 오늘의 소득을 확보할 수 있다. 물론 이는 미래의 소득을 포기하는 것이다. 나이지리아는 1989~1993년까지 2건의 IMF 대기성차관 협정을 체결했고, 2건의 세계은행 구조조정 대출을 제공받았다. 대기성차관과 구조조정 대출은 모두 예산 적자와 공공 부채 감축을 조건으로 제공되었다. 이 기간 동안 나이지리아는 석유 채굴 부문의 정부 지분을 25억 달러에 매도했다. 또한 석유 소득의 12억 달러가 공식 계정에서 사라졌다. 사라진 오일 달러는 아마도 나이지리아 정부 관계자들의 주머니로 들어갔을 것이다. 이는 일반적인 패턴이다. 구조조정 대출을 제공받는 국가들은 그렇지 않은 국가들보다 국가 소유 기업을 매각함으로써 더 많은 수입을 얻는다.

또한 구조조정 프로그램을 적용하는 국가들은 구조조정 프로그램이 없었을 때보다 땅 밑에서 더 많은 원유를 퍼올린다. 이들은 이런 방식으로 미래의 석유 소득을 줄여서 오늘의 소득을 늘리는 것이다.[20]

정부는 오늘의 적자 목표를 맞추기 위해 지출을 다음 해로 미룰 수도 있다.[21] 1998년 브라질은 원리금을 다음 해까지 지급할 필요가 없는 제로쿠폰 국채를 발행했다. 제로쿠폰 국채의 발행으로 브라질 정부는 해당 연도의 이자 지출을 낮출 수 있었다. 또 많은 정부들이 정부 공급업체나 노동자들에게 보수 지급을 연기하는 편법을 사용한다. 이를 통해 당해 연도의 현금 적자와 공공 부채를 줄이는 것이다. 이 경우에도 대가는 내년의 현금 적자 및 공공 부채의 증가이다.[22]

---

20) Esterly 1999d
21) Alesina & Perotti 1995.

빈국들이 사용하는 이 같은 눈속임 중 어떤 것은 선진국에서 배운 것 같다. 예산 적자 억제를 위한 그램-러드맨Gramm-Rudman 법이 적용되던 시기, 1987년 미국 의회는 군 인력에 대한 30억 달러의 봉급 지급을 다음 회계 연도로 연기했다. 국방부 장관 캐스퍼 웨인버거 Caspar Weinberger는 당장의 지출 감소를 위해 신무기체계 확보 계획을 지연시켰다. 그러나 이 같은 지연은 단위비용 상승이라는 결과를 낳았다.23 미국 정부는 국가 자산 매각이라는 해결책도 좋아했다. 의회는 그램-러드맨 법이 통과될 때까지 철도회사 컨레일Conrail의 민영화를 미뤘다. 그러다 그램-러드맨 법이 통과되어 예산 목표를 맞추기 위해 민영화 소득을 확보해야 할 유인이 발생하자 의회는 갑자기 컨레일을 팔아 버렸다.

정부는 내일의 세금을 오늘 미리 앞당겨 징수할 수도 있다. 개발도상국이 IMF 적자 목표를 충족시키기 위해 세금을 미리 징수하는 경우는 쉽게 찾아볼 수 있다.24 1987년 미국 의회는 그램-러드맨 적자 한도를 충족시키기 위해 약 10억 달러의 조세를 미리 징수했다. 25

또 다른 속임수는 현재의 지출을 줄여 미래 부담을 늘리는 것이다. 예로 정부는 국영 기업들에 대한 보조금을 지급하는 대신 은행 대출시 지급보증자로 나서는 방법을 택할 수 있다. 이렇게 하면 표

22) 1986년 정부 재정 통계 매뉴얼(IMF 1986, 31쪽)은 발생주의 회계(accrual accounting)보다 현금주의 회계를 권장했다. 오늘날 추세는 현금주의와 발생주의 회계를 혼합하여 사용한다. 개발도상국에서 (이자의) 연체금이 심각한 문제가 될 때 연체금은 발생주의 회계로 계산된 적자 (삭감) 목표의 파이낸싱 비용으로 간주된다. 1996년의 정부 재정 통계 매뉴얼(IMF 1996d, 16쪽)은 발생주의 회계를 권장하고 있다. 그러나 여전히 일시적으로 공공 부채 목표를 충족시키기 위해 연체금 항목이 사용될 수 있다. 왜냐하면 연체금은 공공 부채에 포함되지 않기 때문이다.
23) Kee 1987, 11쪽.
24) Kopits & Craig 1998.
25) White & Wildavsky 1989, 514쪽.

면적으로 적자가 줄어들기 때문이다. 그러나 기업들이 은행 부채를 상환하지 못하면 정부가 그 부채를 상환해야 하고, 기업 손실을 해결해야 한다. 예로 이집트는 1991년 국영 기업에 예산 지원을 단계적으로 폐지했지만 손실을 기록하고 있는 기업들이 외채와 은행 대출을 제공받을 수 있도록 허가했다. 결국 이집트 정부는 이 기업들의 채무 불이행을 주기적으로 감당해야 했다.[26]

또한 공공 금융기관들이 국가 소유의 기업에 보조금을 지급하도록 하는 방법으로 국영 기업의 손실을 사라지게 하는 정부도 있다. 그야말로 뛰어난 창의성을 발휘하고 있는 셈이다. 예로 1987~1988년 우간다 중앙은행은 국가 소유의 주류 및 담배 회사들에 특혜 환율로 외환을 제공했다. 이를 통해 회사들은 원자재 수입 비용을 줄일 수 있었다. 1990년 이전 아르헨티나 중앙은행은 손실을 보고 있는 공기업들에 특혜금리를 제공하여 기업들의 이자 비용과 손실을 줄여 주었다.[27] 중국에서 국가 소유의 은행들은 국영 기업들에 마이너스 실질금리로 대출을 제공했다.

정부는 정부의 연금기금을 통해 자금을 조달할 수도 있다. 예를 들어 많은 국가들이 연금기금에 기금 운영의 초기 단계에서 흑자를 축적하도록 요구한다. 이 경우 연금기금이 마이너스 실질금리로 정부에 대출을 제공할 수 있기 때문이다. 코스타리카, 에콰도르, 이집트, 자메이카, 페루, 트리니다드 토바고, 터키, 베네수엘라가 대표적 예이다. 최악의 경우는 페루인데, 페루 연금기금의 실질수익률은 -37.4%라는 퇴직자들의 미래를 결코 보장할 수 없는 수준까지 떨

---

26) 이집트의 예는 세계은행 1995a, 84쪽에서 발췌.
27) Mackenzie & Stella 1996.

어졌다. 정부 부채의 금리를 낮추면 예산 적자는 줄어든다. 그러나 동시에 연금기금이 수혜자들에게 연금 지급을 시작할 때 사용할 수 있는 자금도 줄어든다.[28] 그래도 정부는 어쨌든 수혜자들에게 연금을 지급해야 하기 때문에 마이너스 실질금리 대출은 단지 오늘 지출을 내일로 미루는 것에 다름 아니다.[29]

적자 감축 말고 다른 개혁 조건에 대해서도 정부는 비슷한 방법을 사용할 수 있다. 인플레이션 목표를 맞추기 위해 정부는 예산 적자 수준은 그대로 유지하고 돈을 찍어 내는 대신 채무를 통해 자금을 조달할 수 있다. 정부는 채무 부담이 감당할 수 없을 정도로 커지고 대부자들이 더는 돈을 빌려 주지 않으려고 할 때까지 이 같은 방법을 계속 사용할 수 있다. 상황이 여기까지 오면 정부는 또다시 화폐 창조에 의존할 수밖에 없고, 인플레이션이 또다시 시작된다. 그러나 이번의 화폐 창조와 인플레이션은 더 높은 수준에서 발생한다. 그동안 정부가 진 부채의 원리금을 갚아야 하기 때문이다.[30] 결국 정부가 한 일이라고는 오늘의 인플레이션을 낮춰 내일의 인플레이션을 더욱 높인 것에 불과하다.

결국 대출을 제공받은 국가들은 단기에 상황을 개선시켜 실제로는 그저 문제를 연기하고 있는 것뿐이지만, 겉으로는 대출 조건을 준수하고 있는 것처럼 보일 수 있다는 것이다. 그리고 미래에 이들은 이번에는 더 심각해진 문제를 해결하느라 또다시 구조조정 대출

---

28) 연금기금의 예비금은 사회보장 프로그램의 노동자 건강비용 커버에도 사용된다. 이 때문에 연금기금의 재정이 더욱 부실해진다. 베네수엘라 정부는 연금기금 재원의 10~30%를 사회보장제도의 병원에 투자했다. 현재 정부는 인구 고령화에 따라 의료보험과 연금기금의 지출 증가에 직면하고 있다(세계은행 1994b, 47쪽).

29) 세계은행 1994b, 128쪽.

30) Sargent & Wallace 1985.

을 제공받는다. 놀랄 만큼 많은 구조조정 대출을 제공받은 국가들을 살펴보면 어떤 조망을 해 볼 수 있다.

먼저 흔히 대기성차관이라고 불리는 IMF 단기 차관 위기를 검토해 보자. IMF 대기성차관은 보통 외환이 바닥난 국가를 지원해야 하는 심각한 위기 상황에서 제공된다. 이상적으로 IMF를 비롯한 국제기관들은 위기를 사전에 예방함으로써 특정 국가의 위기 해결을 도울 수 있다. 그러나 현실은 그렇지 않다. 각국은 위기-IMF 구제금융-위기-IMF 구제금융의 식으로 어지러운 회전목마를 타곤 한다. 이 같은 상황을 아이티는 22차례, 라이베리아는 18차례, 에콰도르는 16차례, 아르헨티나는 15차례를 겪었다. IMF, 세계은행, 구제금융 수혜국 정부의 모토가 혹시 "위기 예방에 필요한 1달러를 아껴 위기 해결에 수백만 달러를 쓰자."가 아닐까?

1980~1994년까지 세계은행과 IMF는 12개국에 구조조정 대출을 제공했다. 바로 아르헨티나, 방글라데시, 코트디부아르, 가나, 자메이카, 케냐, 모로코, 멕시코, 파키스탄, 필리핀, 세네갈, 우간다이다. 같은 기간 이 12개국의 1인당 성장률의 중앙값은 제로였다. 이는 아마도 구조조정 대출 정책의 가장 커다란 실패일 것이다. 수혜국의 성장을 촉진하는 정책 구축에 실패한 것이다. 성장률이 높으면 세수와 수출 수익이 더 빠르게 증가하기 때문에, 부채의 원리금 상환도 더욱 용이해지며 신규 대출이 필요 없어진다. IMF와 세계은행, 다른 제공국들과 기관들은 수혜국의 부채를 너무 걱정한 나머지 이 국가들의 자산 증가 유인, 즉 경제 성장을 통해 미래 소득을 발생시킬 수 있는 능력에 충분한 주의를 기울이지 않았다. 프즈워스키Przeworski 와 브리랜드Vreeland의 2000년 연구는 IMF 프로그램이 성장에 부정적

인 영향을 미쳤다는 것을 발견했다. 세계은행과 IMF에서도 구조조
정 프로그램이 성장에 미치는 효과를 평가하려고 시도한다. 그러나
긍정적인 효과는 찾기가 정말로 쉽지 않다. 확실한 것은 '성장을 동
반한 구조조정'이 효과가 없었다는 것이다. 구조조정은 너무 적었
고, 성장도 너무 낮았고, 구조조정 대출 조건의 충족에 대한 감시도
너무 소홀했다.

대출 제공국 및 기관과 수혜국의 유인

그렇다면 왜 1980년대 후반까지 구조조정 대출 정책은 그렇게 밑
빠진 독에 물 붓기를 한 것일까? 왜 구조조정 대출은 잃어버린 20년
을 예방할 수 있었던 마법의 주문이 되지 못한 걸까? 왜 우리는 개
혁 조건을 강제하지 않은 것일까? 다시 한 번 말하지만 사람들은 유
인 체계에 반응하기 때문이다. 대출 제공자들은 대출 조건이 충족되
지 않을 때도 대출을 제공해야 하는 유인이 있고, 수혜국들은 조건
부 대출을 제공받을 때도 개혁을 하지 않을 유인이 있다. 여러 유형
의 유인들이 문제가 된다.

첫째, 제공국들과 기관들은 수혜국의 빈민들에게 관심을 기울이지
않는다면 대출 제공자라고 할 수 없을 것이다. 그러나 이 같은 상황
을 수혜국이 알고 있는 상황에서, 대출 조건이 충족되지 않으면 대
출을 중단하겠다는 위협은 그다지 신뢰성을 주지 못한다. 사실 대출
조건이 충족되지 않아도 제공국들과 기관들은 빈민들의 부담 경감
을 원했고, 어쨌든 계속 원조를 제공했다. 수혜국들은 제공자 측의
이 같은 행동을 예측할 수 있고, 따라서 개혁도 안 하고 빈민을 돕

지도 않으면서도 대출이 중단될 거라는 위기감을 느끼지 않는다. 어쨌든 대출이 제공될 거라고 기대하기 때문이다. 또한 적자 감축의 예에서 본 것처럼, 수혜국들이 외관상의 개혁을 할 수도 있다.

제공자 측이 빈민에 관심을 갖는 정도는 수혜국들에게 더욱 잘못된 유인을 창출하기도 한다. 빈곤 문제가 심각한 국가들이 더 많은 원조를 제공받기 때문에 이들 국가들은 빈곤 문제를 해결할 유인을 거의 갖지 않는다. 한 마디로 빈민들을 볼모로 원조를 얻어 내는 것이다.[31]

어떻게 이 같은 잘못된 유인의 문제를 해결할 수 있을까? 역설적으로 수혜국 빈민들의 상황이 나아지려면, 빈민의 삶에는 전혀 신경 쓰지 않는 냉혹한 기관이 원조 제공의 결정을 내려야 할 것이다. 이런 스크루지 기관이 대출 제공을 중단하겠다고 위협한다면 수혜국들은 위협을 진지하게 받아들일 것이기 때문이다.

또한 대출 제공 기관들이 별로 고상하지 못한 이유로 대출을 제공하는 경우도 있다. 대부분의 제공 기관들은 각국별로 또는 각국 그룹별로 독립된 분과를 두고 있다. 이 분과의 예산은 해당 수혜국들에 제공되는 자원의 양에 따라 결정된다. 그런데 대출을 제공하지 않은 분과는 다음 연도에 더 적은 예산을 할당받는다. 예산 규모가 크다는 것은 더 많은 특권과 성공을 보장해 준다. 따라서 각 분과의 직원들은 대출 조건이 만족되지 않아도 대출을 제공하는 유인을 갖는다.

제공 기관들은 대출을 정책 변화와 연동시킴으로써 수혜국에 또 다른 잘못된 유인을 창출한다. 일종의 지그재그 구조조정이 그것이다. 지그재그 구조조정이란 수혜국들이 구조조정과 구조조정 후퇴

---

31) Svensson 1997.

를 반복하는 것이다. 수혜국들이 구조조정을 하면 정책 변화 덕분에 신규 대출을 제공받는다. 그러다 다시 후퇴하면 더는 신규 대출을 제공받지 못한다. 이때 수혜국들은 다시 구조조정을 하고 세계은행과 IMF와 신규 구조조정 대출 협상을 시작한다. 〈이코노미스트〉는 케냐의 예를 들어 이 과정을 다음과 같이 묘사하고 있다.

> 과거 수년 동안 케냐는 원조 제공 기관들과 이상한 짝짓기 의식을 실행하고 있다. 이 의식은 다음의 단계를 밟는다. 1단계, 제공 기관들이 케냐에 원조 약속을 한다. 2단계, 경제 개혁 후퇴 등 정부가 잘못된 행동을 하기 시작한다. 3단계, 화가 난 제공국들이 모여 케냐 정부에 비난을 퍼붓는다. 4단계, 케냐가 원조 제공국들을 달랜다. 5단계, 제공국들은 화를 가라앉히고 원조 제공을 약속한다. 이제 전체 과정이 다시 시작된다.[32]

공식 대출 기관들이 대출 조건을 만족시키지 못한 국가들에 대출을 제공하는 데는 또 다른 이유가 있다. 이 국가들은 이미 대출 기관에서 너무도 많은 돈을 빌렸기 때문에 원리금 상환에 어려움을 겪고 있다. 그리고 대출 기관들은 채무국들의 채무 불이행을 공식 선언하기를 원하지 않는다. 이는 대출 기관들의 예산 할당을 위협할 수도 있는 정치적으로 난처한 상황이기 때문이다. 따라서 대출 기관들은 기존의 대출을 상환받기 위해 신규 대출을 제공한다.

수혜국들은 제공자들의 유인을 인식하고 있다. 그것도 놀라울 정도로 정확하게. 원조 대출을 제공하는 협상에서 칼자루를 쥐고 있는

---

32) Economist, 1995년 8월 19일.

쪽은 수혜국들이다. 대출 조건이 충족되지 않으면 대출을 중단하겠다는 위협은 신뢰성 있게 받아들여지지 않는다. 수혜국들은 대출 제공 기관들이 빈곤 문제에 신경을 쓴다는 점과 대출 제공 기관들의 예산이 신규 대출에 달려 있다는 사실을 알고 있다. 따라서 수혜국들은 신규 대출을 제공해 주지 않는다면 기존 부채의 원리금 상환을 하지 않겠다고 위협할 수도 있다. 이렇게 어떤 식으로든 대출이 제공되는 것이다.

좋은 정책 변화를 이끄는 원조의 효력

일찍이 한 현자는 비극이란 "일지도 모르는 것"이라고 정의한 바 있다. 최근 세계은행 연구에 따르면, 만약 수혜국들이 좋은 정책을 실행했더라면 원조는 성장에 긍정적인 효과를 미쳤을 것이다. 그런데 원조는 평균적으로 성장에 영향을 미치지 못했다. 예산 목표나 인플레이션 목표가 충족되었을 때조차도 원조는 성장을 추동하지 못했다. 좋은 정책을 실행한 저소득 국가들에서도 GDP 대비 원조의 비율이 1% 포인트 상승했을 때 GDP 성장률은 0.6% 포인트 증가했을 뿐이다.

현재는 저소득 국가들의 정책이 점점 바람직한 방향으로 나아가고 있다. 1994년 40개 저소득 국가들 중 15개국의 정책이 '좋은 정책' 수준에 도달했다. 성장에 끼치는 원조의 효과도 상당히 긍정적이었다. 또한 대출과 원조 제공국들과 기관들이 수혜국을 심사하면서 점점 더 엄격한 기준을 적용하고 있다. 예로 세계은행은 대출 제공 조건을 더욱 까다롭게 하기 위한 개혁을 추진하고 있다.

그러나 불행하게도 1994년 선진국들의 GDP 대비 개발 원조 비율은 20년 만에 가장 낮은 수치를 기록했다. 아이러니하게도 정책이 나빠질 때는 원조가 증가하더니 막상 정책이 나아지니 원조가 감소하고 있는 것이다.

결론적으로 1980년대와 1990년대, 구조조정 대출 정책은 칼라하리 사막에 모래를 보내는 것만큼이나 건설적이지 못했다. 대출 제공자와 수혜자 모두에게 유인이 별로 없었기 때문이다. 개혁을 조건으로 구조조정 대출을 제공하는 방법은 성장을 위한 탐색에서 또 하나의 실패한 치료책이었다.

미래를 생각하기

우리는 원조를 수혜국의 과거 성과에 연동해야만 한다. 수혜국 정부가 성장 촉진 정책을 추구하도록 유인을 창출해야 한다. 수혜국의 정책이 성장을 촉진할수록 1인당 원조 액수도 늘려야 한다. 모든 빈국들을 정책 성과에 따라 점수를 매긴 후, 점수가 높을수록 원조도 증가해야 한다. 정확하게 어떤 방법을 사용하느냐는 중요하지 않다. 중요한 것은 원조가 정책 성과에 따라 증가하고, 이를 통해 수혜국 정부가 좋은 정책을 추구하도록 유인을 창출해야 한다는 것이다.

어떤 정책이 성장을 촉진하는가는 다음에 살펴보기로 하고, 일단 높은 암시장 환율, 높은 인플레이션, 마이너스 실질금리, 높은 예산 적자, 광범위한 부패가 만연한 국가는 원조를 제공받아서는 안 된다. 암시장 프리미엄이 없고, 인플레이션이 낮고, 금리가 시장에서 결정되고, 예산 적자가 낮고, 사적 소유권과 계약의 신성함이 준수되고, 엄격한 반부패 정책이 실행되는 국가는 많은 원조를 제공받아야 한다.

정책 성과에 따라 원조를 제공하게 되면 원조 배분 구조 자체가 완전히 바뀔 것이다. 나는 1980년대 1인당 공적 개발 원조 수혜국 리스트에서 국가별 순위를 자세히 살펴보았다. 그 다음에는 1980년대 국가별 정책 성과의 순위를 검토했다. 정책 성과는 정부 적자, 부패, 인플레이션, 암시장 환율 프리미엄, 개발 금융 등에 대한 평균 성과이다. 그 결과 1980년대 정책 성과와 개발 금융은 사실상 서로 상관이 없었다는 사실을 알 수 있었다. 원조가 수혜국의 정책 성과에 따라 달라졌다면 인도, 태국, 말레이시아 같은 국가들은 엄청난 원조를 제공받았을 것이며, 니카라과, 자메이카, 에콰도르 같은 국가들에 제공되는 원조는 엄청나게 줄었을 것이다.

정책 성과 조건을 강제하려면 일종의 '원조 콘테스트'의 형태로, 원조 희망국들이 성장을 위해 원조 자금을 어떻게 사용할 것인지 제안서를 제출하도록 해야 한다. 제안서에서 각국은 예전에 달성한 정책 성과를 설명하고 미래에 어떻게 정책을 변화시켜 나갈 것인지 계획을 발표하는 것이다.

그러나 원조는 주로 이미 달성된 정책 성과의 수준에 근거해서 제공되어야 한다. 즉 제안서에서 제시된 미래의 정책 변화가 너무 많이 고려되면 안 된다. 이는 현 원조 시스템을 뒤엎는 것이다. 현 시스템에서는 수혜국이 정책 변화를 약속하면 원조 제공 기관들은 원조를 제공한다. 현 시스템에서 수혜국들은 게임을 성공적으로 이끈다. 즉 나쁜 정책으로 출발했지만 원조를 얻을 만큼만 좋은 정책을 펼친다. 그 결과 평균적으로 나쁜 정책을 실행하고 있는 국가들이 많은 원조를 제공받고 있다.

국가의 소득이 경제 성장 촉진 정책에 힘입어 증가한다면, 원조도 증가해야 한다. 이는 현재의 원조 시스템과는 완전히 반대된다. 현 시스템에서는 나쁜 정책을 실행하고 소득도 감소하는 국가가 더 유리한 조건으로 원조를 제공받는다. 예로 케냐는 세계은행이 제공하는 대출에서 유일하게 시장금리가 적용될 정도로 부유했다. 그러다 나쁜 정책과 소득 감소로 케냐는 현재 저금리 대출의 수혜국이 될 수 있는 자격을 얻었다. 반대로 현재 번영하고 있는 국가들은 저금리 대출을 신청할 수 있는 자격을 '졸업'했다.

원조는 소득이 증가하는 것과 같은 방향으로 움직여야 한다. 물론 새로운 원조 체제의 초기에는 빈국들이 원조를 제공받을 수 있는 자격을 부여받아야 한다. 예로 오스트리아가 외국 원조를 받을 필요는 없다. 그러나 이 같은 자격 부여는 초기에만 실시되어야 한다. 그래야 가난한 상태로 있으려는 역逆유인을 창출하지 않는다. 이는 소득이 증가하면 원조가 줄고, 이 때문에 가난한 상태로 있으려는 역유인이 생기는 상황에 비하면 그야말로 급격한 변화이다. 이 같은 역유인은 부유해지려는 다른 유인들에 의해 상쇄될 수도 있다. 그러나 이는 확실히 문제를 해결하는 데 도움이 되지 못한다. 만약 원조가 가장 자격이 있는 국가들에 제공된다면 제공자와 수혜자 모두가 성장을 위한 유인을 갖게 될 것이다.

부채의 상환 불능을 인정하는 것은 구조조정 대출 정책 실패의 궁극적인 신호이다. 이는 돈이 생산적으로 사용되지 않았다는 것을 보여 주기 때문이다. 다음 장에서 논하겠지만, 국제 기관들은 이미 현실을 인정했다.

7장

부채 탕감

비생산적으로 사용된 양허성 차관으로 부채가 더욱 늘어나며,
늘어난 부채를 핑계로 또다시 양허성 차관을 제공받는다.

_토마스 바우어

　아이티는 가난하고 과도한 외채를 지고 있으며 성장률도 낮다. 수
출액 대비 외채 원리금 상환 비율은 '지속 가능한' 수준이 20%에서
25%를 훨씬 넘어 40%에 달하고 있다.[1] 불행하게도 아이티의 부채
는 경제 성장이 아니라 정부 후원 사업과 군대와 경찰력 유지를 위
해 사용되고 있다. 부패가 만연해 있어서 차입된 외채의 일부가 통
치자들의 주머니로 들어갈 가능성이 매우 높다. 이것이 1990년대 아
이티가 겪고 있는 현실에 대한 묘사이다. 그러나 이 상황은 1990년
대가 아니라 1890년대의 상황이다.[2]
　빈국의 부채 문제는 새로운 것이 아니다. 빈국의 부채 문제는 기

---

1) 세계은행 1998a, 56쪽.
2) Dupuy 1988, 116쪽; Lundahl 1992, 39쪽, 41쪽, 244쪽.

원전 4세기 델로스 사원에 대한 부채 때문에 파산한 2개 그리스 도시국가들부터 1827년 독립 이후 첫 번째 지불유예를 선언한 멕시코를 거쳐, 1997년 수출액 대비 외채 원리금 상환 비율이 484%에 달한 아이티에 이르기까지 오랜 역사를 갖고 있다.3

그러나 빈국의 부채 문제는 오늘날 훨씬 더 뉴스가 된다. 많은 원조 지지자들은 빈국의 모든 부채를 탕감해 줄 것을 요구하고 있다. 주빌리Jubilee 2000이 대표적 단체이다. 록그룹 U2의 보노Bono, 경제학자 제프리 사스Jeffrey Sachs, 달라이 라마Dalai Lama, 교황 같은 인사들이 주빌리 2000을 지지하고 있다. 나는 1999년 9월 23일, 교황을 만나 제3세계 외채 문제를 논하고 있는 보노와 사스를 인터넷 동영상으로 본 적이 있다. 2000년 4월, '외채 덤핑'을 외치며 수천 명이 워싱턴의 몰Mall에 운집했다. 이 같은 흐름에서 할리우드도 예외는 아니다. 영화 〈노팅힐〉에서 휴 그랜트는 줄리아 로버츠에게 '제3세계 부채 탕감'의 문제를 언급한다.

세계은행과 IMF는 좋은 정책을 실행하고 있는 빈국을 위한 외채 탕감 프로그램인 고채무 빈곤국HIPC 프로그램을 고안했다. HIPC 프로그램은 사상 처음으로 IMF와 세계은행 채무의 부분적 탕감을 포함하고 있다. 1999년 6월 콜로냐에서 열린 G7 정상회담은 HIPC 프로그램의 확대를 요청했다. 각국에 제공되는 채무 경감의 폭을 늘리고 경감 과정도 가속화하자는 것이다. 세계은행과 IMF의 회원국, 즉 거의 전 세계의 모든 국가가 1999년 9월 HIPC 프로그램을 확대할 것을 승인했다. 이 확대는 HIPC 프로그램의 총비용이 125억 달러에

---

3) Dommen 1989; Winkler 1933, 22쪽; Wynne 1951, 5~7쪽.

서 270억 달러로 상승한다는 것을 의미한다.[4] 그래서 부채 탕감은 성장의 치료책 중에서도 가장 최근에 등장한 치료책이다.

그러나 한 가지 문제가 있다. 보노, 사스, 달라이 라마 등이 거의 인식하지 못하고 있는 부분은 부채 탕감이 새로운 정책이 아니라는 것이다. 부채 문제가 새로운 것이 아닌 것처럼, 과도한 부채를 진 채무자의 부채를 탕감해 주려는 노력도 새로운 것이 아니다. 우리는 이미 20년 동안 부채 탕감을 시도해 왔다. 그러나 주빌리 2000이 기대하고 있는 것 같은 결과는 거의 없었다.

부채 탕감의 20년 역사

"채무 원리금 상환액이 급격하게 증가해 많은 국가들이 위험한 상황에 직면하였다."는 지적이 이미 1967년에 나왔지만, 오늘날의 빈국 외채 탕감 요구는 1979년에 사실상 시작되었다.[5] 세계은행의 1979년 세계채무표World Debt Tables는 "몇몇 국가에서 부채나 부채 원리금이 탕감"되었는데도 "빈국의 채무 상환이 지체되고 있다."고 지적하고 있다. 1977~1979년 유엔무역개발회의UNCTAD 결과 공식 대출 기관들은 45개 국가에 대해 60억 달러의 외채를 탕감해 주었다. 당시 취해진 조치들 중에는 "이자 면제, 원리금 상환 만기일 연장, 비용 지원, 보상 원조, 기존 부채 상황을 위한 신규 대출 허가" 등이 포함되었다.[6]

---

4) International Herald Tribune, 1999년 6월 14일, Financial Times, 1999년 6월 21일. 세계은행 HIPC 프로그램 홈페이지를 참조하라(www.worldbank.org/hipc).
5) 인용은 UNCTAD 1967, 3쪽.
6) 세계은행 1979, 7~8쪽; UNCTAD 1983, 3쪽.

아프리카에 대한 1981년 세계은행 보고서는 라이베리아, 시에라리온, 수단, 자이르(現 콩고민주공화국), 잠비아가 1980년대 "심각한 채무 원리금 상환 문제를 겪었으며 1980년대에도 이들 국가의 외채 문제가 계속될 것"이라고 지적하고 있다. 사실 이 국가들은 나중에 모두 HIPC가 된다. 보고서는 외채 탕감의 필요성을 암시하고 있다. "채무 위기의 장기 해결책을 모색해야 하며, 원조와 대출 결정을 분리하는 제공국들의 현 방식은 역효과를 낳을 수 있다."7 1984년 보고서는 좀더 노골적이다. "감시 가능한 프로그램이 존재할 경우 다년 채무 경감과 지급유예기간 연장은 프로그램의 재정 지원 패키지에 포함되어야 한다."8 1986년 보고서는 여기서 더욱 강하게 나간다. "아프리카 저소득 국가의 필요자금은 추가적인 양자 간 원조와 채무 경감을 통해 확보되어야 할 것"이다.9 1988년 보고서는 "사하라 이남 아프리카의 저소득 국가들에 닥친 채무 문제의 심각성에 대한 인식이 확산되고 있다."고 지적한다.10 1991년 보고서는 단어의 강도를 좀더 높이고 있다. "아프리카는 채무 부담을 줄이지 않고는 현재의 경제 위기를 타개할 수 없다."11

---

7) 세계은행 1981, 129쪽.
8) 세계은행 1984, 46쪽.
9) 세계은행 1986, 41쪽.
10) 세계은행 1988a, p.xix. 아프리카 저소득 국가의 채무 문제에 대한 논문으로는 Lancaster & Williamson 1986 ; Mistry 1988 ; Greene 1989 ; Parfitt & Riley 1989 ; Humphreys & Underwood 1989 ; Husain & Underwood 1991 ; Nafziger 1993 등을 참조하라.
11) 세계은행 1991a, 176쪽.

G7 월드투어

빈국의 외채 탕감 요청이 거세지자 선진국들이 나서기 시작했다. 1987년 6월 베네치아 G7 정상회담에서 저소득국이 보유한 외채의 이자 면제가 제기되었다. G7은 이른바 '베네치아 조건Venice terms'으로 알려진 부분적 외채 탕감 프로그램에 합의했다. 1년 뒤 1988년 6월, 토론토 G7 회담은 부분적 탕감, 만기일 연장, 금리 인하 등을 포함하는 일련의 옵션 조항에 합의했다. 이것이 바로 토론토 조건 Toronto terms이다.[12]

한편 세계은행은 아프리카 국가들의 채무 원리금 상환을 돕기 위해 1987년 12월 아프리카의 저소득국을 위한 특별지원 프로그램SPA을 구축했다. IMF는 확대 구조조정 금융제도ESAF를 마련해 세계은행의 SPA를 보완했다. 두 프로그램은 "구조조정 국가에 신속하게 지급할 수 있는 매우 높은 수준의 양허성 차관을 제공하는 것"이 목표였다.[13]

1990년 휴스턴 G7 정상회담은 "최빈곤 채무국을 위한 더욱 양보적인 채무 만기일 연장"을 검토했다. 영국과 네덜란드는 토론토 조건에서 20%였던 증여율grant element을 67%로 상향 조정한 '트리니다드 조건'을 제안했다.[14] 1991년 런던 G7정상회담에서 선진국들은 "토론토 조건 하에서 승인된 채무 경감을 훨씬 넘어서는…… 추가적인 채무 경감 조치의 필요성"에 합의했다.[15] 1993년 11월, 채권국

---

12) 세계은행 1988b, p. xxxviii.
13) 세계은행 1989, 31쪽.
14) 세계은행 1990, 29쪽.
15) 세계은행 1991b, 31쪽.

모임인 파리 클럽은 양허성을 더욱 강화한 확대 토론토 조건을 적용했다.16 그리고 1994년 12월 파리 클럽은 '나폴리 조건'을 발표했다. 나폴리 조건에 따라 추가적인 채무 경감이 가능해졌다.17

1996년 9월, IMF와 세계은행은 HIPC 프로그램을 발표했다. 이 프로그램 덕분에 빈국들은 "만기일 연장 프로세스에서 완전히 벗어날 수 있고, 자유로운 금융 플로, 완벽한 약속 이행으로 특징지워지는 국제 금융 사회와 정상적인 관계를 회복"할 수 있을 것이다. 비록 정책 개혁에 대한 조건부 제공이기는 하지만 국제기관들은 처음으로 "채무 국가의 부채 부담을 줄이는 조치를" 취한 것이다.

동시에 파리 클럽은 나폴리 조건을 더욱 강화해 채무 삭감률을 80%까지 높이는 데 합의했다.18 1999년 9월 보노, 사스, 달라이 라마, 교황이 만난 시기에 채무 경감 패키지가 7개 빈국에 제공되었고, 총 34억 달러 이상의 부채가 탕감되었다.19 이어서 HIPC 프로그램을 더욱 확대해야 한다는 요구가 제기되었다. 그러나 주빌리 2000은 확대 HIPC 프로그램이 충분히 만족스럽지 못하다고 평가했다. 2000년 10월, 세계은행은 20개 빈국이 "상당 수준의 채무 경감"을 받을 것이라고 발표했다.

명시적인 채무 경감 외에 암시적인 형태의 채무 경감이 존재한다. 시장금리가 적용되는 비양허성 차관을 저금리 양허성 차관으로 대체하는 것이다. 세계은행 국제개발협회IDA 같은 대출 제공 기관과 기

---

16) 세계은행 1993c, 6쪽.
17) 세계은행 1994a, 42쪽.
18) Boote et al. 1997, 126쪽, 129쪽.
19) 세계은행 1999, 76쪽. www.worldbank.org/hipc. 7개국은 볼리비아, 부르키나파소, 코트디부아르, 가이아나, 말리, 모잠비크, 우간다이다.

타 기관들에서 막대한 순자금이 이전되었는데도 이 시기 동안 HIPC들의 채무 원리금 상환 부담이 계속 증가했다는 것은 정말로 놀랍다.

비양허성 차관을 양허성 차관으로 대체하고, 주빌리 2000이 더 강도 높은 부채 탕감을 요구하고 보노, 사스, 달라이 라마, 교황이 망연자실한 표정으로 손을 꽉 쥐는 동안에도 빈국의 부채 탕감은 계속되어왔다. 이는 채무 경감이 성장을 위한 치료책이 되기에는 뭔가 문제가 있다는 것을 암시한다. 20여 년 동안 채무 경감이 이루어지고 양허성 차관이 제공된 결과가 무엇인가? 많은 국가들이 고채무국으로 분류되고 있지 않나?

이제 지난 20년 동안 시도된 채무 경감이 무엇이 잘못되었는지 검토해 보도록 하자. 채무국들의 고채무 선호는 이미 취소된 채무를 대체하기 위한 신규 대출로 귀결될 수 있다. 채무 경감을 위해 점점 더 유리한 조건을 부여하는 것 역시 역유인 효과를 낳을 수 있다. 채무국들이 미래의 채무 경감을 예측하고 돈을 빌리기 때문이다. 높은 채무가 고질적인 문제가 되는 것은 채무 경감을 받은 후에도 '무책임한' 행동 패턴을 보이는 '무책임한 정부' 때문일 수 있다.

미래를 팔아치우기

주빌리 2000은 채무를 빈국을 덮친 자연재해로 취급한다. 그러나 현실은 그보다는 좀더 냉혹할 수 있다. 다시 말해 채무국들이 과도하게 채무를 진 이유는 현 정부의 고객인 지금 세대의 복지를 위해 미래 세대의 복지를 저당잡히는 것도 개의치 않았기 때문일 수 있다.

만약 이 가설이 사실이라면, 이는 엄청난 함의를 가진다. 만약 "사람들이 유인 체계에 반응한다면", 채무 경감에 대한 반응으로 매우 놀라운 일들이 일어날 것이다. 부채 탕감은 무책임한 정부의 신규 차입이라는 결과를 낳을 것이다. 채무국 정부는 그런 식으로 미래를 저당잡히는 것이다. 이 경우 부채 탕감은 무용지물이 될 것이다. 부채 탕감이 경제 발전을 추동하지 못할 뿐만 아니라, 채무 부담을 줄이지도 못할 것이기 때문이다.

미래를 저당잡히는 행위를 보여 주는 좀더 미묘한 신호가 존재한다. 따라서 우리는 '무책임한 차입' 가설이 맞는지 확인해 볼 수 있다. 빈국이 높은 채무를 지는 것에 그치지 않고 국가 재산을 팔아치우고 있는지 살펴보는 것이다. 이는 미래 세대의 재산을 훔치는 또 다른 방법이기 때문이다. 빅토리아 시대 소설의 방탕한 상속자가 가문의 재산을 팔아치워 빚을 갚는 것처럼, '무책임한 정부'는 새로 돈을 빌리면서도 한편으로는 보유하고 있는 재산을 팔아치울 것이다.

채무 경감에 대해 신규 차입과 국가 자산이 어떻게 반응하는지 검토하기 위해 나는 IMF와 세계은행이 HIPC로 분류한 41개국, 즉 앙골라, 베냉, 볼리비아, 부르키나파소, 부룬디, 카메룬, 중앙아프리카공화국, 차드, 콩고민주공화국, 콩고공화국, 코트디부아르, 적도기니, 에티오피아, 가나, 기니, 기니비사우, 가이아나, 온두라스, 케냐, 라오스, 라이베리아, 마다가스카르, 말라위, 말리, 모리타니, 모잠비크, 미얀마, 니카라과, 니제르, 르완다, 상투메 프린시페, 세네갈, 시에라리온, 소말리아, 수단, 탄자니아, 토고, 우간다, 베트남, 예멘, 잠비아를 조사했다.

세계채무표를 통해 알 수 있는 채무 경감 데이터는 1989년부터이다. 이 시기 동안 이루어진 채무 경감과 신규 차입 간 관계는 상당히 흥미롭다. 1989~1997년까지 41개 HIPC들의 총부채 탕감은 330억 달러였고, 신규 차입은 410억 달러였다. 이는 신규 차입액이 채무 경감 총액과 거의 맞먹을 거라는 예상을 확인해 준다.

신규 차입은 채무 경감을 가장 많이 받은 국가에서 가장 높았다. GDP 대비 평균 채무 경감 비율과 신규 차입 간에 통계학적으로 의미 있는 상관관계가 존재한다. '미래 저당 가설'에 맞게 채무국 정부는 탕감된 부채를 신규 차입으로 대체했다.

실제로 부채 탕감으로 채무가 많이 줄지 않았다는 또 다른 증거를 보려면 1979~1997년까지의 채무 부담 변화를 살펴보면 된다. 이 시기 동안 만약 정부가 탕감된 채무를 신규 차입으로 대체하지 않았다면 채무 경감으로 빈국의 채무 부담이 낮아졌어야 한다. 나는 채무 부담을 계산하기 위해 수출액 대비 원리금 상환액의 현재가치를 사용했다. 원리금 상환액의 현재가치란 미래의 모든 채무 원리금 상환을 위해 정부가 현재 은행에 갖고 있을―물론 이 경우 시장금리에 따른 이자 소득을 얻는다―액수이다. 이는 그렇다고 정부가 실제로 원리금 상환액의 현재가치만큼을 은행에 두고 있어야 한다는 것을 의미하지는 않는다. 그저 미래 원리금 상환의 전체 흐름을 수치로 요약하기 위한, 설명에 도움이 되는 계산일 뿐이다.

나는 다시 1979년을 기준 연도로 정했다. 1979년 국제연합 무역개발회의가 현재의 채무 경감 흐름을 시작했기 때문이다. 그래서 1979~1997년까지, 28~37개 HIPC에 대한 데이터를 사용했다. 채무 경감이 계속적으로 이루어지는데도 1979~1997년까지 수출액 대비 원리금 상환액의 현재가치는 급격하게 상승했다. 조사 기간을 3개의 구별되는 기간으로 나누어 볼 수 있다. 바로, ① 1979~1987

년, 채무 비율이 급격하게 증가하던 시기, ② 1988~1994년, 채무 비율이 계속 유지되던 시기, ③ 1995~1997년, 채무 비율이 하락하던 시기이다. ①과 ② 시기는 채무 경감의 실패를 보여 준다. 반면에 ③ 시기의 채무 비율 하락은 1996년 HIPC 프로그램이 이전의 다른 정책들보다 더 성공적이었다는 것을 의미한다. 그런데 ③ 시기에 채무 비율이 하락하는데도 수출액 대비 부채 비율은 1979년보다 1997년에 훨씬 더 높았다. 이는 41개 HIPC들의 신규 차입이 채무 경감 효과를 상쇄했음을 암시한다. 즉 '미래 저당 가설'의 예측이 맞는 것이다.

나는 다음으로 자산매각에 대한 데이터를 구축했다. 몇몇 HIPC들에 한 가지 중요한 자산 유형은 원유 매장량이다. 원유를 채굴하여 판매하는 것은 자산을 소비하는 것이다. 미래 세대가 쓸 수 있는 원유가 줄어들기 때문이다. HIPC 중 10개국이 산유국이다. 이들 산유국에 대해서 1987~1996년까지의 데이터를 갖고 있다. 그렇다면 비HIPC 산유국보다 HIPC 산유국이 더 많은 원유를 생산했을까? 대답은 "그렇다."이다. 평균 원유 생산량 증가율은 비HIPC보다 HIPC가 6.6% 포인트 높았다. 6.6% 포인트는 통계학적으로 상당한 차이다.

또 다른 형태의 자산매각은 국영 기업을 민간 외국 기업에 매각하는 것이다. 즉, 국영 기업의 민영화이다. 1988~1997년까지 민영화 수입에 대한 데이터를 살펴보면, 이 시기 동안 HIPC의 국영 기업 매각 총액은 40억 달러에 달한다. 그런데 40억 달러는 과소평가된 수치이다. 민영화 수입의 전체 액수가 공식 통계 자료에 기록된 것이 아니기 때문이다. 그러나 이 불완전한 자료를 사용해도 41개 HIPC

에서 채무 경감 액수와 민영화 수입 간 상당한 양의 상관관계가 존재한다. 물론 효율성 제고나 심지어 채무 경감의 조건으로 민영화가 단행되었을 수도 있다. 그러나 어쨌든 민영화는 재산을 팔아 빚을 갚는 방탕한 정부의 이미지를 내포한다.

국가 자산이 줄어들고 있는 것을 보여 주는 가장 일반적인 신호는 동시에 가장 심각한 신호이기도 하다. 1979~1998년까지 HIPC의 1인당 소득이 감소했다. 이는 첫째, 지난 20여 년 동안의 채무 경감이 HIPC의 마이너스 성장을 예방하는 데 실패했다는 의미이기 때문에 더욱 심각하다. 이는 채무 경감이 성장을 추동할 것이라고 주장하는 주빌리 2000에게도 좋은 뉴스가 아니다.

둘째, 소득 감소는 정부가 경제의 생산 능력을 떨어뜨리고 있다는 것을 보여 주는 간접적인 신호일 수 있다. 정부는 미래 투자보다 현재 소비를 위한 정책을 실행했을 것이다. 소득 감소는 정부가 도로, 학교, 의료센터 같은 공공 인프라 시설을 황폐화하고, 민간 투자 수익률을 떨어뜨리고 HIPC의 일반적인 경기 후퇴에 기여하고 있다는 것을 보여 주는 간접적인 신호일 수 있다.

높은 채무의 원인이 나쁜 정책인가, 나쁜 운인가?

무책임한 정부의 또 다른 신호는 높은 대외 적자와 예산 적자이다. 1인당 소득을 고려하지 않았을 때, 사실 1980~1997년 사이 비HIPC보다 HIPC의 평균 대외 적자 및 예산 적자가 훨씬 높았다.

물론 높은 적자 역시 고채무국 정부들의 무책임한 행동을 보여 주는 유일한 신호는 아니다. 무책임한 정부는 특정 계층에 유리한 보조금을 창출하고 미래 성장을 저해하는 근시안적 정책을 실행하는 경향이 있다. 예로 정부는 금리를 인플레이션율보다 낮게 유지할 수 있다. 이 경우 정부와 밀착되어 있는 집단은 저금리 대출을 받을 수 있다. 그러나 인플레이션 때문에 은행 예금의 가치가 떨어지면 힘없는 예금주들이 돈을 인출해 부동산이나 외환에 투자할 것이며, 전체 금융 부문은 축소될 것이다. 이는 매우 좋지 않은데, 크고 건전한 금융 부문의 존재는 경제 성장의 선결 조건이기 때문이다. 실제로 1인당 소득을 고려하지 않을 때 HIPC들은 다른 국가들보다 금융 시스템의 규모가 작다.

또한 무책임한 정부는 특정 기업에 수입 특혜를 주기도 한다. 예로 환율을 인위적으로 낮게, 즉 국내 화폐의 가치를 인위적으로 높게 유지해서 수입 원가를 낮추는 것이다. 불행하게도 낮게 유지되는 환율은 수출 소득을 잠식하고, 따라서 상품의 수출 유인도 낮아진다. 수출은 중요한 성장 동력이기 때문에 과대평가된 통화는 성장을 저해할 수 있다. 민간 투자자들은 환율만 정상이었다면 수익성이 높았을 수출 분야에 투자하지 않을 것이다. 실제로도 HIPC들은 비HIPC들에 비해 통화가 과대평가되어 있었다. 이처럼 미래 성장을 대가로 수입재 소비를 지원하는 것은 HIPC들이 현재를 위해 미래를 희생하는 또 하나의 방법이다.

그렇다면 HIPC들이 다른 국가들보다 운이 더 나빴나? '무책임한 정부' 가설보다 '나쁜 운' 가설이 HIPC들의 과도한 채무를 더 잘 설명할 수 있을까? 이 대안 가설을 직접 테스트해 볼 수 있다. 예로 수출재 가격보다 수입재 가격이 더 빠르게 상승한 경우, 전문 용어로 교역 조건이 악화될 경우, 운이 나쁘다고 할 수 있다. 그렇다면

HIPC들의 교역 조건이 비HIPC들보다 더 많이 악화되었나? 아니, 그렇지 않다. 불운의 또 다른 유형은 전쟁이다. HIPC들이 고채무 빈곤국이 된 시기에 많은 빈국들이 전쟁을 겪었다. 그렇다면 HIPC들이 전쟁으로 인한 산출량 붕괴를 겪었을까? 그래서 채무 부담이 더욱 과중해진 것일까? 아니, 그렇지 않다. 이 시기 HIPC들은 비HIPC들이 겪은 정도의 전쟁을 겪었을 뿐이다. 따라서 '나쁜 운' 가설보다 '무책임한 정부' 가설이 빈국이 어떻게 과도한 채무를 지게 되었는지 더 잘 설명한다.

자금조달갭 모델의 최후의 한판

지금까지는 채무자의 관점에서 무책임한 행동을 살펴보았다. 그런데 누군가 이 무책임한 채무자들에게 기꺼이 돈을 빌려 줘야 한다. 그렇다면 무책임한 대부자들도 존재했단 말인가? 여러분은 아마 답을 쉽게 추측할 수 있을 것이다.

일단 HIPC들에서 높은 대외 적자를 어떻게 감당했는지 살펴보자. 사실 몇 가지 흥미로운 패턴이 존재한다. HIPC들은 다른 저개발 국가LDC들보다 해외 직접 투자FDI를 적게 받았다. 이는 나쁜 정책의 존재를 보여 주는 간접적인 지수라고 할 수 있다. 투자가들은 예산 적자는 높고 통화는 과대평가되어 있는 국가에 투자하려고 하지 않는다. 투자가들은 또한 채무 경감이 해외 직접 투자 스톡 같은 다른 대외 부채에도 해당되지 않을까 걱정할 것이다.

둘째, HIPC들은 정책 성과가 보잘것없었는데도 다른 저개발 국가들보다 세계은행과 IMF에서 더 많이 대출을 제공받았다. HIPC들에 대한 세계은행 대출은 GDP의 0.96%로 현재의 적자 수준에 비하면 낮지만 전체 저개발 국가에 대한 세계은행 대출(GDP의 1.1%)에 비하면 높다. 신규 대출 대비 세계은행 대출 비율도 비HIPC들보다 HIPC들에서 7.2% 포인트 더 높다.

IMF에서 제공하는 대출도 마찬가지다. IMF 역시 초기 소득 변수를 고려하지 않을 경우 비HIPC들보다 HIPC들에 더 많은 대출을 제공했다. 세계은행의 경우처럼 HIPC들에 대한 IMF 대출은 GDP의 0.73%로 현재의 적자 수준에 비하면 낮지만 비HIPC들에 대한 평균 IMF 대출(GDP의 0.5%)에 비하면 높다. 신규 대출 대비 IMF 대출 비율도 비HIPC들보다 HIPC들에서 4.4% 포인트 더 높다. 어떻게 보면 HIPC들이 고채무 빈곤국이 된 부분적인 이유는 세계은행과 IMF로부터 돈을 빌렸기 때문일 것이다.

셋째, 1979~1997년까지 HIPC들을 대상으로 한 신규 대출 추세를 검토해도 비슷한 결과가 도출된다. 민간 신용은 사라졌고, 다자간 대출의 비율이 상승했다. 세계은행의 저금리 대출인 국제개발협회IDA 대출의 비율은 3배나 상승했다. 초기만 해도 민간 신용 비율은 IDA 대출 비율보다 3.6배 높았지만, 1997년 IDA 대출 비율이 민간 신용보다 8.6배 높았다.

넷째, HIPC들로 유입되는 순자원플로(신규 대출액－채무 원리금 상환액)를 검토해도 마찬가지이다. 채무 부담이 증가한 1979~1987년까지 순자원 이전의 대부분은 IDA를 비롯한 다른 다자기구, USAID 같은 양자기구가 제공하는 양허성 차관이나 원조에서 유래했다. 물론 민간 대부자가 제공한 자원 이전도 있었지만, HIPC들에 이전된 양허성 차관과 원조 총액은 330억 달러에 달했다. 이 같은 엄청난 양허성 자원 이전을 고려할 때, 순현재가치로 계산된 수혜국들의 부채가 같은 기간 동안 점점 더 늘어났다는 사실은 그야말로 놀라울 뿐이다.

1979~1987년 시기부터 1988~1997년 시기까지 순자원 이전에서 커다란 변화가 있었다. 1988~1997년은 채무 비율이 안정화된 시기이다. IDA와 양자기구에서 제공된 엄청난 플러스 순이전은 IBRD 대출(비양허성 세계은행 차관), 양자간 비양허성 차관, 민간 자금으로 빠져 나가는 마이너스 순이전을 상쇄했다. 이는 비양허성 차관을 증여율이 높은 차관, 즉 저금리 장기 차관으로 대체한 셈이므로 또 다른 형태의 채무 경감이다. 그러나 몇 년 전까지만 해도 부채의 현재가치는 어느 정도 일정하게 유지되었다. 결국 IDA와 양자기구들은 비양허성 대부자들이 대출금을 회수해 갔는데도 채무 부담이 그대로 유지될 정도로 빠르게 신규 대출을 계속 제공함으로써 비양허성 대부자들의 빈 자리를 메운 셈이다.

결론적으로 민간 대부자들의 대출금 회수에 직면한 빈국이 IMF와 세계은행(IDA) 또는 양자기구에서 대출을 제공받았기 때문에 빈국의 채무 부담이 발생했다고 말할 수 있다. 어떻게 이 같은 일이 일어났을까? 대출 제공국들과 기관들이 대출을 제공하는 방식은 무책임한 정부에 대한 신규 대출을 부추겼다. 이 방식은 바로 '자금조달 갭 메우기'이다. 우리는 이미 2장에서 '필요투자'와 국내 저축의 갭으로 정의되었던 자금조달갭 이론을 살펴보았다. 그런데 여기서 자금조달갭은 국제수지에서의 '자금조달 필요액'과 이용 가능한 민간 대출 간의 갭으로 정의된다. 자금조달 필요액은 무역 적자, 기존 부채에 대한 이자 지급, 기존 부채의 만기 상환의 합과 같다. 따라서

'자금조달갭 메우기'는 무역 적자와 대외 부채 수준이 높고, 민간 대출이 적은 국가에 더 많은 양허성 원조를 제공한다는 것을 함축한다. 이는 잘못된 정책으로 민간 투자 유인을 떨어뜨리고 높은 무역 적자와 대외 부채를 창출한 '무책임한 정부'에 상을 내리는 것이다. 즉 자금조달갭 메우기로 인해 악화가 양화를 구축하고, 빚을 갚느라 빚을 지는 악순환이 발생하는 것이다.

이제 대출 제공국들과 기관들은 궁극의 어리석음을 발휘한다. 자금조달갭을 '끝내기' 위해 '필요한' 채무 경감액을 계산하는 것이다. 자금조달갭이 큰 국가에는 회계장부에서 부채가 지워지는 상이 수여되는 것이다. 그렇게 차입자와 대부자의 무책임한 행동의 기억을 지워 버리는 것이다.

HIPC들의 인구는 전체 빈국 인구의 30%를 차지할 뿐이다. 그럼에도 1997년 새로운 다자간 채무 경감 프로그램이 도입될 때까지 빈국으로 유입된 자본플로의 63%는 HIPC들에 집중되었다.

코트디부아르의 이상한 경험

1997년 코트디부아르는 채무 삭감을 포함하여 인도보다 1,276배나 많은 1인당 순원조플로를 제공받았다. 인도의 빈민들에게 코트디부아르가 왜 인도보다 1,000배나 많은 원조를 받아야 했는지 설명하는 것은 어려운 일이다. 코트디부아르 통치자들이 관대하게도 자기들 고향에 새로운 국가 수도를 두 번이나 건설했기 때문이라고 설명할 수는 없지 않겠는가?

더구나 코트디부아르가 어떻게 어려운 상황에 빠지게 되었는지

살펴본다면 더더구나 인도의 빈민들에게 할 말이 없어진다. 1979~
1997년까지 코트디부아르의 평균 경상수지 적자는 GDP의 8%까지
증가했다. 적자의 가장 유력한 용의자는 정부이다. 이 시기 동안 예
산 적자는 GDP의 10%를 초과했다.

어떻게 이토록 대규모 예산 적자가 발생한 것일까? 1970년대 코
트디부아르 정부는 국제 커피 가격과 카카오 가격의 상승으로 이익
을 얻었다. 정부가 '마케팅 보드marketing board'를 통해 국내에서 생산
된 모든 커피와 카카오를 정해진 가격으로 수매했기 때문이다. 그런
데 국제 가격은 상승했지만 마케팅 보드 가격은 상승하지 않았다.
따라서 정부는 커피와 카카오를 저렴하게 구매해서 비싸게 파는 셈
이었고, 엄청난 시세 차익을 챙길 수 있었다. 1976~1980년까지 카
카오 재배 농민들은 세계 가격의 60%, 커피 재배 농민들은 세계 가
격의 50%만을 받고 생산물을 마케팅 보드에 넘겼다.[20] 정부는 이렇
게 확보한 수입을 흥청망청 지출했다. 심지어 1979년 커피와 카카오
의 국제 가격이 급락함에 따라 시세 차익이 완전히 사라진 후에도
정부의 낭비벽은 계속되었다.[21] 수입은 감소하는데 지출은 줄지 않
으니, 코트디부아르 정부의 예산 적자가 점점 커지기 시작했다.

정부는 신수도 건설 같은 프로젝트에 계속 과도한 지출을 했고,
국내 인플레이션이 해외 인플레이션보다 더 빠르게 상승하기 시작
했다. 이는 고정환율체제하에서 통화의 실질가치 상승을 가져왔다.
이 기간 동안 통화는 평균 75%나 과대평가되어 있었다. 통화의 과
대평가로 수입업자는 유리해지고 수출업자는 불리해졌다. 이 때문

---

20) 세계은행 1988c, vol2, 78쪽.
21) Chamley & Ghanem, 1994.

에 수출에 대한 강한 역유인이 발생하였고, 대외 적자가 더욱 증가했다. 낭비벽이 심한 정부로 인해 1979년 GDP 대비 60%였던 대외 채무가 1994년 부채 탕감이 시작되었을 때 GDP 대비 127%에 달해 채무 부담이 2배 이상 급증했다.

그런데 1979~1994년 사이 코트디부아르의 평균소득이 반으로 줄었다. 결국 차입된 자금이 전혀 생산적으로 사용되지 못한 것이다. 그 많은 대출과 채무 경감이 빈곤 퇴치의 명목으로 제공되었지만 코트디부아르에서 빈곤선 이하의 인구 비율은 1985년 11%에서 1995년 27%까지 증가했다.[22] 1994년 평가절하로 성장세가 어느 정도 회복되었지만, 이는 급격한 경기 후퇴 이후 너무도 길었던 과정이었다.

그렇다면 채무 부담이 2배로 증가할 정도로 무책임한 정책이 실행된 기간 동안 누가 코트디부아르에 대출을 제공했을까? 1988년 세계은행 보고서는 다음과 같이 지적하고 있다. "높은 수준의 외채도 안전할 수 있다는 의심스러운 가정이 맞다면, 1995년 GDP 대비 공공 부채의 비율은 130%까지 증가할 것이다."[23] 이 예측이 얼마나 실제 결과와 비슷했는지 주목하자. '의심스러운' 대출이 정말로 존재했다. 1979~1997년까지 코트디부아르에 제공된 신규 대출에서 세계은행과 IMF 대출은 평균 58%를 차지했다. 이 기간 동안 IMF는 8건, 세계은행은 12건의 구조조정 대출을 제공했다. 세계은행과 IMF 대출의 비율은 1979년 10%에서 1997년 76%로 급증했다.

세계은행이 코트디부아르에 제공한 대출의 성격에도 큰 변화가

---

22) IMF 1998, 29쪽.
23) 세계은행 1988c, 29쪽.

있었다. 비양허성 차관인 IBRD 대출이 양허성 차관인 IDA 대출로 대체된 것이다. 외국 원조에서 역유인 중 하나는 무책임한 정부일수록 더 유리한 대출 조건을 신청할 수 있는 자격이 생긴다는 것이다. 신규 대출의 나머지는 대부분 선진국 정부들이 담당했다. 특히 프랑스가 중요한 역할을 했는데, 프랑스 정부도 코트디부아르의 뒤늦은 평가절하의 책임에서 자유로울 수 없다. 반면에 민간 외채의 비율은 1979년 75%에서 1989년 거의 제로 퍼센트 수준으로 떨어졌다. 민간 대부자들은 1988년 세계은행 보고서가 발간되었을 때 코트디부아르에 제공되는 대출이 의심스럽다고 판단한 것이다. 그러나 공공 대부자들은 이 같은 상식을 갖고 있지 않았다.

1998년 3월, 세계은행과 IMF는 코트디부아르의 대 세계은행 및 IMF의 채무 일부를 탕감해 주는 새로운 부채 탕감 프로그램을 발표했다. 부채 탕감은 예산 적자 감축과 마케팅 보드 시스템 폐지 같은 몇 가지 조건에 연동되었다. 이와 동시에 1998년 3월 IMF는 코트디부아르에 신규 3년 만기 대출을 제공했으며, 세계은행 대출도 계속되었다. 1999년 코트디부아르의 신규 대출 총액은 약 6억 달러에 달했다.[24]

코트디부아르 정부는 처음 얼마 동안에는 핵심 조건을 만족시켰으나, 곧 상황이 나빠지기 시작했다. 1999년 IMF는 "1998년 프로그램의 성과가 뚜렷하지 않다."며 "프로그램의 실행에서 많은 어려움이 있었다."고 지적한다.[25] 1998년 통화는 여전히 35% 정도 과대평가되어 있었고, 코트디부아르는 세계에서 세 번째로 부패한 국가로

---

24) http://www.worldbank.org/afr/ci2.htm.
25) IMF 1999.

순위에 올랐다. 마침내 1999년 유럽연합은 코트디부아르에 대한 원조를 중단했다. 코트디부아르에서 원조금 횡령이 발생했기 때문이다. 원조금 횡령 방법도 뛰어난 상상력을 보여 주고 있다. "15달러짜리 청진기가 318달러짜리로, 40달러짜리 아기저울이 2,445달러짜리로 둔갑하는 등, 기본 의료 장비의 구매 영수증 조작이 광범위하게 벌어지고 있다."[26] IMF는 1999년 원조 프로그램을 중단하였다. 그리고 1999년 크리스마스 전야, 군사 쿠데타가 발생해 정부는 전복되고 말았다.

결론

우리는 고채무 빈곤국이든, 저개발 국가든 빈민의 삶의 개선을 위해 할 수 있는 모든 노력을 기울여야 한다. 과다 부채 때문에 빈민들에게 이익이 될 의료 서비스와 교육 서비스에 들어갈 돈이 다른 곳으로 지출되고 있다는 것도 틀린 말은 아닐 것이다. 부채 탕감을 주장하는 사람들은 천사들 쪽에 서 있는 것이다. 또는 적어도 보노, 사스, 달라이 라마, 교황의 편에 서 있는 것이다. 우리의 가슴은 부채를 탕감해 빈민을 도우라고 말한다.

그러나 안타깝게도 머리가 가슴의 말을 반대한다. 부채 탕감은 원조를 잘못 사용하는 데서 최고의 능력을 보여 준 수혜국들에게 원조를 제공하는 것이다. 수혜국 정부의 행동이 변하지 않는 한 채무 경감은 무용지물이다. 무책임한 정부의 잘못된 자금 관리로 인해 채무

---

26) Economist Intelligence Unit 1999.

경감의 혜택이 정말로 가난한 사람들에게까지 돌아오지 않을 것이다.

채무 경감 프로그램은 두 가지 조건을 충족시킬 때만 의미가 있다. 첫째, 무책임한 정부에서 좋은 정책을 실행하는 정부로의 변화가 있는 국가를 대상으로 제공된다. 둘째, 채무 경감은 한 번만 제공되어야 하며 반복될 수 없다. 이 두 조건이 만족되는 경우를 검토해보자.

과거 정부의 유산으로 높은 부채를 떠안은 현 정부가 진정으로 빈민들을 도우려고 노력한다면 부채를 탕감해 줄 수 있다. 즉 오직 행동 패턴에서 근본적인 변화를 보이는 정부에만 채무 경감을 받을 자격이 주어지는 것이다. 해당 국가가 그 같은 근본적인 변화를 달성했는지 평가하기 위해 국제 사회는 채무 경감을 제공하기 전에 설득력 있는 성과가 있는지 검토해야 한다. 1996년 HIPC 프로그램에는 이런 방향으로 나아가는 중요한 단계가 있었지만, 2000년 세계은행 IMF 연례회의에서 채무 경감 과정의 속도를 높이고 대상 국가도 확대하자는 제안이 제시됨에 따라 이 같은 단계는 약화되었다.

그래도 정부 행동의 변화가 없다면 공공 대부자들은 자금조달갭 메우기를 계속해서는 안 된다. 자금조달갭의 개념은 폐기되어야만 한다. 계속 대출을 받으려는 역유인을 창출하기 때문이다. 비록 빈민의 이름으로 대출을 제공하고 부채를 탕감해도, 국제 사회가 이같은 역유인을 창출한다면 빈민의 상황은 개선될 수 없다.

역유인 창출을 피하려면 채무 경감 프로그램이 앞으로 두 번 다시 부채 탕감이 제공되지 않을 것이라는 신뢰성 있는 정책을 수립해야 한다. 만약 이것이 문제가 된다면 채무 경감의 전체 아이디어가 문제가 된다. 수혜국 정부는 어차피 부채가 탕감될 거라고 기대하는 상황에서 계속 대출을 받으려는 강한 유인을 갖게 된다.

채무 경감 프로그램이 이 두 가지 조건 중 하나라도 만족시키지 못한다면 결국 좋은 정책을 실행하는 빈국보다 나쁜 정책을 실시하는 빈국에 더욱 많은 자원이 유입되는 결과를 낳는다. 왜 1997년의 상황처럼 고채무 빈곤국이 그보다 부채를 덜 진 국가보다 4배나 많은 원조를 받아야 하는가? 제공국들과 기관들이 앞으로도 무책임한 정부에 계속 유리한 프로그램을 제공할 것이라고 사람들이 기대한다면, 채무 경감은 사람들이(정부는) 유인 체계에 반응한다는 원칙을 어기고 있는 것이다. 따라서 부채 탕감은 성장을 위한 추구에서 더욱 실망스러운 치료책이 될 것이다.

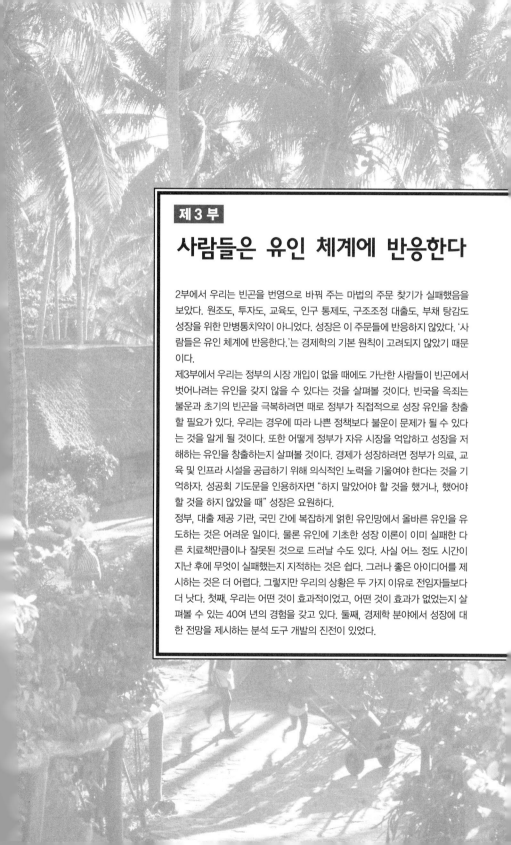

제 3 부

사람들은 유인 체계에 반응한다

2부에서 우리는 빈곤을 번영으로 바꿔 주는 마법의 주문 찾기가 실패했음을 보았다. 원조도, 투자도, 교육도, 인구 통제도, 구조조정 대출도, 부채 탕감도 성장을 위한 만병통치약이 아니었다. 성장은 이 주문들에 반응하지 않았다. '사람들은 유인 체계에 반응한다.'는 경제학의 기본 원칙이 고려되지 않았기 때문이다.

제3부에서 우리는 정부의 시장 개입이 없을 때에도 가난한 사람들이 빈곤에서 벗어나려는 유인을 갖지 않을 수 있다는 것을 살펴볼 것이다. 빈국을 옥죄는 불운과 초기의 빈곤을 극복하려면 때로 정부가 직접적으로 성장 유인을 창출할 필요가 있다. 우리는 경우에 따라 나쁜 정책보다 불운이 문제가 될 수 있다는 것을 알게 될 것이다. 또한 어떻게 정부가 자유 시장을 억압하고 성장을 저해하는 유인을 창출하는지 살펴볼 것이다. 경제가 성장하려면 정부가 의료, 교육 및 인프라 시설을 공급하기 위해 의식적인 노력을 기울여야 한다는 것을 기억하자. 성공회 기도문을 인용하자면 "하지 말았어야 할 것을 했거나, 했어야 할 것을 하지 않았을 때" 성장은 요원하다.

정부, 대출 제공 기관, 국민 간에 복잡하게 얽힌 유인망에서 올바른 유인을 유도하는 것은 어려운 일이다. 물론 유인에 기초한 성장 이론이 이미 실패한 다른 치료책만큼이나 잘못된 것으로 드러날 수도 있다. 사실 어느 정도 시간이 지난 후에 무엇이 실패했는지 지적하는 것은 쉽다. 그러나 좋은 아이디어를 제시하는 것은 더 어렵다. 그렇지만 우리의 상황은 두 가지 이유로 전임자들보다 더 낫다. 첫째, 우리는 어떤 것이 효과적이었고, 어떤 것이 효과가 없었는지 살펴볼 수 있는 40여 년의 경험을 갖고 있다. 둘째, 경제학 분야에서 성장에 대한 전망을 제시하는 분석 도구 개발의 진전이 있었다.

8장

수확체증 이야기

유출, 매치, 트랩

Them what's got shall get
And them what's not shall lose
So the Bible says
And it still is news

_빌리 할리데이, "God Bless the Child"

어떤 일이 미래에 고소득을 낳는다면 그 일을 하려는 강력한 유인이 존재한다. 무엇이 가난한 개인의 유인 체계에 충격을 줄 수 있을까? 만약 기술이 국가 간 소득 격차와 성장 격차의 가장 중요한 결정 요인이라면 왜 모든 빈국이 선진 기술의 도입 유인에 반응하지 않았던 것일까? 바로 수확체증의 법칙 때문이다. 즉 지식 누설, 기술 매치, 빈곤 트랩 때문이다.

누설, 매치, 트랩의 스토리를 따라가다 보면 경제학자들은 이상한 샛길을 걷게 된다. 어떻게 누룰 카데르Noorul Quader라는 방글라데시 기업가의 소규모 셔츠공장 투자가 미국의 섬유산업을 공포에 빠뜨릴 수 있었을까? 어떻게 챌린저호를 폭발시킨 불량 오링O-ring이 잠비아의 저발전과 관련이 있을 수 있을까? 어떻게 도시 빈민 지역의 형성이 에티오피아의 빈곤 문제와 상관이 있을 수 있을까? 어떻게 누설과 매치 때문에 빈국이 빈곤 트랩에 빠지게 되는 것일까?

우선 성장의 유인을 좀더 검토해 보자. 성장은 부유해지는 과정이며, 부유해지는 것은 오늘의 소비와 내일의 소비 간의 선택이다. 만약 내가 소비를 줄여 임금 소득의 상당 부분을 저축한다면 몇 년 후 나는 더 부유해질 것이다. 임금 소득뿐만 아니라 이자 소득까지 벌수 있기 때문이다. 그러나 내 임금 전부를 지출해 버린다면 나는 계속 임금 소득만을 벌 수 있을 뿐이다.

그러나 기존의 성장 이론에 따르면 경제 전체의 저축은 장기 성장에 영향을 미치지 않는다. 성장은 고정된 기술 진보율에 의해 결정된다. 수확체감의 법칙이 작동하기 때문에 경제 전체의 저축 증가는 경제가 기술 진보율에서 성장할 수 있는 수준까지 금리를 낮추고 이 수준에서 저축 총액이 결정된다. 따라서 장기 성장은 저축 유인과 상관없이 기술 진보율에서 결정될 것이다.

그러나 정말로 자본에 대한 수익이 체감하는가? 신성장 이론은 그렇지 않다고 주장한다.[1] 그런데 노동자의 수는 그대로 둔 채 기계의 수를 늘리면 분명히 기계로 인한 수익은 체감한다. 그렇다면 어떻게 그렇지 않을 수 있는가? 그것은 사람들이 기술 자본을 축적할 수 있기 때문이다. 즉 노동력을 절약하는 신기술에 대한 지식을 축적하기 때문이다.[2]

사실 기술 자본의 축적 가설은 솔로 모델의 기술 진보 가설과 비슷하다. 솔로 모델과 다른 점이 있다면 기술과 노동 생산성을 높이

---

1) 1991년 레벨로(Rebelo)의 AK 모형을 참조하라.
2) Romer 1986, 1990, 1992, 1993.

는 다른 모든 것이 '유인 체계에 반응하게끔' 만드는 것이다.

핵심 아이디어는 단순하다. 수확체감의 법칙이 작동하려면 솔로 모델의 노동력같이 특정한 생산요소의 공급이 고정되어야 한다. 그러나 이윤을 추구하는 기업가들은 고정된 노동이라는 제약을 우회할 수 있는 다른 방법을 모색할 것이다. 다시 말해 이들은 노동력을 절약하는 신기술을 추구할 것이다.

성장에 대한 유인 체계의 효과는 비경제적인 이유로 발생한 기술 진보가 장기 성장을 결정하는 솔로 모델과 비교했을 때 커다란 변화를 가져온다는 것이다. 유인이 변하면 장기 경제 성장률이 변할 수 있기 때문이다. 그러나 기술은 몇 가지 이상한 특징을 갖고 있다. 기술 지식은 한 사람에게서 다른 사람에게로 '유출'될 수 있다. 기술은 숙련된 개인들이 서로 '어울릴 때(매치)' 최고 수준에 도달한다. 저숙련 인구는 전체 과정에서 배제되고 '트랩'에 빠질 수 있다.

유출

1980년 4월, 방글라데시의 데시 의류 회사의 누룰 카데르는 첫 번째 자신의 신생 공장에서 셔츠가 생산되는 광경을 지켜보았다. 카데르가 데시 의류 회사를 세우기 전까지 방글라데시에는 의류 회사가 없었다. 1979년 방글라데시의 의류산업 노동자들은 단지 40명에 불과했다.[3]

카데르의 공장은 첫해인 1980년, 4만 3,000벌의 셔츠를 생산했

---

3) 1985년에 출판된 방글라데시 통계청의 1978~1979년 고용 현황.
4) Rhee & Belot 1990, 8쪽.

고,4 셔츠 1벌당 1.28달러를 받고 수출해서 총 5만 5,050달러의 수출 성과를 올렸다. 그러나 5만 5,050달러는 1980년 방글라데시 수출 총액의 1만분의 1보다도 적었다.

놀라운 일은 다음에 일어났다. 의도치 않았던 결과로 수확체감이 발생한 것이다. 누룰 카데르의 데시 공장 및 5만 5,050달러의 직접적인 결과로 방글라데시는 오늘날 거의 20억 달러에 해당하는 셔츠와 기성복을 수출하고 있다. 20억 달러는 방글라데시 수출 총액의 54%에 해당하는 액수이다.5

어떻게 카데르의 5만 5,050달러가 20억 달러로 변할 수 있었는지 살펴보려면 카데르의 공장이 건설되기 전 단계로 거슬러 올라가야 한다. 전직 정부 관료인 카데르는 국제 인맥이 두터웠다. 셔츠공장이 전무했던 방글라데시에 셔츠공장을 세우기까지 카데르에게는 한국의 대우그룹이라는 협력자가 있었다. 당시 메이저 섬유 회사였던 대우그룹은 미국과 유럽이 한국 섬유 제품에 수입쿼터제를 실시하자 새로운 기지를 찾고 있었다. 미국과 유럽의 수입쿼터는 방글라데시산産 제품에는 해당되지 않았고, 방글라데시에 섬유공장을 세울 경우 금지된 시장을 뚫고 들어갈 수 있는 한 방법이 될 수 있었다.

카데르의 데시 의류 회사와 대우그룹은 1979년 협력협정을 체결했다. 협력협정의 핵심 조항은 대우가 130명의 데시 노동자들을 한국에 보내 대우의 부산 공장에서 훈련시킨다는 내용이었다. 데시는 로열티와 판매가의 8%에 해당하는 판매커미션을 대우에 지불할 것이다.6

---

5) 세계은행 1996b, 14쪽.
6) Rhee & Belot 1990, 6~7쪽.

협력은 대성공이었다. 사실 대우그룹으로서는 너무 과한 성공이었다. 데시 회사의 경영진과 노동자들은 빠르게 배웠다. 그러자 카데르는 1981년 6월 30일 협력협정을 취소했다. 데시 회사의 셔츠 생산량은 1980년의 4만 3,000벌에서 1987년 230만 벌로 급증했다. 비록 대우그룹이 협력협정 때문에 손해를 입지는 않았지만, 대우의 초기 지식 투자의 이익은 대우가 예상했던 수준을 훨씬 초과하여 유출되었다.

그러나 심지어 데시 회사도 지식의 유출을 피할 수는 없었다. 대우에서 교육받은 130명의 노동자들 중 115명이 1980년대 데시를 떠나 스스로 의류 수출 회사를 세웠다.[7] 이들은 제품을 다변화하여 장갑, 코트, 바지까지 사업 영역을 넓혔다. 전前 데시 노동자들이 촉발시킨 이 같은 의류 회사들의 성장은 오늘날 방글라데시가 의류 판매로 20억 달러를 벌 수 있는 원동력이 되었다.

방글라데시 의류산업의 발전은 세계 무대에서도 주목을 받았다. 미국의 의류 제조 회사들이 국내 시장 보호를 요청할 정도였다. 미국의 의류 제조 회사들이 보기에 방글라데시는 몇몇 제품 라인의 경우 한국, 대만, 중국보다 더 위협적으로 느껴졌다.[8] 당시 미국 대통령은 자유 기업의 열렬한 신봉자인 레이건이었지만 미국 정부는 1985년부터 방글라데시 의류 제품을 수입쿼터에 추가했다. 방글라데시는 당황하지 않고 유럽으로 시장 다변화를 꾀하는 한편, 미국의 정책을 완화시키기 위해 성공적인 로비 활동을 벌였다. 오늘날 방글라데시의 의류산업은 여전히 세계 무역 정책의 영향을 많이 받고 있

---

7) Rhee & Belot 1990, 12쪽.
8) Rhee & Belot 1990, 17쪽.

지만, 어쨌든 계속 발전하고 있다.

어떻게 국가가 성공할 수 있는지 설교하려고 방글라데시의 예를 든 것이 아니다. 심지어 방글라데시가 어떻게 성공할 수 있는지 설교하려는 의도도 없다. 방글라데시 경제 전체를 명백한 성공 사례라고 볼 수는 없기 때문이다. 나는 그저 수확체증이 존재할 수 있다는 것을 보여 주고 싶었을 뿐이다.

방글라데시에서 의류산업이 탄생하게 된 이야기는 지식 투자가 원래의 투자가에게 머물러 있지 않는다는 원칙을 설명하고 있다.

지식 투자

경제학자 폴 로머는 지식은 의식적인 지식 투자를 통해 증가한다고 주장했다. 솔로는 기술 지식을 투자 수준과는 독립적인, 즉 주어진 것으로 간주했다. 솔로에게 지식은 기초 과학처럼 경제학과는 무관한 요소로부터 유래한다. 그러나 만약 지식이 높은 경제적 수익을 낳는다면 사람들은 지식을 축적함으로써 '지식'이라는 유인에 반응할 것이다.

데시 회사의 예는 지식 투자 그 자체를 보여 준다. 왜 협력 벤처에 대우가 참여한 것이 그렇게 가치가 있었던 것일까? 왜 방글라데시인들은 그전엔 스스로 셔츠를 만들지 않았던 것일까? 대답은 대우가 셔츠를 만들어 세계 시장에 판매하는 법을 배웠다는 것이다. 대우는 1967년에 세워진 회사이다. 따라서 대우 경영진과 노동자들은 의류 생산에 대한 새로운 지식을 창출할 수 있었다. 새로운 지식은 언젠가는 다른 사람들에게도 가치가 있을 지식이었다. 대우는 이 지식을 데시 노동자들에게 전수했다. 데시 노동자들은 한국 대우의 부산 공장에서 1979년 4월 1일부터 11월 30일까지 재단, 바느질, 마무리, 기계가공을 배웠다. 1967년 대우의 투자는 1979년 데시에 판매될 수 있는 지식을 창출했던 것이다.

지식 창출이 반드시 완전히 새로운 기술의 발명을 의미하지는 않는다. 의류 제조 기술의 일부는 아마 수세기 전부터 있었을 것이다. 현대적인 기술 아이디어들이 존재한다 해도 그것을 적용하는 사람만이 아이디어를 배울 수 있고 다른 사람들에게 가르칠 수 있는 것이다.

다시 방글라데시로 돌아가자. 대우와 데시가 대우의 방식을 방글라데시의 국내 상황에 맞게 수정함에 따라 지식 투자가 계속되었다. 넘어야 할 장애물은 방글라데시의 엄격한 보호무역주의 무역 시스템이었다. 만약 정부의 수입관세와 쿼터 때문에 직물 가격을 국제 가격의 몇 배나 지불해야 한다면 데시의 의류 제품은 세계 시장에서 경쟁력을 상실할 것이다. 그러나 방글라데시 정부는 데시와 기꺼이 딜을 할 의도가 있었다. 데시 같은 수출 회사에는 수입관세를 면제해 주는 특별 보세공장 제도가 그것이다. 한국에도 그 같은 시스템이 존재했기 때문에 대우는 특별 보세공장 제도의 상세한 내용을 잘 알고 있었다. 대우는 데시에 시스템을 이용하는 방법을 설명했고, 방글라데시 정부에는 특별 보세공장 제도를 효율적으로 관리하는 법을 조언했다.

대우와 데시는 또한 방글라데시 은행들을 상대로 백투백back-to-back 수입 신용장을 개설하는 방법을 설명했다. 이들은 엄격한 외환 관리 체제하에서 어떻게 정부로 하여금 백투백 신용장을 승인하게 할 수 있을 지 검토했다.

캘리포니아의 엠파이어 캐피털 그룹은 백투백 신용장을 다음과
같이 간단히 설명하고 있다.

중개인이 경쟁적 이유로 생산자와 구매자의 직접 접촉을 막고자 할
때, 동시에 각 계약 당사자에 대한 지불을 약속할 때 백투백 신용장을
개설할 수 있다. 백투백 신용장은 매우 단순한 방식으로 작동한다. 우선
원신용장이 우리가 수익자로 지정한 대부자에게 개설된다. 원신용장이
상환의 기본 원천이고 보통은 유일한 원천이다. 원신용장을 개설받은
대부자는 이제 당신이 지정한 수익자를 위해 2차 신용장을 개설한다. 2차
신용장의 지급 조항과 조건은 보통 원신용장의 조항 및 조건과 동일하
다. 그러나 백투백 신용장의 사용은 최소한의 성과 위험이 존재할 때
'조건의 차이'를 수용하는 것이다. 예를 들어 원신용장이 조립 가구의
대금을 지급하는 내용이라고 하자. 비용효율성 제고를 위해 대금 할인
이 필요할 수 있다. 이때 해법은 백투백 신용장이다. 일반적으로 대부자
들은 어떤 성과 위험도 수용하지 않는다.[9]

정말로 단순한(?) 설명이다. 이제 백투백 신용장 개설 때문에 왜
데시가 대우의 기술 지원을 필요로 했는지 알 수 있을 것이다!
　핵심 원칙은 역시 "지식이 유출된다."이다. 저비용으로 제품을 생
산하는 방법, 즉 부자가 되는 법 같은 유용한 지식은 비밀이 되기
어렵다. 사람들은 여러분이 하고 있는 것을 관찰하려는 강한 유인을
갖고 있다. 여러분과 일하는 사람들은 여러분을 떠나 여러분이 하고

---

9) http://www.empire-capital.com/maxpages/Back…to…Back…LCS.

있는 것을 하려는 강한 유인을 갖고 있다. 부자가 되기 위해서이다.

지식은 유출되기 쉬우며, 지식의 유출은 사회에 유익한 특별한 성질을 가진다. 기계 부품과는 달리 하나의 지식을 한 명 이상의 사람이 동시에 사용할 수 있다. 만약 100명의 데시 노동자들이 똑같은 기계를 사용하려고 한다면 데시 재봉기계 1대에 사람들이 몰릴 것이다. 동시에 100명이 똑같은 기계를 사용하는 일은 불가능하다. 그러나 100명의 방글라데시 제조업자가 백투백 신용장 개설이라는 추상적인 아이디어를 동시에 사용하는 일은 가능하다. 아이디어 그 자체는 몇 명이 사용하든 아무런 수적인 제약이 없다.

보완적인 지식

새로운 지식은 기존의 지식을 보완한다. 이것이 바로 지식의 두 번째 특징으로 지식 유출 이론에서 매우 중요하다. 즉 사회에 기존 지식이 많으면 많을수록 신지식은 그 사회에 더욱 가치가 있다. 이 같은 특징은 지식 투자의 수확이 체증한다는 것을 의미한다. 이는 매우 그럴듯한데, 대부분의 지식 이득이 점증漸增하기 때문이다. 우리는 마이크로소프트 윈도 최신 버전에 내재되어 있는 지식을 사용하는 일이 많다. 이렇게 윈도 최신 버전은 사용자가 많은 투자를 하지 않아도 생산성 도약을 제공한다. 이미 우리 사회가 윈도와 컴퓨터에 익숙하기 때문이다. 그러나 PC 혁명이 시작되기 전인 1970년대를 생각해 보라. 윈도 최신 버전의 수익은 PC도 없고 무지한 1970년대 사회에서는 아예 존재조차 불가능할 것이다.

수확체증은 매우 중요한 함의를 내포한다. 수확체증이라는 단어가 함축하듯이, 수확체증은 자본(지식 자본 포함)이 증가함에 따라 자본에 대한 수익이 증가한다는 것을 뜻한다. 즉 자본이 풍부한 곳에서 자본 수익도 높고, 자본이 희소한 곳에서 자본 수익도 낮다. 이는 자본이 희소할 때 자본 수익이 높다는 수확체감의 법칙과는 정반대이다.

어떻게 수확체감의 법칙을 극복하고 수확체증을 달성할 수 있을까? 3장에서 살펴본 것처럼, 한 사회가 주어진 노동력 수준에서 기계의 수를 늘린다면, 추가되는 기계 1대당 생산성이 점점 낮아지는 것은 엄연한 사실이다. 따라서 수확체증을 두고, 추가되는 재봉기계 1대의 가치가 기존의 재봉기계가 많으면 많을수록 증가하는 이상한 나라의 엘리스를 상상하는 것은 어리석은 일이다. 사실 노동자 1인이 사용할 수 있는 재봉기계가 많으면 얼마나 많겠는가?

그러나 지식은 다르다. 사회에 생산적인 아이디어가 많으면 많을수록 추가되는 각 아이디어의 생산성은 더욱 향상된다. 만약 이 같은 지식 투자가 모두에게 유출된다면, 이 새로운 지식은 경제 전반에 걸쳐 기존의 모든 지식과 기계의 생산성을 증가시킬 것이다. 그리고 이 같은 지식 창조와 유출이 강도 높게 이루어진다면, 이는 기계에 대한 수확체감이라는 보통의 과정을 압도할 것이다. 기존 지식이 많으면 많을수록 신지식의 수익도 높아진다. 신지식의 수익이 높아지면 높아질수록 지식 투자 유인은 더욱 강해진다.

우리는 이미 인적 자본과 물적 자본 플로가 선진국으로 집중되는 경향이 있음을 살펴보았다. 국가 간 지식 수준의 차이로 소득 격차가 설명될 수 있다면, 물적 자본과 인적 자본이 지식 경제 국가들로 집중되는 이유는 명백하다. 이들 국가에서 자본 수익률이 더 높을 것이기 때문이다.

수확체증은 방글라데시 의류산업에도 해당되는 것 같다. 데시 노동자들은 셔츠를 만들고, 수출하고, 특별 보세공장 제도를 이용하고, 백투백 신용장을 이용하는 방법에 대해 대우와 누룰 카데르가 창출한 유용한 지식을 주의 깊게 관찰했던 것이다. 이들은 나중에 데시를 떠나 자신의 의류 회사를 세울 때 이 지식을 활용했다. 1985년 방글라데시의 의류 회사의 수는 700개가 넘었다. 어마어마한 지식 유출이다.

　예로 1985년 1월 모하마디 어패럴이 창립되어 134대의 일제 재봉기계로 셔츠를 만들기 시작했다. 모하마디 어패럴이 구입한 기계는 아무도 동시에 사용할 수 없지만, 일제 기계를 구입한다는 아이디어는 700개의 다른 회사들이 사용할 수 있었다. 더구나 아이디어 자체는 데시에서 처음으로 생각한 것이다. 모하마디의 생산 책임자는 데시의 전 생산 책임자이고, 모하마디의 마케팅 책임자는 데시의 전 마케팅 책임자이며, 10명의 전 데시 노동자들은 모하마디에서 일하면서 모하마디의 노동자들을 교육시켰다. 창립 31개월 만에 모하마디는 500만 달러에 달하는 셔츠를 수출했다.

　그렇다고 카데르의 데시가 경쟁 회사들 때문에 어려움을 겪은 것은 아니다. 오히려 데시는 1987년까지 생산량이 41배나 증가했다. 방글라데시가 진출한 세계 의류 시장은 그야말로 커다란 바다였다.

　그러나 누룰 카데르가 우연히 방글라데시 의류산업을 탄생시킴으로써 국가 전체에 가져다 준 이익에 대해 완전히 보상을 받은 것은 아니다. 카데르의 초기 투자 수익은 대부분 사회의 수익이지 카데르의 사적인 수익이 아니었다. 잠시 후에 논하겠지만 사회 전체의 수익과 사적 수익을 구별하는 일은 매우 중요하다.

물적 자본 투자는 성장에서 그다지 중요한 결정 요인은 아니다. 마찬가지로 직접적인 지식 투자도 크게 중요한 요인은 아닐 것이다. 카데르는 대우에 로열티를 지불하고 지식을 획득했고, 이 지식은 다른 방글라데시 생산자들에게로 유출되었다.

카데르가 등장하기 전에 방글라데시 의류산업의 투자 수익은 매우 낮았다. 그러나 일단 카데르가 대우와 협력하여 지식을 창출하자 투자 수익이 높아졌다.

따라서 지식 유출은 수확체감에서 매우 중요하다. 만약 어떤 지식이 전혀 유출되지 않고 해당 지식에 투자한 사람이 유일한 수혜자라고 가정하자. 투자자가 점점 더 많은 개인 지식을 갖게 될수록 그의 수익은 다른 누구보다도 높을 것이며, 지식 투자가 계속되면서 그의 수익은 점점 더 높아질 것이다. 투자자는 이렇게 얻은 엄청난 이윤을 자신의 기업에 재투자할 것이고, 심지어 다른 사람의 투자를 유치할 수도 있을 것이다. 이 투자자는 그 누구보다도 높은 수익을 제공하기 때문이다. 이런 식으로 투자자는 계속 성장하겠지만 다른 사람은 성장하지 못할 것이다. 결국 이 투자자가 경제 전체를 장악하게 될 것이다. 우선 산업을 장악하고, 다음엔 국가를, 그다음엔 세계를 지배하게 될 것이다.

그러나 한 기업이 세계를 지배하는 성장 이론은 매력적이지 않으며, 몇몇 사람들이 시도한 바는 있지만, 어쨌든 그런 일은 일어난 적도 없다. 이론을 합리적으로 만들 수 있는 뭔가가 더 필요하다. 그 뭔가는 바로 '지식 유출'이다. 지식 유출은 사적 수익과 사회적 수익의 구별을 만든다. 지식 유출 때문에 사회적 수익은 체증하지만, 사적 수익은 체증하지 않는다. 사회는 지식 투자를 통해 이익을 얻지만, 개인은 자신이 창출한 지식의 이익을 완전히 누리지 못한다. 이는 지식이 사회적으로 유익할지라도, 시장의 지식 창출 유인은 강하지 않을 수 있음을 의미한다. 결국 자유 시장은 최고의 결과를 낳지 않을 것이다. 지식 투자 수익이 사회와 개인 간에 다르기 때문이다.

순환

지식 유출은 선순환virtuous circle과 악순환vicious circle을 초래한다. 예로 어떤 경제에서 소수의 개인들이 대규모 투자를 통해 지식을 창출했다고 가정하자. 이렇게 창출된 지식은 다른 사람들에게 유출된다. 이들에게 돌아오는 지식 투자 수익은 매우 높다. 이를 보고 또 다른 사람들이 지식에 투자한다. 지식은 더욱 증가하고 다시 다른 사람들에게 유출된다. 그러면 또다시 다른 사람들이 지식에 투자하고, 이를 통해 지식은 증가하고, 이 지식은 다른 사람들에게 유출된다. 이런 식으로 과정이 계속된다.

초기 투자가 미래의 투자와 성장을 추동하는 선순환을 낳은 것이다. 데시의 예는 선순환을 설명하기에 적합한 예인 것 같다. 카데르가 지식 투자를 처음 시작했고, 다른 사람들은 더 많은 지식 창출에 투자했으며, 이를 통해 지식 투자의 수익은 더욱 증가했다.

그러나 항상 선순환이 발생하는 것은 아니다. 선순환이 아니라 악순환을 겪고 있는 국가들도 있다. 투자에서 중요한 것은 투자자들이 요구하는 최소 수익률, 즉 할인율이다. 선순환에는 최소 수익률이 분명히 존재할 것이다. 예로 최소 수익률이 보장되지 않는다면 방글라데시 투자자들은 현재 소비를 어느 정도 포기하고 의류산업에 투자하려고 하지 않을 것이다. 그렇다면 기계와 지식이 모두 부족한 상태에서 출발하는 국가에서는 어떤 일이 일어날까?

신지식의 수익률은 기존 지식이 얼마나 존재하느냐에 달려 있다. 또 지식이 얼마나 존재하느냐는 지식 투자 유인에 달려 있다. 만약 시작 단계에서 지식이 거의 없다면 수익률도 매우 낮을 것이다. 만약 이 수익률이 최소 수익률, 즉 할인율 아래로 떨어진다면 신지식에 대한 투자는 아예 없을 것이다. 만약 오늘 지식 투자가 없다면 내일도 지식 수준은 낮을 것이며, 수익률도 낮을 것이다. 따라서 내일도 지식 투자는 없다. 모레도 마찬가지다. 내일 지식 투자가 없으니 모레의 지식 수준도 낮을 것이다. 즉 이 국가는 선순환이 아니라 악순환에 빠진 것이다. 악순환에 빠진 빈국은 헤어나오기 힘든 트랩에 빠진 것이다.

왜 초기에 지식 수준이 그토록 낮았는지는 중요치 않다. 최근에 갑작스런 불운이 닥쳤거나, 과거의 불운이 누적되었거나, 어쨌든 상관없다. 아마 방글라데시는 1970년대 초 끔찍했던 독립 전쟁의 와중에 의류 생산의 지식을 잃어버렸을 수도 있다. 또는 독립 정부의 초기 사회주의 정책으로 인해 의류산업이 붕괴되었을 수도 있다. 아니면 아예 처음부터 의류산업 자체가 존재하지 않았을 수도 있다.

무엇이 초기 지식 투자를 통해 악순환에서 빠져 나와 선순환으로 들어가게 해주는지도 중요치 않다. 대우가 미국의 셔츠시장에 진입할 수 없게 되자 활로를 모색할 목적으로 셔츠 생산이 거의 전무한 방글라데시 같은 국가에 기지를 세울 필요가 있었다는 것이 데시로서는 행운이었다. 방글라데시 정부가 수출업자들에게 수입관세를 면제해 준 것도 새로운 투자의 수익률을 높였을 것이다. 또한 초기 투자와 정부 정책의 변화가 투자 수익률을 할인율 이상으로 높였을 것이고, 그렇게 의류산업이 성장했으리라고 추측할 수 있다.

그래도 여전히 풀리지 않는 의문이 남는다. 선순환이 그렇게 좋은 것이라면, 왜 선순환이 항상 발생하는 것은 아닐까? 모두가 선순환을 원할 텐데 왜 모두가 카데르처럼 행동하지는 않았을까? 이 지점에서 사적 수익과 사회적 수익의 구별이 중요하다. 한 명의 개인은, 심지어 누룰 카데르 같은 사람조차, 혼자서는 행운을 만들 수 없다. 개인 혼자서는 선순환을 시작할 수 없다.

개인이 사회적으로 기여하고도 보상을 받지 못한다는 것도 문제가 된다. 개인이 지식에 투자할 때 그는 모두가 이용할 수 있는 지식의 스톡을 증가시키는 것이다. 그러나 그는 자신이 한 일에 대한 보상을 받지 못한다. 따라서 사회적 지식에 투자하고자 하는 유인이 약할 수밖에 없다.

또 다른 문제는 개인의 투자 수익이 단지 자신의 투자뿐만 아니라 모든 사람의 지식 투자에 달려 있다는 것이다. 즉 지식 투자 수익률은 사회의 지식 총량에 달려 있다. 만약 수익률이 할인율 아래로 떨어진다면 개인 1인의 투자가 산업 전체나 경제 전체를 도약 지점 위로 끌어올릴 수는 없다. 다른 사람들은 그 개인의 투자 수익률이 할인율에도 미치지 못하는 것을 보고 지식 투자를 하지 않을 것이다. 결국 아무도 지식 투자를 하지 않을 것이고, 누가 투자하든 수익률은 할인율에도 미치지 못할 것이다.

누룰 카데르는 대우에서 배운 지식을 통해 이익을 얻을 수 있었다. 그러나 카데르도 자신이 모두에게 가져다 준 이익에 대해 완전히 보상을 받지는 못했다. 심지어 대우는 그보다도 못했다. 그럼에도 적어도 초기에는 국제 무역의 제약에서 탈출구를 찾아야 하는 필요성과 방글라데시 정부의 수입관세 면제라는 우연한 조합은 대우와 카데르의 협력 벤처를 가치 있게 만들었다. 방글라데시의 의류산업이 엄청난 행운의 덕을 봤다는 사실은 빈국이 이 같은 선순환을 찾는 일이 얼마나 어려운지 잘 보여 준다.

자유 시장이 반드시 성장을 추동하는 것은 아니다. 지식이 유출되기 때문이다. 따라서 자유 방임 정책은 경제 전체를, 또는 그 중 일부를 악순환에 빠뜨릴 수도 있다. 선순환에 들어가기 위해 정부가 지식 창출에 의식적으로 개입해야 할 수도 있다. 지식이 유출된다는 원칙은 시장이 어떻게 선이나 악을 위해 작동하는가에 대한 우리의 관점을 근본적으로 변화시킨다. 지식 투자의 선순환을 위해 시장에는 정부의 개입이 필요하다.

매치

1986년 1월 28일 챌린저호 폭발과 잠비아의 빈곤이 무슨 상관이 있을까? "전혀"라는 대답이 아마 대부분일 것이다. 그러나 두 사건은 수확체감의 메타포, 특히 본질적으로 '매치' 원칙이라는 동일한 원칙을 보여 주는 메타포이다.

챌린저호가 발사 73초 만에 폭발한 이유는 불량 부품 때문이었다. 챌린저호의 우측 보조 추진로켓에 들어 있는 오링이라는 고무패킹이 불량이었던 것이다.[10] 챌린저호의 오링을 담당했던 사람들의 치명적 실수 때문에, 챌린저호의 나머지 전 부분에 들어간 수십억 달러가

---

10) 오링 메타포와 관련된 이론은 Kremer 1993a를 참조하라. 챌린저호 정보는 http://www.ksc.nasa.gov/shuttle/missions/51-1/mission-51-1.html.

결국 사람을 죽이는 무기에 사용된 것이다.

챌린저호 메타포는 단지 우주선뿐만 아니라 수많은 상품에 적용된다. 생산은 보통 일련의 작업으로 구성된다. 예로 한 상품이 생산되는 조립라인을 생각해 보자. 이 조립라인에서 각 노동자는 차례로 하나의 상품에 대해 일을 한다. 각 노동자의 노력의 가치는 다른 모든 노동자들의 노력의 질에 달려 있다. 극단적으로 말해서 만약 한 노동자가 치명적인 실수를 한다면 다른 모든 노동자들의 작업도 무가치해지는 것이다. 이는 동일한 조립라인에 서로 잘 매치되는 최고에서 노동자들을 배치하려는 강한 유인을 창출한다. 조립라인에서 뛰어난 노동자들은 다른 뛰어난 노동자들과 일하고 싶어한다. 그들의 뛰어난 스킬 덕분에 보수도 높아지기 때문이다.

보완

불량 오링의 예에서 한 명의 숙련 노동자는 다른 숙련 노동자를 보완한다. 노동자로서 나의 생산성이 높을수록 내 동료들의 기술 수준도 높아진다. 이것이 기본적인 수확체증의 법칙이다. 사회의 평균 숙련도가 높으면 높을수록 개인의 숙련도에 대한 보수가 증가한다. 매치 이론의 특징은 숙련에 대한 수확체증을 다루고 있다는 것이다.

이에 대해 수확체감의 법칙은 정반대로 말할 것이다. 수확체감의 법칙하에서 한 명의 숙련 노동자는 다른 숙련 노동자를 대체한다. 만약 내가 숙련도가 높은 노동자라면, 다른 숙련 노동자의 고용 가능성으로 인해 나의 숙련 노동은 더 흔해지고, 덜 가치 있게 된다.

수확체감 대 수확체증은 여러분과 비슷한 숙련도의 직원이 여러분의 사무실에서 일하게 될 때 여러분이 느끼는 이중적인 감정을 설명해 준다. 한편으로 사무실의 모두가 여러분의 가치를 좀더 낮게 평가할 것이다. 여러분을 대체할 수 있는 누군가가 존재하기 때문이다. 이것이 수확체감의 법칙이다. 다른 한편으로 여러분의 생산성이 향상될 것이다. 여러분은 이제 여러분과 비슷한 동료와 이야기를 나눌 수 있기 때문이다. 이것이 수확체증의 법칙이다. 새로운 직원이 출현하여 여러분이 얻을 것이 많을지 잃을 것이 많을지는 여러분과 새로운 동료가 서로를 대체하느냐, 아니면 서로를 보완하느냐에 달려 있다. 나는 숙련도 면에서 나와 비슷한 동료들과 일하는 것을 선호한다. 내 사무실의 동료들이 서로를 보완하고 따라서 우리 모두 숙련 노동에 대한 수확체증의 혜택을 받을 수 있기 때문이다.

가장 뛰어난 변호사들이 뉴멕시코가 아니라 뉴욕에 살고 있는 이유도 이와 관련이 있다. 만약 숙련 노동자들이 원하는 곳 어디라도 자유롭게 이동할 수 있다면, 이들은 다른 많은 숙련 노동자들과 어울릴 수 있는 곳에 모여 살게 될 것이다. 결국 특정 지역에 고숙련 인구가 집중되고, 그 주위에 저숙련 인구가 넓게 분포하는 형태가 될 것이다.

보완의 증거

이는 인구 밀집, 범죄, 곳곳에 보이는 캘빈클레인 대형 광고판에도 불구하고 대도시로 인구가 몰리는 현상을 설명해 준다. 도시는 고숙련 인구가 어울리는 곳이다. 미국에서 대도시 지역에 속하는 카운티의 1인당 소득은 농촌 지역 카운티보다 32% 더 높다. 부동산 가격이 농촌보다 대도시에서 더 비싼 이유도 이 때문이다. 가장 부유한 뉴욕의 주택 가격의 중앙값은 가장 가난한 농촌 카운티인 텍사스의 스타카운티의 22배이다.[11] 시카고 대학의 로버트 루카스의 말을 빌리자면 "다른 사람들과 가까이 살기 위해서가 아니라면 왜 맨해튼과 시카고 시내에서 비싼 집세를 내겠는가?"[12]

미국의 도시 간 집세와 임금을 검토해도 비슷한 결론을 유추할 수 있다. 한 연구에 따르면 인구의 숙련도가 평균적으로 더 높은 도시에서 기술과 교육 수준이 동일한 개인의 임금이 더 높다. 즉 인적 자본이 낮은 도시에서 인적 자본이 높은 도시로 이주하면 더 높은 임금을 받을 수 있다는 것이다. 달리 말해 학교 교육 수준이 동일할 경우, 숙련도가 높은 사람들과 일하거나 같이 살수록 개인이 더욱 생산적이라는, 따라서 더 많은 보수를 받는다는 것이다.

고숙련 인구가 거주하는 도시는 동일한 유형의 주택과 지역 편의 시설에 대해 평균 임대료가 더 높다. 이 연구에 따르면 사람들이 고숙련 인구와 가까이 거주하고 일할 수 있는 기회의 대가로 더 많이 지불하기 때문에 임대료가 높은 것이다.[13]

방글라데시의 지방을 연구한 세계은행 연구도 유사한 결론을 도출하고 있다. 방글라데시에서 탕가일Tangail/자말푸르Jamalpur 지역의 가계 실질소비는 수도인 다카Dhaka에 거주하는 동일 숙련도의 가계보다 47%나 낮다. 따라서 탕가일/자말푸르에서 다카로 이주한 방글라데시 여성의 삶의 질은 더욱 높아질 것이다.

미국의 이민자 그룹들을 조사한 한 연구도 비슷한 결과를 제시한다. 이 연구에 따르면 미국 이민자 그룹은 그룹 외부의 사람보다 해

---

11) 가장 부유한 카운티와 가장 가난한 카운티 순위는 U.S. Census Bureau and County Databook.
12) Lucas 1988, 39쪽.
13) Rauch 1993.

당 그룹에 속하는 사람과 더욱 잘 매치되는 경향이 있다. 즉 평균 임금이 높은 이민자 그룹에 속하는 개인은 평균 임금이 낮은 이민자 그룹에 속하는 사람보다 더 높은 임금을 받을 가능성이 크다는 것이다. 여러분은 내가 동어반복적인 이야기를 하고 있다고 생각할 수도 있지만 그렇지 않다. 개인은 이민자 그룹 평균에 영향을 주기에는 너무 작다. 만약 매치의 이익이 전혀 없다면, 개인의 임금이 오직 그 사람의 숙련도에 따라 결정되어야 할 것이다. 그러나 실제로 개인의 임금은 그가 속한 그룹의 임금에 영향을 받는다. 이는 숙련도가 높은 사람들과 어울릴 수 있는 기회가 개인 자신의 숙련도만큼이나 중요하다는 것을 암시한다.

그렇다면 숙련 노동자들이 국가 간 경계를 넘어 이동할 수 있다면 어떤 일이 발생할 것인가? 빈국의 숙련 노동자들이 부국으로 이동하는 두뇌유출도 매칭 이론으로 설명될 수 있다. 모로코의 유명 쉐프는 자국보다 프랑스에서 더 숙련된 레스토랑 종사자들과 일할 수 있고, 따라서 프랑스에서 더 많은 돈을 벌 수 있다는 것을 안다. 인도의 외과의사가 더 숙련된 간호사, 마취의사, 방사선과 의사, 의료 기술자, 경리, 접수원과 일할 수 있다면 더 많은 보수를 받을 것이다. 따라서 인도의 외과의사는 다른 고숙련 인구를 찾을 수 있는 미국으로 이주하기를 원할 것이다.

수확체감 모델에서는 저숙련 노동 인구가 자본이 풍부한 부국으로의 이주를 원하며, 숙련 노동 인구는 숙련노동이 희소한 빈국에 머물러 있기를 원한다. 그러나 매칭 이론에 따르면 빈국의 숙련 노동 인구는 부국으로의 이주를 원한다. 부국에서 다른 숙련 인구와 어울릴 수 있기 때문이다. 사실 우리가 살펴본 것처럼, 교육 수준이

높은 인도인은 그렇지 못한 인도인보다 14배나 더 미국으로 이주하는 경향이 높았다.[14]

금융 자본 플로가 선진국에 집중되는 현상도 수확체증의 법칙으로 설명될 수 있다. 즉 자본이 이미 풍부한 곳에서 자본 수익률도 높기 때문이다. 3장에서 본 것처럼, 민간 자본 플로의 88%가 세계에서 가장 부유한 상위 20% 인구에게 집중되고 있으며, 가장 가난한 하위 20%의 인구에게 유입되는 민간 자본 플로는 단지 1%에 불과하다.

물론 국가 간 이동에는 이민 제약이 존재한다. 따라서 해외로 이주할 수 없는 숙련 노동자가 숙련 수준이 높은 국가와 그렇지 못한 국가에서 받는 임금 차이를 검토해 보는 것이 더욱 유익할 것이다. 국가 간 숙련 노동 임금의 엄청난 차이는 매칭 이론과 부합된다. 4장에서 본 것처럼 1994년 봄베이의 엔지니어 연봉은 6,000달러였던 반면에 뉴욕의 엔지니어 연봉은 5만 5,000달러였다.[15]

그러나 매칭 이론은 한 가지 기본적인 질문을 교묘히 피해 간다. 애초에 빈국의 노동자들의 숙련도가 부국의 노동자들보다 낮은 이유가 무엇일까?

부동산과 매칭

수확체증의 법칙에 따르면 사회의 평균 지식 자본이 높을 때 개인 투자의 수익도 높아진다. 이것이 매칭 게임의 특징인가? 물론이다.

일상생활에서 볼 수 있는 매칭 게임의 명확한 예로 부동산 투자를

---

14) Grubel & Scott 1977.
15) 세계은행, 〈세계 개발 보고서〉, 1995, 11쪽.

들 수 있다. 땅값이 싼 도시 변두리 지역에 아름다운 저택을 짓지는 않는다. 또한 변두리 지역에서 부자가 된 사람들도 변두리에 머물러 있기보다는 다른 곳으로 이사를 한다. 부동산 게임은 강력한 매칭 유인을 창출한다. 아름다운 저택의 가치는 주변의 가난한 주민들의 낮은 주택 가치 때문에 떨어질 것이다. 이는 높은 범죄율, 열악한 학교 수준 같은 부정적인 근린효과neighborhood effect를 반영한다. 이 같은 근린효과는 강력한 매칭 유인을 창출한다. 주변에 들어선 새 집은 보통 기존의 집들과 비슷한 종류, 비슷한 가치의 집이다.

자기 개발에 대해서도 유인과 역유인을 살펴볼 수 있다. 예로 내 이웃들이 외관을 유지하는 데는 별로 관심이 없다고 가정하자. 이웃의 앞마당에는 녹슬어 가는 오래된 포드가 있고, 이웃집의 벽은 페인트가 벗겨지고 엉망이다. 대부분의 주택 구매자들은 내 이웃의 취향을 좋아하지 않을 것이다. 따라서 주변의 주택들이 내 집의 가치를 낮추는 것이다. 더불어 내 집을 유지보수하려는 나의 유인도 낮아진다.

마찬가지로 부동산에도 선순환과 악순환이 존재한다. 열악한 지역은 계속 열악한 채로 남아 있다. 누구도 집을 수리하려고 하지 않는다. 그럴 가치가 없기 때문이다. 부동산 가격이 높은 지역은 계속 부동산 가격이 높다. 왜냐하면 그 지역에 사는 누구도 주택 가격이 떨어지게 둘 수 없기 때문이다.

기술 향상과 매칭

이제 국가 간 숙련 수준이라는 좀더 심각한 주제를 논해 보자. 국가 차원의 매칭 게임에서 자신의 숙련도를 업그레이드하는 사람들은 근린 부동산 게임에서 자신의 집을 업그레이드하는 소유주와 같다. 만약 이웃들(동료 노동자들)의 주택(숙련) 수준이 높으면 더 가치가 있다.

인구의 숙련도가 낮은 한 국가가 가난한 상태에서 출발한다고 가정하자. X라는 여성은 의사가 되기 위해 필요한 희생을 할 것인지 말 것인지를 결정해야 한다. 만약 이 여성이 의대에 진학하고자 한다면 그녀는 당장에 찾을 수 있는 비숙련 노동을 포기해야만 한다. 그녀가 의대에 다니는 동안은 나이 드신 부모님이나 어린 동생들을 돌볼 수도 없다. 그러나 그녀가 의사가 된 후에는 지금보다 훨씬 더 많은 돈을 벌 수 있다. 비록 부모님과 동생들이 몇 년은 고생하겠지만 그녀가 의사가 되면 그들을 훨씬 더 잘 돌볼 수 있을 것이다. 그렇지만 의사가 된 다음에 그녀의 수입이 과연 얼마나 많이 증가할 것인가?

이제 다시 출발점으로 돌아간다. 그녀의 수입이 얼마나 증가할 것인지는 그녀가 간호사, 약사, 경리 같은 다른 숙련 노동자들과 얼마나 성공적으로 매치가 가능하느냐에 달려 있다. 유익한 매치의 가능성은 다른 사람들이 얼마나 교육을 많이 받았느냐에 달려 있다. 즉 스킬을 획득한 이후 그녀가 부딪힌 문제는 유사한 숙련 수준의 사람들을 찾는 일이다.

이 여성은 사전에 일군의 사람들과 협력해서 의대 졸업 후 이 사람들과 매치가 가능하도록 시도해 볼 수도 있을 것이다. 그러나 이를 위해 그녀는 자신이 다른 사람들에 대해 현실적으로 알 수 있는 것보다 너무 많은 것을 알아야 할 것이며, 강제가 불가능한 구속력 있는 협정을 맺어야 할 것이다. 아마도 그녀가 할 수 있는 최선은 그녀가 선택할 미래 활동 영역에서 평균적으로 얼마나 많은 사람들이 교육을 받고 있는지 확인하는 것일 거다. 그녀는 기껏해야 국가 평균 교육 성취도 같은 몇 가지 광범위한 정보만을 얻을 것이다. 만약 교육 수준이 높은 사람들이 많다면 그녀가 다른 숙련 인구와 매치할 수 있는 기회도 더욱 커질 것이다. 이미 숙련된 간호사, 약사, 경리 등이 많이 존재하는 국가에서 의대에 가는 일은 가치가 있다. 반대로 그런 숙련 노동자들이 귀한 곳에서는 의대 진학은 별 가치가 없다.

이제 그녀는 다음과 같이 결론을 내린다. 만약 평균 국가 숙련 수준이 이미 높다면 의대에 진학한다. 반대의 경우라면 의대 진학을 포기한다. 그녀가 결정 내리는 규칙은 그녀의 처지에서는 상식적인 규칙이지만 국가 전체로 볼 때는 치명적이다. 평균 숙련 수준이 낮은 국가는 계속 그 상태로 머물러 있을 것이다. 어떤 개인도 학교에 가는 것을 가치 있다고 여기지 않기 때문이다.

그 국가에서 스킬이 지식의 일반 수준에 보완적이라면 상황은 더욱 나빠진다. 지식 수준이 낮은 국가에서 교육받은 사람은 지식 수준이 높은 국가에서 교육받은 사람들만큼 이득을 보지 못한다. 지식 유출이 존재해도, 유출될 지식이 별로 없다면 교육을 받을 가치도 낮다. 심지어 사람들이 학교에 간다고 해도 그 국가는 계속 가난한 상태로 머물러 있을 것이다. 4장에서 살펴본 것처럼 빈국의 교육 확대는 경제 성장에는 별다른 영향을 미치지 못했다.

수확체감의 다른 원리와 마찬가지로 매칭 원리에 따르면, 빈국이 가난한 이유는 가난한 상태에서 출발했기 때문일 가능성이 높다. 교육의 악순환이 존재하는 것이다. 만약 한 국가가 숙련도가 높은 수준에서 출발한다면 그 국가의 숙련도는 더욱 높아질 것이다. 반대로 숙련도가 낮은 상태에서 출발한다면 그 국가의 숙련도는 계속 낮을 것이다. 이 같은 세계관에서는 숙련도의 높고 낮음은 전혀 선천적이지 않다. 이는 개인의 장점이나 단점을 반영하지 않는다. 그저 그 국가의 출발 지점을 반영할 뿐이다.

나무꾼, 물지게꾼

국제 분업의 패턴도 마찬가지이다. 가난하고 숙련도가 낮은 국가는 원자재를 생산할 것이다. 부유하고 숙련도가 높은 국가들은 소비재 같은 2차 상품 또는 3차 상품을 생산할 것이다.

만약 여러분이 저숙련 노동력 풀을 갖고 있는 비즈니스맨이며, 무엇을 생산할지 결정해야 한다고 가정하자. 저숙련 노동자들의 특징은 실수를 할 가능성이 높다는 것이며, 따라서 작업 중인 상품을 망칠 가능성이 높다는 것이다. 그렇다면 예로 아마로 만드는 고급 리넨 제품처럼 이미 비싼 가공 과정을 많이 거친 제품을 주고 일을 시키는 게 나을까, 아니면 아마 재배 같은 가공 처리를 거의 하지 않은 제품에 작업을 시키는 것이 나을까? 만약 저숙련 노동자들이 제품을 망칠 확률이 두 경우 모두 동일하다면, 가공 처리를 하지 않은 값싼 제품인 아마를 망치는 것이 이미 여러 가공 과정을 거친 비싼 제품인 리넨을 망치는 것보다 나을 것이다.

실제로도 숙련도가 낮은 빈국은 상대적으로 더 많은 원자재를 생산하고, 숙련도가 높은 부국은 상대적으로 제조업 상품을 많이 생산한다. 경제학자들은 농업에 특화하느냐, 제조업에 특화하느냐는 누가 더 나은 경작지를 갖고 있느냐, 누가 제조업에 적합한 부지를 갖고 있느냐 같은 비교우위를 반영한다고 생각한다. 그러나 기술 획득 이론이 현실을 더 잘 설명한다.

미국의 농업 우위는 전설적이지만 경제 전체에서 농업이 차지하는 비중은 2%에 불과하다.16 에티오피아는 산악 지대, 잦은 가뭄, 소떼를 죽이는 파리 때문에 거의 달 표면만큼이나 농업에 맞지 않지만 농업의 비중이 57%에 달한다.17 농업과 제조업의 비교우위는 그 자체로 만들어진 것이다.

트랩

국가 간 소득 격차는 매칭 이론으로 설명될 수 있다. 전체 노동자들의 숙련도가 높은 국가에서는 전체 노동자들의 숙련도가 낮은 국가보다 평균 임금이 높을 것이다. 소득 격차는 개별 노동자들의 숙련도 차이보다 더욱 클 수 있다. 부국에서 숙련 노동자들은 서로서로 생산성을 높여 준다. 빈국에서 저숙련 노동자들은 서로서로의 생산성을 떨어뜨린다. 설상가상으로 빈국의 숙련 인구는 부국으로 이주하려고 할 것이다. 매칭 이론에 따르면 교육 수준의 차이가 40배보다 훨씬 적어도, 국가 간 소득 격차는 40배나 될 수 있다. 또한 매칭 이론은 국가 간 소득 격차가 왜 그렇게 지속적인지 설명할 수 있다. 빈국에서 개인의 유인은 약하지만 부국에서 개인은 강한 유인을 갖고 있다.

인종 간 교육 수준과 소득 격차도 매칭 이론으로 설명될 수 있다.

---

16) Statistical Abstract of the United States, 1995,
17) 세계은행, 〈세계 개발 보고서〉, 1996, 210쪽(1994년 데이터).

예로 자색 인종과 녹색 인종, 두 인종으로 구성된 사회를 가정하자. 이 사회에서 몇 가지 알 수 없는 역사적 이유 때문에—아마도 그 옛날 녹색 인종이 자색 인종의 노예였을 수도 있다—자색 인종은 높은 교육 수준에서, 녹색 인종은 낮은 교육 수준에서 출발했다. 그런데 두 인종 간에는 법적인 분리 정책이 가로막아 자색 인종은 자색 인종끼리, 녹색 인종은 녹색 인종끼리만 일한다고 가정하자. 이 경우 녹색 인종의 교육 유인은 약할 것이다. 교육 수준이 높은 녹색 인종이 유사한 숙련도의 다른 녹색 인종을 찾을 수 있는 확률이 낮기 때문이다. 만약 자신과 매치될 수 있는 사람이 아무도 없다면 기술 획득에 대한 보수도 낮을 것이다. 모든 녹색 인종이 이 같은 계산을 할 것이고, 결국 새로운 기술을 습득하지 않을 것이다. 따라서 숙련도가 높은 녹색 인종이 별로 없을 것이라는 예측이 현실화된다.

그러나 심지어 법적인 분리 장벽이 존재하지 않더라도 녹색 인종은 여전히 낮은 교육 수준에 머물러 있을 것이다. 이 사회에서 고용주들은 거의 대부분이 자색 인종이다. 자색 인종이 숙련 수준이 높기 때문이다. 그런데 고용주들은 역사적으로 녹색 인종의 숙련 수준이 낮다는 것을 알고 있다. 고용주가 각 개인의 숙련 수준을 파악하는 데 어려움을 겪는다고 가정하자. 만약 다른 정보가 없다면 나태한 자색 인종 고용주들은 녹색 인종의 숙련 수준은 낮고, 자색 인종의 숙련 수준은 높다고 가정할 것이다. 따라서 고숙련 노동자들을 찾는 고숙련 자색 인종 고용주들은 언제나 자색 인종들만 고용할 것이다. 설령 일부 녹색 인종이 교육을 받는다 해도, 어쨌건 고용주들은 그가 교육 수준이 낮을 것이라고 가정할 것이기 때문에 하나도 좋을 게 없다. 따라서 녹색 인종은 교육을 받지 않을 것이고, 그렇게

고용주들의 예상은 맞아떨어지게 될 것이다.[18]

자색 인종과 녹색 인종의 예는 미국에서 흑백 간 소득 격차를 설명해 주는 예이기도 하다. 흑인의 소득은 백인의 소득보다 41%나 적다. 그런데 미국에서 흑백 차이가 유일한 인종 격차는 아니다. 인디언들의 소득은 백인의 소득보다 36%, 히스패닉계는 31% 적으며, 아시아인의 소득은 16% 많다.[19] 이보다 더 미묘한 인종 격차도 존재한다. 조지 보르자스George Borjas는 오스트리아 출신의 이민자 조부모를 둔 미국인이 벨기에 출신의 조부모를 둔 사람보다 25%나 더 많은 소득을 번다는 사실을 발견했다. 초기의 소득 격차가 2세대를 거치는 동안에도 남아 있는 것이다. 심지어 대부분 가난한 인디언들 사이에도 인종 격차가 존재한다. 이로쿼이Iroquois족 가계 소득의 중앙값은 수Sioux족 가계 소득의 2배에 육박한다.

미국에서 또 다른 인종 격차는 종교 간 격차로 나타난다. 감독교회 신도들은 감리교도들보다 31% 더 많은 소득을 번다.[20] 미국 인구 중 유대인의 비율은 2%에 불과하지만 미국의 160대 재벌 중 40%는 유대인이다.[21]

많은 국가에서 인종-지역 빈곤 트랩의 명백한 예들이 존재한다. 거의 모든 국가가 역사적으로 가난한 지역을 갖고 있다. 이탈리아의 남부, 브라질의 북동부, 파키스탄의 발루치스탄, 멕시코의 치아파 지역 등이 그 예이다. 이들 지역 대부분에서 빈곤은 역사적으로 깊

---

18) 이 같은 자기 실현적 차별은 케네스 애로(Kenneth Arrow)와 글랜 루리(Glen Loury) 같은 저명한 경제학자들이 오랫동안 주장해 왔다. 그러나 이 가설을 더 일반적으로 기술 매칭과 경제 성장에 적용한 첫 번째 경제학자는 크레머이다.

19) Statistical Abstract of the United States, 1995.

20) Kosmin & Lachman 1993, 250쪽.

21) Lipset 1997, 151~152쪽.

은 뿌리를 가진다. 브라질의 경제사가 셀소 푸르타도Celso Furtado는 브
라질 북동부의 가난은 16세기 설탕 가격의 붕괴에서 비롯되었다고
설명한다.

미국 내에도 5대 빈곤 지역이 존재한다. ① 도시 내 흑인 거주 지
역, ② 미시시피 삼각주 농촌 흑인들, ③ 서부의 인디언들 ④ 남서
부의 히스패닉계, ⑤ 남동부 켄터키의 백인들. 그림 8.1은 농촌의 빈
곤 트랩을 보여 준다. 도시 내 흑인 거주 지역은 지도에 표시하기에
는 너무 지역이 작아서 표시하지 않았다. 남동부 켄터키는 매우 흥
미로운 경우이다. 애팔래치아 지역 백인들이 가난하다는 상식보다
지리적으로 좀더 구체적인 빈곤 트랩을 보여 주기 때문이다. 사실
주민 모두가 백인으로 가장 가난한 카운티 20개 중 18개가 켄터키
남동부에 위치한다. 이 같은 빈곤 트랩은 상당히 오랫동안 존재해
왔다.

다른 국가들에서도 인종 빈곤 트랩이 존재한다. 멕시코 원주민들
은 81%가 빈곤선 이하에서 생활하지만, 백인이나 메스티소의 경우

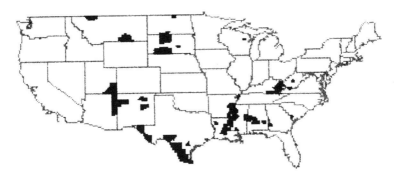

그림 8.1
미국의 빈곤 트랩(빈곤율이 35% 이상인 카운티들)

빈곤율은 18%이다.22 과테말라 원주민들의 80%가 문맹으로 다른 과테말라 국민들보다 문맹률이 2배나 높다.23 원주민들 사이에도 격차가 존재한다. 과테말라 키슈어Quiche 원주민들의 소득은 켁치어 Kekchi 원주민들보다 22% 더 낮다.24

브라질의 파벨라favela(빈민가) 주민들은 고용주들이 파벨라에 주소가 있는 사람은 절대로 고용하지 않는다고 말한다. 파벨라 주민들은 고용주에게 위장 주소를 제출하거나 다른 지역에 사는 친구에게 빌린 가짜 전기 고지서를 제시하기도 한다.25

남아프리카공화국의 흑백 격차는 유명하다. 백인 소득은 흑인 소득의 9.5배에 달한다. 흑인들 내에서도 커다란 인종 격차가 존재한다. 다양한 인종 집단이 거주하는 크와줄루나탈KwaZulu-Natal 지역의 주민전체가 모두 흑인인 마을 중에서 가장 부유한 마을과 가장 가난한 마을의 소득 격차는 54배이다.

인종 격차는 다른 국가에서도 일반적이다. 특정 인종 중에 부자 기업가들이 많다는 것은 비밀이 아니다. 미국의 유대인, 서아프리카의 레바논인, 동아프리카의 인도인, 동남아시아의 화교들이 그 예이다. 사실상 모든 국가에 경제적, 사회적으로 성공한 인종 그룹이 존재한다. 예로 감비아에서는 세라훌Serahulr이라는 원주민들이 인구는 적지만 경제를 지배하고 있으며, 이들은 '감비아의 유대인'이라고 불린다. 콩고민주공화국에서 케사이Kasaian족들은 식민지 시대부터 경영, 기술 분야를 장악하고 있다. 이들은 '콩고의 유대인'이라고 불

---

22) Psacharopoulos & Patrinos 1994, 6쪽.
23) Psacharopoulos & Patrinos 1994, 37쪽.
24) Patrinos 1997.
25) Narayan et al. 2000a.

린다.[26] 그리고 우리가 이미 살펴본 것처럼 국가 차원에서도 빈곤 트 랩이 존재한다. 1820년 인도의 소득은 1820~1992년까지 데이터가 있는 28개국 중 최하위에 가까웠다. 1992년에도 인도는 28개 국가 중 최하위를 기록했다. 북유럽과 북미는 1820년에도 상위에 올랐고, 오늘날에도 여전히 수위를 지키고 있다.

부자들도 트랩에 빠진다

매칭 원리에 따르면 빈곤 트랩뿐만 아니라 부자 트랩도 존재한다. 고숙련 노동 인구가 집중되어 있는 몇몇 지역이 존재한다. 이 지역 은 다른 지역보다 훨씬 부유한데 바로 도시이다. 그런데 도시들 사 이에도 강한 집중이 존재한다. 보스턴-워싱턴 지역의 메트로폴리탄 카운티들은 다른 메트로폴리탄 카운티들보다 80% 더 부유하다.[27] 보스턴-워싱턴 지역은 미국의 초기 정착 지역과 대략 일치한다. 따 라서 과거에 먼저 출발했던 것이 오늘날의 소득 격차와 많이 상관이 있는 것으로 추측된다.

또한 각 메트로폴리탄 지역 내에서도 동네 차원의 빈곤 트랩과 부 자 트랩이 존재한다. 메트로폴리탄 지역에서 부자와 빈민은 되는대 로 모여 살지 않는다. 그들은 특정 동네에 모여 산다. 부동산 매칭 게임의 예측이 그대로 실현되는 것이다. 더 일반적으로 지식 유출이 존재한다면 부자들은 지식 유출을 이용하기 위해 지식 수준이 높은 다른 사람들 근처에서 살기를 원할 것이다. 만약 여러분이 이미 갖 고 있는 지식의 양에서 지식 유출의 이익이 증가한다면, 지식 수준

---

26) New York Times, 1999년 9월 18일.
27) Easterly & Levine 2000.

이 높은 사람은 부유한 동네에서 집을 사기 위해 가난한 사람보다 집값을 비싸게 부를 수 있다.

예로 워싱턴 지도 위에 부자 동네와 가난한 동네를 나누는 수직 중앙선을 그려 볼 수 있다. 이 선은 대략 록크릭 공원과 일치한다. 워싱턴 지역에서 가장 부유한 상위 20%의 우편번호는 이 라인의 서쪽에, 가장 가난한 하위 20%의 우편번호는 동쪽에 위치한다. 메릴랜드 20816, 베데스다 같은 가장 부유한 동네는 아나코스티아의 칼리지 헤이츠 같은 가장 가난한 동네보다 거의 5배나 더 부유하다. 더구나 베데스다 20816은 주민의 96%가 백인인 반면, 칼리지 헤이츠는 96%가 흑인이다.[28]

전 세계로 봐도 경제 수준에 따른 공간적인 집중이 존재한다. 이 집중은 국가, 지역, 이웃 수준에서 재발된다는 점에서 프랙탈과 비슷한 특징을 갖고 있다. 예로 세계 GDP의 54%가 전 세계 영토의 10%에서 생산된다. 심지어 이 수치도 집중을 과소평가한 것이다. 경제 활동이 각 국가 내에서 지도를 따라 고르게 분포되어 있다고 가정하기 때문이다. 이는 결코 사실이 아니다. 예로 미국의 경우 전체 영토의 2%에서 미국 GDP의 50%가 생산된다. 이는 명백히 도시의 지배적인 생산 기여를 반영한다. 그러나 심지어 도시 내부에도 집중이 존재한다.

---

28) Easterly & Levine 2000. Brookings Institution Center on Urban & Metropolitan Policy 1999.

보완과 트랩

'트랩' 이론의 특별한 특징들을 잊지 않는 것이 중요하다. 이 특징이 '트랩' 이론의 예측이 실현될지, 되지 않을지를 결정한다. 매칭 이론의 핵심 가정은, 물론 잘못된 가정일 수도 있지만, 기술이 서로 강한 보완성을 가진다는 것이며, 지식 유출 이론의 핵심 가정은 신지식이 기존 지식과 서로 강한 보완성을 가진다는 것이다. 매칭 이론과 지식 유출 이론이 현실을 설명할 수 있으려면, '강한'과 '보완성'이라는 단어가 모두 필요하다. 노동자들의 기술은 서로 보완적이어야 하며, 기술의 보완성이 매우 강해 기술이 풍부해짐에 따라 발생하는 일반적인 수확체감을 압도해야 한다. 신지식은 기존의 지식과 기계를 보완해야 하며, 이 보완성이 매우 강해 기계에 대한 수확체감을 압도해야 한다. 강하게 보완적인 기술과 지식은 트랩을 만든다.

지식 유출 이론처럼 매칭 이론도 개인과 사회 간 긴장을 암시한다. 나의 경제적 생산성을 위해 무엇이 더 중요할까? 내가 하는 것인가? 사회가 하는 것인가? 막연히 말하자면, 만일 내가 하는 것이 더 중요하다면 수확체감의 법칙이 작동할 것이고, 따라서 선순환이나 악순환을 걱정할 필요가 없다. 내가 노력한 만큼 얻게 될 테니까. 이것이 앞에서 논했던 솔로 모델의 맨큐식 적용이다. 만약 사회가 하는 것이 더 중요하다면 악순환이 발생할 수 있다. 사회의 다른 구성원이 나와 비슷한 노력을 하지 않는다면 내 노력은 무용지물이 될 것이다. 따라서 나도 노력을 하지 않는다. 모두가 나와 같은 계산을 할 것이고 아무도 노력을 하지 않는다. 우리 모두 노력을 하지 않는다.

우리는 이웃, 인종 그룹, 지방, 국가 등 다양한 '전체'의 차원에서 빈곤 트랩을 살펴보았다. 아마 세계적 차원에서도 산업 혁명 이전에 거대한 빈곤 트랩이 존재했을 것이다. 그런데 가계나 가족도 하나의 '사회'라고 할 수 있다. 빈곤 트랩이 형성되는 차원은 지식 유출과 매치가 발생하는 사회가 어떤 사회냐에 달려 있다. 만약 이웃(또는 가계)이 비경제적인 이유로 자기들끼리만 교제한다면 이웃(또는 가계)은 개인에 대한 '사회'이다. 다른 극단에서, 만약 전체 경제가 적어도 특정 개인과 기업에 개방되어 있다면, 그때는 세계가 그 개인과 회사에 대한 사회로 작동한다. 안타깝게도 빈민들은 매우 제한된 사회를 구축하는 경향이 있다. 빈민들은 교육도 받지 못했고, PC도 없고, 일반적인 지식에 접근할 수 있는 통로도 없기 때문이다.

말라위에는 "자동차를 소유하고 있는 사람들은 자기들끼리 대화하고, 이륜차를 소유하고 있는 사람들도 자기들끼리 대화한다"라는 속담이 있다. 키르기스공화국의 콕 양각 지역 사람들은 "부자와 가난한 사람들은 서로 좋아하지 않으며 서로 교제하지도 않는다."라고 말한다. 이집트 푸아 지역의 사람들은 "사회·경제적 격차에 따라 사람들이 구획화되어 있다…… 부자들은 함께 사회활동을 하며, 가난한 사람들은 함께 뒤처져 있다"고 말한다.[29]

유출, 매치, 트랩은 어떻게 절망적인 빈곤이 '사람들은 유인 체계에 반응한다'는 원칙에 부합되는지 보여 준다. 소득 격차는 물적, 인적 자본을 축적하려는 개인의 노력에 의해서가 아니라 국가 간, 지역 간, 인종 그룹 간 지식과 매칭 기회의 차이로 설명된다. 빈민들은 기술과 지식을 업그레이드하려는 유인이 약하다. 지식의 유출과 매치가 다른 빈민들에게서 발생하기 때문이다.[30]

---

29) Narayan et al. 2000a.
30) Azariadis & Drazen 1991 ; Becker, Murphy, & Tamura 1990 ; Murphy, Shleifer, & Vishny 1989.

기대하는 대로 얻는다

트랩의 또 다른 특징은 기대가 중요하다는 것이다. 여러분의 기대가 크다면 빈곤 트랩에서 벗어날 수도 있다.

한 빈국이 빈곤 트랩 아래에서 출발한다고 가정하자. 지식, 교육, 기계에 대한 투자 수익이 너무도 낮아 투자가 가치가 없으며, 그 국가는 빈곤 트랩에 빠져 있다. 이제 여러분이 모두가 기술, 지식, 기계를 얻기 위해 투자할 것이라고 기대한다고 가정하자. 다른 모든 사람들도 똑같은 기대를 한다. 이제는 여러분의 투자가 가치가 있다. 투자가 성숙 단계에 이르면 모두의 투자를 통해 창출된 높은 숙련 노동과 여러분의 기술이 매치될 것이기 때문이다. 경제가 빈곤 트랩에서 벗어나는 데는 그렇게 높은 기대만으로도 충분하다. 역으로 나쁜 기대는 빈곤 트랩 위에 있던 국가라도 빈곤 트랩에 빠뜨릴 수 있다. 만약 여러분이 아무도 투자하지 않을 것이라고 생각한다면 여러분도 투자하지 않을 것이다. 어떤 경제가 부유해지는지 가난해지는지 여부는 사람들이 그 경제가 부유해질 것이라고 기대하느냐, 가난해질 것이라고 기대하느냐에 달려 있다.

기대는 우리가 실제로 목격하고 있는 불안정한 성장률의 원천일 수 있다. 시스템에 대한 단일 충격이 하룻밤 사이에 사람들의 기대를 바꿔 놓을 수도 있다. 여러분이 갑자기 모두가 투자를 중단할 것이라고 기대한다면 여러분도 투자를 중단할 것이다. 1982년 채무 위기 이후 라틴아메리카의 성장 붕괴, 1995년 멕시코 위기, 1997~1998년 동아시아 위기도 기대 이론으로 설명될 수 있다. 성장률은 근본적인 변화로 설명되는 것보다 더욱 급격하게 변한다. 기대가 갑작스럽게 변하기 때문이다.

빈곤 트랩의 수확체증 이론은 빈곤이 일종의 조정 실패의 결과라는 것을 의미한다. 빈곤 트랩을 넘어서는 숙련 수준에 도달할 때까지 투자할 것이라고 모두가 사전에 동의하는 경우에만 빈곤 트랩에서 벗어날 수 있다. 그러나 불행히도 시장은 이 같은 조정을 스스로 하지 못한다. 그렇기 때문에 빈곤이 계속 존재하는 것이다.

정부 정책과 트랩

유출, 매치, 트랩의 세계에서 어떻게 정부 정책이 유인 체계에 영향을 미칠 수 있을까? 첫째, 정부 개입이 경제의 트랩 탈출을 위해 필요할 수 있다는 사실을 인정하자. 만약 최소 요구 수익률이 존재하고, 지식 수준이 낮다면 투자 수익률이 너무 낮아 민간 부문이 투자를 하지 않을 것이다. 이때 공공 부문은 신지식 투자에 보조금을 지급함으로써 경제의 트랩 탈출을 유도할 수 있다.

둘째, 유인 체계에 영향을 주는 정부의 개입 방법을 신중히 결정해야 한다. 민간 투자를 위축시키는 세금으로 지원되는 대규모 공공 투자는 트랩 탈출에 도움이 되지 않을 것이다. 만약 트랩의 원인이 낮은 민간 자본 수익률이라면 세금으로 민간 수익률을 더욱 낮추는 방법은 전혀 도움이 되지 않는다. 이는 마치 국가가 한 손으로 준 것을 다른 손으로 뺏는 것이나 다름없다.

나쁜 정책은 트랩의 원인이 될 수 있다. 나쁜 정책의 존재는 낮은 민간 자본 수익률을 암시한다. 만약 정책을 도입한 후 수익률이 최소 요구 수익률 아래로 떨어지면 민간 부문은 투자를 하지 않을 것이다. 이미 나쁜 정책을 겪고 있는 민간 부문은 국가의 트랩 탈출을 위해 필요한 지식과 기술에 투자하지 않을 것이다.

나쁜 정책 상황에서 첫 번째 단계는 나쁜 정책을 제거하는 것이다. 만약 정책을 제거하는 그 자체만으로 트랩에서 벗어날 수 없다면 정부는 모든 형태의 지식과 자본 축적에 보조금을 지급해야 한다. 이는 자본재, 교육, 기술라이선스 지불에 대한 세금 면제 또는 보조금 지급을 의미한다. 보조금의 재원은 소비세같이 지식 축적을 저해하지 않는 세금을 통해 마련되어야 한다.

　정부는 조정 문제를 해결하려고 노력할 수도 있다. 만약 정부가 다수의 핵심 행위자들이 대규모 투자를 하도록 설득할 수 있다면, 현재의 유인이 충분히 강하지 않더라도 그 국가는 트랩에서 벗어날 수 있다. 이는 동아시아 성장 기적에서 정부-기업 간 협력의 예를 봐도 알 수 있다.

　국가 차원에서는 트랩에서 벗어났지만, 특정 인종이나 지역 그룹이 여전히 트랩에 갇혀 있다면 정부는 빈민들이 기술 습득을 할 수 있도록 보조금을 지급해야 한다. 또한 정부의 복지 지출은 개인의 소득 증가와 함께 증가해야 한다. 그러나 선진국 대부분의 복지제도 하에서 복지 지출은 소득이 증가하면 감소한다. 미국의 근로장려세제EITC가 빈민들의 소득에 대해 정부가 어떻게 보상하는지 보여 주는 성공적인 예외이긴 하지만 말이다. 그런데 빈민의 기술 습득에 대한 보조금은 다른 사람들의 기술 습득을 저해하지 않는 방법으로 재원이 마련되어야 한다. 다시 한 번 말하지만 소비세가 한 가지 방법이다.

　유출, 매치, 트랩의 세계에서 어떤 정책을 도입해야 하는지는 여전히 불확실하다. 모든 국가 간의 성장 격차가 정책 차이로 설명되지 않을 수 있다. 특정 국가들은 단지 가난한 상태에서 출발했기 때문에, 또는 모두가 이 국가들이 가난할 거라고 기대하기 때문에 가난할 수도 있다. 정부 프로그램의 성공이나 실패가 유일하게 빈국의 운명을 결정하는 것이 아니다. 심지어 해당 그룹의 도덕적 성실, 검약, 근면이 어떠한지 같은 근본적인 내용을 알아도, 현명한 정부가 성공에 필요한 모든 유인을 제공한다 해도, 우리는 빈국의 경제적 미래가 어떨지 알지 못한다. 경제적 미래는 측정하기 어려운 초기 지식과 기술의 조건과 기대에 민감하게 반응한다.

이 장에서는 악순환에 갇혀 있는 빈국(또는 빈민)의 다소 음울한 면을 제시했다. 다음 장에서는 일부 후진 지역과 국가에 더 많은 희망을 제공하는, 기술의 또 다른 측면을 검토할 것이다.

9장

창조적 파괴

기술의 힘

> 저는 세계적으로 5대 정도의 컴퓨터가 팔릴 수 있으리라 생각합니다.
>
> _토머스 왓슨, IBM 회장, 1943년

8장에서는 기술적 지식이 빈곤 트랩을 창출하는 힘으로 묘사되었다. 그러나 선진국만큼 구기술에 기득권을 갖고 있지 않은 빈국이 희망을 가질 수 있는 것도 기술의 힘 덕분이다. 적어도 몇몇 빈국들은 이제는 진부해진 기술 단계를 건너뛰어 곧바로 기술 프런티어로 도약할 수 있는 잠재력을 보유하고 있다. 그러나 빈국이 기술적 기회를 잡기 위해서는 최소한의 숙련 수준, 기본 인프라 시설, 이전의 기술적 경험과 유익한 정부 정책이 필요하다.

새로운 것의 충격

나는 책상 위에 있는 온갖 물건을 보고 있다. 내가 보고 있는 거의 모든 것이 수년 전까지만 해도 존재하지 않았던 것들이다. 가장 중요한, 내가 지금 이 글을 쓰고 있는 노트북 컴퓨터는 1985년에서야 세상에 등장했다. 당시 나는 박사학위 논문을 공룡같이 거대한 메인프레임 컴퓨터로 힘들게 써야 했다. 그보다 몇 년 전 고등학교와 대학교 숙제를 작성할 때는 수동 타자기를 사용했다. 1986년 세계은행에서 나는 처음으로 노트북 컴퓨터를 갖게 되었는데, 이 노트북은 아무 죄도 없는 컴퓨터 파일을 쥐도 새도 모르게 사라지게 하는 것이 주특기였다. 심할 때는 하나의 파일을 네 번이나 재입력한 적도 있다.

그러나 지금 내가 사용하고 있는 노트북은 어떠한가? 내가 철자와 문법이 틀리면 알아서 고쳐 주고 이메일을 확인할 수도 있다. 이메일, 초고속 모뎀과 터치톤touch-tone 기술이 등장하면서 수년 전만 해도 존재하지 않았던 모든 일이 가능해졌다. 나는 또 다른 신기술인 인터넷을 사용해 수천 개의 경제학 논문을 읽고 다른 정보를 검색할 수 있다. 사실 이 책을 쓰면서 인터넷 검색을 통해 많은 정보를 찾았다. 또한 인터넷을 통해 다른 경제학자들의 주소와 전화번호를 얻기도 했다. 나는 이 주소들과 전화번호를 수년 전에는 존재하지 않았던 팜 파일럿 PDA에 비하면 거의 폐물이나 다름없는 샤프 전자수첩에 저장했다.

나는 일할 때 스타벅스 커피를 마시는 편인데, 스타벅스 커피도 수년 전에는 마실 수 없었다. 스타벅스 커피를 마시기 전에는 콜롬비아 보고타로 출장 갈 때마다 좋은 커피를 구입해서 마시고는 했다. 그렇지 않으면 어쩔 수 없이 동네 슈퍼에서 파는 끔찍한 커피를 마셔야 하기 때문이다. 이제 스타벅스는 거리 어디에나 있다. 집에서 마시던 커피가 저렴한 에스프레소 기계를 통해 공급되는 광경을 보며 놀라곤 한다.

우리는 그야말로 놀라운 기술 혁명을 경험하고 있다. 우리는 앞에서 성장이 기계 같은 투입 요소의 축적으로 잘 설명되지 않는다는 것을 살펴보았다. 성장을 결정하는 상당 부분은 기술을 포함하는 나머지 요소들이다.

내 컴퓨터의 모뎀은 20년 전 모뎀보다 22배 더 빠르다.[1] 1991~1998년까지 하드디스크 저장 용량의 가격은 1메가바이트당 5달러에서 3센트로 하락했다.[2] 투자된 1달러당 컴퓨팅 파워computing power는 지난 20여 년 동안 1만 배나 증가했다. 광랜 정보송신 비용은 지난 20여 년간 1,000배나 감소하였다. 미국에서 GDP의 단위당 반도체 사용은 1980년대 이후 3,500배 증가하였다. 1981년 인터넷에는 213대의 컴퓨터만 존재했지만 지금은 6,000만 대가 넘는다.[3]

하이테크 분야만 이처럼 눈부신 발전을 한 것은 아니다. 밀 생산량은 1970~1994년까지 2배로 증가했고, 옥수수와 쌀 생산량 역시 각각 70%, 50% 증가했다. 아시아에서 달성한 곡물 생산량 증가는 이보다 더 눈부시다. 과거 40여 년 동안 3배나 증가한 것이다.[4]

산업의 효율성도 더욱 개선되었다. 저스트인타임JIT 재고관리나 디지털 설비 같은 신기술이 등장하였다.

의학의 진보도 놀랍다. 예로 정신분열증과 우울증 같은 정신병 치료는 프로작, 리스페달 등 신약 개발로 크게 발전하여 수백만 명의

---

1) http://econ161.berkeley.edu/OpEd/virtual/technet/An_E-conomy_figures2.html.
2) http://www.duke.edu/~mccann/q-tech.htm Death of Distance.
3) http://econ161.berkeley.edu/OpEd/virtual/technet/An_E-conomy.
4) 세계은행, 〈세계 개발 보고서〉, 1998~1999, 3~5쪽, 57쪽.

고통을 덜어 주었다.

기술 진보를 보여주는 리스트는 그 외에도 계속 추가될 수 있다. 기술 변화는 사실 경제 성장을 추동하는 강력한 힘이며, 경제 성장은 신제품과 신기술 출현의 원동력이다. 그러나 경제 성장의 부작용은 구제품과 구기술을 파괴한다는 것이다. 8장에서는 어떻게 신기술이 기존 기술을 보완하는지 살펴보았는데, 바로 이 기술의 보완성이 후진국들에 암울한 전망을 제시했다. 그렇다면 이제 어떻게 신기술이 때로는 기존의 기술을 대체할 수 있는지 살펴보자. 기술의 대체성은 후진국이나 후진 지역이 선진국을 따라잡을 수 있는 가능성을 함축한다. 우선 동일한 양의 투입 요소를 사용해 더 많은 산출물을 생산하는 기술의 놀라운 힘을 느껴 보자. 다음에서 투입량(에너지 열량단위 BTU)과 산출량(광속 단위 루멘)을 정확하게 측정할 수 있는 조명의 역사를 통해 기술의 진보를 설명할 것이다.

조명 이야기

현재까지 알려진 최초의 조명은 약 140만 년 전에 등장한 것으로 추정되는 모닥불이다.[5] 우리의 둔한 조상 오스트랄로피테쿠스는 모닥불의 창시자였다. 모닥불 빛에 의지해 텐트 설치를 시도해 본 사람이라면 누구나 알고 있는 것처럼, 불은 많은 에너지를 소비하지만 많은 빛을 발산하지는 않는다. 오스트랄로피테쿠스보다 좀더 문화적으로 진보된 구석기인들은 모닥불 대신 돌 램프에 동물의 지방을

---

5) Nordhaus 1994.

연소시켜 빛의 원천으로 사용했다. 동물성 지방 램프는 모닥불보다 약 22배나 에너지 효율이 높은 조명이었다.

이후에도 진화는 계속되었다. 기원전 1750년경 바빌로니아인들은 사원을 밝히기 위해 참깨유를 사용했는데, 참깨유의 에너지 효율은 동물성 지방 램프보다 2배나 높다. 마침내 고대 그리스와 로마 시대에 촛불이 등장했다. 촛불의 밝기는 참깨유의 약 2배였다. 플라톤은 촛불로 집필 활동을 했다고 한다. 이후 1,800년 동안 더는 진보가 없었다.

그러다가 고래의 희생으로 촛불을 뛰어넘을 수 있었다. 고래유 램프는 주어진 에너지양에 대해 촛불보다 2배 정도 밝았다. 19세기 초 고래 사냥꾼들은 고래유를 얻기 위해 고귀한 포유류를 가차없이 포획했다. 무자비한 고래 포획으로 고래가 멸종 위기에 처했을 때 고래를 구한 것은 석유였다. 에드윈 드레이크Edwin Drake는 1859년 8월 27일 펜실베이니아 타이터스빌에서 세계 최초로 유정 굴착에 성공하였다. 등유 램프는 주어진 에너지양에 대해 고래유 램프보다 약 20% 더 밝은 데다 석유는 고래유보다 저렴했다.

다음으로 토머스 에디슨Thomas Edison이 등장해 인류에게 전기 램프를 선물했다. 전기 램프는 그야말로 일대 혁신이었는데, 등유 램프보다 16배나 에너지 효율이 높았다. 전기 램프는 계속 발전을 거듭해 오늘날 형광등으로 진화했다. 형광등은 주어진 에너지양에 대해 에디슨의 전기 램프보다 26배 더 밝다. 따라서 오늘날의 조명은 동굴인의 모닥불보다 무려 14만 3,000배나 더 밝은 셈이다(그림 9.1 참조).

기술의 드라마틱한 진보와 임금 상승에 힘입어 우리는 주어진 양

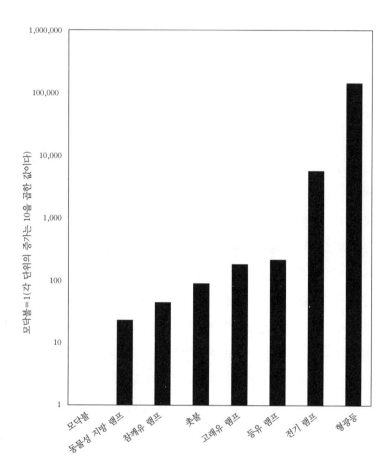

그림 9.1
에너지 1단위당 밝기

의 노동력에 대해 더 많은 조명을 구입할 수 있다. 즉 오스트랄로피테쿠스보다 1시간의 노동에 대해 84만 배나 되는 루멘을 얻을 수 있다. 심지어 우리의 시선을 진화의 타임라인에서 이동한다 해도, 인상적인 변화를 목도할 수 있다. 우리는 2세기 전의 노동자들보다 1시간의 노동에 대해 4만 5,000배나 많은 조명을 구매할 수 있는 것이다.

기술이 만병통치약은 아니다

비록 기술은 놀라운 것이지만, 기술을 성장을 위한 또 다른 만능 치료약으로 단정 짓지는 말자. 다른 모든 것처럼 기술도 유인에 반응한다. 기술은 존재해도 그것을 사용할 유인이 없다면 그다지 많은 일이 일어나지 않을 것이다. 로마인들은 증기엔진을 단지 사원의 문을 열고 닫는 데 사용했다.[6] 심지어 로마 시대에 동전으로 작동하는 자동 판매기도 있었지만 로마인들은 그것을 사원에서 성수를 나누어 주는 데 사용했을 뿐이다. 또한 로마인들은 수확기, 볼베어링, 제분기, 양수기까지 사용했지만 지속적인 성장을 달성하지는 못했다. 게다가 지레, 나사, 도르래, 기어도 갖고 있었지만 대부분 전쟁기계를 위해 사용되었다.[7]

마야인들과 아스텍인들은 바퀴를 사용했지만, 단지 아이들의 장난감용이었을 뿐이다.[8] 인도의 하이데라바드는 세계 제1의 최상품의

---

6) Jovanovic 2000 ; Mokyr 1990, 2쪽.
7) Mokyr 1990, 21~22쪽, 29쪽.
8) Mokyr 1990, 161쪽.

철 생산지로, 철을 중세 이슬람 제국에 수출했다. 이슬람 제국은 이렇게 수입한 철을 이교도를 처단하는 성전에서 쓸 검을 만드는데 사용했다.

중국은 기술적 지식을 보유하고도 경제 성장을 유지하는 데는 실패한 가장 극적인 예이다. 중국인들은 유럽인들보다 1,500년 전에 철 주조법을 알고 있었다. 중국인들은 철제 구름다리를 건설했고, 나중에 유럽인들이 이것을 모방했다. 중국의 쌀농업은 경이 그 자체로 수력 공학을 사용해 경작지의 관개와 배수를 해결했고, 덕분에 높은 수확량을 올릴 수 있었다. 또한 농민들은 철 쟁기, 조파기, 잡초 제거 갈퀴, 써레, 다양한 종류의 비료와 화학적, 생물학적 해충제를 사용하였다. 명나라 시대(1368~1644) 중국은 화약, 외륜, 일륜차, 회전바퀴, 양수차, 인쇄기, 종이, 컴퍼스, 3개의 돛대를 갖춘 원양 항해 선박을 갖고 있었다.9

그러나 중국인들은 그들의 선진 기술을 이용해 세계 경제에서 경쟁하는 것을 선택하지 않았다. 오히려 쇄국 정책으로 일관했다. 그래서 중국은 이 기술 중 몇몇 기술을 사용하는 서양인들이 자신들의 요구를 중국에 강제할 수 있게 된 19세기 내내 정체 상태에 머물러 있었다. 만약 아메리카를 발견한 사람이 콜럼버스가 아니라 중국인이었다면 세계 역사가 얼마나 달라졌을지 상상해 보라.

오늘날 세계에서, 생산성 증가를 측정함으로써 기술 진보를 어느 정도 파악할 수 있다. 기계와 노동력의 축적으로 설명되지 않는 경

---

9) 고대 제국들의 성장에 대한 설명은 존스(Jones)의 1999년 논문을 참조하라. 존스는 10~13세기 송나라 시대의 중국은 기술 진보와 1인당 소득이 동시에 증가했다고 설명한다. 그러나 이후 명나라 시대부터 성장정체가 시작되었고 청나라까지 계속되었다. 모키어의 1990년 논문도 중국의 기술력에 대한 일반적인 설명을 제시하고 있다.

제 성장 부분을 파악하는 것이다. 선진국들의 생산성 증가율은 연 1~2% 정도이다. 생산성 증가율은 선진국의 노동자 1인당 생산량 증가를 거의 전부 설명한다. 그러나 비록 기술 프런티어가 연 1~2%의 비율로 확대되고 있다고는 하나, 많은 빈국은 이 같은 성장의 혜택을 입지 못하고 있다. 앞에서 이미 살펴본 바와 같이, 1980~1998년까지 전형적인 빈국의 1인당 GDP 성장률은 제로였다. 사실 1960~1992년까지 국가 간 생산성 증가의 차이는 국가 간 성장률 격차의 90% 이상을 설명한다.

어떤 국가들은 심지어 마이너스 생산성 증가율을 기록하기도 했다. 예로 코스타리카, 에콰도르, 페루, 시리아는 1980~1992년까지 1인당 실질 GDP가 연 1% 이상 감소했다. 동시에 이들 국가의 1인당 실질 자본스톡은 연 1%를 초과하는 비율로 증가했고, 교육 성취 또한 향상되었다. 여기서 코스타리카, 에콰도르, 페루, 시리아가 기술 후퇴를 경험했다고 주장하는 것은 아니다. 그러나 확실히 다른 요소들이 기술 진보의 방식에 작용했다. 기술 진보를 통한 경제 성장은 자동적인 것과는 거리가 멀다.

생산성 증가가 국가 간 1인당 성장률 격차의 대부분을 설명하는 것처럼, 기술 수준의 차이가 1인당 소득 격차의 대부분을 설명한다. 미국 노동자들의 1인당 생산량은 중국 노동자들보다 20배나 높다. 만약 중국 노동자들이 미국 노동자들과 동일한 기술을 보유하고 있다면, 미국 노동자들은 중국 노동자들보다 단지 2배만 더 많이 생산했을 것이다. 이는 미국 노동자들이 중국 노동자들보다 인적 자본과 물적 자본을 더 많이 보유하고 있다는 사실로 설명될 것이다. 중국 노동자들과 미국 노동자들의 생산량 격차는 대부분 더 높은 기술적 생산성으로 설명된다.[10] 이렇듯 빈국들은 광범위하게 선진 기술을 이용할 수 있음에도 기술적으로 뒤처지게 된다. 기술만으로는 모든 곳의 삶이 개선되지 않기 때문이다.

기술 진보

사람들이 신기술을 수용하려는 유인을 가지고, 미래 보수를 위해 신기술을 도입하는 동안 현재 소비를 기꺼이 희생할 때 경제가 성장한다. 이는 경제의 잠재생산량과 사람들의 평균 소득이 시간이 흐르면서 꾸준히 증가하는 결과를 낳았다.

중요한 유인은 앞에서 논했던 것과 동일하다. 노동자들이 달성한 노동의 결과를 훔치지 않는 좋은 정부가 문제의 핵심이다. 로마와 중국에서는 중앙집권적인 독재 정부가 통치를 했는데, 이 정부들은 대부분의 자원을 전쟁과 관료제도 구축에 할애했다. 로마인들은 생산 활동은 노예가 해야 하는 일이라고 생각했다. 이는 기술 진보를 위해 좋을 것이 없는 생각이다. 19세기와 20세기의 아메리카는 신기술 발명가들을 보상해 주는 역동적인 사적 시장을 보유하고 있었으며 지금도 그렇다. 에콰도르, 코스타리카, 페루, 시리아에서는 정부 정책을 예측할 수 없어 혁신을 통한 미래 투자가 위축되는 경향이 있다. 그래서 우리는 또다시 같은 결론에 도달한다. 성장에서 중요한 것은 바로 유인이다.

그러나 기술 진보를 위한 유인은 몇 가지 복잡한 상황을 만들어

---

10) Hall & Jones 1999.

낸다. 즉 기술 진보는 승자와 패자를 나눈다. 기술 창조의 기쁨 뒤에는 파괴되고 있는 다른 기술과 상품이 존재한다. 경제 성장은 단순히 똑같은 상품을 더 많이 생산하는 것이 아니다. 경제 성장은 보통 기존의 상품을 새로운 상품으로 대체하는 과정이다. 기존의 상품을 생산하던 사람들은 일자리를 잃을 수도 있다. 심지어 새로운 상품을 생산하는 새로운 일자리가 창출된다 해도, 이 새로운 일자리들은 일자리를 잃은 사람들보다는 다른 사람들을 위한 일자리가 될 확률이 높다. 예로 미국에서 매분기마다 약 5%의 일자리가 사라지고 있으며, 또 비슷한 수의 새로운 일자리가 창출되고 있다.[11] 구기술에 집착하는 기득권 집단은 신기술의 도입을 방해할 수도 있다.

앞에서 예로 든 조명의 역사에서 고비용 조명 생산자들은 저비용 조명 생산자들에 밀려 도태되었다. 촛불은 고래유 램프에, 고래유 램프는 등유 램프에, 등유 램프는 전기 조명에 밀렸다. 초 제조업자, 고래 사냥꾼, 등유 정제업자들은 신기술이 등장함에 따라 차례로 무대를 떠나야 했다. 이는 새로운 주장이 아니다. 1942년 경제학자 조지프 슘페터Joseph Schumpeter의 지적에 따르면 경제 성장의 과정은 "끊임없이 기존의 경제 구조를 파괴하고 또 끊임없이 새로운 경제 구조를 창조함으로써 경제 구조를 내부에서부터 혁명적으로 변화시킨다."[12]

경제학자 필립 아기온Philippe Aghion과 피터 호위트Peter Howitt는 바로 이 같은 유형의 경제 성장 이론을 강조하고 있다.[13] 아기온과 호위트

---

11) Davis & Haltiwanger 1998, 그림 6.
12) Schumpeter 1942, 82쪽.
13) Aghion & Howitt 1992, 1999.

는 창조적 파괴의 과정이 혁신을 위한 유인을 복잡하게 만든다고 지적한다. 이들은 왜 자유 시장 경제에서 기술 혁신율이 매우 낮을 수 있는지 설명한다. 혁신자들은 자신들의 혁신 활동에 대한 보수를 온전히 받을 수는 없다. 다른 사람들이 그들을 모방할 수 있기 때문이다. 예로 애플사는 자사의 혁신적인 그래픽 유저 인터페이스에 대한 보수를 온전히 받지 못했다. 마이크로소프트사가 윈도를 이용해 애플사 프로그램을 모방했기 때문이다. 혁신에 대한 사회적 보수는 사적 보수보다 높기 때문에 사적 개인들은 사회적으로 유익한 만큼 빠르게 혁신 활동을 하지 않는다. 특허권 보호는 이 같은 문제를 해결하기 위한 시도이다. 그러나 이것은 원래 혁신자들에게 돌아갈 보수 부분을 완전히 해결하기에는 매우 불완전한 메커니즘이다. 우리는 이 문제를 혁신의 비전유성nonappropriability이라고 부를 수 있다. 혁신의 비전유성은 8장에서 보았던 '지식 유출' 원리와 비슷하다.

또한 아기온과 호위트는 자유 시장 경제에서 혁신이 정체되는 또 다른 이유를 지적한다. 오늘의 혁신자들은 미래의 혁신이 오늘의 발명을 시대에 뒤떨어진 것으로 만들 수 있다는 사실을 매우 잘 인식하고 있다. 따라서 미래의 혁신 가능성은 오늘의 발명에 대한 보수를 떨어뜨리고 오늘의 혁신을 위축시킨다. 이는 매우 불행한 상황이다. 내일의 혁신은 오늘의 혁신을 기초로 성립되기 때문이다. 아이작 뉴턴Isaac Newton의 말처럼, "내가 더 멀리 볼 수 있었던 것은 거인의 어깨에 서 있었기 때문이었다."14

오늘의 혁신자들은 자신들의 혁신이 경제의 생산성을 지속적으로

---

14) http://www-groups.dcs.st-and.ac.uk/~history/Quotations/Newton.html.

증가시킬 것이라는 점을 고려하지 않는다. 혁신자들은 그저 다음의 '새롭고, 또 새로운 것'이 등장할 때까지 자신의 혁신에 대한 보수를 얻을 뿐이다. 다시 한 번 말하지만 이는 혁신에 대한 사적 보수가 사회적 보수보다 낮다는 것을 의미한다. 극단적인 경우는 사람들이 미래의 혁신을 두려워해서 아무런 혁신도 일어나지 않는 것이다. 예전에 한 야구선수가 어떤 레스토랑에 대해 "아무도 그 레스토랑에 가지 않는다. 그 레스토랑은 사람이 너무 많기 때문이다."라고 말한 것과 같은 형국이다.

바로 이 혁신의 비전유성과 노후화 때문에 시장 경제에서 기술 혁신율이 매우 낮을 수 있는 것이다. 심지어 이 같은 혁신의 역유인이 너무 강한 나머지 자유 시장 경제에서 아무런 혁신도, 따라서 어떠한 성장도 일어나지 않을 수 있다. 탈출구는 민간 연구 개발 및 베스트 프랙티스best practice 외국 기술 도입에 보조금을 지급하고, 선진 지역으로부터의 외국인 직접 투자 유치를 촉진하고, 정부 스스로도 연구 개발을 위해 노력하며, 혁신자들이 발명의 이윤을 온전히 확보할 수 있도록 견고한 지적재산권 체제를 구축함으로써 혁신에 대한 강력한 유인을 창출하는 것일 것이다.

구기술의 데드웨이트

'창조적 파괴' 모델이 제시하는 또 다른 새로운 관점은 구기술의 데드웨이트deadweight가 신기술의 이익을 제한할 수 있다는 것이다. 미국과 다른 선진국에서 경제 성장이 둔화된 이유는 신기술이 완전히 자리 잡기 전에 기존 기술이 고갈되었기 때문일 수 있다. 예로 e-

테크놀로지로의 불완전한 전환이 선진국들의 성장 정체를 야기했으리라는 것이다. 물론 e-테크놀로지로의 전환은 미래에 이들 국가의 성장에 기여할 것이다.[15] 예로 나는 인터넷으로 국제항공편을 조정하느라 2시간을 낭비한 적이 있다. 결국 나는 항공편 예약을 해달라고 여행대행사에 부탁할 수밖에 없었다. e-혁명은 놀랍지만 불편한 점도 있다.

경제사가 폴 데이비드Paul David의 한 고전적인 논문은 증기엔진을 대체하는 전기엔진의 예를 들어 구기술이 기술 혁명을 방해한다는 사실을 설명하고 있다.[16] 사실 전기엔진이 점진적으로 도입되던 시기는 미국과 영국에서 생산성이 저하되던 시기와 일치한다. 에디슨이 중앙 전기발전 시스템을 발명한 해가 1881년인데도 1910년까지 미국 산업의 단 25%만 전기엔진을 사용했다. 전기엔진의 보급이 느렸던 이유는 전기엔진을 도입하려면 공장의 플로어 전체를 재설계해야 했기 때문이다.

증기엔진을 사용하는 상황에서는 엔진의 고정비용이 높았다. 그래서 공장 플로어의 중앙에 하나의 증기엔진을 설치하여 샤프트와 벨트를 통해 증기엔진이 생산하는 에너지가 공장 안의 모든 기계에 전달되는 시스템이 주를 이뤘다. 그런데 전기엔진의 핵심 장점은 전기엔진이 각 기계 내부에 개별적으로 설치될 수 있기 때문에 중앙 엔진을 따로 설치할 필요가 없다는 점이었다. 이로써 샤프트와 벨트를 통해 에너지를 전달할 때 발생하는 에너지 손실을 없앨 수 있었다. 또한 전기엔진을 설치하면 샤프트와 벨트 및 관련 인프라설비를 건

---

15) Greenwood & Jovanovic 1998.
16) David 1990.

설할 필요가 없어 공장 설비 투자를 절약할 수 있었다. 공장 내에서 원자재의 전체적인 이동 시스템도 최적화되었다. 에너지 원천과의 거리가 더는 중요한 요소가 아니었기 때문이다. 증기엔진에 적합했던 다층 공장도 1층 공장으로 대체되었다. 하나가 아니라 다수의 에너지 원천을 사용하는 공장은 조업이 정지되는 경우도 드물었다. 증기엔진이나 샤프트와 벨트 시스템의 한 가지 문제는 고장이 날 경우 수리되는 동안 공장 전체의 가동이 중단된다는 것이다. 그러나 새 시스템에서는 전기엔진 하나가 고장이 나더라도 그 엔진을 포함하고 있는 설비만 작동이 중단될 뿐이다.

전기엔진의 이 같은 이득은 곧바로 실현되지 못했다. 샤프트와 벨트로 가동되는 공장에 이미 엄청난 액수가 투자되었기 때문이었다. 따라서 전기엔진이 증기엔진을 대체하는 경우에도 샤프트와 벨트는 그대로 두고 중앙의 에너지 원천만을 대체했을 뿐이다. 구식 공장들이 쇠퇴하고 새로운 공장들이 개별 전력 공급 시스템으로 건설됨에 따라 비로소 완전한 생산성 이득이 실현되었다. 역설적이지만 과거의 기술 진보(증기)가 새로운 기술(전력)의 발전을 저해할 수 있다. 그런데 후진국은 신기술을 도입하면 유리한 위치를 선점할 수 있다. 바로 후진국에는 구기술이 아예 없기 때문이다!

게다가 이 책 전체를 관통하는 주제로 말하자면, 개별 공장이 전기엔진을 도입하기로 결정 내리느냐는 다른 공장들이 무엇을 하는가에 달려 있다. 만약 많은 상업적 전력 사용자들이 가까운 곳에 모여 있다면 발전기 건설은 가치가 있을 것이다. 반면에 주변의 사용자들이 전력을 도입하지 않는다면 개별 공장은 운이 없는 것이다. 초기에 매우 낮았던 전기 도입율이 갑자기 순식간에 급등한 이유도 바로 이 네트워크 효과를 통해 설명될 수 있을 것이다. 실제로 1930년에는 미국 산업의 80%가 전화電化되었다.

　마찬가지로 컴퓨터의 생산성 이득이 실현되기까지는 많은 시간이 걸렸다. 컴퓨터의 도입으로 기존 비즈니스 방식은 완전히 재조직되어야 했다. 나는 아직도 컴퓨터보다는 책과 종이에 훨씬 많은 사무실 공간을 할애하고 있다. 이는 경제가 아직 종이 텍스트 없이 운영될 수 있을 만큼 충분히 컴퓨터 집약적이지 않기 때문이다. 그러나 언젠가는 모든 비즈니스와 전문 자료들이 온라인으로 공유되어 종이와 관련된 자재를 놓을 선반도 필요 없어질 것이다. 그러나 아직은 아니다. 여전히 잉크와 종이를 사용하는 전통적인 사람들이 너무 많기 때문이다. 그러나 이 일이 발생할 때, 새로운 물결이 밀려올 것이다. 아마도 이 물결은 이미 시작되었을지도 모른다. 1997년 미국에서는 인구 23명당 1대꼴로 인터넷을 연결한 컴퓨터가 있었을 뿐이다. 그러나 이후 연 50%의 비율로 인터넷을 연결한 컴퓨터의 수가 늘어났다.[17] 많은 빈국에서는 몇몇 중간 단계를 건너뛰고 곧바로 기술 프런티어로 도약함에 따라 인터넷 사용자의 수가 더욱 빠르게 증가하고 있다. 멕시코에는 이미 36개의 인터넷 서비스 제공업체가 활약하며, 그 중 하나는 멕시코의 가장 후진 지역인 치아파에 들어와 있다.

기득권과 창조적 파괴

　창조적 파괴 모델은 경제 성장으로 승자가 있는 만큼 패자도 존재

---

17) http://econ161.berkeley.edu/E_Sidebars/E_conomy_figures2.html.

할 것이라는 점을 암시한다. 경제가 성장함에 따라 기존 산업은 사라지고 새로운 산업이 등장한다. 성장은 경관도 변화시킨다. 예전에는 농장이었던 곳이 지금은 패스트푸드 레스토랑과 공장이 들어서 있다. 성장은 승자뿐만 아니라 패자도 낳는다는 사실을 생각하면 왜 꼭 환경에 대한 관심 때문이 아니더라도 언제나 반反성장을 주장하는 단체들이 존재하는지 쉽게 이해할 수 있다.

인터넷 검색을 해 보면 '경제 성장의 종말'을 주장하는 단체인[18] '보전 연구소preservation institute' 사이트를 찾을 수 있다. 이 연구소에서는 1999년 시행한 연구는 "도시의 스프롤 현상sprawl이 미국의 환경, 경제, 사회적 구조의 기반을 흔들고 있다."고 경고한다.[19] 역사가 폴 케네디Paul Kennedy는 "일반적으로 경제 변화도 전쟁과 스포츠 토너먼트처럼 모두에게 유익한 것은 아니다."라고 지적한다. 진보는 어떤 사람에게는 유리하지만 "또 어떤 사람에게는 해를 입힌다."[20] 도서관을 뒤진 끝에 나는 "성장이 없을 때 지속적인 발전은 가능하다", "경제 성장과 퇴보하는 사회복지", "죽음으로 가는 발전", "풍요 속의 빈곤", "경제 성장의 비용", "성장의 환상 : 어떻게 경제 성장이 소수를 살찌우고, 다수를 가난하게 만들며, 지구 전체를 위협하는가?" 같은 제목을 발견했다.[21] IMF와 세계은행의 연례회의 때 시위대는 돌과 화염병을 던지며 세계 경제 성장에 대한 환멸을 표현한다.

창조적으로 파괴적인 성장에 반대하려는 유인을 갖고 있는 가장

---

18) http://preservenet.com/endgrowth/EndGrowth.html.
19) Benfield, Raimi, & Chen, 1999.
20) Kennedy 1993, 13쪽, 15쪽.
21) Daly 1992 ; Zolotas 1981 ; Douthwaite 1992 ; Trainer 1989 ; Wachtel 1983 ; Mishan 1967.

명백한 기득권 계층은 구기술에 익숙한 집단이다. 나는 최신 팜 파일럿 PDA를 사지 않고 있다. 모든 지인들의 전화번호며 필요한 정보를 구형 샤프 전자수첩에 저장해 놓고 있기 때문이다. 좀더 일반적으로 구산업에는 신기술의 도입에 맞서 노동자들과 기업의 연합이 조직된다. 특히 신기술이 해외에서 도입될 때 보통 기득권 계층의 연합은 더 효율적인 신기술로 만들어진 수입 상품과의 경쟁에 맞서는 보호 장치로 전환된다. 정부 지도자들 역시 구기술의 기득권 계층에 속할 수 있다. 관료들은 신기술이 자신들의 통치를 위협한다고 느낄 수 있다. 이 때문에 명나라 시대 중국이 쇄국 정책을 적용했을 수도 있다. 이들 기득권 계층은 너무도 강력해서 성장 둔화를 초래하기도 한다.

경제사가 조엘 모키어Joel Mokyr는 영국에서 세계 최초의 산업 혁명을 주도했던 계층이 나중에는 기술 진보를 방해했고, 그 때문에 영국이 아메리카에 대한 기술적 우위를 잃게 되었다고 주장했다. 영국 공립학교는 과학기술 엘리트보다는 직업 엘리트들을 훈련시켰다. 반면에 대륙의 독일인들은 공과대학을 도입했다.[22] 미국의 방적산업은 랭커셔Lancashire가 뮬mule 방적기에 집착하는 동안 새로운 링ring 방적기를 도입하여 영국보다 앞서 나갈 수 있었다.[23] 한편 1850년대 노샘프턴에서 세 차례 노동자 파업이 일어난 결과 구두 제작에 재봉기계의 도입이 금지되었다. 버밍엄의 총 제조산업은 엄청난 진보라고 할 수 있는 교체 가능한 부품의 도입을 방해했다. 그 밖에도 영국 노동자들은 카펫 제조, 유리가공, 금속가공 분야에서 새로운 기

22) Mokyr 1990, 263쪽.
23) Mokyr 1990, 142~143쪽.

계의 도입을 방해했다.[24]

다음으로 1970년대와 1980년대 미국에서 같은 일이 발생하면서 미국은 일본에 대한 우위를 잃었다. 오늘날 일본은 정체를 경험하고 있고, 커다란 쇄신을 겪은 미국은 다시 앞서고 있다. 비록 미국과 일본은 둘 다 몇십 년 전보다는 느리게 성장하고 있긴 하지만 말이다.

우리는 구기술과 신기술의 갈등을 일종의 세대 간 갈등으로 생각할 수 있다. 구세대는 구기술로 훈련받은 사람들이며 이들이 보유한 기술은 해당 기술에 고유한 것일 수 있다. 따라서 이들은 신기술에 반대할 모든 유인을 갖고 있는 셈이다. 젊은 세대는 현재의 기술 프런티어에 맞게 새롭게 훈련받은 사람들로 더 생산적인 신기술을 도입하려는 유인을 갖고 있다. 따라서 기술 진보의 계속 여부는 젊은 세대가 주도하느냐, 구세대가 주도하느냐에 달려 있다.

민주주의 사회에서 이는 인구학적 문제로 귀착된다. 구세대가 다수를 형성할 만큼 인구 구조가 비대칭적으로 변할 것인가? 이에 대한 답은 인구 증가에 달려 있다. 인구가 빠르게 증가하는 사회에서는 젊은 세대가 다수를 형성할 것이며, 반대로 인구 증가가 느린 사회에는 인구 고령화가 진행되어 구세대가 다수를 형성할 것이다.[25] 그런데 빈국에서는 인구가 빠르게 성장한다. 따라서 인구의 다수가 젊은 세대라는 장점을 갖고 있다. 왜 과거 20여 년 동안 전자 혁명이 일어났는데도 아직 기대했던 만큼 생산성 보수가 발생하지 않았는지도 이런 관점에서 설명할 수 있을 것이다. 즉 구세대가 현대 사

---

24) Mokyr 1990, 263~265쪽.
25) Aghion & Howitt 1999, 313~316쪽.

회의 전체 인프라에 개인용 컴퓨터가 완전히 보급되는 것에 저항했기 때문이다. 예로 나의 어머니는 이메일을 결코 사용하지 않으시며, 아마도 미국에 남은 마지막 타자기일 것이 분명한 전기 타자기로 나에게 편지를 쓰신다. 그러나 미국 경제는 다른 선진 경제에 비해 인구 증가가 빠르고 상대적으로 젊은 세대들이 많아서 다른 선진 경제보다 더 역동적일 수 있다.

이 같은 전망은 또 다른 중요한 경제적 사건을 설명할 수 있다. 바로 동유럽과 구소련 공산주의 국가들의 자본주의로의 이행 실패이다. 이 국가들은 인구 증가율이 제로에 가까운, 구세대가 주도하는 경제이다. 계획 경제 붕괴 이후 구공산권 국가들이 이륙에 실패한 이유의 일부는 아마도 구기술의 기득권 계층이 여전히 주도권을 잡고 있기 때문일 것이다. 아직도 기업의 기존 경영자들은 구세대보다는 젊은 세대에 유리한 새로운 서양 기술의 도입에 저항한다.

같은 맥락에서 경제학자 맨큐 올슨Mancur Olson은 경제 성장의 또 다른 특징을 지적했다. 올슨은 대규모 전쟁이나 기타 사회적 혁명 이후에 경제가 매우 빠르게 성장하는 경향이 있다는 흥미로운 사실을 발견했다. 대표적인 예는 2차 세계대전 이후 일본, 독일, 프랑스의 고속성장이다. 올슨은 전쟁과 혁명이 기득권 계층을 해체하고 새로운 리더들을 전면에 등장시킨다고 주장했다. 올슨의 주장을 약간 확대하면 전쟁과 혁명이 구세대를 쫓아 내고, 신기술을 수용할 준비가 되어 있는 신세대를 육성한다고 말할 수 있을 것이다.

2차 세계대전 이후 일본과 미국의 철강산업을 비교해 보면 새로운 리더를 탄생시킨 쇄신과(일본) 혁신에 저항하는 기득권 계층(미국) 간의 차이를 알 수 있다. 2차 세계대전 종전 후, 미군의 일본 점령으로 일본의 중공업 분야에서 전전戰前 지도자들이 사라졌다. 니시야마 야타로Noshiyama Yataro라는 젊은 엔지니어가 가와사키 강철의 사장으로 취임했고, 철강산업의 기술 개척자가 되었다.[26]

1952년 오스트리아의 두 기업이 당시의 표준적인 평로open hearth 용광로를 대체하는 산소 제강기술을 발명했다. 두 기업은 미국과 일본을 대상으로 산소 제강법을 판매하려고 노력했다. 당시 미국은 일본보다 10배나 많은 철강을 생산하고 있었고 기존의 평로 제강기술에 엄청난 투자를 하고 있었다. 더구나 미국은 바로 이 평로 제강기술을 도입해 베세머Bessemer 제강기술을 사용했던 영국을 뛰어넘었다.[27] 따라서 미국 기업들은 새로운 산소 제강기술의 도입을 거부했다. 반면에 니시야마 야타로는 1950년대 후반 산소 제강기술을 도입하였고, 다른 일본 제철기업들도 니시야마의 뒤를 이었다. 산소 제강기술이 도입된 후 평로 제강기술에 비해 생산비가 10~20% 가까이 감소했고, 제련 시간도 10분의 1 수준으로 단축되었다. 게다가 기술 도입은 또 다른 기술 도입을 낳는다. 1950년대 후반 일본에서는 철강 제련단계에서부터 직접적으로 철판이 생산되는 연속 주조 기술이 기존 기술을 대체했다. 기존 기술에서는 제련된 철강을 냉각시켜 인곳ingot을 만들고, 인곳을 재가열하여 철판을 생산했다.

연속 주조는 산소 제강기술에 이어 자연스럽게 등장한 기술이다. 연속 주조기술을 사용하지 않으면 철강 제조와 철판 제조의 속도 간에 생산라인의 불균형이 발생하기 때문이다. 연속 주조기술의 혁신 다음에는 전체 철강 제조 과정의 컴퓨터 프로세스 관리가 등장했다.

---

26) Yonekura 1994, 207쪽.
27) Mokyr 1990, 118쪽.

일본은 1962년 컴퓨터 프로세스 관리를 도입해 1980년대 이 분야에서 세계 1위가 되었다.[28] 1957~1993년까지 일본 철강산업의 자원 이용 효율성은 2배 이상 증가한 반면 미국의 철강산업 효율성은 대략 비슷한 수준에 머물러 있었다.[29] 과거 40여 년 동안 일본의 철강 생산은 4배로 증가했지만, 미국의 철강 생산은 단지 13% 증가했을 뿐이다.[30] 1960~1996년까지 일본의 세계 철강 시장 점유율은 2배로 증가했고, 미국의 점유율은 50%나 감소했다. 그리고 이제 역사는 반복되어 일본은 한국과 대만 같은 국가들에 철강 시장의 패권을 내주고 있는 상황이다.[31]

일본 철강산업의 예가 보여 주듯 구기술의 기득권 계층과 신기술 간의 긴장은 후진국에 유리하게 작용할 수 있다. 선진 경제는 기존의 기술에 커다란 이해관계가 걸려 있기 때문에 노동자들을 기존 기술을 이용하여 훈련시킨다. 따라서 선진국은 신기술을 도입하는 것보다 기존 기술을 유지하는 것이 더욱 생산적이다.[32] 그렇다면 후진국은 어떠한가? 후진국은 노동자들을 구기술로 훈련시키지 않았다. 이유는 아직 산업 생산을 시작도 하지 않았기 때문일 수도 있고, 구기술을 사용하는 공장들이 전쟁으로 폭격을 맞았기 때문일 수도 있다. 따라서 후진국은 새로운 산업을 육성하면서 신기술로 바로 도약하는 것이 유리하다는 사실을 발견할 것이다. 그렇게 선진국을 따라잡는 것이다. 사실 일부 사람들은 일본이 2차 세계대전 이후 미국을

---

28) Yonekura 1994, 219~222쪽.
29) Lieberman & Johnson 1999.
30) UNIDO, Industrial statistics at 3-digit level, 세계은행 사이버 데이터베이스.
31) D'Costa 1999, 3쪽.
32) Jovanovic & Nyarko 1996. '후진성의 이점'이라는 사고는 알렉산더 거센크론(Alexander Gerschenkron)의 주장에서 그 기원을 찾아볼 수 있다.

따라잡을 수 있었던 이유도 바로 여기에 있다고 생각한다. 이 같은 주장은 후진국은 언제나 불리할 수밖에 없다는 8장의 결론과 대조되어 흥미롭다.

그러나 후진성의 축복에 흥분하기 전에 8장에서 살펴보았던 힘들이 여전히 작용한다는 사실을 기억하자. 비록 후진성이 기술 프런티어로 도약할 수 있는 이점을 제공할 수도 있지만 여전히 후진국은 많은 불리한 점들을 안고 있다. 너무 후진적인 국가들은 신기술에 보완적인 투입 요소들이 부족할 수도 있다. 예로 철강 제조의 전 공정을 컴퓨터 관리로 전환하자면 능숙한 컴퓨터 기술이 필요하다. 또한 아주 기초적인 수준에서라도 믿을 수 있는 에너지 공급이 확보되어야 하는데 이는 경제의 운송 인프라에 달려 있다. 사실 경제가 '너무도 후진적이어서' 기술 프런티어로 도약할 희망이 전혀 없을 수 있다. 결국 왜 차드가 일본처럼 미국을 따라잡지 못했는지도 후진성의 불리함으로 설명될 수 있다. 우리는 후진국이 선진국을 따라잡는 일반적인 추세는 존재하지 않는다는 것을 살펴보았다. 대신에 후진국들은 평균적으로 더욱 뒤처졌다.

기술 모방의 힘

빈국이 기술의 발명자가 될 가능성이 거의 없기도 하지만 빈국에 꼭 토머스 에디슨과 빌 게이츠가 태어날 필요는 없다. 빈국은 부국의 발명을 수용함으로써 자국의 기술 수준을 발전시킬 수 있다는 이점을 갖고 있다.

8장의 방글라데시 의류산업의 예에서 살펴본 것처럼, 빈국은 산업국의 기술을 모방함으로써 단번에 기술 프런티어로 도약할 수 있다. 방글라데시의 의류산업 노동자들은 한국에서의 교육 기간 동안 한국의 의류산업 노동자들을 모방했고, 방글라데시 경영자들은 한국 경영자들을 모방했다. 결과는 방글라데시 의류산업이 수십억 달러에 달하는 수출 성과를 달성하는 것으로 나타났다.

부국에서 빈국으로 선진 기술을 이전하는 수단 중 하나는 방글라데시 의류산업의 예가 단적으로 보여 주는 것처럼 외국인 직접 투자이다. 한국 기업 대우가 방글라데시 투자를 결정하지 않았다면 방글라데시의 기술 도약은 불가능했을 것이다.

외국인 직접 투자가 기술 진보에 유익하다는 간접적인 증거도 존재한다. 몇몇 실증 연구는 빈국에서 GDP 대비 외국인 직접 투자가 증가하면 경제 성장이 촉진된다는 사실을 발견했다. 이는 기술 수용을 통한 성장을 반영한다.[33] 인도네시아 기업을 분석한 한 연구에 따르면 인도네시아 외국계 기업들의 노동자 1인당 생산량이 국내 기업에 비해 더 높았다.[34]

외국 기술이 도입되는 또 다른 경로는 기계 수입을 통한 도입이다. 빈국의 국민들이 컴퓨터 분야에서 기술 프런티어로 도약하는 것은 쉬운 일이다. 그저 마이크로소프트 워드와 엑셀이 설치되어 있는 델Dell 컴퓨터를 사는 것으로 충분하다. 또 다른 연구는 기계의 수입이 실제로 성장률을 증가시킨다는 것을 발견했다.[35] 만약 정부가 기계 수입을 금지할 정도로 어리석다면 성장은 정체될 것이다. 예로

33) Borensztein, de Gregorio & Lee 1998 ; Blomström, Lipsey & Zejan 1994.
34) Blomström & Sjöholm 1998.
35) Lee 1995.

브라질은 컴퓨터 혁명 단계에 매우 느리게 진입했는데, 정부가 PC 수입을 금지했기 때문이다. 국내 PC 산업을 육성하려는 잘못된 시도였다. 이는 그야말로 기술 진보를 방해하려는 기득권 계층의 전형적인 노력의 예이다.

일반적으로 모방은 혁신과 같은 종류의 유인에 반응한다. 정부는 기술 모방에도 보조금을 지급해야 한다. 기술 모방은 단지 모방자뿐만 아니라 경제의 다른 기업들에도 이익을 가져다주기 때문이다. 그리고 비즈니스 환경이 기업은 말할 것도 없고 외국인 직접 투자와 기계 수입에 유리해야 한다.

인도 소프트웨어 산업의 중심지, 방갈로르

인도 방갈로르는 남부의 카르나타카 주의 주도州都이다. 내륙 지방의 고원도시인 방갈로르는 오래 전부터 상쾌한 기후와 아름다운 정원으로 유명했던 도시이다. 또한 이곳은 신혼부부들과 퇴직자들이 안식처를 찾아 방문하는 조용한 곳이었다.[36]

그러나 오늘날 방갈로르가 유명한 것은 정원 때문이 아니다. 방갈로르의 보편적인 이미지는 이곳이 인도의 실리콘 밸리이며, 제3세계 소프트웨어 산업의 가장 큰 거점도시라는 것이다. 젊은 소프트웨어 기술자들은 방갈로르 시내 처치 스트리트의 나사NASA와 펍월드 Pubworld 같은 바에서 음료를 마시며 소프트웨어 산업의 이런저런 소문을 교환한다. 이들의 고객 중에는 시티은행, 아메리칸 익스프레

36) http://www.wired.com/wired/archive/4.02/bangalore_pr.html.
37) Stremlau 1996.

스, 제너럴 일렉트릭, 리복이 있다.37 텍사스 인스트루먼트, 선 마이크로시스템, 노벨, 인텔, IBM, 휴렛팩커드도 모두 방갈로르에 지사를 갖고 있다. 이곳에 진출한 인도 회사로는 위프로, 타타, 사티얌, 베이소프트, 인포시스 등을 들 수 있다. 위프로나 타타 같은 몇몇 국내 회사들은 외국 기업들과 파트너십을 맺고 있다. 헤드헌팅 회사들은 오리지널 실리콘 밸리에서 일할 소프트웨어 기술자들을 채용하려고 처치 스트리트를 방문하기도 한다. 방갈로르는 22억 달러에 달하는 인도 소프트웨어 산업의 커다란 부분을 차지하고 있다.

인도의 기업가 잠셋지 나자르완지 타타Jamsetji Nasarwanji Tata는 1909년 방갈로르에 인도 최초의 과학기술 대학인 인도 공과대학을 설립했다. 다른 사람들처럼 타타도 방갈로르의 아름다운 기후에 끌렸던 것이다. 1947년 독립 후에는 힌두스탄 에어로노틱스, 바랏 일렉트로닉스, 인도 우주연구기관, 국립항공학연구소 같은 정부의 국방, 항공, 전자 분야 기관들이 방갈로르에 자리를 잡았다. 이제 우리는 왜 소프트웨어 산업이 방갈로르를 중심으로 발전하게 되었는지 이해할 수 있지만, 아직 뭔가 놓치고 있는 게 있다. 소프트웨어 기술자들이 방갈로르로 오는 이유는 이미 다른 소프트웨어 기술자들이 방갈로르에 있기 때문이며, 이들 역시 다른 소프트웨어 기술자들이 있기 때문에 방갈로르로 온 것이다. 그렇다면 왜 소프트웨어 산업이 이렇게 좁은 지역에 집중된 것일까?

나는 이제까지 기술 혁신을 혁신자의 의식적인 결정으로 다루어 왔다. 그런데 혁신자는 유인에 반응하며, 보통 이 유인은 정부의 개입으로 강화된다. 그러나 발명에는 무의식적인 면도 존재하는데, 이것이 바로 '경로 의존path dependence'이라고 불리는 것이다. 혁신자는 특정 혁신이 어떤 결과를 낳을지 예상할 수 없다. 잠셋지 나자르완지 타타는 1909년 그가 설립한 공과대학이 장차 방갈로르에 컴퓨터 산업의 집중을 낳을 것이라고는 상상하지 못했다.

경로 의존과 운

개인 혁신자는 보통 하나의 혁신이 연쇄적으로 다른 혁신을 초래할지, 아니면 그 혁신이 기술적 사망 직전의 회광반조인지 예측할 수 없다. 우리는 여기서 다시 불확정성의 공포에 직면한다. 불운하게도 어떤 사회는 현재는 유용하지만 미래의 혁신은 낳지 못하는 기술을 도입했을 수 있다. 또 어떤 사회는 운이 좋아서 기술적으로 유리한 경로의 첫 번째 단계에 들어섰을 수 있다. 이것이 경로 의존이다. 한 국가가 미래에 성공하느냐는 그 국가가 과거에 선택했던 경로에 달려있다. 예로 18세기 영국은 풍부한 석탄 자원을 보유하고 있는 국가로서 광업의 기술 진보에 많은 관심이 있었다. 당시 영국의 광업이 직면한 문제는 석탄 광산에서 물을 제거하는 일이었다.

이제 광부들은 "더 좋은 펌프를 개발하기 위해 일했고, 이들의 노력으로 더 정확한 천공기穿孔機 및 다른 도구들의 발명이 탄생했다. 영국에서 현대적인 증기기관이 발전할 수 있었던 것도 아마 이 때문일 것이다. 광업은 금속학, 화학, 역학, 공학에 대한 지식을 요구했다. 그렇게 많은 지식 분야의 그렇게 많은 부문의 결합은 더 근본적인 기술 진보로 귀결될 수밖에 없었다." 실제로 18세기 영국의 많은 위대한 발명가들이 광업 분야에서 출현했다.[38]

또 다른 예는 서양에서 바퀴를 교통 수단에 사용한 것이다. 서양에서는 일륜차에서 출발해 마차, 역마차를 거쳐 기차에 이르면서 교통 수단이 자연스럽게 진보했다. 반면에 중동과 북아프리카에서는 기원전 100년경 낙타 안장이 발명된 이후 낙타가 바퀴를 대체했다. 당시 낙타의 이용은 경제적으로 의미가 있었다. 사막을 통과하는 낙타를 위해 도로를 건설해서는 안 되었기 때문이다. 그러나 낙타는 일종의 기술적 종점이었다. 모키어가 지적한 것처럼 "낙타는 자원을 보존했지만 철도 건설이라는 영감을 주지는 못했다."[39]

좀더 최근의 예는 1960년대 후반, 일본의 아날로그 고화질 텔레비전의 발명이다. 일본은 1989년 처음으로 HDTV 방송을 시작했고, HDTV 분야에서 세계 1위 국가였다. 그러나 일본은 곧 미국과 유럽에 주도권을 뺏기게 된다. 미국과 유럽은 디지털 HDTV에서 기술의 미래를 보았다. 1998년 미국에서 최초의 디지털 HDTV 방송이 시작되었다.[40] 기술에서 무엇이 기술 약진의 경로가 될지 예측하는 일은 매우 어렵다. 때로 여러분은 잘못된 말에 베팅할 수도 있다.

보완성 대 대체성

하나의 발명이 다른 발명의 수익률을 개선시킨다는 점에서 신기술이 서로 보완적이라고 생각할 수 있다. 이 내용은 내가 이 장의 대부분에서 강조했던 효과, 즉 신기술이 구기술을 파괴한다는 창조적 파괴와 대조된다. 기술의 보완성 효과로부터 우리는 8장의 숙련

---

38) Mokyr 1990, 162쪽.
39) Mokyr 1990, 164쪽.
40) http://www.teleport.com/~samc/hdtv/

매칭 게임 모델과 유사한 결론을 도출할 수 있다. 경제사의 흐름은 보완성이 지배하느냐, 대체성이 압도하느냐에 따라 달라진다.

철도는 증기기관을 보완하는 발명이었다. 증기기관이 아니라 말이 끄는 기차를 타고 과연 얼마나 멀리까지 갈 수 있었겠는가? 인터넷은 개인 컴퓨터에 보완적인 발명이었다. PC가 아니라 메인프레임 컴퓨터로 인터넷을 사용하는 것이 상상이 되는가?

만약 발명의 보완성이 발명의 대체성을 압도한다면, 8장의 수확체증 법칙과 유사한 결과가 초래될 것이다.

첫째, 1750~1830년까지 영국 미들랜드, 1980년대와 1990년대의 실리콘 밸리, 오늘날 인도 방갈로르의 소프트웨어 산업처럼 발명이 시공간적으로 매우 집중될 것이다. 발명가들은 주위에 다른 발명가들이 존재할 때 더욱 고무된다. 어떤 지역에서 이 같은 집중이 발생하는지는 대학의 입지 같은 우연한 사건에 달려 있을 수 있다.

둘째, 혁신은 기술이 이미 매우 발전했을 때 발생할 것이다. 이는 선진 기술의 모방과 기술 프런티어로의 도약에 유리하게 작용하는 후진성의 이점을 상쇄한다. 결국 후진성은 기술의 보완성 효과 때문에 불리하게 작용하는 것으로 보인다. 새로운 발명은 기존의 발명에 의존할 수 있을 때 발생할 것이다.

셋째, 때로 새로운 발명은 기존의 발명에 새로운 삶을 제공한다. 이 같은 시각은 이 장의 대부분에서 강조된 창조적 파괴와 반대되지만,[41] 그렇다고 창조적 파괴의 설명력을 떨어뜨리지는 않는다. 사실 두 과정은 나란히 존재할 수 있다. 새로운 발명으로 파괴되는 기술이

---

41) 영(Young)은 1993년 논문에서 이 가능성을 지적하고 있다.

있는가 하면 더욱 확대된 발명을 통해 계속 발전하는 기술도 있다.

마지막으로, 시간이 흐르면서 기술 변화의 속도가 빨라질 것이다. 만약 새로운 발명이 기존의 기술을 보완한다면 이 새로운 발명의 수익률은 기술 진보와 동시에 증가할 것이다. 이는 기술 진보의 속도가 빨라진다는 것을 의미한다. 이것은 경험으로 증명된다. 서기 0년부터 1000년까지, 말에게 멍에를 씌워 폐에 압박을 주지 않고도 짐을 끌 수 있게 한 말고삐의 발명 같은 우연한 혁신은 그야말로 일대 사건이었다. 19세기 미국에서 1869년 증기기관의 120만 마력으로부터 1939년 전기엔진의 4,500만 마력으로 이동하기까지 어느 정도 시간이 걸렸다. 70년 동안 에너지 효율이 40배로 증가한 것이다. 반대로 지난 40여 년 동안 정보처리 능력은 1960년 초당 평균 1만 개의 명령어 처리 능력을 보유한 2,000대의 컴퓨터에서 오늘날 초당 10만 개의 명령어 처리 능력을 보유한 200만 대의 컴퓨터로, 100만 배나 증가했다.[42]

발명이 서로 보완적일 수 있다는 사실은 역사와 기대가 기술 진보에서 중요한 역할을 담당할 수 있다는 것을 뜻한다. 역사는 중요하다. 한 국가가 선진 기술을 이미 보유하고 있다면 그 국가는 새로운 발명을 위한 요람이 될 것이다. 또한 기대도 중요하다. 만약 발명자가 다른 사람들이 자신의 발명에 보완적인 발명을 할 것이라고 기대한다면 발명에 대한 보수가 더욱 증가할 것이기 때문이다. 컴퓨터 회사들이 방갈로르에 입지하는 이유는 다른 컴퓨터 회사들도 방갈로르에 자리를 잡을 것이라고 기대하기 때문이다.

---

42) Brad de Long, http://econ161.berkeley.edu/E_Sidebars/E_conomy_figures2.html.

다시 한 번 말하지만 이는 미래 발명의 예상이 현재의 발명을 시대에 뒤떨어진 것으로 만들기 때문에 현재의 발명을 위축시킨다는 창조적 파괴 이론에 반대되는 결론이다. 그러나 두 이론은 서로 다른 발명에 적용될 수 있다. 어떤 발명은 기존 기술을 시대에 뒤떨어진 것으로 끌어내릴 것이며, 또 어떤 발명은 기존 기술의 수익률을 개선시킬 것이다.

대체성과 보완성을 동시에 갖는 기술이 있을 수도 있다. 예로 마이크로소프트사의 윈도는 애플사의 그래픽 유저 인터페이스를 대체했고, 애플사의 PC 시장 점유율을 잠식했다. 반면에 윈도는 다양한 윈도 기반 응용 소프트웨어의 수익률을 향상시켰다. 마이크로소프트는 윈도를 발명하고 개선하려는 강한 유인을 갖고 있다. 다른 발명자들이 윈도의 보완적 소프트웨어를 발명할 것이라고 기대하기 때문이다. 때로는 마이크로소프트사의 기술자들이 이 같은 보완적 소프트웨어를 발명하기도 했다. 마이크로소프트가 만약 모든 보완적인 발명을 회사 내에 집중할 수 있다면 그야말로 별다른 노력 없이 수월하게 엄청난 이익을 볼 수 있을 것이다.

기술은 또한 숙련을 보완할 수 있다. 이 사실을 보여 주는 한 가지 증거는 선진국에서 과거 몇십 년 동안 전자 혁명의 진전과 함께 숙련에 대한 수익률이 증가했다는 것이다. 이는 많은 선진국들에서 불평등 심화를 설명하는 하나의 근거가 될 수 있다. 고졸 인구는 e-경제가 확대되면서 대졸 인구가 높은 보수를 받게 됨에 따라 점점 노동 시장에서 소외되고 있다.

기술과 숙련의 보완성은 8장에서 살펴보았던 매칭 게임을 작동시킬 것이다. 사람들은 높은 기술이 존재하는 곳에서 높은 숙련을 축적할 것이며, 높은 숙련이 존재하는 곳에 투자할 것이다. 8장의 숙련 매칭 게임이나 이 장의 보완적 발명의 경우에서처럼 기술과 숙련의 보완성 모델에도 같은 종류의 악순환과 선순환이 존재할 것이다. 발명이 역사와 기대에 의존한다는 사실은 그만큼 행운이 중요한 역할을 한다는 것을 의미한다. 중요한 발명자 집단이 인도의 방갈로르 같은 특정 장소에 집중되면 이 지역은 지속적으로 새로운 발명자들을 끌어들임으로써 성장할 수 있다. 로마와 중국 기술이 전도유망하게 시작하고도 이륙에 실패한 이유는 몇 가지 핵심적인 보완적 발명이 부족했거나 보완적 숙련을 보유하고 있는 사람들이 부족했기 때문일 수 있다. 결국 모든 게 운의 문제일 수 있다는 말이다. 운이라는 요소는 다음 장에서 살펴보자.

빈국의 미래

현재의 전자 혁명이 빈국에서 얼마나 많은 것을 창조하고 파괴할지는 아직 알 수 없다. 보완성이 지배할 것인가? 아니면 대체성이 압도할 것인가? 기술적 후진성은 유리하게 작용할 수도, 불리하게 작용할 수도 있다. 신기술을 사용하는 능력이 기존 기술을 사용하는 능력에 달려 있을 경우, 즉 신기술이 기존 기술을 보완할 경우 기술적 후진성은 불리한 상황을 낳는다. 또한 빈국에서 낮은 평균 숙련도 때문에 신기술의 수익이 감소한다면 기술적 후진성은 역시 불리한 특성이다. 최빈국들이 가장 부유한 국가들보다 인구에 비해 인터넷 사용자의 수가 1만 배나 적은 것은 매우 나쁜 소식이다.

그러나 우리는 신기술이 어떻게 기존의 기술을 파괴하는지, 다시 말해 어떻게 기존의 기술을 대체하는지 살펴보았다. 만약 신기술이 기존 기술을 대체한다면 빈국이 기존 기술을 보유하고 있지 않다는 점은 불운을 가장한 행운이다. 이렇게 되면 빈국은 기술 프런티어로 곧장 도약할 수 있다. 오늘날 개발도상국을 여행하는 관광객들이 볼 수 있는 주목할 만한 현상은 놀라울 정도로 널리 보급되어 있는 휴대폰이다. 국영 전화회사가 제대로 전화 서비스를 제공하지 않고 있기 때문에 사용자들은 중간 단계를 뛰어넘어 곧장 휴대폰 사용으로 도약했다.

게다가 통신과 교통 서비스의 가격 하락은 빈국이 선진국에서 지식과 기술을 차용할 수 있는 새로운 기회를 창출할 수 있다. 전자 혁명의 분권적인 특징은 빈국에 매우 유리하게 작용할 수 있다. 컴퓨터는 인터넷상의 광대한 지식의 보고에 접근할 수 있게 해준다. 세계은행은 원거리 학습에 많은 투자를 하고 있다. 원거리 학습을 통해 빈국의 청중들은 미국의 교수들에게 강의를 들을 수 있으며 그 반대도 가능하다. 앞으로 교통과 통신 비용의 하락은 주요 시장과의 근접성의 중요성을 떨어뜨릴 것이며 점진적으로 거리 요소를 제거할 것이다. 사실 거리 요소는 북반구 시장에서 경쟁력을 확보하려고 노력하는 남반구의 빈국들에 방해 요소로 작용했다. 만약 거리 비용의 극적인 하락이 없었다면 방갈로르의 소프트웨어 산업도 존재하지 않았을 것이다. 정보통신 혁명이 계속된다면 제2, 제3의 방갈로르가 탄생할 수도 있다.

우리는 지금까지 부국들이 과거 200여 년 동안 이룬 기술 진보 덕분에 빈국보다 더 빠르게 성장해 왔다는 것을 살펴보았다. 그러나 이것이 계속 유지될 이유는 없다. 기술의 변화하는 속성과 기술 수용을 장려하는 적극적인 정부 정책은 방정식을 변화시킬 수 있다. 어떤 방법으로 컴퓨터 혁명이 진행될지는 아직 아무도 모르는 문제이다.

결론

기술 창조와 파괴가 성장 과정의 핵심이라는 사실을 이해하면 성장을 몇 가지 새로운 관점으로 파악할 수 있다. 경험적인 증거는 기술 혁신과 연구 개발을 위해 정부가 보조금을 지급해야 한다는 것을 암시한다. 한 예로 미국은 잘못된 방향으로 가고 있다. 1960년대 1.5%에 달했던 GDP 대비 연방 정부의 연구 개발 지출 비율은 오늘날 0.8%일 뿐이다.

구기술에 집착하는 기득권 계층은 성장 과정의 전진을 위해서는 극복되어야 한다. 이들은 경쟁력 유지를 위해 신규 기업들의 진입을 막는 장벽을 세우려고 할 것이다. 창조적 파괴의 관점에서 볼 때 젊은 기업가들이 기업하기 좋은 분위기를 만드는 것이 성장에 필수적이다.

빈국은 이제 등을 밝힐 때이다. 모닥불보다 1만 배 이상 밝은 전깃불을 켤 때이다. 신경제, 즉 닷컴 경제는 양날의 칼이다. 신경제는 너무도 숙련 수준이 낮고 기술적으로 낙후되어 있거나 기업에 적대적인 제3세계 국가들을 더욱 뒤처지게 할 수도 있지만 다른 제3세계 국가들이 보기에는 생산의 분산과 기술 프런티어로의 도약을 의미할 수도 있다.

이번 장을 8장과 같이 보면 정체하는 빈국들의 양상을 이해할 수 있을 것이다. 물론 선진국을 따라잡은 소수 예외의 경우도 있다. 한 국가가 어떤 그룹에 속하느냐는 운과 정부 정책에 달려 있다. 먼저 운에 대해 살펴보자.

10장
기적의 행운과 실패의 불운

사람들은 위대한 일을 했다고 자화자찬하지만,
사실은 그렇게 위대한 설계의 결과는 아니다. 운이 중요하다.

_프랑수아 드 라로슈푸코

나하는 베트남 라오카이에 사는 26세 가장으로 가족은 모두 12명
이다. 얼마 전까지 나하의 가정은 마을에서 가장 부유한 가정에 속
했지만 지금은 가장 가난한 가정이 되었다. 최근에 나하의 가족은
두 차례의 커다란 재앙을 겪었다. 먼저 2년 전 아버지가 돌아가시자
가족 중 일할 사람은 40세인 그의 어머니와 그밖에 없었다. 그리고
나하의 누나인 루 서 파오가 심각한 병에 걸려 병원에서 수술을 받
아야 했다. 나하의 가족은 수술비를 마련하느라 소 4마리, 말 1마리,
돼지 2마리를 팔아야 했다. 수술비는 베트남 화폐로 수백만 동dong
에 육박했다. 그러나 루 서 파오의 병은 아직 낫지 않았다. 마을 주
민들이 십시일반으로 나하의 가족을 도왔지만 누구도 2만 동 이상
을 낼 수는 없었다. 나하의 여동생인 루 서 셍은 현재 초등학교 6학

년이지만 가족을 도와야 해서 학업을 계속할 수 없다. 나하는 "만약 루 서 파오가 아프지만 않았다면 가족은 여전히 많은 소를 키우고 있었을 것이고, 어린 남동생을 위한 집도 있었을 것이며, 여동생이 공부를 계속할 수 있었을 것"이라고 말한다.

올해 30세인 산냐 찰락은 네 딸의 어머니로 인도의 제루와에서 살고 있다. 큰딸은 일곱 살이고 막내는 아직 무릎 위에서 재롱을 부리는 나이이다. 산냐의 남편은 낙농 농장에서 일했다. 그러나 1년 전쯤 갑자기 재앙이 찾아왔다. 남편이 당뇨병 때문에 일을 할 수 없게 된 것이다. 남편의 치료비를 마련하기 위해 산냐는 이웃에게 시가 2만 루피가 넘는 집과 땅을 1,300루피의 헐값에 팔았다. 산냐도 집과 땅을 팔면서 제값을 받지 못했다는 것은 알고 있지만, 새 집주인이 그녀가 아픈 남편과 아이들을 돌볼 수 있도록 집 안의 작은 방을 쓸 수 있게 해줬기 때문에 집주인에게 빚진 기분을 느끼고 있다. 산냐는 땔감을 팔아 가족을 부양하고 있는데, 이틀에 한 번씩 땔감을 머리에 이고 약 10킬로미터 거리를 걸어야 한다. 그녀는 미래에 대한 아무런 희망도 없다. 그저 하루 벌어 하루 먹고살 뿐이다. 산냐의 하루 수입은 간신히 2킬로그램의 쌀을 살 수 있을 정도에 불과하다. 산냐의 딸들은 학교에 갈 수 없지만 그녀는 딸들이 학교에 갈 수 없다는 사실을 그다지 슬퍼하지 않는다.

잠비아의 무칭카에 거주하는 프레다 무손다는 5명의 아이를 홀로 키우고 있다. 1998년 남편이 죽고, 장례식이 끝나자 남편의 친지들이 모든 재산을 가져갔다. 집 안의 가구도, 재봉사였던 남편의 재봉틀도, 남편의 은행통장도 모두 가져갔다. 프레다의 시아버지는 그녀에게 집을 떠나라고 명했다. 남편의 친구가 그녀와 아이들을 마을까지 데려다 준 게 그나마 운이 좋다면 좋은 거였다. 프레다는 앞으로 어떻게 아이들을 부양해야 할지 걱정이 이만저만이 아니다. 돈벌이를 할 만한 것을 아무것도 갖고 있지 않기 때문이다. 그녀의 부모는 늙고 가난하다. 프레다는 부모의 땅에서 옥수수, 카사바, 기장 등을 재배하고 있다. 옥수수 농사는 수확이 좋지 못하다. 돈이 없어서 비료를 쓰지 못하기 때문이다. 그래도 카사바와 기장은 옥수수보다는 좀 나은 편이다. 5명의 아이들 중 2명이 초등학교에 입학했지만 수업료를 내지 못해 학교에서 쫓겨났다. 프레다를 인터뷰하려고 집을 방문했을 때 집 안에 먹을 것이라고는 아무것도 없어 보였다. 프레다가 옷을 팔지 못하는 바람에 온 가족이 전날부터 굶고 있었던 것이다. 아이들은 설익은 망고를 먹고 있었다.[1]

나하, 산냐 찰락, 프레다 무손다는 가정을 덮친 재앙 때문에 문맹, 저숙련 노동, 빈곤의 악순환에 빠진 것이다. 부국에서 살다 보면 얼마나 많은 빈민이 자연재해와 질병으로 고통받고 있는지 쉽게 잊게 된다.

저소득층이 빠지기 쉬운 빈곤 트랩 때문에 가계나 경제 전체가 자연재해와 질병 같은 외부 쇼크에 극도의 취약성을 보이는 것이다. 가정 내에서 숙련에 대한 수익은 보완적인 가계 자산과 다른 가족 구성원의 숙련에 달려 있을 것이다. 녹색 혁명 같은 신기술을 이용하는 능력은 비료와 우량 품종 종자를 적절하게 혼합하는 보완적인 기술에 달려있다. 자원이 충분한 가계는 숙련과 기술에 투자하여 선순환을 시작할 수 있다. 그러나 빈민 가정은 담보가 없으니 돈을 빌

---

1) Narayan et al. 2000a.

릴 수도 없어 학교 교육과 기술에 대한 보수가 높다 해도 숙련과 기술에 투자할 수가 없다. 언제라도 재앙이 덮쳐서 일순간에 가정의 모든 재산이 사라질 수 있다. 즉 어떤 재앙 때문에 가계 전체가 악순환에 빠질 수 있는 것이다.

재앙의 경제

모든 경제는 재앙에 취약하다. 예로 한 사회가 평균적으로 숙련 수준이 높아서 모두가 기술을 획득하고 다른 숙련 노동자들과 매치될 수 있도록 기술에 대한 보수가 충분하다고 가정하자. 그런데 신기술의 도입은 숙련 인구가 충분히 존재해야만 가치가 있다. 만약 어떤 재앙 때문에 숙련 인구가 모두 죽고 생존자들의 재산이 모두 사라진다면 빈민들은 더 이상 기술이나 신기술을 배우는 데 쓸 비용을 부담할 수 없을 것이다. 이렇게 되면 이 사회는 매치할 수 있는 숙련 노동자가 없어서 아무도 기술을 배우지 않는 악순환에 빠질 수 있다. 또한 숙련 수준이 너무 낮아서 신기술이 도입되지 않고, 기술이 너무 후진 기술이다보니 숙련 수준도 향상되지 않는 악순환에 빠질 것이다.

빈국은 부국보다 자연재해에 더욱 취약하다. 1990년과 1998년 사이, 568건의 주요 자연재해 중 94%, 그 중에서도 인명을 앗아 간 자연재해의 97%가 빈국에서 발생했다.[2]

세계 최빈국 하위 20% 국가들 중 37%가 1960~1990년까지 기아

---

2) 세계은행, 〈세계 개발 보고서〉, 2000~2001, 토의용 초안, 6쪽, 24쪽.

를 겪었지만 세계에서 가장 부유한 상위 20% 국가들 중 어느 국가에서도 기아가 발생하지 않았다. 세계 최빈국 하위 20% 국가들 총인구의 1% 이상이 재해민들이지만 부국의 국민들 중에는 이런 재해난민이 없다. 세계 최빈국 하위 20% 국가들에서 청장년 인구의 11%가 후천성면역결핍증HIV 감염자인 반면 가장 부유한 상위 20% 국가들에서는 청장년 인구의 0.3%만이 HIV 감염자이다.

HIV 보균자 수가 가장 많은 21개 국가들은 모두 사하라 이남 아프리카에 위치한 국가들이다. 아프리카에서는 이미 1,400만 명이 에이즈로 사망했다. 짐바브웨와 보츠와나의 경우 성인 4명당 1명은 HIV 감염자이다. 오늘날 잠비아나 짐바브웨에서 태어난 아이는 아마 언젠가는 에이즈로 죽을 것이다.[3] 아이들이 에이즈로 죽지 않는다 하더라도 부모를 에이즈 때문에 잃고 고아가 될 것이다. 현재 아프리카의 에이즈 고아의 수는 1,000백만 명에 달한다.[4] 가장 피해가 심한 국가들은 에이즈 때문에 2010년에는 기대수명이 47세까지, 17년 이상 낮아질 것으로 예상된다.[5] 1999년 아프리카에서 400만 명이 추가로 에이즈에 감염되었다. 에이즈는 단지 인간적인 비극만이 아니다. 에이즈로 인해 청장년층 노동 인구가 줄어들어 경제가 노동력 부족을 겪을 수 있다. 보츠와나에서는 기업들이 숙련 노동자가 에이즈로 사망할 경우 신입사원 채용 비용을 감당하기 위한 '핵심 인재 보험key man insurance'에 가입하고 있다.[6]

에이즈 외에 다른 자연재해와 인재도 존재한다. 1969년 이후 지

---

3) http://www.worldbank.org/html/today/archives/html/sep13-17-99.htm#9-14.
4) http://www.worldbank.org/aids-econ/africa/fire.htm.
5) http://www.worldbank.org/aids-econ/africa/fire.htm.
6) UNAIDS 1999.

진, 가뭄, 홍수, 태풍, 화산 폭발, 산사태 등의 자연재해와 전쟁, 기아 등의 인재로 사망한 사람들의 수는 4,200만 명이다. 이 가운데 3분의 2는 에티오피아, 방글라데시, 중국, 수단, 인도, 모잠비크 등 6개 저소득 국가에서 발생했다.[7]

빈국 간 성장률 격차가 선진국 간 성장률 격차보다 더 큰 이유도 빈국이 재앙에 더 취약하기 때문일 수 있다. 사실 1960~1994년까지 세계 최빈국 하위 20% 국가들의 1인당 성장률은 −2%(콩고민주공화국)에서 6%(보츠와나)까지 매우 다양했다. 반면에 가장 부유한 상위 20% 국가들은 같은 기간에 1인당 성장률이 최저 1.6%(스위스), 최고 3.2%(이탈리아)를 기록했다.[8]

지난 몇 년 동안 니카라과와 온두라스에서는 허리케인 미치 때문에 치명적인 홍수 피해가 발생했고, 터키에서는 두 차례의 지진이 발생했으며, 인도 오리사 주에서는 몬순으로 대홍수가 발생했다. 콜롬비아에서는 지진, 베네수엘라에서는 산사태, 아르메니아에서는 지진, 베트남에서는 홍수, 대만에서는 지진, 중국에서는 양쯔강 대홍수, 에콰도르에서는 엘니뇨, 파푸아 뉴기니에서는 해일, 벨리즈에서는 허리케인 케이트, 방글라데시와 모잠비크에서는 홍수가 발생했다. 또한 수단, 케냐, 에티오피아에서는 수많은 사람들이 기아로 고통을 겪고 있다.

이 가운데 하나만 예를 들자면 1999년 12월 베네수엘라에서 2주 동안 폭우가 쏟아져 홍수 피해와 산사태가 발생했다. 이로 인한 사망자 수는 3만 명으로 집계되었으며, 15만 명의 수재민이 발생했고,

---

7) 적십자 1995, 99쪽, 104쪽.
8) 1인당 소득은 Summers & Heston 1999, 1인당 성장률 데이터는 세계은행 온라인 데이터를 참조했다.

바르가스 주의 대부분이 파괴되었다. 이 때문에 당시 베네수엘라가 입은 경제적 손실은 100~150억 달러, 즉 베네수엘라 GDP의 10~15%로 추정된다.9 국제적십자사 자원봉사자들은 다음과 같은 초기 현장 보고서를 제출했다.

집들은 갈가리 찢어진 종이처럼 보이고 거리는 대규모 폭격을 당한 것 같은 상황이다. 죽음의 악취가 풍기고 무너진 건물의 잔해가 사방에 널려 있다. 바위와 흙이 강을 이루고 마을을 통과하는 길을 덮고 있다. 땅 위에는 자동차와 공중전화부스의 일부가 보인다. 이 모든 것이 전쟁이 아니라 비 때문이라니 믿을 수가 없을 지경이다. 그러나 집이나 학교, 교회 잔해에 들어가 복도를 통과해서 예전에 교실이나 부엌이었던 곳으로 들어가 보면 범인은 확실히 흙이라는 것을 알 수 있다. 흙이 너무도 두껍고 높게 쌓여서 모든 구조물이 이제 장례식장, 시체 안치소, 묘지의 일부가 되어 버렸다. 3만 5,000명이 거주했던 라 구아이라 시에는 이제 5,000명만이 남아 있을 뿐이다.

74세의 생존자 블랑카 로자 지랄다 할머니는 진흙이 쏟아져 들어오는 것을 봤을 때 자신이 노인이라는 사실을 기억할 시간도 없었다며 무작정 높은 곳으로 뛰어 올라갔다고 한다.

많은 희생자들이 카라카스 근처 아빌라산 아래, 주석과 나무로 만든 판잣집에서 살고 있었다. 수십 년 동안 정부 관리들은 아빌라산의 위험한 경사면을 따라 형성된 빈민가를 무시해 왔다. "물론 위험

---

9) http://wb.eiu.com/search_view_asp?from_page=composite&doc_id=EI541397&topicid=VE.

하다는 건 알고 있었어요. 그러나 어쨌든 제가 사는 땅인 걸요. 선택의 여지가 없었어요. 부자들만 선택이란 걸 할 수 있죠." 빈민가 주민 앙드레 엘로이 길렌의 말이다.10

산사태가 발생한 지 한 달 반이 지난 2000년 2월 카라카스를 여행한 적이 있다. 나는 산기슭에 모여 있는 판자촌을 보면서 공포로 몸을 떨었다. 산기슭에는 붉은색 잔해로 덮여 있는 곳들이 보였다. 집과 땅이 폭우로 흔적도 없이 사라진 것이다. 또한 정부가 아직 잔해를 모두 제거하지 못해 곳곳에 잔해와 쓰레기들이 널려 있었다.

왜 운이 중요한가?

성장 모델을 연구하는 경제학자들은 성장이 어떤 결정적인 요소에 반응한다고 생각하는 것을 좋아한다. 그러나 유출, 매치, 트랩의 관점으로 볼 때 성장은 어쨌건 그렇게 결정론적이지 않다. 기술 변화의 관점에서 본다면 경제의 한 분야에서 기술의 발전은 다른 분야의 보완적 기술의 변화에 달려 있다. 기술과 스킬의 보완성은 경제의 출발점에 따라 선순환도, 악순환도 만들 수가 있다. 비록 기술 프런티어로의 도약을 통해 후진국이 선진국을 따라잡을 수 있다 해도, 애초에 숙련도나 기술 수준이 너무 낮으면 도약에 필요한 기술을 실행할 수가 없다.

성장은 초기 조건에 달려 있다. 만약 경제가 유리한 위치에서 출발한다면 이 경제는 이륙에 성공할 것이다. 반면에 자연재해나 역사

---

10) 뉴욕 타임스, 1999년 12월 20일.

적 초기 빈곤 상황 때문에 경제가 임계점 아래에 위치해 있다면 이 경제는 이륙에 실패할 것이다. 또한 성장은 기대에 달려 있다. 모든 사람들이 경제가 성공할 것이라고 기대한다면 모두가 지식과 기술에 투자할 것이다. 그렇지 않으면 투자도 없을 것이다. 나쁜 운은 나쁜 유인을 창출하고 좋은 운은 좋은 유인을 창출할 수 있다. 사람들은 유인 체계에 반응한다.

기대에 대한 민감성이 경제가 불운에 취약한 이유이기도 하다. 초기 상황에서 우연한 사건 하나 때문에 경제의 모든 구성원이 투자의 보수가 없을 것이라고 기대할 수 있다. 이에 따라 모두가 투자를 하지 않는다면 실제로 투자는 아무것도 가져다 주지 않을 것이다. 다른 누구도 신지식, 기계, 기술, 숙련에 투자하지 않을 거라고 믿는 것은 사람들이 실제로 지식, 기계, 기술, 숙련에 투자하지 않는 충분한 이유가 된다. 기술, 기계, 숙련에 대한 자신의 투자를 다른 사람들과 매치할 수 있는 기회가 없기 때문에 투자를 아예 하지 않는 것이다.

수확체증의 법칙이 존재할 경우 전쟁이나 홍수 때문에 성장 경제가 단번에 후퇴 경제로 전환될 수 있다. 1982년과 1994~1995년 라틴 아메리카, 1997~1998년 아시아, 1998년 러시아, 1999년 브라질에서 목도한 것처럼, 수출 가격이나 수입 가격의 급락 또는 급등, 자본 플로의 갑작스러운 고갈도 전쟁이나 홍수와 동일한 결과를 낳을 수 있다. 수확체증의 법칙이 존재하면 자본주의 경제는 본질적으로 불안정하다. 심지어 미국도 빈곤에서 번영으로 나아가는 기나긴 여정 동안 여러 차례의 금융 위기와 경기 침체를 겪었다.

어떻게 우발적 사건이 한 국가의 전망을 바꿔 놓을 수 있을까? 우리는 지식 유출과 매칭 게임 때문에 지식 수준과 숙련 수준이 이미 높고 기계스톡이 충분한 곳에서 지식, 기계, 숙련에 대한 투자 유인 도 강하다는 것을 살펴보았다. 기존의 지식은 새로운 투자자들에게 유출될 것이다. 기존의 지식, 기계, 스킬은 새로운 지식, 기계, 스킬 과 유익하게 매치될 수 있는 기회를 창출할 것이다. 신기술이 기존 의 기술과 상호보완적이라면 선순환과 악순환이 모두 존재할 것이 다. 기계스톡의 급감이나 미래의 기술, 기계, 숙련 수준에 대한 기대 의 변화가 발생한다면, 즉 예를 들어 자연재해, 전쟁, 갑작스러운 자 본 유출 같은 사건이 발생한다면 성장 유인이 빠르게 악화될 것이다.

운 앞에서 우리는 정직할 수밖에 없다

나는 운에 대해 말하는 것을 좋아한다. '경제 성장은 운이다'라는 생각이 존재하기 때문에, 경제학자들이 경제 성장의 결정 요인을 설 명하는 특정 가설을 테스트할 때 과학적으로 정직할 수 있는 것이다. 운에 대해 생각하는 것은 영혼을 위해서도 좋다. 운을 생각하면 우 리처럼 스스로가 대단하고 중요한 분석가들도 무슨 일이 일어날지 전혀 알지 못할 수도 있다는 것을 깨닫게 되기 때문이다. 만약 성장 의 진짜 원인이 그저 엄청난 행운일 뿐이라면 과연 우리는 자신이 중요하다고 생각하는 요소 X와 경제 성장 사이에 여전히 똑같은 상 관관계가 존재한다고 생각할 수 있을 것인가? 이 장에서 나는 데이 터에서 운이 작동하는 몇 가지 미묘한 방법을 탐구해 볼 것이다.

진화론적 예를 하나 고려해 보자. 우리는 자주 공룡의 멸종을 변 화하는 조건에 적응하지 못할 때 무슨 일이 일어나는지를 보여 주는 도덕적 우화로 생각한다. 또한 이미 운이 다해서 몸집만 거대한 조직을 '공룡'이라고 부르면서 비아냥거리기도 한다(이는 사실 '호모 사피엔스'만의 오만방자함의 발로라고 할 수 있다. 결국 인류는 지구상에 공룡이 살았던 기간의 1%도 아직 못 살았을 뿐이다). 적자생존의 법칙이다. 적응하지 못하면 도태된다.

적자생존의 법칙은 결국 장기에서 가장 적응을 잘한 경제가 성공한다는 전통적인 사고와 매우 유사하다. 두 사고의 유사성은 우연이 아니다. 찰스 다윈Charles Darwin은 애덤 스미스의 '보이지 않는 손' 개념을 차용했다. 즉 시장이나 생태계 같은 분권화된 시스템에서 보이지 않는 손이 승자를 결정한다는 사고이다.

그러나 이제 공룡에게 무슨 일이 일어났는지를 설명하는 새로운 시각이 존재한다. 공룡은 소행성과 지구가 부딪치기 전까지는 괜찮았다. 한 진화론자의 말을 빌리자면 공룡이 멸종한 이유는 유전자가 나빴다기보다 운이 나빴기 때문이다. 소행성 충돌 가설은 타고난 우수성의 문제인지, 아니면 행운의 문제인지, 두 가설 간의 영원한 긴장을 보여 주는 좋은 예이다.

마지막으로 성장률이 운처럼 움직인다는 것이 중요하다. 1975년과 1990년 사이 각국 성장률과 1960~1975년의 각국 성장률 간에는 약한 상관관계가 존재할 뿐이다. 가봉 같은 국가는 1960~1975년 거의 세계 최고 수준에 육박하는 1인당 성장률을 기록하다가 1975~1990년에는 마이너스 성장률을 기록했다. 이란, 코트디부아르, 니카라과, 가이아나, 페루, 나미비아도 1960~1975년까지는 평균 이상의 성장률을 기록했지만 1975~1990년까지 성장률은 거의 재앙 수준이다. 따라서 앞선 시기의 성장이 나중 시기의 성장을 예고하는 적절한 지표라고 할 수 없다. 사실 앞선 시기의 성장은 나중 시기 국가 간 성장 격차의 7%만을 설명할 뿐이다. 그림 10.1은 성장률 변화가 심한 4개 국가들의 1인당 소득의 변화가 얼마나 심한지 보여 주고 있다.

성장의 불안정성은 여러 유형의 외부 충격 및 경제가 충격에 반응하는 방법과 많은 관련이 있을 수 있다. 빈국은 수확체증 경제에서 성장의 선순환이 될지, 침체의 악순환이 될지 결정짓는 지식과 기술의 임계점 근처에 위치할 것이다. 그런데 재앙이 닥쳐서 재산과 숙련 인구가 사라진다면 빈국은 임계점 아래로 떨어질 것이며 빈곤의 악순환에 빠질 것이다. 부국은 아마 안전하게 이 임계점을 지났을 것이다.

오직 4개 국가, 즉 한국, 대만, 홍콩, 싱가포르만이 두 시기 공히 모두 놀라운 성장률을 기록하였다. 몇십 년 만에 고도성장을 이룩한 이 국가들은 아시아의 '네 마리 용'으로 알려져 있다. 시기별 성장률 사이에 약한 상관관계만 존재할지라도 운이 좋아서 높은 성장률을 유지하는 국가들이 있을 수 있다. 조만간 이들 국가에 어려움이 닥칠 것이다. 1997~1998년 동아시아에서 무슨 일이 일어났는지 기억해 보자.

성장률 역전이 정부 정책이 역전된 결과인 경우도 있지만 일반적으로는 그렇지 않다. 성장률과는 달리 지난 10년의 정책은 이번 10년의 정책을 보여 주는 좋은 예측 지표이다. 지난 10년의 인플레이션은 이번 10년의 인플레이션의 25~56%를 설명한다. 지난 10년의 GDP 대비 무역 비율은 이번 10년의 무역 비율의 60~90%를 설명한다. 정책은 성장률보다 훨씬 더 지속적이다. 따라서 정책이 성장의 유일

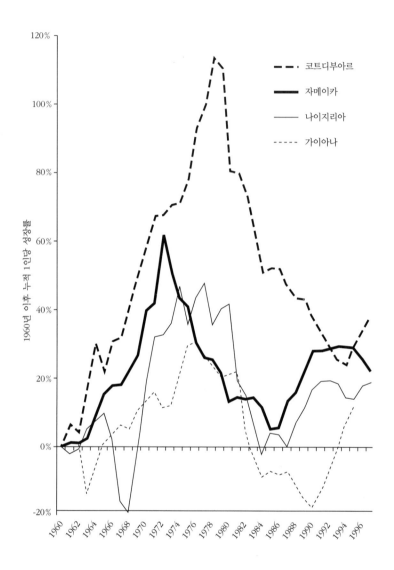

그림 10.1
시기에 따른 1인당 소득의 변화

한 결정 요소가 될 수는 없다.

성장의 불안정성은 물적 자본이든 인적 자본이든 자본 근본주의의 설명을 약화시키는 또 다른 요소이기도 하다. 공장과 설비 같은 물적 자본 투자는 전 시기에 걸쳐 매우 지속적이다. 지난 10년의 투자가 이번 10년의 투자 격차의 77%를 설명한다. 지난 10년의 초등학교 취학률이 이번 10년의 취학률의 78%를 설명한다. 지난 10년의 중등 교육 취학률이 이번 10년의 취학률의 85%를 설명한다. 그러나 이번 10년의 성장률은 다음 10년의 성장률 격차를 거의 설명해 주지 못한다.[11]

성장의 불안정성은 장기에서도 나타난다. 1870~1992년까지를 60년 단위로 끊어서, 즉 1870~1930년, 1930~1992년의 두 시기 동안 1인당 성장률의 국가 순위를 비교해 보자. 우리는 이 두 시기 사이에 성장률 순위가 큰 폭으로 변동했음을 볼 수 있다. 구체적인 예를 들어보자. 아르헨티나는 1870~1930년에 조사 대상 27개 국가들 중 가장 높은 성장률을 기록했다. 그러나 1930~1992년에는 성장률이 크게 하락했다. 반대의 예를 들어보자면, 이탈리아는 1870~1930년에는 15위였지만 1930~1992년 시기 동안 2위로 도약했다.

평균 회귀

경제 성장이 순전히 운으로 결정된다면 성장을 예측하는 일은 불가능할 것이다. 그러나 심지어 운이 모든 것을 결정한다 하더라도

---

11) Easterly et al. 1993, 468~469쪽.

미래를 예측할 수 있는 방법이 한 가지 있다. 친구들과 있을 때 실험해 볼 수 있는 아주 기본적인 트릭이다. 먼저 친구들에게 X 국가의 성장률 하락을 확신한다고 말해 보라. 다음으로 Y 국가의 성장률이 상승할 거라고 말한다. 그러면 모든 국가의 성장률이 완전히 랜덤하다 할지라도 여러분의 예측은 거의 언제나 옳을 것이다.

어떻게 이런 일이 가능할까? 그야말로 간단하다. X와 Y 국가를 고를 수만 있다면 말이다. 즉 올해 세계에서 성장률이 가장 높은 국가를 골라서 '이 국가의 성장률은 하락할 것'이라고 말하고 반대로 가장 성장률이 낮은 국가를 골라서 '이 국가의 성장률은 상승할 것'이라고 말하면 된다. 만약 성장률이 랜덤하다면, Y 국가에서 극히 불운한 결과가 재발하지는 않을 것이다. 따라서 Y 국가의 성장률은 상승할 것이다. 반면에 X 국가에서는 극히 운 좋은 결과가 반복되지는 않을 것이고 X 국가의 성장률은 하락할 것이다. 이것이 바로 평균 회귀이다.

나는 1995년 논문에서 "아시아의 네 마리 용은 이제 곧 고공비행을 멈추고 지구를 향해 귀환할 것이다."라고 결론내릴 때 이 트릭을 사용했다. 당시 나는 이 국가들의 은행 시스템이나 국제 자본 플로, 환율, 그 밖에 1997~1998년 위기를 야기했던 다른 어떤 내용도 아는 바가 없었다. 나는 단지 고도성장 국가들의 성장률이 언젠가는 평균치 수준으로 회귀할 것이라는 사실을 알고 있었을 뿐이다.

룰렛 게임

평균 회귀의 구체적인 예를 들어보자. 룰렛 게임장에서 1,000명이 룰렛을 하고 있다고 가정하자. 모두 20번씩 룰렛 게임을 할 수 있고, 룰렛의 붉은색이나 검은색에 베팅을 한다. 이 경우 룰렛이 한 번 회전할 때마다 게임에서 이길 확률은 50%라고 가정할 수 있을 것이다.

그렇다면 게임이 모두 끝난 후 룰렛 게임에 참여한 1,000명의 게임 결과는 통계학적으로 어떤 분포를 이룰까? 아마도 1,000명이라는 많은 인원이 게임에 참여했기 때문에 게임 결과는 매우 다양하게 나올 것이다. 평균적으로 1,000명 중에 가장 운이 좋은 사람은 85%의 승리 확률로 20번 중 17번을 이겼고 가장 운이 나쁜 사람은 15%의 확률로 20번 중 3번을 이겼다고 하자. 가장 운이 좋은 사람은 룰렛의 화살표가 어떤 색에 멈출지 예측하는 자신의 초자연적인 육감을 자랑할 것이고, 가장 운이 나쁜 사람은 자신이 진짜 바보 같다고 느낄 것이다.

만약 가장 운이 좋은 사람과 가장 운이 나쁜 사람이 다시 한 번 룰렛 게임을 한다면 어떤 결과가 나올까? 룰렛이 한 번 회전할 때마다 이길 확률은 둘 다 모두 50%이다. 그런데 50%는 가장 운이 나쁜 사람의 승률 15%보다는 좋지만, 가장 운이 좋은 사람의 승률 85%보다는 나쁘다. 따라서 가장 운이 나쁜 사람은 게임을 할수록 점점 나아질 것이고, 가장 운이 좋은 사람은 점점 나빠질 것이라고 예측하는 것은 매우 안전하다.

이 같은 트릭은 운이 부분적으로만 작용하고, 어떤 내재된 능력이 있는 경우라 할지라도 여전히 유효하다. 최고의 결과는 뛰어난 능력과 행운의 조합일 가능성이 높으며 최악의 결과는 낮은 능력과 불운의 조합일 가능성이 높다. 능력은 그대로인 상황에서 극단적으로 좋은 운과 극단적으로 나쁜 운이 반복될 가능성은 별로 없다. 따라서 최고의 결과라도 어느 정도 하강 국면에 접어들 것이고 최악의 결과는 어느 정도 개선될 것이라고 예측할 수 있다.

평균 회귀의 원칙은 보편적인 원칙이다. 여러분이 강한 평균 회귀를 관찰하기 위해 필요한 모든 것은 운이 어느 정도의 역할을 하는 것과 전 시기의 최고 결과를 선택하는 것이다. 평균 회귀는 왜 아메리칸 리그 신인왕이 프로 2년차가 되면 성적이 나빠지는지(이는 프로 첫해 놀라운 활약을 보인 신인들이 점차 평균적인 수준의 성적을 내는 이른바 2년차 징크스이다), 왜 NFL 슈퍼볼 우승팀의 다음 해 성적이 곤두박질치는지(사실 팀 성적이 정말로 곤두박질친 것은 아니다. 그저 평균으로 회귀할 뿐이다), 왜 두 번째 소설이 실망스러운지(우리는 첫 번째 소설이 뛰어났기 때문에 두 번째 소설에 관심을 가진다), 왜 일반적으로 속편이 전편보다 못한지(속편은 전편이 엄청난 성공을 거두었을 때만 제작되는데 보통 엄청난 성공이 다시 되풀이 될 가능성은 낮다) 설명해 준다.

평균 회귀는 지나친 성공은 실패를 낳는다는 주장과 자주 혼동된다. 도덕주의적 스포츠 기자들은 신인상을 수상한 선수가 성공에 자만한 나머지, 훈련보다는 유흥에 더 많은 시간을 보내고 어떻게 매일 밤 슈퍼모델들과 데이트를 했는지 자주 쓴다. 물론 이들 기자들이 옳을 수도 있다. 그러나 심지어 신인상 수상자들이 오프시즌 내내 교회 캠프에서 시간을 보낸다고 하더라도 2년차 성적이 데뷔 첫해 성적보다 안 좋을 것이다.

평균 회귀를 이해하지 못하는 것으로 보이는 집단이 바로 우리 개발 경제학자들이다. 우리는 대단한 성공 사례에 또다시 엄청난 성공 사례를 외삽外揷하고 있다. 이는 룰렛 게임의 예를 다시 들자면 가장 운이 좋은 사람이 이전 20번의 게임에서 뛰어난 성적을 거뒀으므로 앞으로도 계속 이길 거라고 예상하는 것이나 다름없다.

예측

주드 와니스키Jude Wanniski는 1978년 베스트셀러 저서 《세계가 작동하는 방법The way the World Works》에서 코트디부아르의 경제 성장을 칭찬했다. 와니스키에게 코트디부아르는 아프리카의 스타였다.[12] 공급 측면을 중요시하는 그는 코트디부아르가 달성한 경제 성장의 이유를 낮은 법정 세율에서 찾았다. 그러나 와니스키의 주장에는 두 가지 부차적인 문제가 있다. 첫째, 다음 장에서 논하겠지만 경제 성장과 법정 세율 간에 상관관계가 존재한다는 증거가 없다는 것이다. 둘째, 코트디부아르의 법정 세율이 전체 인구의 1.4%만을 고용하고 있는 공식 민간 부문에 적용된 세율이라는 것이다.[13]

와니스키의 스타 국가는 1978년 이후, 세계에서 가장 급격한 경제 붕괴를 겪은 국가이다(그림 10.1 참조). 그런데 세율은 아주 조금 증가했을 뿐이다.[14] 코트디부아르 국민들은 와니스키가 낮은 세율의 기적을 칭송했던 1978년보다 약 50%나 더 가난해졌다.[15]

이 같은 랜덤 요소 때문에 성장을 예측하는 것은 매우 어려운 일이다. 1950년대 한국의 경제 성과는 보잘것없었다. 1960년대 초 한

---

12) Wanniski, 1998 255쪽, 260쪽.
13) Slemrod 1995 ; Easterly & Rebelo 1993. 공식 부문에 대해서는 Chamley & Ghanem 1995를 보라.
14) Dunn & Pelecchio 1990에 따르면 1986년 코트디부아르의 법정 세율은 최고 40%였다. 반면에 와니스키의 논문에서 법정 세율은 37%였다. Gwartney & Lawson 1995는 1979~1989년 코트디부아르의 법정 세율이 45%였음을 보여 주고 있다.
15 1979~1994년 1인당 성장률은 세계은행의 자료 참조.

국을 방문한 세계은행 대표단은 당시 성장률 목표를 7.1%로 제시하고 있는 한국 정부의 경제개발계획을 평가하며 이렇게 말하고 있다. "정부 프로그램이 한국 경제의 잠재력을 훨씬 초과한다는 것은 의심의 여지가 없다." 그러나 한국의 성장률은 7.3%를 기록했고, 다음 30년 동안에는 그보다 더 높은 성장률을 기록했다.

홀리스 체너리Hollis Chenery와 앨런 스트라웃Alan Strout은 1960년대 초 인도의 성장이 1962~1976년까지 한국의 성장률을 초과할 것이라고 예측했다. 그러나 이 시기 동안 한국의 성장률은 인도의 성장률보다 3배나 높았다. 1960년대 초 또 다른 개발 경제학자는 '경제 문화'와 '인구 압력' 부문에서 동아시아를 사하라 이남 아프리카보다 낮게 순위를 매겼다. 경제학자 군나르 뮈르달Gunnar Myrdal은 미래의 슈퍼스타, 싱가포르의 '잠재적으로 폭발적인 문제'를 걱정했다. 뮈르달은 인구 급증을 포함한 이 문제들이 실업 부담의 증가로 귀결될 것이라고 보았다.[16] 그러나 싱가포르에서 폭발적 증가를 보인 것은 GDP뿐이었다.

초우량 기업의 조건

경제학에서 평균 회귀를 고려하지 않는 것은 기업에 대해서도 마찬가지이다. 1982년, 톰 피터스Tom Peters와 로버트 워터맨Robert Waterman은 초특급 베스트셀러 《초우량 기업의 조건》에서 미국의 가장 성공한 36개 기업을 소개했다. 이 36개 기업들은 IBM, 디지털,

---

16) Easterly 1995에서 인용.

제너럴 모터스, 왕, 델타 에어라인을 비롯한 미국 산업의 초우량 기업들을 포함하고 있다. 저자들이 채택한 성공 평가 기준 중 하나는 이들 기업이 1961~1980년 평균치 이상의 자기자본 수익률을 기록했다는 점이다.[17]

피터스와 워터맨에게 이 기업들의 성공 요인은 '독특한 문화적 요소', '가치', 고객 서비스, '작고 사소한 것'의 올바른 실천이다.[18] 바로 이 가치들에 집착하면서 피터스와 워터맨은 델타 에어라인 같은 회사들이 '놀라울 정도로 성공적인' 성과를 내고 있다고 쓰고 있다. 예로 한 정보원은 저자들에게 그의 아내가 전문 용어 때문에 델타 에어라인의 초저가 티켓을 놓쳤던 이야기를 전했다. 정보원의 아내는 항공사에 항의했고 델타 에어라인의 사장이 그녀를 입국 게이트에서 개인적으로 만나 직접 티켓을 전해 줬다고 한다.[19] 나중에 뉴욕의 투자 회사 샌포드 번스테인은 책의 출판 이후 델타 에어라인과 다른 35개 초우량 기업들의 성과를 조사했다. 그 결과 《초우량 기업의 조건》에서 '우수함을 찾고 있는in search of Excellence' 회사로 소개된 36개 회사들 중 델타 에어라인을 포함해 많은 회사들이 책 출판 이후 주식 시장의 '바닥'을 찾고 있다는 것을 발견했다. 사실 1980~1994년까지 36개 초우량 기업 중 약 3분의 2가 주식 시장에서 평균치 미만의 수익률을 기록했다.[20] 평균 회귀는 심지어 초특급 비즈니스 베스트셀러에도 예외 없이 적용된다.

일반적으로 감지할 수 없고 볼 수도 없는 요소들이 성공에 영향을

17) Peters & Waterman 1982, 23쪽.
18) Peters & Waterman 1982, 26쪽, 318쪽.
19) Peters & Waterman 1982, xxi.
20) 로스엔젤스 타임스, 1995년 10월 2일.

미칠 때 성공을 예측하는 것은 어렵다. 18세기 빈의 작곡가들 중 누가 후대에까지 자신의 작품으로 이름을 남길 가능성이 가장 높은가? 당시에 누구도 빈에서 8번째로 유명한 작곡가인 모차르트라고 대답하지는 않았을 것이다.

샘 보위가 누구인가? 한 번도 들어본 적이 없다고? 나도 들어본 적이 없다. 그러나 샘 보위는 1984년 미국 프로농구 신인 드래프트에서 마이클 조단보다 먼저 지명되었다.[21]

한 정치인이 경쟁자를 상대로 이렇게 불평했다. "나는 경쟁에서 완전히 실패했지만 그는 눈부시게 성공했다. 그의 이름은 온 나라를 울리며, 모두가 그를 알고, 심지어 외국인들도 그를 안다." 이 정치인은 누구인가? 바로 1856년 스테판 더글라스에 대해 말하고 있는 에이브러햄 링컨Abraham Lincoln이다.[22] 경제학뿐만 아니라 스포츠, 음악, 정치에서도 성공을 예측하는 것은 매우 어려운 일이다.

경고 : 가격이 여러분의 통제를 벗어날 수 있습니다

운이 성장의 중요 결정 요소라는 또 다른 증거는 성장이 교역 조건, 즉 수입 가격 대비 수출 가격의 변화에 민감하게 반응한다는 사실이다. 일반적으로 수입 가격과 수출 가격은 국제 시장에서 결정된다. 일개 가난한 국가가 수출 소득과 수입 비용에 영향을 미치기 위해 뭔가를 할 수 있는 가능성은 매우 낮다.

---

21) 다른 선수는 아킴 올라주원이었다. 올라주원은 스타 플레이어가 됐지만 팀이 우승한 적은 한 번도 없었다. 반면에 조단이 뛰던 시절 시카고 불스는 6차례나 우승했다.
22) Lincoln 1989, 384쪽.

1980년대에는 교역 조건 충격과 성장 간에 강한 상관관계가 있었다. 예로 유가 폭락에 직면한 석유수출국처럼 최악의 교역 조건 충격을 경험한 국가들의 4분의 1은 성장률도 최악을 기록했다. 이 국가들은 교역 조건의 악화로 연간 GDP의 평균 1%에 달하는 손해를 감수해야 했다. 1인당 성장률도 −1%로, 마이너스 성장률을 기록했다. 반면에 최고의 교역 조건 충격을 경험한 국가들, 즉 수출 가격 상승이나 수입 가격 하락으로 GDP의 1% 이상의 이익을 얻은 국가들의 성장률은 연 1% 정도였다. 효과는 대략 1 대 1이다. GDP 1% 포인트의 교역 조건 손실은 성장률의 1% 포인트 감소를 초래할 것이다.[23]

구체적으로 모리셔스와 베네수엘라의 예를 들어보자. 국제 금융기관들은 모리셔스를 대표적인 성공 사례로 지적하며, 모리셔스의 성공은 좋은 경제 정책 덕분이라고 설명한다. 사실 정책은 모리셔스의 성공과 관련이 있었을지도 모른다. 그러나 모리셔스는 1980년대 전체 조사 대상국 중 가장 유리한 교역 조건 충격을 경험한 국가이기도 하다.

반대로 국제 금융기관들은 베네수엘라를 반드시 지양해야 할 경제 운영 방식을 보여 주는 대표적인 예로 지적한다. 1980년대 이후 베네수엘라의 성장률은 마이너스로 치달았다. 그런데 베네수엘라의 마이너스 성장은 1980년대 유가 급락과 동시에 발생했다. 나쁜 정책이 베네수엘라의 성장 실패에 일정 부분 책임이 있겠지만 불운도 관련이 있다. 지금은 성장을 죽이는 포퓰리스트 정부의 존재에도 불구

---

23) 교역 조건의 손실은 다음과 같이 계산된다. 수출 가격 변화 퍼센트×(수출/GDP) − 수출가격 변화 퍼센트×(수입/GDP).

하고 유가의 고공비행이 베네수엘라 경제를 다시 살리고 있다.

교역 조건 개선? 악화?

경제학자들은 빈국의 교역 조건 추세에 대해 오랫동안 논쟁해 왔다. 1950년대 경제학자들은 빈국의 교역 조건이 장기적으로 악화될 것이라고 주장했다. 경제학자들은 소득이 증가함에 따라 세계 경제에서 원유나 구리 같은 기초 1차 생산물의 사용이 감소할 것이라고 생각했다. 이는 빈국이 1차 생산물에만 의존하지 말고 다른 상품으로 생산 다변화를 시도해야 한다는 주장을 뒷받침하는 훌륭한 근거처럼 보였다.

1970년대 일군의 전문가들이 반대되는 주장을 제시했다. 이른바 '성장의 한계' 주장이다. 즉 원유나 구리 같은 기초 1차 생산물이 고갈되고 있다는 것이다. 물론 이 전문가들은 1차 생산물을 수출하는 개발도상국들이 1차 생산물 부족으로 얻게 될 잠재이득, 즉 공급 부족으로 1차 생산물의 가격이 상승하여 개발도상국의 교역조건이 개선될 것이라는 점을 강조하지는 않았다. 그러나 이들은 선진국을 향해 1차 생산물이 고갈되는 최후 심판의 날을 경고한 셈이었다.

그렇다면 어떤 주장이 맞을까? 추세적으로 개발도상국의 교역 조건은 개선될까? 아니면 악화될까? 내가 발견한 최고의 대답은 "둘 다 가능하다."라는 것이다. 좌파 경제학자들은 빈국의 교역 조건 악화와 1차 생산물의 임박한 고갈—즉 빈국의 교역 조건 개선—을 동시에 경고하고 있다. 1987년에 발표된 유명한 브룬트란드Brundtland 위원회 보고서《우리 공동의 미래Our common Future》는 빈국들이 '불리한 가격 추세'에 직면하게 될 것이라고 경고했다. 그러나 나중에 브룬트란드 위원회는 원유 생산이 "공급 감소와 가격 상승 시기 동안 점진적으로 줄어들 것"이라고 지적했다.[24] 그런데 원유 생산의 상당 부분은 빈국에 집중되어 있다.

경제학자들은 어떤 것의 상승과 하락이 동시에 일어날 수 있다고 생각할 정도로 사고가 유연한 사람들이 아니지만, 1차 생산물 가격의 장기 추세를 관찰한 결과 그 같은 결론을 내리고 있다. 이런 연구들로부터 우리가 알 수 있는 사실은 상승이든 하락이든 어느 방향으로도 강한 추세가 존재하지 않는다는 것이다. 제조업 상품과 비교했을 때 제조업 상품양의 증가를 고려해도 평균적으로 1차 생산물 가격은 감소하지 않았다.[25]

전쟁

교역 조건의 붕괴는 개발도상국 경제에 타격을 줄 수 있는 충격 중 하나일 뿐이다. 경제 정책의 결정자들의 통제를 벗어나는 또 다른 외부 충격은 전쟁이다. 전쟁이 성장에 나쁜 유인을 창출한다는 것은 명백하다. 아무도 폭격으로 붕괴될 공장을 건설하고 싶어하지 않는다.

따라서 전쟁 중인 국가에는 그다지 좋은 일이 일어날 수 없다. 국가 간 전쟁이든 내전이든, 전쟁 중인 국가의 1인당 연평균 성장률은 −1%이다. 반면에 평화로운 시기를 보내고 있는 국가들은 연평균

---

24) 브룬트란드 위원회 1987, 67쪽, 131쪽.
25) Lipsey 1994.

1.8%의 성장률을 기록하고 있다. 예로 방글라데시 경제는 1971년 독립 전쟁 동안과 직후, 성장이 22%나 감소했다. 에티오피아의 경우 1974~1992년 오랜 내전으로 1인당 소득이 27%나 감소했다. 수단에서도 1963~1973년 북부 이슬람교도들과 남부 기독교도들 간의 첫 번째 내전 동안 26%나 하락했던 1인당 소득이 1984년 재발발한 내전이 계속되는 동안 또다시 23%나 하락했다. 특히 이 모든 전쟁 재앙이 세계 최빈국들에서 발생했다는 사실을 기억하자.

이 같은 계산은 아마도 전쟁이 경제에 미치는 효과를 과소평가한 것일 것이다. 왜냐하면 최악의 전쟁은 경제뿐만 아니라 성장률 수치를 발표하는 통계국도 작동 불능 상태에 빠트리기 때문이다. 수단은 1991년 GDP 수치 발표를 중단했다. 아프가니스탄, 라이베리아, 소말리아도 내전이 계속되는 동안 GDP 수치 발표를 중단했다. 따라서 우리는 전쟁의 폐해에 대한 데이터가 부족하다.

어떤 국가들의 저발전은 빈번한 내전으로 설명되기도 한다. 콜롬비아는 전문적이고 뛰어난 공무원들의 행정 서비스와 모범적인 경제 운용을 보여 주고 있는 국가이다. 그러나 독립 이후 콜롬비아의 역사는 1839~1842년부터 1859~1862년, 1876년, 1885년, 1895년, 1899~1902년, 1930년, 1946~1957년, 1979년을 거쳐 현재까지, 내전이나 유혈 폭동으로 점철되어 있다. 노벨문학상 수상자 가브리엘 가르시아 마르케스Gabriel García Marquez의 희비극소설 《100년 동안의 고독One Hundred Years of Solitude》에서는 주인공 오렐리아노 부엔디아 장군이 끊임없이 새로운 내전을 시작한다.

오늘날 콜롬비아의 상황은 코미디와는 거리가 멀다. 지금도 완전 무장한 게릴라들이 스위스 영토 넓이의 지역을 통제하고 있고 게릴라들과 마약 조직과의 연결은 폭력을 악화시키고 있다. 또한 우익 자경단들은 게릴라와 싸우고 있다. 1999년 여러 무장단체들이 크고 작은 전투를 벌여 3만 2,000명이 사망했다.

내가 콜롬비아를 수차례 방문하는 동안 머물던 호텔 바로 옆에 폭탄이 떨어진 적도 있었고, 암살 시도를 목격한 적도 있었다. 별 생각 없이 2개 부대가 대치하고 있는 지역으로 걸어 들어간 적도 있었다. 한번은 정부 각료가 나와 동료들에게 호텔까지 타고 가라고 차를 제공한 적이 있었다. 우리는 사실 조금 겁이 났다. 한 달 전 게릴라가 그 각료의 차 밑에 폭탄을 설치해 차를 폭파시키려고 했다는 사실을 알고 있었기 때문이다. 그러나 예의를 차려야 한다는 중압감이 죽음의 공포를 압도했고, 우리는 그의 제안을 받아들여 호텔까지 빨간불이건 파란 불이건 모두 무시하고 미친 듯이 달렸다. 그 같은 빈번한 폭력 사태가 콜롬비아 경제에 미치는 영향을 평가할 수는 없지만, 아마도 폭력은 오늘날 콜롬비아의 빈곤과 많은 상관이 있을 것이다.

산업 국가의 성장에 민감한 개발도상국

개발도상국의 성장은 북아메리카와 서유럽, 태평양 지역 선진국들의 성장에 매우 민감하게 반응한다. 선진국의 재채기 한 번에도 빈국은 독감에 걸릴 수 있다. 통계 자료를 분석해 보면 선진국 경제의 성장률이 1% 포인트 하락하면, 개발도상국 경제의 성장률은 1∼2% 포인트까지 하락한다. 1960∼1979년 선진국 경제의 성장 둔화는 개발도상국 경제의 1인당 성장률이 1960∼1979년 2.5%에서, 1980∼

1998년 0%로 하락한 이유를 어느 정도 설명해 준다.26

왜 개발도상국의 성장이 선진국의 성장에 그토록 민감한 것일까? 그것은 아마도 선진국들이 기술 프런티어를 설정하고, 개발도상국은 선진국을 따라가기 때문일 것이다. 기술 진보의 침체는 선도 국가와 추종 국가의 경제 성장을 동시에 둔화시킨다.

어쨌든 선진국의 성장 침체는 과거 20여 년 동안 개발도상국을 괴롭힌 또 다른 불운이었다. 아이러니한 것은 개발도상국들이 1990년대부터 정책을 개선하기 시작했지만 그저 제로 성장률에 만족해야 했다는 사실이다. 이는 빈국에 불리한 수확체증 법칙의 반영일 수도 있고, 나쁜 세계 경제 상황 때문일 수도 있으며, 또는 둘 다 때문일 수도 있다. 만약 전자 혁명 덕분에 선진국의 성장률이 증가한다면 다음 10년에는 개발도상국들이 반전에 성공할 수도 있을 것이다.

집에서는 하지 마십시오

성장이 단지 운으로만 결정된다면 세계는 어떤 모습일지 상상해 보자. 2개의 국가를 가정하자. 하나는 '베남비아Venambia'라는 국가이고 다른 하나는 '싱가완Singawan'이라는 국가이다. 베남비아는 1960~2000년 1인당 소득이 50% 상승한 반면, 싱가완의 1인당 소득은 3배나 증가했다(그림 10.2 참조). 싱가완의 기적과 베남비아의 빈곤의 이면에는 어떤 요소들이 숨어있는가? 이 같은 문제에 직면하여 전문가는 다양한 의견을 제시할 것이다. 제도, 문화, 또는 정부 정책이

---

26) Easterly 2000.

달랐을 수 있다. 어떤 이들은 정부 개입 때문이라고 주장할 것이고, 또 어떤 이들은 자유 방임을 주장할 것이며, 또 다른 이들은 정부 개입과 자유 방임을 동시에 주장할 것이다.

물론 그럴 수도 있지만 현실은 그렇지 않다. 그렇다면 싱가완과 베남비아의 진짜 정체는 무엇일까? 나는 난수 생성 프로그램random number generator을 이용해 싱가완과 베남비아를 만들었다. 먼저 나는 125개 가상 국가들에 대해 성장률이 최저 −2%부터 최고 6%까지 랜덤하게 변하는 것으로 설정했다. 그런 다음에 가장 성장률이 높은 국가(싱가완)와 가장 성장률이 낮은 국가(베남비아)를 골랐다. 최고 성장률 국가는 당연히 눈부신 호황을 기록했으며, 반면에 최저 성장률 국가는 보잘것없는 성과를 기록했다. 그러나 이 예에서 최고 성장률 국가와 최저 성장률 국가의 차이는 완벽하게 랜덤하다.

수학자들은 난수亂數가 반직관적이라고 지적한다. 예로 동전 던지기를 반복해서 앞면과 뒷면이 몇 번씩 나오는지 세어 보자. 동전 던지기를 충분히 오랫동안 반복하다 보면 앞면이든 뒷면이든 한쪽이 계속 연속으로 나올 수 있다. 싱가완과 베남비아의 예에서 싱가완은 22년 동안 단 한 번의 경기 침체 없이 성장가도를 달렸다. 도박사들은 이 같은 '행운의 연승'을 매우 잘 인식하고 있다. 마찬가지로 농구선수가 연속으로 슛을 했을 때 던지는 족족 공이 계속 들어갈 수 있다. 그러나 우리는 연속 슛의 성공은 완전히 랜덤한 결과라는 것을 알고 있다. 실제로 한 연구에 따르면 농구선수들의 슛이 연속 실패한 다음이나 연속 성공한 다음이나 슛이 골인될 확률은 동일하다.

경제학자들이 성장 기적 국가와 성장 실패 국가의 차이가 랜덤하다는 것을 발견할 때 어떻게 느낄지 상상해 보라. 우리 같은 잘난

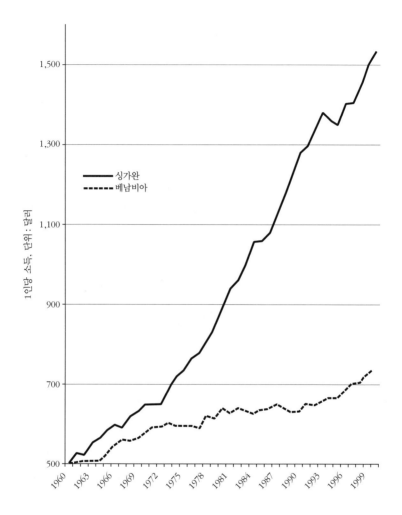

그림 10.2
두 국가의 성장 스토리

분석가들도 운 앞에서는 자신의 분석 능력을 결코 자랑할 수 없을 것이다.

우리는 성장 기적과 성장 실패를 논하면서 자신이 얼마나 선별적인지 잊고 있다. 성장 격차의 원인을 설명하면서 우리는 자연스럽게 최고의 성장 기적과 최악의 성장 실패에 집중하는 경향이 있다. 그러나 만약 랜덤 요소가 있다면 최고와 최악의 차이를 설명하기를 기대할 수 없다. 확률 법칙에 따르면 최고의 결과에는 어느 정도 행운도 작용했을 것이며 최악의 결과에도 어느 정도 불운이 작용했을 것이다. 따라서 누가 성공하고, 누가 실패할지 예측하는 것이 왜 그토록 어려운 일인지도 랜덤 요소로 설명될 수 있을 것이다.

결론

로마 신화에는 행운의 여신 포르투나Fortuna가 등장한다. 주피터의 장녀인 포르투나는 풍요의 상징인 '코누코피아cornucopia'(풍요의 뿔)와 운명을 통제하는 방향키를 갖고 있는 여신으로 그려진다. 포르투나 사원의 여사제들은 주사위를 던지거나 제비를 뽑아 미래를 예언했다. 포르투나를 묘사한 그림에는 때로 바퀴가 등장하기도 하는데 이는 오늘날 미국의 유명 퀴즈쇼, 'Wheel of Fortune(운명의 바퀴)'과 진행자 배너 화이트의 등장을 예고하는 그림이 아닐 수 없다.

1100년경 프랑스의 노르망디 페캉의 베네딕트 수도원에서 중세판 배너 화이트가 발견되었다.

나는 알 수 없는 뭔가에 의해 내려가고 올라가며 끊임없이 회전하고 있는 바퀴를 보았다…… 운명의 바퀴는 시대를 불문하고 모든 인간의 적이며, 우리를 여러 번 심연으로 내던지고는, 다시 최고의 지점으로 데려다 줄 것이라고 약속한다. 운명의 바퀴는 거짓 사기꾼이다. 이제 운명의 수레바퀴는 한 바퀴 회전한다. 우리는 운명의 거친 회전을 조심해야만 하며 행운을 약속하며 악마같이 유혹적인 운명의 바퀴의 불안정성을 믿어서도 안 된다.[27]

빈국들에게 행운과 불운은 비극적인 주사위 던지기이다. 왜냐하면 한번 돌아가기 시작한 바퀴를 되돌리는 일은 극히 어렵기 때문이다. 가나의 어떤 지역에서는 매년 보릿고개가 반복된다. 보릿고개는 변덕스러운 강우에 따라 5~6개월 동안 지속된다. 주민들은 보릿고개 기간 동안 자주 건강을 해치게 된다. 잠비아에서 노동 수요는 수확 직전에 가장 높다. 그런데 수확 직전은 음식 부족과 말라리아로 노동자들의 에너지가 감소하는 시기이다. 나이지리아에서 가난한 농민들은 식량 가격이 높아지는 보릿고개 동안 고리채를 빌린 다음 수확 후에는 빚을 갚느라 저가로 곡물을 판다.[28]

경제학자들이 무작위성이나 빈국의 비극적인 취약성을 설명하려고 시도하든 그렇지 않든 운은 성장을 위한 탐색에 지속적인 영향을 미친다. 나는 정말로 성장이 완전히 무작위적이라고 믿지는 않는다. 나는 이 책의 어딘가에 있을 증거를 보며 정부 정책과 다른 요소들이 장기적으로는 성장 및 번영과 강한 상관관계를 맺고 있다고 여러분이 설득되기를 희망한다. 운은 더 근본적인 요소들에 의해 결정되

---

27) Rescher 1995, 8~9쪽.
28) Narayan et al. 2000b.

는 장기 추세를 중심으로 크고 작은 변동을 초래한다. 경제 발전에서 운이 어떤 역할을 한다는 것을 염두에 두면, 단기 변동에 너무 과도한 관심을 기울이는 것을 피할 수 있을 것이다. 또한 경제의 급강하를 겪고 있는 국가들을 더욱 관대한 눈으로 바라볼 수 있을 것이다. 일반적으로 나쁜 정부 정책은 성장 실패에 부분적으로 책임이 있다. 그러나 그것이 불운이다. 그렇다면 다음 장에서 어떻게 나쁜 정부가 성장에 영향을 미치는지 살펴보기로 하자.

11장
정부는 성장을 죽일 수 있다

정치는 문제를 찾고, 발견하고, 잘못 진단하고,
잘못된 해결책을 잘못 적용하는 것이다.

_그루초 막스

나쁜 운만큼이나 나쁜 정부도 성장을 해칠 수 있다. 부유해지기,
즉 성장은 미래의 고소득을 위해 현재의 소비를 줄이려는 유인에 매
우 민감하게 변한다. 따라서 이 유인을 망치는 것이라면 그것이 무
엇이든 성장에 악영향을 미칠 수 있다. 유인을 망치는 유력한 용의
자는 정부이다. 미래의 소득에 암묵적으로 또는 명시적으로 부담을
지우는 정부 행위는 미래에 대한 투자 유인을 낮출 것이다. 높은 인
플레이션, 높은 암시장 프리미엄, 마이너스 실질금리, 높은 예산 적
자, 무역 규제, 부실한 공공 서비스 등은 성장 유인을 약화시킨다.
이 같은 정부 정책들이 성장에 타격을 준다는 증거도 있다. 이번 장
에서 우리는 바로 이 증거를 살펴볼 것이며, 다음 장에서는 나쁜 정
부의 한 형태, 즉 부패 정부에 대해 논할 것이다. 그리고 그다음 장

에서 왜 어떤 사회에서 정부의 부정부패가 발생하는지 좀더 심오한 이유를 살펴볼 것이다.

인플레이션 창출

대부분의 사람들이 이스라엘 땅을 생각할 때 오랜 역사와 3대 종교의 요람, 유대인과 팔레스타인인 간의 비극적 갈등을 떠올릴 것이다. 그러나 언제나 사물을 특이한 관점에서 바라보는 거시경제학자들은 이스라엘과 함께 소비자 가격 인플레이션을 떠올릴 것이다.

이스라엘은 1973~1985년까지 세계 최악의 인플레이션을 경험했다. 그러나 1985년 이후 이스라엘은 세계에서 가장 성공적으로 인플레이션을 통제한 국가가 되었다. 그런 점에서 거시경제학자들에게 이스라엘은 높은 인플레이션이 경제 성장에 어떤 영향을 미치는지 연구할 수 있는 훌륭한 실험실이다.

시작은 1973년 말이었다. 석유수출국기구OPEC의 유가가 치솟으면서 다른 많은 국가들을 덮친 오일쇼크는 이스라엘도 덮쳤다. 그러나 대부분의 다른 국가들과는 달리 이스라엘은 전쟁 중이었다. 바로 1973년 10월 욤 키푸르 전쟁(제4차 중동전쟁)이 발발한 것이다.

시대를 막론하고 인플레이션은 정부가 전시에 전쟁 자금을 마련하는 수단이었다. 급하게 많은 돈을 지출해야 하지만 예비해 둔 조세 수입은 없으니 돈을 찍어 내는 것이다. 양차 세계대전의 양측 진영 모두 돈을 찍어 내는 방법으로 자금을 마련했다. 미국 정부는 남북 전쟁 동안 사상 유례 없이 많은 돈을 찍어 댔다. 독립 전쟁 당시 대륙회의는 혁명 전쟁을 수행하는 군인들의 봉급을 지폐로 지급하였다. 1790년대 프랑스 혁명 정부도 재정난을 타개하기 위해 아시냐 지폐를 발행하였다. 심지어 고대 이집트의 클레오파트라는 돈을 찍어 내는 것과 유사한 방법을 사용해 군대를 유지했으니 바로 화폐 주조시 액면가보다 귀금속 함량을 줄이는 것이었다.

이스라엘은 이 모든 역사적 선례를 쫓아 1973～1974년까지 오일 쇼크와 전쟁을 타개하기 위해 돈을 찍었다. 당시 이스라엘 정부가 돈을 찍어 낸 것은 이해할 만하다. 그러나 전쟁이 끝난 뒤에도 정부는 인플레이션 정책을 계속 유지했다. 결국 1973년 말에 시작된 인플레이션 혼란을 잠재우기까지 12년이 걸렸다. 도대체 무슨 일이 일어났던 것일까?

인플레이션은 시작은 쉽지만 억제는 쉽지 않다. 노동자들은 임금을 소비자 가격에 연동시키라고 요구하며, 저축자들은 은행 예금을 소비자 가격에 연동시키라고 요구한다. 이 같은 연동은 인플레이션율의 관성을 만들어 낸다. 즉 올해 인플레이션이 하락한다 해도 임금이 인플레이션에 연동되어 있으므로 과거 인플레이션율만큼 상승할 것이고, 결국 임금이 인플레이션을 견인하는 방식으로 인플레이션은 계속 상승한다. 이스라엘은 높은 인플레이션 기간 동안 임금과 예금 등을 소비자 가격에 연동시켰던 것이다.

더구나 정부는 예산 적자를 메워야 했기 때문에 돈을 찍어 내는 것을 중단할 수 없었다. 1973～1984년까지 이스라엘 정부의 연평균 예산 적자는 GDP의 17%에 달했다.[1] 1961～1972년까지 5.7%에 달했던 1인당 성장률은 1973년～1984년 사이 1.2%로 하락했다.

---

1) Bruno 1993, p.32.

이스라엘이 경제학자들에게 인플레이션 연구의 훌륭한 실험실이라는 것 외에 또 다른 의미가 있다. 많은 경제학자들에게 이스라엘은 고향이다. 이스라엘은 그렇게 작은 나라치고는 놀라울 정도로 많은 저명한 경제학자들을 보유하고 있다. 높은 인플레이션이 시작되었을 때 이스라엘의 위대한 경제학자들의 의견이 전부 받아들여진 것은 아니었다. 그러나 인플레이션이 끝날 때쯤에는 달랐다.

이 유명한 이스라엘 경제학자들 속에 마이클 브루노Michael Bruno가 있었다. 세계은행의 수석 경제학자를 지낸 1985년 브루노는 비밀리에 이스라엘 예술과학아카데미의 작은 방에 숨어서 종합안정화대책을 준비했던 5명 중 한 명이었다. 나중에 브루노 자신이 말한 것처럼 이스라엘 예술과학아카데미는 "아무도 아카데미가 실제적 정책 문제와 뭔가 관련이 있을 거라고 의심할 수 없는" 기관이었다.[2] 종합안정화대책 프로그램은 1985년 6월 1일 아침, 24시간에 걸친 관계자 회의 끝에 승인되었고, 6월 15일 공식적으로 시작되었다.

브루노와 동료들은 인플레이션 엔진을 그야말로 훌륭하게 중단시켰다. 대책팀은 먼저 임금 동결에 대한 노조단체의 동의를 이끌어낸 다음 물가와 환율을 동결시키고 정부의 예산 적자를 큰 폭으로 감축했다. 당시 종합안정화대책을 준비하는 기간 동안 브루노가 걱정했던 것은 미국이 섣불리 이스라엘 정부에 원조를 제공해서 정부의 적자 감축 의지를 꺾는 일이었다. 어쨌든 종합안정화대책이 시행된 결과 1973~1984년까지 GDP의 17%에 달했던 예산 적자가 1985~1990년 사이 1% 수준으로 떨어졌다.[3] 브루노는 1986년 6월

---

2) Bruno 1993, 101쪽.

중앙은행 총재로 임명된 후에 구체적인 프로그램 구성에도 적극적으로 참여했다.[4] 그 결과 1984년 445%에 달했던 인플레이션이 1985년 185%, 1986년 20%로 하락했다.

브루노와 동료들은 인플레이션 억제에 성공했고 경제가 다시 성장하기 시작했다. 인플레이션이 하락하기 시작한 후 처음 3년 동안 1인당 연평균 경제 성장률은 3.4%였다.

이스라엘이 경제 개발을 위해 고인플레이션 정책을 사용한 유일한 국가는 아니다. 1970년대와 1980년대, 1990년대는 경제 역사상 유례 없이 높은, 전쟁과 상관없는 인플레이션이 전 세계적으로 확대된 시기였다. 아르헨티나, 볼리비아, 브라질, 칠레, 코스타리카, 도미니카공화국, 에콰도르, 가나, 기니비사우, 아이슬란드, 자메이카, 멕시코, 나이지리아, 페루, 수리남, 터키, 우루과이, 베네수엘라, 콩고민주공화국, 잠비아는 40%를 초과하는 높은 인플레이션이 2년 이상 지속된 국가들이다.[5]

높은 인플레이션은 할아버지 세대의 '복리 저축으로 부자되기' 사고를 뒤엎는다. 할아버지 세대에는 오랫동안 기다릴 수만 있다면 푼돈을 모아 충분히 부자가 될 수 있었다. 그런데 높은 인플레이션은 너무 오랫동안 기다릴 경우 부자를 푼돈 몇 푼 가진 사람으로 전락시킨다.

아르헨티나는 1960년~1994년까지 127%의 연평균 인플레이션을 기록하여 세계에서 가장 높고 오래 지속된 인플레이션을 경험한 국

---

3) Bruno 1993, 32쪽.
4) Bruno 1993, 117쪽.
5) Bruno & Easterly 1998.

가가 되었다. 따라서 아르헨티나 국민들은 세계에서 가장 심각한 통화가치 폭락을 경험한 국민들일 것이다. 예로 어떤 사람이 1960년 이후 아르헨티나 화폐로 10억을 저축으로 보유하고 있다면 1994년 그의 금융자산 가치는 1페니의 13분의 1에 불과할 것이다. 다른 예를 들자면 1960년 1페소에 불과하던 캔디바 가격이 1994년에는 1조 3,000억 페소가 된 셈이다. 캔디바 가격 표시에 조단위 사용을 피하기 위해 아르헨티나 정부는 수차례의 화폐 개혁을 단행했다. 이후 가격은 '신新 페소화'로 표시되었다.

인플레이션이 성장 유인에 악영향을 끼치는 이유는 매우 단순하다. 통화가치가 폭락하기 때문에 사람들이 높은 인플레이션 기간 동안에는 저축을 하려고 하지 않는다. 사실 인플레이션은 저축에 대한 일종의 세금처럼 작용한다. 그러나 저축으로 들어가지 않는 돈은 가격을 압박한다. 화폐는 아주 효율적인 거래 수단이기 때문이다. 화폐를 효율적인 생산에 들어가는 투입 요소 중 하나로 생각할 수도 있을 것이다. 따라서 인플레이션은 생산에 대한 일종의 세금과 같다.

더구나 인플레이션은 물건을 생산하는 것에서 금융 서비스 생산으로 자원을 이전한다. 어떤 연구에 따르면 금융 시스템은 GDP에서 금융 서비스가 차지하는 비율로 측정할 때 높은 인플레이션 기간 동안 엄청나게 팽창한다. 따라서 생산적인 부문들이 급격하게 위축된다. 이는 사실 이해하기 어려운 현상이 아니다. 개인들은 높은 인플레이션 기간 동안 자신의 부를 보호하기 위해 많은 자원을 소비한다. 이 자원은 물론 생산적 사용에서 회수된 자원들이다. 결국 사람들은 새로운 부를 창출하는 활동에서 기존의 부를 보호하는 쪽으로 자원을 이전하는 유인에 반응한 것이다. 따라서 높은 인플레이션 기간 동안 정상적인 성장세를 유지하려고 노력하는 것은 한 다리로 올림픽 100미터 금메달을 따려고 시도하는 것과 같다.

그렇다면 정말 실제로 이런 일이 벌어진단 말인가? 실제로 높은 인플레이션 기간 동안 각국의 성장률은 좋지 않았다. 40% 이상의 높은 인플레이션을 경험한 국가들에서 1인당 성장률이 인플레이션 이전, 인플레이션 동안, 인플레이션 이후에 어떻게 변했는지 살펴보자.6

인플레이션 이전	1.3%
인플레이션 동안	−1.1%
인플레이션 이후	2.2%

이스라엘의 상황은 극히 전형적이었다. 높은 인플레이션 기간 동안 급격하게 추락했던 성장세가 인플레이션 억제와 동시에 다시 회복되었다. 이 같은 패턴은 '이전', '동안', '이후'를 어떻게 정의하든 계속 유지되며 극단적인 관찰치를 배제하더라도 달라지는 것은 없다. 시기를 다르게 정의한다 해도 마찬가지이다. 인플레이션은 성장 유인에 악영향을 미친다. 사람들은 유인에 반응한다. 따라서 성장이 인플레이션으로 타격을 받는 것이다. 정부가 성장을 죽일 수 있는 한 가지 쉬운 방법은 돈을 찍어 내어 높은 인플레이션을 유발하는 것이다.

---

6) Bruno & Easterly 1998, 8~9쪽.

높은 암시장 프리미엄

언젠가 자메이카의 니그릴 비치에서 휴가를 즐기고 있을 때 자메이카의 한 기업가가 내게 매력적인 제안을 해왔다. 내가 가진 미국 달러를 공식 환율보다 60%나 유리한 가격에 자메이카 달러와 교환하자는 제안이었다. 자메이카 법상 이 같은 거래는 불법이기 때문에 내가 그의 제안을 받아들였는지 여부는 말하지 않겠다. 어쨌든 이 기업가는 내게 60%나 되는 프리미엄을 주고라도 미국 달러를 구입하고 싶어했다. 그는 왜 그런 제안을 한 것일까?

자메이카 정부는 여행 목적의 소규모 액수가 아니라면 미국 달러의 매입을 금하고 있다. 그런데 자메이카 국민들은 자메이카 달러의 평가절하에 대비해 일종의 위험헤지 방안으로 달러를 보유하고자 한다. 따라서 미국 달러를 찾는 수요가 공식 환율로 거래되는 공식 채널을 통해 만족될 수 있는 수준을 초과했던 것이다. 공식 환율은 자메이카 국민들이 생각하는 가치에 비해 미국 달러의 가격을 너무 낮게 평가하고 있었다. 그러므로 그 기업가가 자메이카 은행들이 제시하는 공식 환율보다 높은 가격에 내가 가진 미국 달러를 구매하겠다고 제안한 것이다.

이 같은 현상은 세계 곳곳에서 발견된다. 어떻게 암시장 프리미엄의 존재가 성장 유인에 영향을 미칠 수 있을까? 첫째, 공식 환율로 매입한 미국 달러를 암시장 환율로 매도하려는 강한 유인이 존재한다. 따라서 미국 달러의 매입 허가권을 획득하기 위한 치열한 경쟁이 발생한다. 시대를 막론하고 경제의 주요 이윤 기회가 정부 규칙을 피해 가는 행위에서 유래할 때 실물 경제에서 좋은 일이 일어나는 경우는 거의 없다.

좋은 일은커녕 상황이 악화일로로 치닫는다. 암시장 프리미엄은 수출업자에 대한 일종의 세금처럼 작동한다. 수출업자들은 수출 대금으로 받은 달러를 중앙은행에 공식 환율로 매도해야 한다. 그런데 원자재 수입을 위해 수출업자들은 달러를 암시장 환율로 매입한다. 이때 두 가지 시나리오가 존재한다. 원자재 수입을 위한 달러를 공식 채널을 통해 충분히 확보하지 못하거나 확보하는 것이다. 첫 번째 경우 수출업자들은 부족한 미국 달러를 암시장에서 매입해야 할 것이다. 그러나 심지어 공식 채널을 통해 미국 달러를 충분히 확보한다 해도 수출업자들은 이렇게 확보한 달러를 암시장 환율로 매도할 수 있다는 것을 알고 있다. 따라서 이들은 암시장 환율을 반영하는 미국 달러를 매우 중요하게 여길 것이며 이 귀중한 달러의 일부만 원자재를 수입하는 데 사용할 것이다. 수출업자들은 실제로 높은 암시장 환율로 원자재 수입 대금을 마련하고, 낮은 공식 환율로 수출 대금을 매도한다. 높은 암시장 프리미엄은 수출업자에게 부담을 지우는 가혹한 세금이 되고, 따라서 성장을 위한 좋은 유인이 아니다.

암시장 프리미엄은 다음 장에서 더욱 자세히 다루게 될 가나의 카카오 농업 붕괴와 많은 관련이 있다. 카카오 생산은 1950년대 가나 GDP의 19%를 차지했으나 1980년대에는 GDP의 3% 수준으로 하락했다. 가나는 1982년 암시장 프리미엄 4,264%라는 세계 기록을 달성했다. 사실 그 이전 20년 중 18년 동안에도 암시장 프리미엄은 40%가 넘었다. 암시장 프리미엄은 카카오에 대한 세금이나 마찬가지였다. 카카오 재배 농민은 카카오를 정부의 마케팅 보드에 공식 환율을 반영하는 가격으로 매도해야 했기 때문이다. 그러나 카카오 생산에 필요한 투입 요소는 몇 배나 더 비싼 암시장 가격으로 매입해야했다. 1982년까지 가나의 카카오 재배 농민은 카카오 세계 가격의 단지 6%만을 받고 있었다. 따라서 세계 가격, 즉 제값을 받고 팔 수 있는 이웃 국가로 카카오를 밀수하려는 강력한 유인이 존재했다. 이 같은 유인을 억제하기 위해 당시 가나 군사정부의 수장 제리 롤링스는 밀수를 비롯한 '경제 범죄'를 사형으로 다스렸다.

앞 장에서 살펴본 것처럼 이 시기 가나의 문제는 단지 카카오만이 아니었다. 높은 암시장 프리미엄이 존재하던 20년 동안 보통의 가나 국민의 소득은 거의 30% 가까이 감소했다.

가나의 암시장 프리미엄은 여러 가지 나쁜 정책이 중첩되면서 그처럼 어마어마한 수준에 도달했다. 명목 환율은 고정되어 있었고 정부는 돈을 찍어 내는 방법으로 적자를 메웠다. 이는 인플레이션을 유발했다. 수출업자들은 수출 대금으로 받은 외환 매도를 피했고 공식 수출 총액이 하락했다. 1982년 그토록 오래 기다려 온 평가절하가 단행되었을 때 가나의 물가가 거의 오르지 않았을 정도로 공식 환율은 아무 의미가 없었다.

다른 나라의 경우를 보더라도 암시장 프리미엄이 경제에 악영향을 미친다는 것을 알 수 있다. 40%가 넘는 암시장 프리미엄이 몇 년 동안 존재했던 국가들의 해당 기간 동안 1인당 평균 성장률은 연 0.1%에 불과했다. 반면에 암시장 프리미엄이 없는 국가들은 같은 기간 1.7%의 평균 성장률을 기록했다. 특히 암시장 프리미엄이 1,000%가 넘었던 국가들의 연평균 성장률은 −3.1%였다. 표 11.1은 암시장 프리미엄이 1,000%가 넘었던 시기들을 보여 주고 있다.[7]

표 11.1_ 1,000%가 넘는 암시장 프리미엄

나라	연도	암시장 프리미엄의 중앙값	1인당 경제 성장률의 중앙값
가나	1981~1982	2,991	−7.7
인도네시아	1962~1965	3,122	−0.7
니카라구아	1984~1987	4,409	−5.6
폴란드	1981	1,404	−11.4
시에라리온	1988	1,406	−0.4
시리아	1987	1,047	−2.9
우간다	1978	1,046	−6.9

높은 암시장 프리미엄과 마이너스 성장 사이에는 강한 상관관계가 존재한다. 따라서 암시장 프리미엄이 저성장을 유발한다고 가정할 수 있을 것이다. 나쁜 정부가 성장을 죽일 수 있는 또 다른 쉬운 방법은 높은 인플레이션에 맞서 명목 환율을 고정시켜 놓고 엄청난 암시장 프리미엄을 창출하는 것이다.

높은 예산 적자 : 세 차례의 위기

1950~1972년까지 멕시코의 거시경제는 안정적인 모습을 보여주었다. 이 시기는 이른바 '안정화 개발'이라는 용어가 등장한 시기이기도 하다. 또한 이 시기 동안 달러 대비 페소 환율은 계속 고정되어 있었고 인플레이션은 낮게 유지되었다. 1인당 경제 성장률도 연 3.2%로 견고했다. 그러나 1970년 루이스 에슈바리아Luis Echevarría

---

7) World Currency Yearbook(1965, 1990-1993) : Wood 1988.

가 대통령이 되었을 때 모든 게 좋지 않다는 느낌이 팽배했다. 많은 멕시코인들은 과연 수많은 멕시코의 빈민들이 경제 성장의 혜택을 입었는지 의문을 가지기 시작했다. 이에 대한 대답으로 에슈바리아 대통령은 '성장과 재분배'라는 새로운 프로그램을 도입하였다.

우리 경제학자들은 에슈바리아의 대답을 열렬히 지지했고, '성장과 재분배'는 빈국을 연구하는 경제학자들 사이에서 유명한 슬로건이 되었다. 그러나 불행하게도 우리는 우리가 아직도 잘 이해하지 못하는 분야, 무엇이 성장을 결정하는가라는 주제에서 그야말로 거의 아무것도 모르는 분야, 즉 어떻게 성장을 저해하지 않고 빈민들을 위한 소득 분배를 달성할 수 있는가라는 주제로 옮겨 간 셈이었다.

더욱 안타까운 것은 에슈바리아의 프로그램 때문에 정부의 예산 적자가 눈덩이처럼 불어났고, 이로 인해 장기적으로 빈민들은 '성장과 재분배' 프로그램을 통한 단기 이익을 훨씬 초과하는 비용을 부담해야 했다는 것이다. 1970~1976년에 걸친 에슈바리아의 선택 때문에 멕시코 경제는 30년이 지난 오늘날까지 그 여파를 느낄 수 있을 정도로 엄청난 타격을 입었다. 한 명의 대통령의 죗값을 후임 대통령들이 치르고 있는 것이다. 에슈바리아 정부 첫해 GDP의 2.2%에 불과하던 예산 적자가 1973~1974년에 5%를 넘더니 1975년에는 8%로 증가하였다. 같은 기간 동안 인플레이션율은 20%를 넘어섰다.

예산 적자와 높은 인플레이션율로 인해 고정 환율 유지가 어려워졌다. 그러자 멕시코 수출기업들의 이윤이 급락했다. 달러의 가격은 변함이 없는 반면 페소의 비용이 계속 증가했기 때문이다. 수출이 하락했다. 수입 가격은 멕시코의 물가 상승에 비해 상대적으로 저렴했고 따라서 수입이 급증했다. 그 결과 높은 대외 적자가 발생했다.

즉 수입이 수출을 훨씬 초과한 것이다. 초과 수입으로 대외 채무가 누적되었다. 투기꾼들은 임박한 평가절하를 예상하며 달러 자산을 보유하기 시작했다.

마침내 1976년 예상대로 위기가 도래했다. 자본이 국외로 빠져 나가고 외환 보유고가 급감하자 에슈바리아 대통령은 20년도 넘게 고정되어 있던 페소화의 평가절하를 발표했다.[8] 평가절하 폭은 82%였다. 1976~1977년 1인당 성장률은 1% 아래로 떨어졌다.

캄페체만에서 새로운 유전을 발견하지 못했다면 아마도 위기는 계속 지속되었을 것이다. 1978~1981년까지 캄페체만에서 원유가 쏟아져 나옴에 따라 경제가 1인당 성장률 6%를 기록하며 초활황세로 돌아섰다.

불행하게도 에슈바리아의 뒤를 이은 로페즈 포르티요López Portillo 정부는 오일머니를 흥청망청 지출하는 데 사용했다. 공식적인 이유는 역시나 '성장과 분배'였지만 오일머니가 무한정 공급되면서 모든 종류의 지출이 증가했다.

로페즈 포르티요 집권 시기 정부 지출의 속도가 너무 빨라 석유 수입을 능가했다. 멕시코 정부는 석유 수입을 담보로 돈을 빌렸고, 그 결과 대외 부채가 1979년 300억 달러에서 1981년 말 487억 달러로 급격하게 증가했다. 1970년에 멕시코의 대외 부채가 32억 달러였으니 로페즈 포르티요와 에슈바리아는 어쨌건 둘 다 통 큰 대통령들이었다.[9] 새로운 부채가 어디서 왔는지는 분명하다. 로페즈 포르티요 정부에서 예산 적자가 1980년 GDP의 8%, 1981년 11%, 1982

---

8) Little et al. 1993, 195쪽.
9) Reuters, 1982년 8월 9일; 세계은행, 세계채무표 1996, 314쪽.

년 15%로 계속 증가했다. 1981~1982년에 투기꾼들은 다시 한 번 멕시코 페소화의 가치폭락을 예상했다. 멕시코인들이 해외 달러 자산에 투자하고 기업들이 달러로 채무를 지게 되면서 수십억 달러가 해외로 빠져나갔다. 로페즈 포르티요는 어쩔 수 없이 평가절하를 단행했다. 이 때문에 기업은 엄청난 손실을 입었으며 개인은 커다란 자본 이득을 얻었다. 포르티요가 말한 것처럼, "기업은 가난했고 개인은 부유했다."

통화가치를 '개처럼' 방어하겠다고 맹세했던 로페즈 포르티요는 1982년 8월 9일 변동환율제를 채택한다고 발표했다. 페소화 가치는 변동환율제 채택 즉시 30%나 하락했다. 멕시코 국민들은 언덕 꼭대기에 위치한 화려한 대통령궁을 '개의 언덕'이라고 불렀다. 평가절하가 단행된 지 며칠 후 실바 헤르조그 재무장관은 대외 채무의 지불 불능을 선언했다. 멕시코의 지불유예 선언은 비단 멕시코뿐만 아니라 다른 많은 빈국에도 하나의 전환점이었다. 지불유예 선언 이후 '잃어버린 10년' 동안, 즉 1982~1994년까지 멕시코의 1인당 경제 성장률은 -1%였다.

1988년 이후 정부는 마침내 인플레이션 억제에 성공했고, 환율을 다시 고정시켰으며, 일련의 경제 개혁을 단행했다. 1990년대 멕시코의 분위기는 신흥 도시를 연상시켰다. 공식 예산 적자는 합리적인 수준으로 감소했지만, 느슨한 은행 규제가 정부의 부담으로 귀결되는 은행 손실을 낳고 있다는 사실을 아무도 깨닫지 못했다. 20년 동안 세 번째로, 1994년 12월 페소화가 대폭락하면서 경솔한 국제 투자자들이 멕시코에서 산화했다. 20년 동안 세 번째로 멕시코 국민들은 잘못된 재정 정책이 촉발시킨 위기의 대가를 치러야 했다. 1995

년 성장률은 -8%로 급락했다.

멕시코 외에도 잘못된 재정 정책이 성장에 치명적인 타격을 입힌 예가 다수 존재한다. 많은 고채무 국가들도 바로 과다채무와 공공 부문 적자 때문에 문제를 안게 된 것이다. 데이터를 검토해 보면 성장과 예산적자 간에 강한 상관관계가 존재한다는 것을 알 수 있다. 최악의 적자를 기록한 상위 20% 국가들은 연평균 -2%의 성장률을 기록한 반면 예산 흑자를 기록한 국가들의 1인당 경제 성장률은 3%였다(그림 11.1 참조).

높은 예산 적자는 성장 유인에 악영향을 미친다. 경제 주체들이 오늘의 적자는 미래의 세금 인상을 낳을 것이라고 예상하기 때문이다. 따라서 화폐 보유에 대한 부담으로 작용하는 인플레이션의 가능성이 증가한다. 이는 다시 거시경제적 불안정성으로 귀결된다. 그런데 거시경제적 불안정성 상황에서는 어떤 프로젝트가 좋은 프로젝트인지, 어떤 기업들에 대출을 제공해야 하는지 파악하기가 매우 어려워진다. 사람들은 유인 체계에 반응한다. 결국 높은 예산 적자는 나쁜 정부가 성장을 죽일 수 있는 또 다른 쉬운 방법이다.

은행 죽이기

성장을 죽이는 또 다른 방법은 투자 신용을 제공하는 은행을 죽이는 것이다. 어떻게 은행을 죽일 수 있을까? 은행이 투자 대출을 제공하기 위해서는 사람들이 은행에 예금을 해야 한다. 그러나 사람들은 저축의 수익률이 좋아야 은행에 예금을 할 것이다.

우리는 앞에서 높은 인플레이션이 금융 시스템의 배를 불린다는

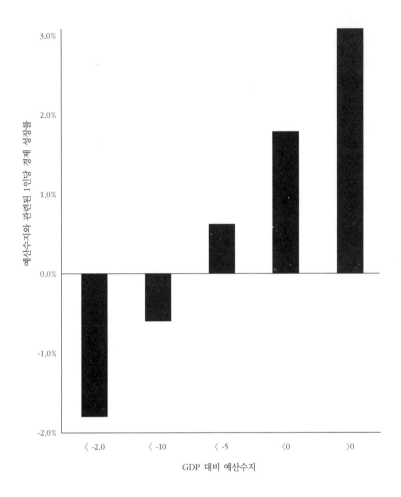

그림 11.1
1960~1994년의 예산 적자와 1인당 성장률

것을 살펴보았다. 그러나 이는 금리가 시장에서 결정될 경우에만 그렇다. 그런데 많은 빈국들은 인플레이션으로 물가가 천정부지로 치솟아도 명목금리를 계속 유지한다. 따라서 예금의 실질가치가 하락한다.

명목금리 상승이 상한선 10%로 제한된다고 가정하자. 그런데 인플레이션은 30%이다. 이 경우 이자 소득을 저축 계좌에 재투자하는 예금주의 저축은 연 20%의 실질가치 하락률을 기록할 것이다. 명목금리에서 인플레이션율을 감한 값이 예금주가 자신의 저축에 대해 기대할 수 있는 실질수익이다. 만약 이 실질금리가 극단적으로 마이너스라면 은행 예금 유인이 확실히 낮아질 것이다. 사람들은 자신의 돈을 해외나 부동산에 투자하거나, 저축을 전혀 하지 않을 것이다. 마이너스 실질금리 정책은 보통 '금융 억압financial repression'이라고 불린다. 마이너스 실질금리는 은행의 금융 저축을 억압하기 때문이다. 은행이 마이너스 실질금리로 저축 유지를 시도하는 것은 체로 물 운반을 시도하는 행위와 같다.

실제 데이터를 봐도 극단적인 마이너스 실질금리가 성장 실패와 관련이 있다는 것을 알 수 있다. −20% 이상의 마이너스 실질금리는 −3%의 연평균 성장률로 귀결되었다. 그런데 흥미롭게도 완만한 금융 억압은 그렇게까지 재앙적인 결과를 초래하지 않았다. 0%에서 −20% 사이의 실질금리의 경우 1인당 성장률은 2%가 조금 못 미치는 플러스 수치를 기록했다. 2.7%의 1인당 성장률을 보여 준 플러스 실질금리가 성장에 가장 유리했다.[10] 표 11.2는 마이너스 실질금리

---

10) 많은 연구자들이 극단적인 마이너스 실질금리와 경제 성장 간의 상관관계를 발견했다. King & Levien 1992 ; Gelb 1989 ; Easterly 1993 ; Roubini & Sala-i-Martin 1992.

표 11.2_ 마이너스 실질금리 국가의 몇 가지 예

나라	연도	실질금리(%)	1인당 경제 성장률(%)
아르헨티나	1975~1976	−69	−2.2
볼리비아	1982~1984	−75	−5.2
칠레	1972~1974	−61	−3.6
가나	1976~1983	−35	−2.9
페루	1976~1984	−19	−1.4
폴란드	1981~1982	−33	−8.6
시에라리온	1984~1987	−44	−1.9
터키	1979~1980	−35	−3.1
베네수엘라	1987~1989	−24	−2.7
자이레	1976~1979	−34	−6.0
잠비아	1985~1988	−24	−1.8

를 기록한 몇몇 국가들과 해당 국가들의 경제 성장률을 보여 주고 있다.

극단적인 마이너스 실질금리는 성장을 저해한다. 은행에 금융 저축을 보유하고 있는 사람들을 압박하기 때문이다. 사람들은 유인 체계에 반응한다. 따라서 은행 저축이 감소한다. 극단적인 마이너스 실질금리(−20% 이상)를 기록한 국가들의 GDP 대비 은행 저축 비율은 완만한 마이너스 실질금리나 플러스 실질금리를 기록한 국가들의 GDP 대비 은행 저축 비율의 절반을 약간 상회한다.

어떻게 마이너스 실질금리가 성장에 악영향을 미치는가? 은행은 신용을 제공함으로써 경제에 가치 있는 서비스를 제공한다. 그런데 은행이 제공할 신용이 거의 없다면 경제는 고통받게 될 것이다. 경제학자 로버트 킹과 로스 레빈Ross Levine의 말을 빌리자면, 은행은 전망 있는 기업가들을 평가하고 가장 전도유망한 생산성 향상 활동을 지원하기 위해 저축을 동원하며, 이 같은 혁신적 활동과 관련된 위험을 분산시키고 기존의 방법을 사용한 상품 생산보다 혁신을 통한 기대이윤을 보여 준다. 더 나은 금융 시스템은 성공적인 혁신의 가능성을 향상시키고, 경제 성장을 촉진한다. 반면에 금융 부문의 왜곡은 혁신율을 떨어뜨리고 경제 성장을 저해한다.

킹과 레빈은 1960년 GDP 대비 은행의 금융 저축 비율로 측정한 금융 발전 수준과 다음 30년 동안의 경제 성장 간에 강한 상관관계가 존재한다는 것을 발견했다. 금융 시스템이 가장 발전했던 시기에서 가장 덜 발전했던 시기 사이 1인당 경제 성장률의 차이는 2.3%포인트에 달했다. 은행을 죽이는 것은 정부가 성장을 죽일 수 있는 또 다른 쉬운 방법이다.

폐쇄 경제

1세대 빈국 연구의 불운한 유산은 빈국들이 국제 무역에 문을 닫는 결과를 낳았다. 빈국들은 수입을 최대한 피하고 국내 생산을 육성하기 위해 무슨 짓이든 했다. 개혁 이전 가나의 상황은 자급자족 경제 정책이 과연 어디까지 갈 수 있는지 극명하게 보여 준다. 가나인들은 국내 자동차 생산을 너무도 열망한 나머지 유고슬라비아에서 자동차 부품의 일체를 수입한 다음, 그 부품으로 자동차를 조립해서 팔았다. 그러나 이들이 구매한 부품 일체의 국제 가격은 완전히 조립된 자동차 1대의 국제 가격보다도 높았다!

보호무역주의를 옹호하는 주장은 두 가지이다.[11] 첫째, 많은 1세대 개발 경제학자들은 원유, 구리, 주석 같은 1차 상품의 수출 가격이 장기적으로 하락하는 경향이 있다고 믿었다. 따라서 국가는 제조업 상품을 수입하고 1차 상품을 수출하는 상황을 피해야만 한다. 즉 국내산업을 육성하기 위해 제조업 상품의 수입을 막는 무역 장벽을 세워야 한다는 것이다. 라틴아메리카, 아프리카, 아시아의 많은 국가들이 이 충고를 좇았고, '수입대체 산업화'를 위해 노력했다. 수입대체 산업화란 국내 생산이 수입을 대체하는 것이다.

그런데 1차 상품의 가격이 하락할 것이라는 예상은 현실과 잘 맞지 않았다. 빈국의 교역 조건의 전형적인 변화를 살펴보면 마이너스이긴 하지만 연 −0.6%로 전혀 심각한 상황이 아니다.[12] 심지어 이 수치조차도 허구적이다. 제조업 상품의 품질 개선을 과소평가하는 바람에 제조업 상품 가격의 상승이 과장되었기 때문이다.[13] 반대로 1차 상품은 시간이 가도 품질이 변하지 않는 표준단위로 측정된다. 어쨌든 1차 상품 생산에 비교우위를 갖고 있는 국가들은 헤지계약 같은 금융 도구를 사용해 언제나 1차 상품 가격 리스크를 다변화할 수 있을 것이다.

둘째, 1세대 개발 경제학자들은 빈국이 제조업 상품을 수입하는 것이 산업적 기반을 닦기도 전에 산업 자체를 붕괴시킬 것이라고 믿었다. 이들에 따르면 산업 육성에도 학습 곡선이 존재한다는 것이다. 따라서 학습 곡선의 선두에 있는 국가들로부터의 수입은 빈국이

---

12) 이것은 적어도 30년에 걸친 자료가 있는 63개의 저소득 및 중간 소득 국가들의 1960~1998년까지의 무역 조건 변화의 중앙값이다.
13) Lipsey 1994.

산업을 건설하는 법을 배우는 것을 방해할 것이다. 이는 경제학에서 '유치 산업' 육성으로 알려진 오래된 주장이다.

자유무역 역시 경제학에서는 오래된 주장이다. 자유무역을 통해 각국은 가장 잘하는 분야에 전문화할 수 있다. 비교우위가 있는 상품을 수출하고, 비교우위가 없는 제품을 수입하는 것이다. 정부가 무역에 개입하는 정책은 가격을 왜곡시키기 때문에 비효율적인 생산자들이 보조금을 받는 상황을 낳을 것이다. 이 같은 왜곡은 성장에 타격을 입힐 수 있다. 비효율적 자원 사용이 미래에 대한 투자 수익률을 낮추기 때문이다.[14]

과거 몇십 년의 경험도 자유무역의 주장을 뒷받침하고 있다. 개방 경제 국가들이 그렇지 않은 국가들보다 더 부유하며, 더 빠르게 성장했다. 무역 개방은 여러 가지 측면으로 분석되는데, 이 측면은 모두 성장과 양의 상관관계가 있다.

제프리 사스와 앤드루 워너Andrew Warner는 무역량의 40% 이상에 해당하는 비관세 장벽, 40% 이상의 평균 관세율, 20% 이상의 암시장 프리미엄, 주요 수출품에 대한 사회주의 경제 시스템이나 국가 독점 시스템 중 하나라도 해당하는 국가를 폐쇄 경제 국가로 정의한다. 사스와 워너에 따르면 빈국 중에서도 개방 경제 국가들은 연 4.5%의 1인당 성장률을 기록한 반면에, 폐쇄 경제 국가들의 1인당 성장률은 연 0.7%에 불과하다. 또한 폐쇄 경제였던 국가가 개방 경제로 전환했을 경우 성장률은 연 1% 포인트 이상 증가했다.[15]

나의 동료인 데이비드 돌라는 현행 환율에서 무역 상품의 달러 표

---

14) Easterly 1993.
15) Sachs & Warner 1995.

시 가격이 동일한 제품에 대한 미국 내 가격보다 높은 국가들을 조사하였다. 그는 이들 국가에서 높은 가격은 관세 같은 억압적인 무역 정책을 반영하고 있다고 설명한다. 또한 그는 이렇게 가격 왜곡을 보여 주는 국가들의 성장률은 그렇지 않은 국가들보다 더 낮다는 사실을 발견했다.[16]

한국의 경제학자 이정화에 따르면 관세율을 GDP 대비 총수입의 비율로 측정할 때 높은 관세율은 성장에 부정적인 영향을 미친다.[17] 이정화는 특히 기계의 수입이 경제 성장에 도움이 된다고 설명한다.[18] 콜롬비아 대학 경제학자 앤 해리슨Ann Harison의 연구는 여러 가지 무역 제한 정책이 성장률 하락을 낳는다는 것을 보여 준다.[19] UCLA 경제학자 세바스찬 에드워즈Sebastian Edwards는 관세, 비관세 장벽, 무역세 등 자유무역 개입 조치들이 생산성 증가에 부정적인 영향을 미친다는 것을 발견했다.[20]

하버드 경제학자 제프리 프랑켈Jeffrey Frankel과 버클리 대학 경제학자 데이비드 로머David Romer는 GDP 대비 무역(수출+수입) 비율이 소득 수준에 긍정적인 영향을 미친다는 것을 발견했다. 프랑켈과 로머에 따르면 GDP 대비 무역 비율과 소득 수준은 인과관계를 형성한다. 프랑켈과 로머는 그 근거로 각국이 지리적으로 가까운 국가들과 더 많은 무역 거래를 하고, 경제 대국의 경우 역외무역보다 역내무역이 더 활성화되어 있다는 사실을 들었다.[21] 무역이 소득 수준에

---

16) Dollar 1992.
17) Lee 1993.
18) Lee 1995.
19) Harrison 1996.
20) Edwards 1998.
21) Frankel & Romer 1999.

미치는 영향은 매우 크다. GDP 대비 무역 비율의 1 포인트 증가는 1인당 소득을 2% 상승시킨다.

이에 대해 메릴랜드 대학 경제학자 프란시스코 로드리게즈Francisco Rodriguez와 하버드 경제학자 대니 로드릭Dani Rodrik은 반대 의견을 제시한다. 로드리게즈와 로드릭은 실제로는 이 같은 평가 중 많은 부분이 무역 개입을 반영하지 못하며 표본 시기나 다른 통제 변수의 변화에 따라 달라진다고 주장한다.[22] 물론 성장 연구에서 특정 정책을 정확하게 반영하고 모든 통제 변수에 견고한 변수는 거의 없다. 다른 통제 변수들과 개별적인 인과관계를 파악하는 것도 매우 어렵다. 그래도 자유무역을 왜곡시키는 정책들이 전체적으로 성장과 음의 상관관계가 있다는 주장은 유효하다.[23] 따라서 무역이든 환율이든 은행 시스템에 개입하거나, 예산 적자와 인플레이션 등을 유발시키는 등 자유 시장과 거시경제적 안정성에 너무 엄격하게 개입하는 정부는 성장을 저해한다는 것을 알 수 있다.

빈약한 공공 서비스

나는 파키스탄의 공공 서비스 수준을 조사하기 위해 파견된 세계은행 대표단의 일원으로 파키스탄의 수도 이슬라마바드에 도착했다. 파키스탄은 공공 서비스 부족을 겪고 있는 국가이다. 유아사망률과 여성의 중등 교육 취학률 같은 사회지표들이 세계에서 가장 최악인 나라이기도 하다. 또한 파키스탄 내에서도 지역에 따라 커다란 격차

---

22) Rodriguez & Rodrik 2000.
23) 이것은 Levine & Rendlt 1992를 참고하라.

가 존재한다. 신드 도시 지역의 여성 문맹률은 59%인 반면, 북서부 국경 지대와 발루치스탄의 농촌 지역의 여성 문맹률은 97%에 이른다. 파키스탄의 경제학자 이슈라 후세인Ishrat Husain에 따르면 파키스탄 마을의 3분의 1은 도로를 통해 도매센터에 접근할 수 있다. 그런데 도로 사정이 나빠 교통 비용이 30~40% 상승한다.24 1990~1998년에 이르는 짧은 기간 동안, 도로 1킬로미터 당 자동차 수는 2배로 증가했다. 공공 관개 서비스 역시 위기 상황에 처해 있다. 공공 관개시설을 통해 용수를 공급받는 토지의 약 38%가 높은 염도와 하천 범람으로 많은 피해를 입었다. 높은 염도로 인한 농작물 손실은 약 25%에 이른다.25

우간다의 한 공공 서비스 연구에 따르면 기업들이 1년에 89일은 정전을 겪는다. 따라서 각 기업은 비상용 발전기를 마련해 놓고 있는데 이 때문에 투자 비용이 16%나 증가한다. 사실 발전기를 구매하고 돌리는 것은 공공 서비스를 통해 전기를 공급받는 것보다 3배나 비싸다. 전화 서비스도 열악한 건 마찬가지이다. 우간다에서 장거리 전화를 하려면 평균 4.6차례, 국제 전화는 평균 2.8차례의 연결 시도를 해야 한다. 물 공급도 비슷한 문제가 있다. 1년에 33일은 단수를 겪어야 한다. 전체 기업의 77%가 개별 처리장을 보유하고 있을 정도로 공공 쓰레기 처리장 문제가 심각하며, 우편 서비스도 매우 열악해 비즈니스 서신의 31%만이 우체국을 통해 배달되는 상황이다.26

24) Husein 1999, 74쪽.
25) 세계은행 1997b.
26) Reinikka & Svensson 1999.

나이지리아의 경우, 1950년대 후반 엄청난 양의 원유가 발견된 이래 2,800억 달러에 이르는 석유 소득을 얻었는데도 정부는 기본적인 공공 서비스를 거의 제공하지 않는다. 석유 소득 중 위정자들이 착복한 천문학적 액수의 돈은 차치하고라도, 정부는 기본적인 공공 서비스보다는 80억 달러짜리 철강 공장단지 건설 같은 사업에 석유 소득을 지출하는 것을 선호했다. 이렇게 건설된 철강 공장이 과연 언젠가 강철빔 한 개라도 생산할 것인지 의문이다. 원유 생산 지역인 남부 델타 지역의 주민들은 석유 유출과 도로, 학교, 의료시설 부족으로 고통받고 있다. 이 지역의 국립고등학교는 몇 년 전 열대 스콜이 덮쳤을 때 무너졌지만 정부는 무너진 학교를 재건하지 않았다. 당시 델타 지역의 비참함은 켄 사로 위와Ken Saro-Wiwa가 주도한 '더 나은 삶을 위한 오고니족 운동' 덕분에 어느 정도 국제적 관심을 불러일으켰다. 그러나 켄 사로 위와는 독재자 사니 아바차 장군에 의해 처형당했다.

라고스의 슬럼가 역시 더는 나쁠 수 없는 상황이다. 판잣집들이 검은 못 주위에 모여 있으며, 땅에는 쓰레기가 산을 이루고 있다. 역겨운 냄새를 풍기는 이 못들은 하수구로도 사용된다. 자금과 의약품이 부족해 의사와 간호사들은 슬럼가 보건소 경영을 포기한 지 오래이다. 이곳 주민들은 니제르 강에서 마을의 못으로 떠내려 오는 나무 뗏목을 건져서 간신히 입에 풀칠하고 있는 형편이다. 에너지 매장량이 풍부한데도 국가전력공사National Electric Power Authority(NEPA를 나이지리아 국민들은 '언제나 결코 전력을 공급해 주는 법이 없는', 즉 Never Ever Power Always의 의미로 사용한다)는 통나무를 처리하는 제재소에 자주 전력공급을 끊고 있다. 그래서 많은 시간 동안 제재소

기계들은 가동되지 않는다.27

지금까지 나는 정부가 성장을 저해하는 방법 중에서도 수량화가 가능한 몇 가지 매우 특별한 방법을 살펴보았다. 그러나 수량화하기는 다소 어려워도 어쨌든 성장을 저해하는 방법들이 존재한다. 파키스탄, 우간다, 나이지리아의 예에서 알 수 있는 것처럼, 정부는 전력, 전화, 도로, 의료, 물, 하수시설, 관개, 우편 서비스, 쓰레기 처리, 교육 같은 공공 서비스 제공에 실패할 수 있으며 민간 부문이 이 같은 서비스를 제공하는 것을 방해할 수 있다. 또한 정부가 부정부패의 온상일 수 있다. 부정부패에 대해서는 다음 장에서 따로 논할 것이다. 그리고 정부는 민간 기업을 옥죄는 복잡한 규제를 만들 수 있다.

어떤 연구는 67개국을 대상으로 민간 부문 비즈니스 현황을 조사했다. 이 조사를 보면 정부 규제가 기업들에 어떤 영향을 미치는지 알 수 있다. 불가리아, 벨로루시, 피지, 멕시코, 모잠비크, 탄자니아를 비롯한 여러 국가에서, 기업들은 '신규 사업이나 거래에 관한 규제'를 사업 진행을 방해하는 강력한 장애물로 꼽았다.28 한 가지 유명한 예를 들어 보자면, 페루의 경제학자 헤르난도 데 소토Hernando de Soto는 실험을 위해 리마에 작은 의류공장을 등록하고 등록 과정에서 뇌물을 주지 않기로 결심했다. 그런데 공장이 등록되는 기간 동안 정부 관리들은 10번이나 뇌물을 요구했다. 데 소토는 그 중 2번은 자신의 규칙을 깨고 뇌물을 지불했다. 그렇지 않으면 실험이 중단될 판이었다. 결국 데 소토가 페루의 리마에서 의류공장을 등록하

27) Maier 2000.
28) 세계은행, 〈세계 개발 보고서〉, 민간 부문 조사, 1997.

는 데 걸린 기간은 열 달이었다. 뉴욕에서는 비슷한 절차가 4시간이면 끝난다.[29]

전력 공급 같은 정부 서비스에 대해 아제르바이잔, 카메룬, 차드, 콩고, 에콰도르, 그루지야, 기니, 기니비사우, 카자흐스탄, 케냐, 몰도바, 말리, 말라위, 나이지리아, 세네갈, 탄자니아, 우간다에서 조사에 응한 기업들은 적어도 2주일에 한 번은 정전을 경험하고 있다고 응답했다. 기니에서 보통의 기업은 적어도 하루에 한 번 정전을 겪고 있다. 따라서 기업들은 언제 끊어질지 알 수 없는 전력 공급에 대처하기 위해 비싼 발전기를 마련해 두고 있다. 어떤 조사에 따르면 나이지리아 전체 기업의 92%가 발전기를 보유하고 있다.[30]

전체 개발도상국의 3분의 1 이상에서 전화 회선 하나를 개설하려면 평균 6년 이상을 기다려야 한다.[31] 기니가 이 분야에서도 선두를 달린다. 기니에서는 문자 그대로 사람들이 전화 개설을 기다리다가 죽기 때문이다. 기니에서 전화 개설을 기다리는 대기 기간은 95년이다.

도로 역시 많은 국가에서 문제가 되고 있다. 알바니아, 아제르바이잔, 불가리아, 카메룬, 차드, 콩고, 코스타리카, 기니비사우, 인도, 자메이카, 카자흐스탄, 케냐, 키르기즈공화국, 몰도바, 말라위, 나이지리아, 토고, 우크라이나, 웨스트뱅크에서 조사에 응한 기업들은 도로 상태에 대한 질문에서 1(매우 좋음)부터 6(매우 나쁨)까지 점수 중에 5나 6으로 대답했다. 코스타리카의 경우, 1980년대의 긴축 재

---

29) Loayza 1996.
30) 세계은행, 〈세계 개발 보고서〉, 1977, 30쪽, 31쪽.
31) 세계은행, 〈세계 개발 보고서〉, 1997, 31쪽.

정 프로그램 동안 도로보수 유지 비용이 크게 감소해 전체 도로의 70%가 엉망인 상태로 남아 있다.

기초 공공 의료 서비스도 제대로 제공되지 않고 있다. 위의 조사에서 67개 개발도상국들 중 18개국의 기업들이 공공 의료 서비스를 1부터 6까지 점수 중 5나 6으로 점수를 매겼다. 불쌍한 기니가 또다시 최고 순위이다. 기니 정부는 보건소 의료 인력의 임금에는 의료 예산의 34%를 사용하는 데 반해 보건소 의약품 구입에는 단 3%만을 할당하고 있다. 그 결과 기니 국민의 1인당 의약품 지출은 11센트에 불과하다. 이 때문에 사실상 모든 보건소가 의약품 부족을 겪고 있다.[32] 의약품이 없는데 의료 인력이 어떻게 경제 발전의 핵심 요소인 의료 서비스 촉진에 도움이 될 수 있겠는가?

반대로 기본적인 공공 서비스에 많은 돈을 지출하는 좋은 정부는 매우 높은 수익률을 기록한다. 어떤 연구는 GDP 대비 교통 및 통신 투자 비율이 1% 포인트 증가하면 성장률은 0.6% 포인트 증가한다고 평가했다.[33] 다른 연구들은 노동자 1인당 전화 수는 성장과 강한 양의 상관관계가 있다는 것을 발견했다.[34] 관개 및 배수, 통신, 공항, 고속도로, 항만, 철도, 전력, 물, 공중위생, 하수도 설비 같은 사회 인프라 프로젝트에 대한 수익률은 연평균 16~18%이며,[35] 심지어 기존 인프라 시설에 대한 보수유지 지출 수익은 약 70%로 더 높다.[36] 결론적으로 정부는 너무 많은 규제를 하고 너무 적은 공공 서

---

32) Jha, Ranson & Bobadilla 1996.
33) Easterly & Rebelo 1993.
34) Easterly & Levine 1997 ; Canning 1999.
35) 세계은행, 〈세계 개발 보고서〉, 1997, 17쪽.
36) Gyamfi 1992.

비스 제공을 통해 성장을 죽일 수 있다.

제외된 정책

위의 성장을 죽이는 방법 리스트에서 명백히 제외된 정부 정책이 하나 있다. 바로 소득세율이다. 나는 앞에서 높은 세율은 세후소득을 직접적으로 감소시키기 때문에 미래에 대한 투자 유인을 줄이는 가장 확실한 방법이라고 말한 바 있다. 우리가 검토한 많은 정책은 미래에 대한 투자 수익을 감소시키는 세금을 내포하고 있다.

그런데 놀랍게도 높은 세율이 성장을 저해한다는 어떠한 증거도 없다. 스웨덴 같은 높은 세율 국가들은 괜찮은 성장률을 기록하고 있는 반면, 페루같이 세율이 낮은 국가들은 고전을 면치 못하고 있다. 미국은 1913년 소득세를 도입한 이후나, 1940년대 소득세율이 급증한 후에나 성장률은 똑같았다. 미국의 소득세 수입은 1930년 GDP 대비 2%에도 미치지 못했으나, 1989년 GDP의 거의 20%까지 증가했다. 그러나 성장률은 변함이 없었다.[37] 미국만을 대상으로 시계열 분석을 하든 전 세계를 대상으로 국가간 분석을 하든 법정 세율과 경제 성장 간에는 어떠한 통계적 상관관계도 존재하지 않는다.

이 예는 이론적 예측을 실증적인 테스트로 검증하는 일이 얼마나 어려운지 보여 준다. 우리는 단지 이론적으로 주목하지 않을 수 없는 "세금이 성장을 저해한다."는 주장이 왜 실제로는 작동하지 않는지 그저 추측만 할 수 있을 뿐이다. 아마도 법정 세율은 진짜 소득

---

37) Rebelo & Stokey 1995.

세율을 제대로 반영하지 못할 수도 있다. 진짜 소득세율은 세금 공제, 세금 감면, 소득 계층에 따라 다르게 적용되는 세율 같은 합법적 조세 회피 또는 불법적 조세 회피의 가능성에 영향을 받는다.

개발도상국에서 실제로 징수되는 세금은 공식 세율로 징수되어야 하는 세금 총액의 일부에 불과하다. 페루와 스웨덴을 다시 비교하자면 페루는 주어진 과세표준과 세율에서 징수되어야 하는 세금의 35%만을 징수하고 있으며 스웨덴은 거의 전부를 징수한다. 징수율은 국가별로 크게 다르다. 따라서 부가가치세율이나 징수된 소득세율이 생산자들이 직면하는 투자 반反유인을 정확하게 보여 주는 지표라고 할 수 없다.

닭이냐 달걀이냐

지금까지 높은 인플레이션, 높은 암시장 프리미엄, 높은 예산 적자, 극단적인 마이너스 실질금리 같은 저경제 성장과 관련된 몇 가지 정부 행위를 살펴보았다. 그러나 지금까지 나는 용어 선택에는 별로 신경 쓰지 않았다. "정부가 성장을 죽인다."고 말하는 것은 나쁜 정부행위가 나쁜 성장을 '유발'한다고 말하는 것이다. 그러나 나는 정부행위가 성장과 관련이 있다고 가정했지, 정부 행위가 성장을 '유발'한다고는 가정하지 않았다.

인과관계를 잘못 이해한 예가 다수 존재한다. 가장 일반적인 예는 19세기 러시아 농민들의 예이다. 러시아 농민들은 천연두가 없는 마을보다 천연두 환자가 많은 마을에 의사들의 방문이 더 잦다는 것을 발견했다. 이 사실에서 농민들은 잘못된 결론을 끌어 냈고, 의사들을 죽이기 시작했다.

또 다른 예는 미국의 위대한 역사가 프랜시스 파크맨Francis Parkman이 제시한 예로 러시아 농민의 예보다 좀더 미묘하다. 17세기 캐나다에서 프랑스 가톨릭 선교사들은 휴런 인디언들을 개종시키려고 힘겹게 노력하고 있었다. 선교사들의 노력은 그다지 성공적이지 않았는데 아마도 휴런 인디언들이 신부들의 신이 자신들의 영혼뿐만 아니라 토지도 탐낸다고 의심했기 때문일 것이다. 그 와중에도 지칠 줄 모르는 신부들은 선교 사업을 계속했다. 신부들은 적어도 종부성사를 통해 인디언들을 개종시킬 수 있을 것이라고 판단했고, 휴런 인디언이 병에 걸려 죽어 가고 있다는 소식을 들으면 곧바로 환자의 머리맡으로 달려가 환자가 죽기 바로 직전에 세례를 주며 개종 의식을 거행했다. 휴런 인디언들은 이 세례식과 뒤이은 피세례자의 죽음 사이에 어떤 인과관계가 있지 않나라는 생각을 하지 않을 수 없었다. 정황상 신부들이 피세례자에게 뿌리는 성수가 치명적인 독을 함유하고 있다고 의심할 만한 근거가 충분했다.

그렇다면 어떻게 인과관계를 혼동하는 실수를 피할 수 있을까? 정부가 마이너스 성장률의 원인이 아니라 마이너스 성장률 때문에 정부가 절망적인 조치를 취한 것일 수도 있을까? 경기 침체 시기에 정부가 높은 예산 적자를 감당하기 위해 인플레이션 정책에 의존한다고 가정하자. 이 경우 저경제 성장, 높은 예산 적자, 높은 인플레이션은 서로 관련을 맺고 있지만, 정부가 성장을 죽이는 것이 아니라 저성장이 정부를 죽이는 것이다. 인과관계는 양방향으로 모두 진행될 수 있다. 그렇다면 무엇이 먼저인가? 닭인가? 달걀인가?

경제학자들은 성장-정책 관계의 인과관계를 파악하기 위해 몇 가지 전략을 사용한다. 그 중 하나는 정책 변수의 초기 가치가 이후의 성장과 관계가 있는지 검토하는 것이다. 예로 킹과 레빈은 1960년 잘 정비된 금융 시스템이 이후 30년간의 높은 경제 성장과 상관관계가 있다는 가설을 제시했다. 과거는 미래에 영향을 미칠 수 있지만, 미래가 과거에 영향을 줄 수는 없다.

그런데 이는 그렇게 간단하지 않다. 신부와 휴런 인디언 사이의 예가 보여주는 것처럼 때로 우리는 미래를 예측할 수 있기 때문이다. 그러나 우리는 앞의 10장에서 성장을 예측하는 것이 매우 어렵다는 사실을 보았다. 따라서 정책 변수의 초기 가치를 사용하면 정부 행위가 성장의 변화를 초래한다는 가정을 세울 수 있다.

인과관계를 설정하는 또 다른 전략은 정책 변수 중에서 외적인 사건과 관련이 있는 부분을 확인하고 이 부분이 성장과 관련이 있는지 조사하는 것이다. 예로 로스 레빈은 영국식 법제도보다 프랑스식 법제도를 수용하는 것이 은행 시스템 발전에 역효과를 낳는다는 것을 발견했다. 프랑스식 법제도 수용은 그것이 금융 시스템에 영향을 주지 않는 한 아마 경제 성장과는 아무런 관련이 없을 것이다. 따라서 은행 시스템의 발전 수준 평가를 프랑스식 법적 전통에 기인한 부분과 저성장을 포함한 다른 요소에 기인한 부분으로 분리해 볼 수 있다. 만약 첫 번째 부분이 성장과 관련이 있다면 우리는 은행 시스템의 발전이 성장을 촉진한다는 확신을 가질 수 있을 것이다. 경제학자들은 유사한 전략을 사용하여 암시장 프리미엄과 인플레이션이 성장에 영향을 미친다는 가설을 설정할 수 있었다.[38]

---

38) Easterly, Loayza & Montiel, 1997 ; Barro 1997.

대륙별 성장

정책이 성장에 영향을 미친다는 것은 단지 이론적인 가능성이 아니다. 동아시아와 아프리카의 소득 격차는 정책 요소와 다른 요소들의 차이로 설명될 수 있다. 로스 레빈과 나는 각 정책에 대해 아프리카와 동아시아의 차이를 계산하고 이 차이를 해당 정책의 성장에 대한 효과로 곱했다. 나는 성장 격차를 초기 소득에 적용해서 국가 간 소득 격차를 계산했다. 아프리카의 높은 예산 적자, 높은 금융 억압, 높은 암시장 프리미엄은 지난 30년 동안 동아시아와 아프리카의 성장 격차의 약 50%를 설명한다. 만약 정책이 정말로 성장에 영향을 미치고 아프리카 경제 정책이 동아시아와 비슷한 수준이었다면, 아프리카의 1인당 소득은 지금보다 2,000달러나 더 높았을 것이다(그림 11.2 참조).[39]

라틴아메리카 정부들은 1990년대 초반, 정책 개혁을 통해 성장 유인을 변화시켰고 그 결과 성장률이 2.2% 포인트나 더 높아졌다.[40] 라틴아메리카 정부들은 인플레이션을 억제하고, 암시장 프리미엄을 낮추고, 경제를 개방하고, 은행 억압을 제거했다. 즉 이들 국가는 1990년대 초반 동아시아 국가들보다 더 많은 개혁을 수행함으로써 동아시아와의 성장 갭을 줄여 나갔다.

---

39) Easterly & Levine 1997.
40) Easterly, Loayza, Montiel 1997.

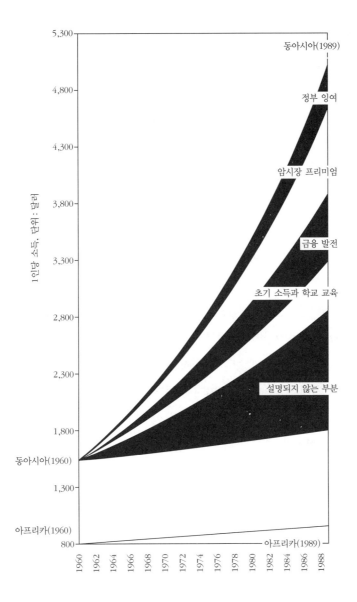

그림 11.2
동아시아와 아프리카의 성장 격차 분석(Easterly & Levine 1997)

결론

우리는 마침내 "사람들은 유인체계에 반응한다."는 모토에서 뭔가 건설적인 것을 도출하였다. 사람들은 유인체계에 반응한다는 사실을 알면 정부는 높은 인플레이션, 높은 암시장 프리미엄, 높은 예산 적자, 극단적인 마이너스 실질금리, 자유무역 억제, 과도한 부채, 부적절한 공공 서비스 같은 성장에 대한 반反유인을 창출하는 모든 행위를 삼감으로써 성장을 저해하는 것을 피할 수 있다. 비극은 정부가 너무 자주 저성장을 유발한다는 것이다. 우리는 다음 장에서 어떻게 정부가 그 같은 비합리적인 정책을 수행하게 되는지 살펴볼 것이다.

그렇다고 거시경제정책 개혁을 성장의 만능치료약으로 정의하지는 말자. 우리는 여전히 앞에서 논의했던 빈곤 트랩의 가능성을 갖고 있다. 사실 1990년대 빈국의 성장률은 해당 국가의 거시경제정책 개혁으로 기대되었던 수준에 미치지 못했다. 또한 제도적 개혁 역시 매우 중요하다. 다음 장에서는 제도적 실패의 한 가지 유형인 부패를 살펴볼 것이다.

12장

부패와 성장

의회 외에 미국의 범죄 계층은 존재하지 않는다.

_마크 트웨인

바닥에 떨어져 있는 모든 것을 훔치고 싶은 충동은 정부 관료들이 직면하는 가장 명백한 성장을 죽이는 유인이다. 민간 기업인에게 뇌물을 요구하는 행위는 생산에 대한 직접적인 세금이기 때문에 이는 성장을 저해할 수 있다. 부패는 빈국을 방문한 외국인이나 빈국의 투자자들이 가장 많이 언급하는 문제이다. 로퍼 스타치 인터내셔널이 의뢰한 19개국 대상 여론조사에서 부패는 범죄, 인플레이션, 경기 침체 다음으로 시민들이 네 번째로 언급한 15개 상위 국가가 직면한 문제였다.[1]

경제 발전에 영향을 미치는 부패의 명백한 중요성에도 불구하고,

---

1) Easterly & Fischer 2000.

부패는 최근에서야 경제학자들의 관심을 끌기 시작했다. 1988~
1995년에 걸쳐 출판된 유명한 4권짜리 개발경제학 이론서인《개발
경제학 입문*Handbook of Development Economic*》의 3,047쪽이나 되는 내용 어
디에도 부패에 대한 언급은 찾아볼 수 없다. 최근에 나온 개발 경제
학 이론서들도 부패 문제는 전혀 언급하지 않는다.2

　더구나 세계은행과 IMF 같은 국제 금융기관들도 사실상 수십 년
동안 부패 문제에 거의 주의를 기울이지 않았다. 국제 기관들 사이
에 부패 문제가 뜨거운 감자가 된 것은 최근의 일이다. 그럼에도 국
제 기관들은 '부패'라는 단어 사용을 꺼린다. 대신에 '거버넌스 문제'
가 이 기관들에서 사용하는 전문 용어이다.

　일단 부패가 성장에 미치는 영향의 중요성을 인식하고 나면, 해결
되지 않는 문제들이 존재한다. 왜 어떤 정부들은 다른 정부들보다
더 강한 부패 유인에 직면하는 것일까? 왜 어떤 국가에서 부패의 피
해가 더 큰 것일까? 이 장에서 나는 부패의 규모, 부패가 성장에 미
치는 영향, 부패의 결정 요소, 부패를 해결할 수 있는 몇 가지 방법
을 논할 것이다.

분주한 삶

　멕시코시티에서 1년간 체류하는 동안 나는 멕시코 경찰과 고양이
와 쥐 게임을 했다. 쥐는 나였고 매우 부패한 멕시코 경찰이 고양이
였다. 멕시코시티에서 미국 번호판을 달고 운전한다는 것은 "난 미

---

2) Ray 1998.

국 여행객이에요. 나에게 뇌물을 요구하세요."라고 광고하고 다니는 것이나 다름없다.

멕시코 경찰이 얼마나 부패한지 깨닫기 전에 나는 차를 멈추고 경찰에게 방향을 물어 본 적이 있다. 이 이야기를 들은 멕시코 친구들은 웃음을 터트렸다. 친구들이 짐작한 대로 내가 물어 본 경찰은 즉각 "Alto(멈추시오)"라고 외쳤고 전리품을 나누기 위해 몇 명의 동료 경찰관들에게 뛰어갔다. 이때 나는 언어를 이해하지 못하는 척하는 유서 깊은 테크닉을 사용했는데, 'alto'가 "당신의 차를 전속력으로 몰고 당신 앞에 있는 부패 경찰에게서 멀어지시오."의 의미인 줄 알았다고 주장한 것이다.

다음 번에 경찰을 만났을 때는 그렇게 운이 좋지 않았다. 이번에는 오토바이를 탄 경찰이 차를 멈추라고 요구했다. 나는 경찰에게 내가 무슨 법규를 위반했는지 물었고 경찰은 내가 '허가증도 없이 책을 운반하는' 심각한 위반을 저질렀다고 대답했다. 문제가 된 짐은 내 차의 트렁크에 있던 책들이었다. 나는 감히 뻔뻔스럽게도 이 책들을 내 폭스바겐 래빗으로 운반했던 것이다. 도대체 내가 뭔데? 전문 택배 기사라도 된단 말인가? 책을 운반한 이 심각한 법규 위반 때문에 나는 경찰서까지 동행을 요구받았다. 멕시코 친구들은 "절대 경찰서로 동행해서는 안 된다."고 말한 적이 있다. 나는 친구들의 충고를 떠올리며 내가 저지른 엄청난 위반 행위에 대한 벌금을 즉시 지불했고 그것으로 상황은 종료되었다.

이 사건 이후 나는 경찰의 사기행각을 피하는 몇 가지 기술을 개발했는데 경찰을 만날 때마다 스페인어를 전혀 모르는 얼간이처럼 행동한 것이 그것이다. 그다음에 내가 오토바이 경찰을 만났을 때

나는 차를 길가에 대는 것을 거부하고 목적지인 사립대학에 도착할 때까지 계속 운전했다. 사적 소유지는 확실히 안전한 피난처였다. 경찰은 대학의 정문에서 추적을 포기하고 돌아갔으니까.

그러나 멕시코시티의 가난한 시민들에게 상황은 그다지 재미있지 않다. 경찰이 규칙적으로 돈을 강탈해 가기 때문이다. 아마도 각 관할 구역별로 매월 징수해야 할 뇌물 할당액이 있을 것이고 상급자들이 여기에서 자기 몫을 가져갈 것이다. 모두가 이 같은 부패를 알고 있지만 부패퇴치 시도는 무용지물인 것으로 드러났다. 부패 경찰은 멕시코에만 국한된 현상이 아니다. 자메이카, 우간다, 인도, 몰도바 같은 국가들의 빈민들 역시 경찰의 부패와 잔인성을 핵심 문제로 꼽는다.[3]

세계 부패 여행

부패는 부유한 국가든, 가난한 국가든, 작은 국가든, 큰 국가든, 기독교 국가든, 이슬람 국가든, 아프리카 국가든, 아시아 국가든, 구대륙 국가든, 신대륙 국가든, 어디에나 존재한다. 그렇다 해도 국가 간 부패 정도의 차이를 측정하기 위해 몇 가지 조심스러운 방법을 사용할 수 있다. 나는 먼저 부패의 만연을 보여 주는 몇 가지 일화를 소개한 다음, 국가 간 부패 정도를 측정하는 몇 가지 방법을 제시할 것이다.

덴버의 맥주회사 소유주인 조셉 쿠어스는 로널드 레이건의 중요

---

3) Narayan et al. 2000a, 6장, 11쪽.

한 정치자금 후원자였다. 쿠어스의 맥주캔 제조공장이 유해폐기물
을 배출해야 했을 때 레이건은 쿠어스 그룹의 멤버들을 환경보호처
위원으로 임명했고 환경보호처는 콜로라도 주의 유독성 폐기물 방
출 규제를 완화했다. 당시 맛없는 쿠어스 맥주를 참고 먹었던 미국
인들도 쿠어스가 정부로부터 유독성 폐기물 배출권을 산 것에 대해
서는 거세게 항의했다.[4]

1988년 심리학자 돈 쉐켄Don Soeken 박사는 당시 국방부와 국무부
의 비리를 폭로한 행정사무관들이 정신적으로 불안정하다고 진단할
것을 요구받았다고 증언했다. 이들의 관리자는 이들이 미쳤다고 주
장함으로써 폭로 내용의 신빙성을 떨어뜨리려고 한 것이다.[5]

일본의 한 검사는 기업가가 정부 관료들에게 비싼 향응을 제공한
혐의를 적발했다. 강력한 부패 퇴치 의지를 보여 주겠다던 일본 정
부는 1998년 8월 그 검사를 지방 해안 도시로 좌천시켰다.[6]

1997년 2월 에콰도르에서 압달라 부카람 대통령의 수하들이 중앙
은행에서 에콰도르 화폐로 300만 달러를 착복했다. 이들은 강탈한
돈을 대통령 임기가 끝나기 직전 부카람 대통령의 사무실로 배달했
다.[7]

멕시코 대통령 카를로스 살리나스의 동생이 마약 운반에 연루되
었다. 그의 스위스 은행계좌에 들어 있는 1억 3,200만 달러는 아마
마약 운반의 대가로 받은 돈일 것이다. 한편 살리나스 대통령의 개
인비서 주스토 세자 마르티네즈는 연봉 3만 2,400달러를 받는 대통

---

4) Theobald 1990, 55쪽.
4) Theobald 1990, 55쪽.
5) Theobald 1990, 68쪽.
6) 뉴욕 타임스, 1998년 8월 14일.
7) 다우존스 인터내셔널 뉴스 서비스, 1998년 7월 29일.

령 개인 비서가 어떻게 1988~1994년까지 300만 달러라는 엄청난 재산을 축적했는지 설명할 수 없었다.[8]

1970년대 후반 남부 인도의 공공 관개시스템은 그야말로 부패의 천국이었다. 여러 형태의 부패 수익 중에서도 완곡어법으로 '땅 위의 저축'이라 불리는 수익이 존재한다. '땅 위의 저축'이란 정부 계약자가 계약서상 요구되는 것보다 일을 덜 하는 것을 말한다. 예로 배수구에서 8센티미터의 실트(미사微砂)를 제거해야 한다면 8센티미터가 아니라 약 2.5센티미터만 제거하는 것이다. 계약자는 정부의 책임 기술자와 '땅 위의 저축' 이익을 나눈다. 물론 책임 기술자는 정부 계약을 특정 계약자에게 제공한 대가로 계약의 2.5%를 상납받았다. 땅 위의 저축과 상납금은 원래 계약의 가치의 25~50%에 이른다. 책임 기술자가 부패로 벌어들이는 수입은 공식 임금보다 9배나 많다. 이처럼 책임 기술자 자리에 앉으면 많은 돈을 벌 수 있으니 이 직위가 매관매직되고 있는 것도 놀라운 일이 아니다. 이 예에서 책임 기술자는 2년 임기의 책임 기술자 직위를 위해 연봉의 5배나 되는 뇌물을 제공했을 것이다. 그럼에도 '책임 기술자'라는 직위의 순소득은 충분히 매력적이다. 인도의 관개시스템이 부실한 것도 관개 공무원 사회에 만연한 부패와 상당 부분 관련이 있을 것이다.[9]

한국에서는 4명의 무자격 접골의들이 한 지방의 의료복지과에서 가짜 면허를 발급받은 대가로 1만 1,000달러를 제공했다. 이 무면허 접골의들에게 치료를 받은 환자들이 아마추어 접골 시술을 받고도 어떻게 살아남았는지에 대해서는 알 수 없다.[10]

---

8) 뉴욕 타임스, 1998년 7월 17일.
9) Wade 1982, 292~293쪽, 305쪽.

한편 베이징 시의 전前 시장이자 정치국 멤버인 첸 시통은 부정부
패 혐의로 16년 징역을 선고받았다. 첸 시통은 시장으로 재임하던
시절 베이징 시 예산 중 22억 달러나 되는 돈을 유용하였다고 전해
진다. 그는 계약 성립을 대가로 상납금을 요구했고 그 밖에도 여러
가지 다른 방법을 사용했다. 중국의 한 텔레비전 방송은 첸 시통이
얼마나 사치스러운 생활을 누리고 있는지 보도했다. "금반지, 금거
북, 은마차, 경주마를 소유하고 있으며 교외의 저택에는 마사지용
의자와 거대하고 복잡한 침실이 있다."[11]

　필리핀의 어떤 정부 기관은 너무도 부패한 나머지 건물 관리인조
차 뇌물을 받는다고 한다.[12] 마르코스는 집권 초기에 부패 청산을
약속했으나 성공하지 못했다. 그 자신이 훔친 돈만 해도 어마어마하
지 않은가? 예로 웨스팅하우스는 원자력 발전소 건설 계약을 수주
하기 위해 마르코스에게 8,000만 달러를 제공했다고 전해진다. 대통
령 위원회는 더 낮은 입찰 가격을 제시한 제너럴 일렉트릭을 수주자
로 낙점했으나 마르코스 대통령이 월권을 행사한 것이다. 마르코스
의 산업 담당 보좌관은 "원자로 2개의 가격으로 하나를 얻은 셈"이
라고 불평했다.[13]

　나이지리아 독재자 사니 아바차 장군은 건설 계약의 커미션으로
수십억 달러를 받았고 석유 소득을 개인 계좌로 유용했다. 또한 국
영 정유소 예산에서 20억 달러를 빼돌려 그 때문에 정유소는 가솔린
을 생산할 수 없게 되었다. 가솔린 생산이 부족하니 나이지리아는

---

10) Alfiler & Concepcion 1986, 38쪽.
11) 파이낸셜 타임스, 1998년 8월 1일 3쪽 ; AP 통신, 1998년 8월 2일.
12) Theobald 1990, 97쪽.
13) 워싱턴 포스트, 1998년 6월 9일, p.A1, 1998년 8월 17일, p. A13.

가솔린을 수입할 수밖에 없었다. 그런데 정말 뻔뻔스럽게도 수입 가솔린에 대한 커미션까지 챙겼다. 1998년 6월 아바차 장군이 급사하지 않았다면 그의 상상을 초월하는 약탈 행위는 계속되었을 것이다.[14]

짐바브웨 내각은 하라레 공항 계약 수주자로 키프로스의 에어 하르부 테크놀로지를 선택하였다. 그런데 우연의 일치인지 에어 하르부 테크놀로지의 짐바브웨 책임자가 무가비 대통령의 조카였다. 사실 발주위원회는 에어 하르부 테크놀로지를 4순위로 선정했으나 내각이 이 결정을 뒤집은 것이다. 2명의 다른 고위 공무원들도 계약 커미션 명목으로 100만 달러를 받았다고 한다.[15]

콩고민주공화국의 모부투 대통령은 수십억 달러에 달하는 개인 재산에도 만족하지 못하고 킬로모토의 금광 지역 전체를 강탈했다. 킬로모토는 3만 2,000스퀘어 마일의 면적에 100톤의 금이 매장되어 있다. 그 밖에도 당시 서독의 로켓 회사인 OTRAG에 서독 전체 영토만큼이나 넓은 콩고민주공화국 남동부 지역에 대한 권리를 주었다. 역시 모부투는 뭘 해도 작게는 하지 않았다.

부패에 등급을 매기기

이 같은 일화들을 보면 정부 관료들이 성장을 향한 여정에서 만나는 노상강도나 다름없는 존재일 수 있다는 것을 알 수 있다. 부패는 국가를 막론하고 존재하지만 그 중에서도 어떤 국가들은 다른 국가

---

14) Rose-Ackerman 1997b, 13쪽.
15) Theobald 1990, 97쪽.

들보다 부패 정도가 더 심하다.

〈국제 신용 위험 가이드〉는 기업인들을 대상으로 세계 각국의 부패에 대해 0(가장 부패한 국가)부터 6(부패 정도가 가장 낮은 국가)까지 점수를 매길 것을 요청했다. 1990년 이 조사에서 0점을 기록한 국가들은 바하마, 방글라데시, 인도네시아, 라이베리아, 파라과이, 콩고 민주공화국이다. 이 국가들의 정부 관리들은 직권 남용으로 엄청난 부정 이득을 취했다. 필리핀의 경우 마르코스 치하에서는 0점을 기록했으나 1990년은 개혁주의 정부가 집권하고 있던 상황이라 2점으로 점수가 수직 상승했다. 6점을 기록한 국가들은 모두 선진 산업국들이다. 그렇다고 모든 선진국들이 6점을 받은 것은 아니다. 예로 미국과 일본은 둘 다 5점을 기록했다.

이 데이터는 부패와 성장이 음의 상관관계가 있다는 것을 보여 준다. 이 자료는 1982년 부패지수와 1980년대 성장률을 비교한 결과와 1990년 부패지수와 1990년대 성장률을 비교한 결과를 포함한다. 부패와 GDP 대비 투자 비율도 음의 상관관계가 있다. 이 자료는 1982년 부패와 1982년 GDP 대비 투자 비율, 1990년 부패지수와 1990년 GDP 대비 투자 비율을 비교하고 있다. 아무도 부패 국가에는 투자하고 싶어하지 않으며 아무도 성장 경제에서 행해지는 다른 모든 것을 부패 국가에서는 하고 싶어하지 않는다.[16]

부패는 성장에 단지 직접적인 영향뿐만 아니라 간접적인 영향도 미친다. 부패가 존재함으로써 성장을 저해하는 다른 정책들이 더욱

---

16) 모로(Mauro 1995, 1996)는 최근 문헌에서 부패와 투자 및 성장 간의 관계를 조사한 최초의 학자이다. 모로는 부패와 성장, 부패와 투자 간 상관관계가 다른 변수들의 도입과 부패의 내생성 가정에도 견고하다는 것을 발견했다.

성장에 악영향을 미치기 때문이다. 부패에 대한 여러 예를 보면 부패 관료들은 공적 수입의 일부를 유용하거나 상납을 통해 공공 지출을 과장하는 방법으로 개인의 재산을 불린다. 따라서 높은 부패지수와 높은 예산 적자가 서로 관련이 있다는 것은 놀라운 일이 아니다. 위 연구의 조사 대상국 중 부패지수가 가장 낮은 상위 15% 국가들의 평균 예산 적자는 GDP의 3.1%인 반면 가장 부패한 하위 15% 국가들의 평균 예산 적자는 GDP의 6.7%에 달한다.

그러나 부패와 성장의 관계는 단순하지 않다. 1990년 가장 부패한 국가 리스트는 콩고민주공화국 같은 성장 실패를 겪은 국가들과 인도네시아 같은 성장 기적 국가들을 모두 포함한다. 그렇다면 부패의 영향이 국가별로 다를 수 있다는 말인가?

부패의 영향은 국가별로 다를 수 있을 뿐만 아니라 동일 국가 내에서도 시기에 따라 다를 수 있다. 〈국제 신용 위험 가이드〉의 1990년 연구는 구공산권 국가들에 대한 데이터를 별로 포함하고 있지 않다. 1990년은 소련이 아직 존재하던 시절이라 공산주의에서 벗어난 국가들이 그렇게 많지 않았기 때문이다. 그런데 1996년 69개국을 대상으로 진행된 세계은행 연구는 구공산권 국가들을 다수 포함하고 있다. 69개국의 기업들은 해당 국가에서 '불법적인 지불'이 일반적으로 행해지는가라는 질문을 받았다. 기업들은 1(언제나 그렇다)부터 6(결코 그렇지 않다)까지 하나를 골라 대답할 수 있다. 공산권 국가들은 언제나 다소 부패한 국가로 평가받았다. 예로 1990년 〈국제 신용 위험 가이드〉에서 소련은 6점 만점에 4점을 받았다. 그런데 1996년의 세계은행 조사에 따르면 구공산권 국가들에서 부패는 더욱 만연해 있었다. 가장 부패한 두 국가는 아제르바이잔과 불가리아였다.

1996년 조사에서 구공산권 국가들은 전체 69개국의 30%에도 미치지 못했지만 가장 부패한 20개 국가 중 절반을 차지했다. 구공산권 국가들의 극심한 경기 후퇴는 여러 가지 다른 원인이 있겠지만, 어쨌든 부패가 성장에 좋지 않다는 또 다른 힌트이다.

다양한 부패 형태

두 종류의 부패가 성장에 영향을 미칠 수 있다. 하나는 분권화된 부패이고 다른 하나는 중앙화된 부패이다. 분권화된 부패 시스템에서는 다수의 뇌물 징수자가 존재하며 징수자들 사이에 뇌물 징수에 대한 조정은 이루어지지 않는다. 중앙화된 부패 시스템에서는 정부 수장이 경제 내 모든 부패 활동을 조직하고 불법 수익금 중 각 관료들에게 돌아가는 몫을 결정한다.

분권화된 부패는 콩고민주공화국을 여행하다 보면 만날 수 있는 군인들이 쳐놓은 바리케이드 같은 것이다. 각 바리케이드를 지키는 군인은 개별 약탈자이다. 이들은 자신의 행위가 다른 약탈자들에게 미치는 영향을 고려하지 않는다. 여행객의 부는 개별 도둑들이 훔칠 수 있는 공공의 자원이다.

분권화된 부패 문제는 고전적인 공동 우물 문제와 비슷하다. 각 군인 도둑은 다른 도둑들이 가져가기 전에 불운한 여행객의 돈을 최대한 갈취하려고 하기 때문에 여행객들에게 더 많은 뇌물을 요구할 것이다. 분권화된 부패의 총 '절도율'은 중앙화된 부패 시스템에서보다 더 높을 것이다. 사실 분권화된 부패 시스템에서는 절도율이 너무 높아서 총부패 소득은 절도율이 더 낮을 경우 벌 수 있는 소득보다 더 적다. 절도율이 상승하면 개인들은 군인 도둑들에게 뇌물을 주지 않기 위해 더 많은 노력을 기울인다. 이들은 바리케이드의 수가 더 적은 길로 여행을 할 것이고, 현금을 덜 가지고 다닐 것이며, 운반하는 재화의 부를 감출 것이다. 아이러니하게도 분권화된 부패는 중앙화된 부패보다 뇌물의 '세금 비율'은 더 높지만 총부패 소득은 더 낮다. 분권화된 부패는 최악의 성장 유인을 창출한다.

분권화된 부패가 성장을 저해하는 또 다른 이유가 있다. 부패 행위를 저질러 처벌받을 가능성은 국가의 강제력이 강할수록 높아지며 부패 관료의 수가 많을수록 낮아진다. 분권화된 부패 시스템에서 국가는 약하며 부패 관료의 수는 많다. 비록 국가가 몇 명의 부패 관료들을 처단한다 해도 너무나 많은 부패 관료들이 존재하기 때문에 그 중 한명이 부패 행위로 처벌받을 가능성은 낮다. 따라서 부패에도 선순환과 악순환이 존재한다. 선순환은 어떤 이유에서든지 분권화된 부패의 수위가 낮고 부패 행위를 하는 사람이 처벌받을 가능성이 높을 때 발생한다. 이 경우 부패 정도는 계속 낮게 유지된다. 반면에 분권화된 부패가 만연해 있고 처벌받을 가능성이 낮을 때는 악순환이 발생한다. 이 경우 부패는 계속 높게 유지된다.

중앙화된 부패 시스템에서는 1명의 지도자가 전체 부패 네트워크를 통해 강탈을 극대화한다. 이 지도자는 자신의 희생자의 번영에 좀더 관심이 있다. 그는 강탈 행위가 과도하면 희생자들이 강탈을 피해 보고자 여러 가지 방책을 강구할 것이고, 이는 전체 뇌물 징수액을 감소시키는 결과를 낳을 것이라는 사실을 잘 알고 있기 때문이다. 따라서 인도네시아의 수하르토 같은 중앙화된 부패 마피아는 비유를 하자면 시스템 전체의 총강탈 금액을 극대화하는 낮은 비율의 단일한 뇌물 '징수율'을 도로의 모든 바리케이드에 적용할 것이다. 중앙화된 부패 사회에서는 각 차원에서 수익금 규모를 감시한다. 중앙에서 결정한 것보다 더 많이 가져가려고 시도하는 사람은 강력한 처벌을 피할 수 없다. 이 같은 감시 덕분에 부패의 악순환은 발생하지 않는다. 중앙화된 부패는 분권화된 부패보다 피해가 적다.[17]

좀더 일반적으로 강력한 독재자는 자신의 수익이 전체 경제의 규모에 달려 있다는 것을 알고 있기 때문에 성장을 너무 많이 저해하지 않는 부패 수위를 선택할 것이다. 그러나 분권화된 부패가 만연한 약한 국가는 이 같은 성장 유지 유인을 갖지 않는다. 각 개별 뇌물 징수자는 경제의 전체 규모에 영향을 미칠 수 없으며 따라서 그는 희생자의 재산 대부분을 가져가는 것에 대해 별로 제약을 느끼지 못한다.

이 이야기는 왜 부패가 인도네시아보다 콩고민주공화국에서 더 커다란 해악을 끼쳤는지 파악할 수 있는 단초를 제공한다. 콩고민주공화국에는 다수의 독립적인 관료들이 존재하며 국가의 힘이 약하다. 반면에 수하르토 치하 인도네시아에서 국가의 힘은 강력했고 위에서 아래로 뇌물을 강제했다. 콩고민주공화국은 마이너스 경제 성장률을 기록한 반면, 인도네시아의 1인당 경제 성장률은 매우 높다.

구공산권 국가들의 경우 부패 형태의 변화가 있었다. 공산주의 국가들에도 부패가 어느 정도 존재했는데, 중앙집권적 독재정치하에서 부패는 대부분 상명하달식이었다. 반대로 이들 국가가 공산주의를 벗어나면서 많은 독립적인 권력 집단이 생겨 부패의 형태도 중앙

---

17) 이 분석은 Shleifer & Vishny 1993에 기초한 것이다.

화된 부패에서 분권화된 부패로 이행하였다. 이를 통해 우리는 왜 부패가 공산주의하에서보다 공산주의에서 벗어난 후에 더욱 피해가 큰지 이해할 수 있다.

부패를 유인하는 결정 요소

부패 유인이 중앙화된 정부보다 분권화된 정부에서 더욱 강하다는 것은 명백하다. 이익 집단 간 연합 정부 같은 분권화된 정부에서 절도율은 더욱 높을 것이다. 더구나 외국 원조나 1차 생산물을 통해 확보된 자금은 강력한 중앙 정부보다 분권화된 약한 정부에서 더 쉽게 강탈된다.

나는 다음 장에서 다양한 이익 집단을 발생시키는 한 가지 상황을 논할 것이다. 바로 인종의 다양성이다. IMF의 파올로 모로Paolo Mauro 처럼 스톡홀름 대학의 제이콥 스벤손Jakob Svensson도 다인종 사회에서 부패 정도가 더욱 높다는 사실을 발견했다.

스벤손의 연구 결과에 따르면 단일 민족 사회보다 인종적으로 분열된 사회에서 해외 원조 수준이 높으면 부패 정도도 높다. 해외 원조는 각 인종의 이익 집단이 자신의 주머니로 유용할 수 있는 공공의 자원이다. 또한 스벤손은 카카오나 원유 같은 1차 생산물 수출국이 인종적으로 분열되어 있을 경우 부패의 가능성이 더 높다는 것을 발견했다. 다양한 인종의 이익 집단들은 1차 생산물의 판매 소득이라는 공동의 우물에서 각자 최대한의 몫을 확보하려고 시도할 것이다.[18]

나는 이미 앞 장에서 여러 나쁜 정책의 한 가지 동기는 부정 이득의 기회를 창출하는 것이라고 암시한 바 있다. 이는 특히 암시장 프리미엄 같은 정책의 경우 가장 명백하다. 공식 환율로 달러를 매입할 수 있는 허가증을 가진 정부 관료는 이렇게 매입한 달러를 암시장 환율로 달러를 되팔아 부정 이윤을 취득할 수 있다. 따라서 부패와 암시장 프리미엄이 서로 관련이 있다는 것은 놀라운 일이 아니다.[19] 이 관계에서 인과관계는 양방향으로 모두 진행된다. 부패 관료들 사이에 높은 암시장 프리미엄을 창출하려는 유인이 존재하고 또한 높은 암시장 프리미엄의 존재는 부정부패 행위의 유인을 창출한다.

마찬가지 맥락에서 무역 제한도 부패의 기회를 창출한다. 만약 높은 수입 관세가 존재한다면 관세 공무원들에게 뇌물을 제공하고 낮은 관세로 상품을 수입하려는 유인이 존재할 것이다. 그리고 상품을 수입하는 데 허가증이 필요하고, 그 상품에 대한 높은 국내 수요가 존재한다면 허가증을 원하는 수입업자는 뇌물을 제공해서라도 허가증을 획득하려고 할 것이다. 어떤 연구는 국제 무역의 자유를 제한하는 국가들은 그렇지 않은 국가들보다 부패 정도가 더 높다는 사실을 발견했다.[20]

국가 내에서 제도의 질도 부패에 영향을 미친다. 잘 조직된 양질의 공무원 시스템은 부패에 대한 일종의 감시기제로 작동할 것이다. 법 위에 군림하는 것보다 법을 준수하는 정부는 부패가 상존하기 어려운 환경을 창출할 것이다. 〈국제 신용 위험 가이드〉는 기업 활동

---

18) Svensson 2000.
19) Mauro 1996.
20) Ades & Di Tella 1994.

의 제도적 환경의 질을 4개 측면으로 나누어 평가하고 있는데 법대로 적용되는 규칙, 관료제도의 질, 정부의 계약 파기로부터의 자유, 몰수로부터의 자유가 바로 이 네 측면이다. 각각의 기준은 부패에 영향을 미칠 수 있는 제도적 환경을 보여 준다. 부패를 퇴치하고 정부 관료들이 경제 성장을 촉진하게끔 유인 창출을 위해 이 4개의 제도적 측면이 모두 견고해야 한다.

법대로 적용되는 규칙 부문은 정부 관료들이 부당이득을 얻기 위해 법을 선별적으로 강제하거나 무시하는 능력을 반영한다. 정부 관료들은 뇌물 제공자에게 유리하게끔 창조적으로 법을 해석하고 부패 수익을 얻는다. 〈국제 신용 위험 가이드〉는 법대로 적용되는 규칙과 부패로부터의 자유를 0부터 6까지의 점수로 평가했다. 예로 1982년 아이티에서 법의 효력은 《이상한 나라의 엘리스》에 나오는 왕의 명령 정도에 불과했다. 아이티는 '법대로 적용되는 규칙' 부문과 '부패로부터의 자유' 부문에서 모두 0점을 얻었다. '법대로 적용되는 규칙' 부문에서 6점 만점을 얻은 국가들은 대만을 제외하고 모두 선진국들이다. 이 국가들은 포르투갈을 제외하고는 부패로부터의 자유 부문에서도 5점이나 6점을 기록했다.

관료제도의 질이 낮으면 복잡한 관료주의적 행정 절차 때문에 기업이 빠르게 일을 진행할 수 없다. 이 경우 분권화된 부패의 기회는 명백하다. 〈국제 신용 위험 가이드〉는 관료제도의 질을 0부터 6까지의 점수로 평가했다. 그러나 1990년에는 0점을 기록한 국가는 없었다. 방글라데시가 1990년 관료제도의 질 부문에서 1점, 부패 부문에서 0점을 기록했다. 방글라데시의 수도 다카에서 사업 허가증을 받으려면 끝없이 기다리든지 뇌물을 제공하든지 양자택일해야 한다.

'관료제도의 질' 부문에서 6점 만점을 받은 국가들은 홍콩, 싱가포르, 남아프리카를 제외하고 모두 선진국들이다. 예로 미국은 6점 만점을 받았는데 연방기관들에서 끝없이 긴 줄을 서 본 사람들에게는 매우 놀라운 일이다. 그러나 모든 것은 상대적이다. 줄을 서서 기다리는 것은 서류 업무를 하나 보기 위해 14개의 서로 다른 분과를 찾아다녀야 하는 것보다는 낫지 않나. 관료제도의 질 부문에서 6점을 받은 국가들은 부패로부터의 자유 부문에서도 5점이나 6점을 받았다. 역시 포르투갈은 제외한다.

계약 파기로부터의 자유는 기업-정부 관계의 또 다른 측면을 측정한다. 예상 파기율이 높으면 부패 가능성도 높아진다. 개인은 계약 파기를 면하기 위해 정부 관료들에게 뇌물을 제공해야 할 필요를 느낀다.

계약 파기로부터의 자유는 1부터 10까지의 점수로 측정되었다. 1990년 이 부문에서 1점이나 2점을 받은 국가들은 미얀마, 라이베리아, 레바논, 아이티, 수단, 잠비아, 소말리아였고 이 국가들은 부패로부터의 자유 부문에서도 평균 1.67점을 받았다. 계약 파기로부터의 자유 부문에서 10점 만점을 받은 국가들은 대만을 제외하고 모두 선진국들이다. 대만과 이탈리아를 제외하고 이 국가들은 부패로부터의 자유 부문에서 5점이나 6점을 받았다.

마지막으로 몰수로부터의 자유는 기업-정부 관계의 핵심을 반영한다. 몰수 위험이 높아지면 부패가 만연할 것이다. 기업가들이 정부에 몰수당하지 않도록 정부 관료들에게 보호비를 지급할 것이기 때문이다. 1990년 이 분야에서 1부터 10까지의 점수 중 1점이나 2점을 받은 국가들은 뉴칼레도니아, 이라크, 나미비아이다. 1982년에 1점이나 2점을 받은 국가들은 이란, 리비아, 시리아, 이라크, 레바논이었다. 이 국가들은 '부패로부터의 자유' 부문에서 평균 1.9점을 받았다.

몰수로부터의 자유 부문에서 10점 만점을 받은 국가들은 모두 선진국들이고 9점을 받은 오스트레일리아를 제외한 모든 선진국들이 10점을 받았다. 또한 이 국가들은 스페인과 이탈리아를 제외하고 부패로부터의 자유 부문에서 모두 5점이나 6점을 받았다.

일반적으로 이 자료는 제도적 질과 부패 간에 강한 상관관계를 보여 준다. 1982년 제도적 질과 1982년 부패 수위, 1990년 제도적 질과 1990년 부패 수위를 비교해 보았다. 제도적 측면에서 가장 낮은 점수를 받은 국가들의 부패 부문 점수는 2점에서 4점 사이로, 제도적 질이 높은 국가들보다 더 부패한 국가들이었다. 제도적 질에 관한 4개 부문 중 한 부문에서라도 낮은 점수를 받은 국가들에서는 부패 정도가 높았고 제도적 질이 높은 국가들에서는 낮았다.

그런데 이 같은 강한 상관관계는 신중하게 해석되어야 할 필요가 있다. 각국의 점수는 명백히 주관적인 평가이며 조사에 응한 기업인들은 청렴한 국가들보다 부패 국가들에서 낮은 제도적 질을 단순히 인지한 것일 수도 있다. 또한 제3의 요소가 존재할 수 있다. 예로 나쁜 정책이나 낮은 1인당 소득 때문에 부패도 만연하고 제도적 질도 낮은 상황이 발생할 수 있다. 그러나 어쨌든 제도와 부패 간에 성립되는 강한 상관관계는 적어도 제도가 부패에 영향을 미칠 수 있다는 주장에 부합된다.[21]

---

21) Knack & Keefer 1995.

부패 통제 정책의 성공 효과

제도 개혁은 어렵지만 불가능한 일은 아니다. 예로 가나는 1982년 6점 만점의 1점에서 1990년 4점으로 관료제도의 질을 향상시켰다. 또한 1982년에는 법대로 적용되는 규칙 부문에서 1점을 받았지만 1990년에는 3점을 받았다. 정부는 1982년 4,264%에 달하던 암시장 프리미엄을 1990년 10%로 줄였다. 가나의 부패 점수가 1982년 1점에서 1990년 4점으로 증가한 것은 아마 우연이 아닐 것이다.

이제 우리는 부패에서 벗어나는 방법과 부패의 성장 저해 효과를 알 수 있다. 첫째, 제도적 질을 높인다. 복잡하고 쓸데없는 관료적 행정 절차를 제거하고, 정부가 계약을 준수하며 민간 부문의 재산을 몰수하지 않는 규칙을 세우고, 공무원들의 행정 서비스의 질을 높인다. 이 같은 제도는 관료들 사이에 부정부패로 인한 이익 가능성 대신 조사와 균형을 창출할 것이다.

둘째, 부패 유인을 제거하는 정책을 수립한다. 높은 암시장 프리미엄이나 극단적인 마이너스 실질금리는 실제로 엄청난 부정 이득을 보장한다. 암시장 프리미엄과 마이너스 실질금리를 제거하는 시도는 앞 장에서 살펴본 것처럼 단지 성장에 유익할 뿐만 아니라 부패를 통제하는 효과가 있다.

우리는 정부를 선행을 행하는 행위 주체로, 즉 어떻게 공공의 안녕을 위해 봉사할 수 있는지 조언할 수 있는 대상으로 간주했다. 그런데 정부는 자주 부패 행위를 저지른다. 따라서 정부를 선한 행위 주체로 간주하는 태도는 재고해 볼 필요가 있다. 정부가 부패 행위를 저지를 수 있기 때문에 무조건 정부가 성장을 위한 개입을 할 것이라고 믿어서는 안 된다. 예로 특정 유치산업에 보조금을 지급하는 산업 정책을 추천할 수는 없다. 정부가 어떤 산업에 보조금을 줄 것인지 결정할 때 뇌물을 받을 수 있기 때문이다. 최선의 방법은 가계와 기업에 대한 정부의 재량권을 가능한 최대한 제거하고 정부 행위에 적용되는 게임 규칙을 견고하고 빠르게 설정하는 것이다.

13장

양극화된 사람들

> 서로에 대한 증오를 키우는 인간의 성향은 너무도 강해서 아주 사소한
> 기회라도 생기면, 가장 하찮고 비현실적인 차이만으로도 인간의 적대적
> 인 열정에 불이 붙고, 가장 폭력적인 싸움이 일어날 수 있다.
>
> _제임스 매디슨, 연방주의자 페이퍼 NO. 10

예전에 나는 기계 결함 때문에 운항이 취소된 비행기에 탑승한 적
이 있었다. 그런데 원래 항공편에 바로 이어서 동일 목적지로 향하
는 항공편이 있었다. 문제는 내가 타려고 했던 비행기도, 그다음 비
행기도 거의 만석이었다는 것이다. 이 상황은 취소된 비행기 승객
그룹과 다음 비행기 승객 그룹이라는 2개의 탑승자 그룹을 낳았는
데 두 그룹은 다음 비행기의 좌석을 서로 차지하려고 경쟁했다. 취
소된 비행기의 승객들은 원래 타려고 했던 항공편의 취소가 항공사
측의 잘못이므로 자신들에게 다음 비행기의 좌석 우선권이 있다고
주장했고 다음 비행기 승객들은 어쨌든 자신들이 예약한 비행기인
데 다른 비행기에 일어난 일 때문에 자신들의 권리가 침해되어서는
안 된다고 주장했다. 이 두 그룹 사이에 상대편에 대한 적대감이 얼

마나 빨리 형성되었는지, 동일 그룹 내에서는 얼마나 빨리 서로에 대한 연대감이 형성되었는지는 정말 놀라울 뿐이었다. 물론 승객들은 서로 전혀 모르는 사이였다. 그런데도 취소된 비행기 승객들은 다음 비행기 승객들이 얼마나 불공정하고 공격적이고 오만한지 이야기를 주고받았고 다음 비행기 승객들은 취소된 비행기 승객들에 대해 무례한 언사로 투덜댔다. 상황은 거의 폭력적인 상황으로 악화되었다. 결국 항공사는 다음 비행기 승객들에게 우선권을 주었다. 그렇지만 두 그룹은 모두 손해를 본 셈이었다. 다음 비행기가 승객들의 자리싸움 때문에 이륙이 지연되었기 때문이다. 인간 사회에서 당파는 그렇게 갑자기 등장하는 것 같다.

정부의 정책 실패로 인한 저성장은 당파의 존재로 설명될 수 있다. 왜 정부는 성장을 죽이는 정책을 선택하려는 유인을 가지는 것일까? 왜 정부는 부정부패 행위를 통해 성장을 죽이려고 할까? 경제가 성장하면 정부에 돌아가는 몫도 커지지 않나? 그리고 빈민들의 성장 참여를 위해 빈민의 미래 소득에 대한 보조금을 지급할 필요가 있는데도 왜 정부는 이 보조금을 항상 제공하지는 않는 것일까? 이 장에서 우리는 분열된 국가의 정부는 기존 소득을 재분배하려는 유인에 직면한다는 것을 살펴볼 것이다. 통합된 국가의 정부는 성장을 촉진하려는 유인을 가진다. 분배주의적 정부와 성장주의적 정부의 근본적인 차이는 사회적 양극화이다. 당파로 분열된 사회는 이권다툼에 휩싸이고 단일 문화와 강력한 중산 계층으로 통합된 사회는 성장을 위한 사회적 합의를 창출한다. 물론 이 성장은 빈민을 포함하는 성장이다.

카카오 이후

가나의 주요 수출 작물인 카카오의 예를 들어보자. 가나의 카카오 생산은 가나 인구의 13%를 차지하는 아샨티 부족 지역에 집중되어 있다. 아샨티 부족은 식민지 이전 시대에 가나의 지배 부족이었지만 인구의 30%를 차지하는 아칸 부족을 비롯한 다른 부족의 분노를 샀다. 1950년대 가나의 독립 준비가 시작되면서 카카오는 역사적 분노를 대신해 부족 간 갈등의 씨앗이 되었다.[1]

1950년대 초 아칸 부족의 일원인 은크루마는 아샨티 부족이 대부분인 독립당을 탈당했다. 은크루마는 1954년 식민지 입법을 통해 카카오의 생산자 가격을 동결하는 법안을 추진하였다. 은크루마에 반대하는 아샨티 부족 야당은 1956년 선거에서 "카카오에 투표합시다."라는 노골적인 슬로건을 내세워 선거운동을 벌였다. 심지어 아샨티 지역은 가나 독립보다 앞서 아샨티 지역 분리 독립을 시도했다. 그러나 대부분의 다른 부족들은 은크루마를 지지했고 아샨티족의 분리 독립 시도는 무산되었다.

은크루마는 1960년대에도 카카오에 무거운 세금을 물렸다. 국가가 운영하는 카카오 마케팅 보드는 카카오 재배 농민에게서 낮은 가격으로 카카오를 매입한 다음 국제 가격으로 비싸게 팔았다. 외환에 대한 높은 암시장 프리미엄은 농민들에게 지불되는 카카오 가격이 달러로 환산했을 때 거의 가치가 없다는 것을 의미했다. 농민들은 카카오 대금으로 받은 달러를 공식 환율로 매도해야 했지만, 달러의

---

1) Mikell 1989.

매입은 오직 암시장 환율로만 가능했다.

1969~1971년 코피 부지아Kofi Busia는 가나의 현대 역사상 유일한 아샨티 부족 정부를 이끌었다. 아칸 부족 중 몇 부족과 동맹한 것이다. 부지아가 시행한 첫 번째 정책은 카카오 생산자 가격의 인상이었다. 1971년 부지아는 대규모 평가절하를 단행했고 그 결과 카카오의 국제 가격이 하락하던 시기에 카카오 국내 가격이 상승했다. 그러나 평가절하를 실시한 3일 만에 군사 쿠데타로 정권이 전복되었고, 군사 정부는 부분적으로 평가절하를 되돌렸다. 이때가 아샨티 부족이 시장 가격으로 카카오를 팔았던 마지막 기회였다.

비록 1970년대와 1980년대 초에 걸쳐 가나에서 부족 간 합종연횡이 현기증 나는 속도로 진행되었지만, 말도 안 될 정도로 과대평가된 공식 환율을 통해 아샨티 카카오 수출품에 과도한 세금을 물리는 것에는 모두의 의견이 일치했던 것 같다. 과대평가된 공식 환율은 높은 암시장 프리미엄에 반영되어 있었다. 정부는 공식 환율로 상품을 수입할 수 있는 수입허가증을 부여하는 방법을 통해 정치적 지지자들과 부족의 지지자들에게 카카오 이윤을 분배했다. 이렇게 수입된 상품은 이후 암시장에서 엄청난 이윤을 남기면서 판매될 수 있었다. 가나의 암시장 프리미엄은 암시장 환율이 공식 환율의 22배에 달했던 1982년 사상 최고치를 기록했다.[2]

1949년 가나의 카카오 생산자들은 카카오 세계 가격의 89%를 받았다.[3] 그러나 1983년 그들은 세계 가격의 6%만을 받았다. 1955년 GDP의 19%를 차지했던 카카오 수출은 1983년 GDP의 3%로 급감

---

2) Wetzel 1995,127쪽.
3) Bates 1981.

했다.[4] 가나의 카카오는 황금알을 낳는 거위를 죽이는 고전적인 예가 될 것이다. 가나의 예는 카카오 같은 1차 생산물을 둘러싼 이익 집단의 투쟁이 높은 암시장 프리미엄을 낳는 과대평가된 환율 같은, 성장을 죽이는 정책의 선택과 관련이 있다는 것을 보여 준다.[5]

정치인들도 사람이다

믿기 어려울지 모르겠지만 경제학자들이 빈국을 분석하면서 정치를 고려하지 않은 시절이 있었다. 예로 경제학자들은 가나 같은 성장 실패국의 정치를 무시했다.

1970년대 미국 국가경제조사국 사례 연구라는 타임캡슐을 타고 과거로 여행하면 1974년 가나의 무역 제한 조치를 분석한 연구를 발견할 수 있다.[6] 이 연구는 정치에 대해서는 놀라울 정도로 침묵을 지키며 가나 지도자들이 마치 플라톤이 꿈꿨던 철학자 왕이라도 되는 것처럼 그들에게 여러 가지 정책을 권하고 있다. 이 연구 어디에도 부패한 군부가 가나를 지배하고 있으며, 가나의 정치가 인종 분열로 혼란을 겪고 있다는 실마리를 찾을 수 없으며, 가나의 무역 제한이 수입허가증의 구매와 판매를 통한 도둑질을 위한 핑계라는 실마리를 찾을 수 없다. 더구나 가나에서 수입허가증은 때로 군부 실력자의 애인들에게 제공되었다.

경제학자들이 정부 관료들 역시 사람이라는 것을 깨달은 것은 훨

---

4) Frimpong-Ansah 1991, 95쪽.
5) Easterly & Levine 1997.
6) Leith 1974.

쎈 뒤의 일이다. 다른 사람들처럼 정부 관료들도 유인에 반응한다. 정부 지도자들이 성장 창조 정책을 추구해야 할 유인을 느낀다면 성장 정책을 추구할 것이고 그렇지 않다면 추구하지 않을 것이다.

정부 지도자들도 다른 사람들처럼 유인에 반응한다는 것을 인정한 후에야 우리는 어려운 질문에 대답할 수 있을 것이다. 만약 높은 인플레이션, 높은 예산 적자, 높은 암시장 프리미엄, 마이너스 실질금리 같은 정부 정책이 성장을 그토록 저해한다면 왜 정부는 이 같은 정책을 추구하려는 유인을 가지는 것일까? 이 장에서 우리는 왜 정치인들이 때로 성장을 파괴하는 유인에 직면하는지 살펴볼 것이다.

잘못된 대답

"왜 정치인들이 성장을 파괴하는가?"라는 질문에 대한 피상적인 대답은 정치인들이 공직에 있는 동안 국민의 부를 몰래 훔친다는 것이다. 높은 인플레이션과 높은 예산 적자는 정부 관료들의 과도한 지출의 결과일 수 있다. 높은 암시장 프리미엄과 마이너스 실질금리가 존재할 경우 부패의 가능성도 확실히 높아진다. 지도자는 외환을 공식 환율로 매입한 다음, 다시 이것을 암시장 환율로 매도한다. 외환 매입을 위한 자금은 마이너스 실질금리 대출을 통해 확보한다. 그리고 환차익은 플러스 실질금리 외국 자산에 투자한다.

높은 암시장 프리미엄과 마이너스 실질금리 정책이 부패를 낳는다는 것은 타당한 설명이다. 그러나 이는 왜 정치인들이 성장을 죽이는 정책을 선택하는지를 답하는 적절한 설명은 아니다. 정치인들이 부정 이득을 얻을 기회는 경제의 평균 소득이 높을수록 더 커진다. 즉 가난한 경제보다 부유한 경제에서 더 많이 훔칠 수 있다. 따라서 정치인들이 부를 훔치기 위해 성장을 죽이는 정책을 사용한다는 가설은 그 자체로 모순이다. 심지어 부를 훔치는 정치인들도 경제가 더 빠르게 성장하기를 바란다. 경제가 빠르게 성장하면 훔칠 것도 많아지기 때문이다. 만약 정치인들 역시 유인에 반응하는 사람들이라면 왜 정치인들은 성장을 죽이는 정책을 선택하는 것일까?

하나를 구성하는 다수

우리가 놓치고 있는 핵심은 정부가 모든 것을 알고 있는 단일 행위자가 아니라는 사실이다. 대신에 정부는 다양한 정파를 대표하는 정치인들의 연합이다. 성장을 죽이는 정책의 선택을 낳는 것은 바로 이 다수성이다.

다음의 상황을 생각해 보자. 나의 소유지와 여러분의 소유지의 경계를 가로지르는 유전이 존재한다고 가정하자. 법에 의하면 유전이 묻혀 있는 땅을 소유한 자가 유전에서 원유를 채굴할 권리를 가진다. 따라서 우리 둘 다 하나의 유전에서 원유를 채굴할 권리를 가진다. 그런데 유전의 기술적 특징은 원유의 채굴 속도가 빠를수록 유전의 전체 산출량이 낮아진다는 것이다. 그렇다면 여러분과 나는 유전의 잠재산출량 보전을 위해 원유를 빠르게 채굴하지 않으려고 노력할 것인가? 물론 아니다. 여러분과 나는 상대방보다 먼저 가능한 많은 원유를 채굴하기 위한 쟁탈전에 돌입할 것이다. 이제 유전의 잠재산출량은 감소한다. 여러분과 내가 너무도 빠르게 원유를 채굴하기 때문이다. 전문가들은 우리가 너무도 빠르게 재생 불가능 자원을 소비한다며 우리의 자기 파괴적인 탐욕에 대해 점잔을 빼며 말할 것이다. 그러나 우리는 완벽하게 합리적으로 행동하고 있는 것이다. 이런 상황을 '공유지의 비극tragedy of the commons'이라고 부른다.

만약 원유가 나의 소유지에만 매장되어 있다면 나는 어떻게 행동할까? 이 상황에서 나는 유전의 전체 잠재산출량을 보전할 수 있는 비율로 신중하게 원유를 채굴할 것이다. 앞의 예에서 우리 둘 모두에게 타격을 주는 자기 파괴적 행위를 초래한 것은 유전의 소유권자가 다수라는 사실이었다.

'공유지의 비극'은 정치경제학 분야에서도 핵심적인 실마리를 제공한다. 나쁜 정부 정책의 원인은 각자 자신의 이해관계를 위해 행동하는 양극화된 이익 집단의 존재이다. 양극화가 심화된 사회의 정부 정책은 그렇지 않은 사회보다 더 나쁘다. 양극화를 낳는 요소는 그것이 무엇이든 정책을 악화시켜 성장을 저해할 것이다. 예로 가나의 다인종 연합에서 이익 집단은 다음과 같은 타협점에 도달했을 수 있다. 각 이익 집단의 대표가 하나의 정책을 책임진다. 한 사람이 암시장 환율을 결정하고, 다른 사람은 화폐 창조율과 인플레이션을 결정하고, 세 번째 사람은 예산 적자를 결정하고, 네 번째 사람은 마이너스 실질금리를 결정하는 식이다.

이 같은 타협점에서 각 이익 집단의 대표는 자신의 몫을 극대화하는 정책을 선택할 것이다. 이때 자신의 선택이 다른 사람의 몫에 얼마나 영향을 미칠지는 고려하지 않는다. 예로 관료 4가 선택한 극단적인 마이너스 실질금리는 해외 자산 보유라는 유인을 창출한다. 가나의 수출업자들은 수출 실적을 실제보다 적게 보고하고 그 차이를 해외 은행에 예금할 것이다. 이는 암시장 프리미엄을 책임지는 관료

1의 몫을 잠식한다. 관료 1의 소득 원천은 수출대금으로 받은 외환을 공식 환율로 매도해야 하는 수출업자에게서 유래하기 때문이다. 관료 1은 수출업자에게 사들인 외환을 암시장 환율로 되팔아 이윤을 남긴다. 따라서 국내로 들어오는 수출업자의 돈이 적어진다면 관료 1의 이윤도 적어진다.

관료 2 역시 몫이 줄어든다. 국내 화폐 보유액이 높을수록 화폐 창조의 수입도 높기 때문이다. 해외 자산 보유가 늘어나면 관료 2가 '인플레이션 세금'을 통해 얻는 소득도 낮아진다. 관료 3도 예산 적자를 높게 유지할 수가 없다. 예산 적자를 감당하는 국내 자금 역시 국내 금융 자산으로부터 나오기 때문이다. 실질금리를 책임지는 관료 4는 자신이 저렴한 대출을 통해 얻을 수 있는 이윤이 최대가 되는 수준에서 실질금리를 결정한다. 이때 자신의 행위가 관료 1, 2, 3에게 미칠 영향은 고려하지 않는다. 따라서 관료 4는 자신의 행위가 다른 관료들에게 얼마나 영향을 미칠지 고려했을 경우 선택했을 실질금리보다 더 극단적인 마이너스 실질금리를 선택한다.

거꾸로 관료 1도 자신의 암시장 프리미엄 결정이 관료 4에게 미치는 영향을 고려하지 않는다고 말할 수 있다. 암시장 프리미엄이 높으면 수출업자들이 수출 상품의 일부를 은밀히 판매한 후 그 판매 대금을 외국 은행 계좌에 예금하려는 유인이 강하다. 이는 국내 은행 계좌의 예금 총액이 감소한다는 것을 의미하며, 관료 4가 고수익 자산에 재투자하기 위해 저렴한 대출을 이용할 수 있는 가능성이 낮아진다는 것을 의미한다. 관료 1은 자신의 행위가 관료 4에게 얼마나 영향을 미칠지 고려했다면 선택했을 암시장 프리미엄보다 더 높은 암시장 프리미엄을 선택한다. 한 마디로 모든 관료들이 자신의 채굴 행위가 다른 관료들의 채굴에 미치는 영향을 고려하지 않은 채 공동 유전에서 원료를 채굴하고 있는 것과 같다.

이 결과를 가나의 지도자가 강력하고 이익 집단이 약할 경우의 상황과 비교해 보자. 지도자는 가나의 암시장 프리미엄, 화폐 창조율과 인플레이션, 예산 적자, 실질금리를 통제할 것이고, 하나의 정책이 다른 정책에 미치는 영향을 고려할 것이다. 왜냐하면 그는 모든 정책으로부터 수입을 얻기 때문이다. 따라서 지도자는 관료 4명의 예보다 더 낮은 실질금리, 더 낮은 인플레이션율, 더 낮은 예산 적자, 더 낮은 암시장 프리미엄을 선택할 것이다. 이익 집단 간 양극화는 다수의 행위 주체를 창출한다. 그리고 이 같은 다수의 행위 주체들은 단일한 행위 주체보다 성장 파괴 정책을 선택할 가능성이 더 높다.

그렇다고 독재가 경제 발전을 이루는 데 최선의 시스템이라고 성급하게 결론내리지는 말자. 독재자나 민주주의 정치인이나 다수의 이익 집단을 달랠 수 있는 가능성은 비슷하다. 중요한 것은 독재와 민주주의의 차이가 아니다. 어쨌든 하나가 다른 하나보다 성장을 위해 더 낫다는 증거는 없다. 중요한 것은 양극화된 당파 연합으로 구성된 약한 중앙 정부와 지지자들로 구성된 강력한 중앙 정부의 차이이다.

약한 정부에서 양극화는 왜 정부가 그렇게 자주 황금알을 낳는 거위를 죽임으로써 스스로를 파괴하는지 설명한다. 실제로 양극화는 어떻게 1950년대 GDP의 19%를 차지하던 가나의 카카오 수출이 1980년대 GDP의 3% 수준으로 무너질 수 있었는지 설명할 수 있다. 정부의 각 이익 집단은 카카오 수출업자에게 세금을 매김으로써 자신의 몫을 챙겼다. 물론 그 과정에서 자신의 행위가 다른 이익 집단에 미칠 영향은 고려하지 않았다. 아마도 한 이익 집단이 카카오 마케팅 보드를 구축하고 생산자 가격을 결정했을 것이다. 그런데 다른 당파가 암시장 프리미엄을 관리해서 카카오의 생산자 가격이 달러 같은 경화硬貨로 얼마인지 결정했다고 가정하자. 만약 이 두 집단이 독립적으로 행동한다면 두 집단은 단일 관료가 카카오에 대한 세금을 결정했을 때보다 카카오 생산자들에게 더 무거운 세금을 부과할 것이다. 각 이익 집단은 카카오에서 최대한 많은 것을 얻어내고자 노력한다. 카카오를 죽이는 것은 공동 유전에서 최대한 빠르게 원유를 채굴하는 것과 같다.

점심식사

양극화된 경제에서 어떻게 예산 적자가 불어나는지 이해하기 위해 다른 예를 들어보자. 6명의 친구들이 점심을 먹으러 가는데 사전에 식대를 6명이 똑같이 나누어 내기로 결정했다고 가정하자. 6명이 점심을 주문하는데, 모두 자신이 무엇을 주문하든 원래 비용의 6분의 1만 부담하게 된다는 것을 알고 있다. 예로 12달러 라비올리 대신 24달러 랍스타를 먹어도, 12달러가 아니라 2달러만 더 내면 된다. 6명 모두 비슷한 계산을 할 것이고, 각자 자신의 식비를 부담하는 경우보다 전체 식비가 올라갈 것이다. 이는 공동 유전 문제와 비슷하다. 6명 모두 자신의 행동이 자신의 예산에 미치는 영향만 고려할 뿐 그룹의 예산에 미치는 영향을 고려하지 않는다.

다양한 이익 집단 대표들이 국가 예산을 결정할 때도 유사한 상황이 발생한다. 동일 규모의 6개 이익 집단이 존재한다고 가정하자. 각 이익 집단의 대표는 그가 자신의 이익 집단을 위해 어떤 프로젝트를 제안하더라도 프로젝트 집행 비용의 6분의 1만 부담하면 된다는 사실을 알고 있다. 다른 5명의 대표도 비슷한 생각을 하고 있다. 따라서 6명 각자 예산을 따로 결정할 때보다 6명이 같이 예산을 결정할 때 예산 규모와 예산 적자가 모두 더 커진다. 6명의 대표 모두 단지 유인에 반응한 것일 뿐이지만, 국가 전체로 볼 때 결과는 좋을 게 하나도 없다.

소모전

하버드 대학의 알베르토 알레지나Alberto Alesina와 메릴랜드 대학의 앨런 드라젠Allan Drazen은 다수 행위 주체들의 존재가 나쁜 정책의 지속으로 귀결될 수 있는 또 다른 경우를 지적했다. 알레지나와 드라젠에 따르면 다양한 이익 집단 간에 소모전이 발생할 수 있다.

예로 경제가 높은 인플레이션 때문에 낮은 성장률을 기록하고 있으며 2개의 서로 구별되는 이익 집단이 존재한다고 가정하자. 여러분과 내가 각 이익 집단의 대표이다. 우리 중 누구라도 화폐 창조를 통해 자금이 조달되는 프로젝트 몇 개를 포기하면 인플레이션을 억제할 수 있다. 그렇다면 우리 중 한 사람이 프로젝트를 포기할 것인가? 반드시 그렇지는 않다. 우리 모두 서로 상대방이 프로젝트를 포기하고 인플레이션을 끝내 주기를 기대한다. 상대방이 먼저 포기하면 내가 대표하는 집단의 프로젝트를 포기하지 않아도 될 것이고 어쨌든 인플레이션은 낮아질 것이며, 나는 낮은 인플레이션의 혜택을 볼 수 있다. 우리 둘 다 일종의 소모전을 벌이고 있는 것이다. 서로 상대방이 먼저 지쳐서 포기하기를 기대하면서.

이 같은 소모전이 어떻게 작동하는지 보기 위해 진짜 소모전을 예로 들어보자. 바로 베트남 전쟁이다. 처음에 미국 유권자들은 전쟁에 호의적이었고 북베트남인들과 베트콩도 전쟁을 계속하겠다는 의지가 강했다. 시간이 지나고 아군 사망자수에 대한 적군 사망자수의 비율로 전쟁의 성공을 평가하게 됨에 따라 두 전쟁 당사자들의 정치적 약점과 강점이 더욱 드러나게 되었다. 북베트남인들과 베트콩들은 많은 사망자수에도 불구하고 계속해서 전장으로 신병들을 보냈다. 국민들의 지지가 있었기 때문이다. 반면에 미국의 사망자수 증가는 미국 내 반전 여론을 촉발시켰고, 국민들은 끊임없이 사지로 군인들을 보내는 것을 원하지 않았다. 호치민은 린든 존슨보다 이 상황을 더 빨리 이해했다. 호치민과 존슨이 공직을 떠난 후에 베트남이 소모전에서 미국보다 오래 버틸 수 있다는 사실이 명백해졌다. 마침내 미국과 베트남은 평화협상 테이블에 마주 앉았고 미국 군대의 철수에 합의했다.

정책 소모전의 경우 소모전이 진행될수록 이익 집단은 상대방에 대한 지식을 얻게 된다. 소모전이 이미 2년 동안 계속되었다면 우리 모두 상대방이 항복을 원하지 않을 것이고 앞으로 2년은 더 기다릴 것이라는 것을 알고 있다. 그러다 마침내 우리 중 한 사람이 상대방이 더 오래 기다릴 것이라고 깨닫는 시점에 도달할 것이다. 결국 인플레이션으로 더 큰 피해를 입고 프로젝트에 더 낮은 가치를 두는 쪽이 먼저 항복할 것이고, 그제야 소모전은 끝날 것이다.

그러나 소모전이 끝나기 전에 경제는 이미 오랫동안 성장을 파괴하는 인플레이션을 겪었다. 소모전은 양극화된 이익 집단 때문에 발생했다. 단일 행위자로 구성된 정부라면 인플레이션으로 사회가 부담해야 하는 비용이 사회가 얻을 수 있는 이익을 초과하자마자 바로 인플레이션을 억제했을 것이다. 다수의 이익 집단이 등장하는 소모전의 예는 왜 나쁜 정책이 경제 성장에 미치는 악영향이 모두의 눈에 명백할 때조차 그렇게 오랫동안 지속되는지 설명해 준다.

현상 유지

뉴욕 대학의 라퀴엘 페르난데즈Raquel Fernandez와 하버드 대학의 대니 로드릭은 여러 이익 집단이 존재할 때, 심지어 다수가 정책 개혁으로 이익을 볼 수 있다 해도 나쁜 정책이 지속될 수 있다고 설명한다. 다시 2개의 이익 집단이 존재하다고 가정하자. 내가 속한 이익 집단은 인구의 40%에 해당하며 정책 개혁을 통해 확실히 이익을 볼 것이다. 여러분이 속해 있는 이익 집단은 인구의 60%를 대표하며 그 가운데 3분의 1이 개혁으로 이익을 볼 것이다. 만약 개혁이 과반수 찬성으로 결정된다면 나의 이익 집단 전체와 여러분의 이익 집단의 3분의 1이 연합하면 전체의 60% 찬성으로 정책 개혁에 성공할 수 있다.

그러나 여러분의 이익 집단에 속한 모든 개인은 자신이 정책 개혁으로 이익을 얻게 될 3분의 1에 속하게 될지 그렇지 않을지 확신하지 못한다고 가정하자. 따라서 여러분의 이익 집단의 각 개인은 개혁으로 이익을 얻는 것에 반대할 것이다. 결국 그들은 개혁에 반대표를 던질 것이다. 비록 인구의 60%가 개혁으로 이익을 볼 수 있다

해도, 결국 개혁은 60% 대 40%로 거부될 것이다. 나쁜 상태가 개혁의 수혜자에 대한 불확실성 때문에 지속되는 것이다. 다수의 이익 집단이 존재하는 상황에서 이 같은 불확실성은 치명적이다.

불평등과 성장

다수의 이익 집단이 존재할 때 유인은 정부 정책 결정자들의 이탈을 부추길 수 있다. 어떤 상황이 다수의 이익 집단을 창조하는가? 세계 곳곳에는 두 종류의 양극화로 분열된 사회들이 많이 존재한다. 바로 계급 투쟁과 인종 갈등이다.

첫 번째 피고는 높은 불평등이다. 가진 거라고는 노동력밖에 없는 가난한 다수와 자본과 토지를 소유하고 있는 부유한 소수로 구성되어 있다고 가정하자. 그리고 민주적인 투표를 통해 정책이 결정된다고 가정하자. 비민주주의 사회라면 적어도 실제적인 이익 집단 대표 체제가 존재한다고 가정하자. 민주주의 체제에서 다수인 가난한 노동자들이 정책을 결정할 것이다. 이 가난한 다수에게 부유세는 매력적인 제안일 것이다.

그렇다면 부유세가 얼마나 매력적인지 무엇이 결정하는가? 부유세에는 서로 상쇄하는 두 가지 효과가 있다. 첫째, 부유세는 경제 성장률을 감소시켜 노동자와 자본가 모두에게 타격을 줄 것이다. 물론 법정 세율이 성장을 결정하지 않는다는 것을 살펴본 바 있지만, 나는 여기서 높은 암시장 프리미엄 같은 분배적 장치의 의미로 '세금'이라는 단어를 사용하고 있다. 둘째, 부유세는 부자들에게서 빈민들로 소득을 재분배하는 효과가 있다. 토지를 소유한 자본가들과 노동자들의 소득 격차가 크면 클수록 재분배 가능성도 커진다. 커다란 소득 격차, 즉 높은 불평등의 존재는 부유세의 재분배 효과가 성장 잠재력의 손실 효과를 압도할 만큼 크다는 것을 의미한다. 따라서 불평등이 심한 사회에서 가난한 다수는 성장을 어느 정도 포기하더라도 재분배를 위해 높은 세율에 투표할 것이다. 심지어 비민주적인 사회에서도 정부와 지지자들은 미래의 성장을 촉진하는 대신 상류층에 돌아가는 이득을 나누려고 시도할 것이다. 이를 증명하는 몇 가지 직접적인 증거가 있다. 예로 불평등이 심한 사회는 그렇지 않은 사회보다 암시장 프리미엄이 높고, 금융 억압도 심하고, 인플레이션도 높으며, 공식 환율은 과대평가되어 수출업자들에게 불리하다.

오늘날 대표적인 예는 베네수엘라이다. 민주적으로 선출된 포퓰리스트 휴고 차베스 대통령은 자신의 가난한 지지자들에게 소수 지배층으로부터 부를 재분배하겠다고 명시적으로 약속했다. 베네수엘라의 수도 카라카스는 불평등의 상징이다. 석유로 엄청난 부를 쌓은 엘리트 계층이 건설한 마천루들은 가파른 언덕에 불안정하게 늘어서 있는 판잣집들로 둘러싸여 있다. 지난 30여 년 동안 벌어들인 2,660억 달러의 석유 수입과 새로운 유전이 계속 발견되는데도 오늘날 보통의 베네수엘라 국민의 소득은 1970년대보다 22%나 더 낮다.

불평등은 가나에서도 고질적인 문제이다. 가나 정부는 상대적으로 부유한 아샨티족 카카오 농민들에게 무거운 세금을 물리고 있다. 사회가 더 평등하다면 가난한 다수는 낮은 부유세율에 투표할 것이다. 재분배를 통한 잠재이득이 성장을 통한 잠재이득보다 크지 않기 때문이다. 이는 높은 불평등이 저성장과 일맥상통한다는 사실을 보여준다.

연구자들이 실제로 발견한 것도 바로 이것이다. 소득이나 토지 소유에서 높은 불평등은 저성장과 관련이 있다. 토지 소유의 불평등과 경제 성장 간 관계를 살펴보자. 지니계수를 사용하면 불평등을 측정할 수 있다. 모든 사람들에게 토지가 똑같이 분배될 경우 지니계수는 0이고, 한 사람이 전체 토지를 소유하고 있다면 지니계수는 1이다. 조사 대상국들 중 평균 지니계수 0.45로 불평등이 가장 낮은 상위 25% 국가들에서 평균 경제 성장률이 가장 높았다. 이 상위 25% 국가들은 한국, 일본, 대만 같은 성장 슈퍼스타들을 포함한다. 그 중에서도 한국은 성장률이 가장 높았고 불평등은 가장 낮았다. 한편 조사 대상국들 중 평균 지니계수 0.85로 불평등이 가장 높은 하위 25% 국가들에서 평균 경제 성장률이 가장 낮았다. 이 하위 25% 국가들은 아르헨티나, 페루, 베네수엘라 같은 성장 실패를 경험한 국가들을 포함한다.[7] 예로 아르헨티나 경제를 최근까지 경기 침체의 악순환으로 빠뜨린 것은 후안 페론과 에바 페론의 소득 재분배 정책이었다. 오늘날 휴고 차베스는 아마 베네수엘라의 후안 페론일 것이다.

이 같은 소득 재분배는 빈민들에게 보조금을 지급하여 빈곤 트랩을 제거해야 한다는 주장과는 다르다. 빈민에게 주는 보조금은 미래 소득 창조에 대해 지급되어야 한다. 그런데 사회적 불평등이 심할 경우 재분배는 현재 소비에 속할 것이다. 불평등이 높은 사회에서는 빈민의 미래를 포함해 미래에 대한 투자 유인이 거의 존재하지 않기

---

7) 불평등의 측정 지표는 지니계수이다. 토지 불평등과 성장에 대한 데이터와 결과는 Deininger & Squire 1998을 참조했다. 불평등과 성장 간 음의 상관관계를 발견한 저자들은 Alesina & Rodrik 1994, Persson & Tabellini 1994, Perotti 1996, Clarke 1995이다. 반면에 Forbes 1998, 2000은 고정 효과(fixed effect) 모델을 사용해 불평등과 성장 간 양의 상관관계를 발견했다. 그러나 Deininger & Olinto 2000은 고정 효과 모델을 사용했음에도 토지 불평등이 성장에 부정적인 영향을 미친다는 것을 발견했다.

때문이다.

동아시아와 라틴아메리카의 성장 격차는 동아시아 토지가 라틴아메리카 토지보다 더 평등하게 분배되었다는 사실로도 설명된다. 그렇다면 어떻게 라틴아메리카에서 불평등한 토지 분배가 발생했을까?

소수 지배층의 선택

성장, 민주주의, 교육, 불평등 사이에는 더욱 미묘한 동학이 존재한다. 부유한 엘리트 계층이 배타적인 권력을 보유하고 투표권을 대지주에게로 제한한다고 가정하자. 이 같은 상황은 19세기 초 미국, 19세기 후반 유럽의 많은 국가들, 20세기 라틴아메리카 국가들에서 일반적인 상황이었다. 이제 문제를 던져 보자. 소수 지배층은 무료 대중 교육에 투표할까? 불평등 정도가 얼마나 답변에 영향을 미칠까?

투표권이 있는 소수 지배층은 몇 가지 상충되는 효과에 직면한다. 한편으로 대중 교육의 실시는 성장률 증가에 기여할 것이다. 교육이 가난한 다수의 생산 잠재력을 높이기 때문이다. 다른 한편으로 대중 교육은 대중의 정치적 참여를 낳는다. 새롭게 교육받은 빈민들은 투표권 획득을 위한 정치 운동을 벌일 것이다. 그때가 되면 다수인 빈민들은 소수 엘리트 계층으로부터 다수 빈민들에게로 토지를 재분배하는 법안에 투표할 것이며 이는 성장에 타격을 줄 것이다. 최종 결과는 초기 불평등이 심한지, 심하지 않은지에 달려 있다.

따라서 불평등이 심한 사회에서 소수 지배층은 대중 교육의 실시에 반대표를 던질 것이다. 부유한 엘리트 계층을 제외하면 평균 소득 수준은 낮게 유지된다. 그렇게 불평등이 심한 사회는 계속 불평등하고 비민주적인 사회로 남아 있다. 실제 데이터도 이 같은 결론을 뒷받침한다. 불평등이 심한 사회일수록 비민주적이며 시민의 자유도 보장되지 않는 경향이 있다.[8]

상대적으로 평등한 사회라면 엘리트 계층은 대중 교육의 시행에 찬성표를 던질 것이다. 엘리트 계층은 새롭게 교육받은 대중들이 설령 투표권을 갖게 된다 하더라도 재분배 정책에 투표하지 않을 것이라고 확신한다. 불평등이 심한 사회에 비해 상대적으로 평등한 사회에서는 재분배 이득이 낮기 때문이다. 모두가 교육 확대를 통한 대중의 생산성 증대로 이득을 얻을 것이다. 실제로도 중산층 비율이 낮은 국가보다 중산층 비율이 높은 국가에서 학교 교육이 더 많이 제공되고 있다.

켄 소코로프Ken Sokoloff와 스탠리 엥거맨Stanley Engerman 같은 경제사가들은 이 같은 논리가 북아메리카와 남아메리카의 발전 격차를 설명한다고 주장했다. 미국과 캐나다에서 토지의 끝없는 공급은 수많은 중산층 인구를 지탱했다. 북아메리카에서 가족 농민이 대다수인 광범위한 중산층의 존재는 상대적으로 낮은 불평등을 보장했다. 오하이오의 농민들 사이에서 성장한 나는 이들이 미국 번영의 비밀의 일부라는 것을 믿어 의심치 않는다. 남아메리카에서 소득은 광산과 사탕수수 플랜테이션 농장에서 발생했다. 소수 지배층은 자신의 광산과 사탕수수 플랜테이션 농장에 노예들과 무지한 농민들을 동원했다. 광산과 농장의 소유권은 처음부터 소수 엘리트 계층의 수중에

---

8) Easterly 1999b.

집중되어 있었다. 오늘날에도 광산과 플랜테이션으로 구성된 사회는 다른 사회보다 더 불평등하다.

그렇게 북아메리카는 대중 교육과 모두에게 투표권이 보장된 부유한 세계로 발전했다. 반면에 남아메리카는 소수 엘리트 사회를 제외하면 가난한 상태로 남아 있다. 남아메리카에서 불평등은 높고, 대중 교육은 최근에야 실시되었고, 정치 권력은 오랫동안 엘리트 계층의 전유물이었다.

남아메리카 외에 제3세계의 많은 국가들에서 불평등과 저성장이 공존한다. 파키스탄 농촌 지역은 문맹률, 특히 여성 문맹률이 세계에서 가장 높은 지역이다. 한 저자가 지적한 것처럼 "지배 엘리트 계층은 문맹률을 높게 유지하는 것이 편리하다는 것을 발견했다. 문맹률이 높을수록 지배층이 바뀔 가능성은 낮아진다."9

요약하면 소득 불평등으로 인한 양극화는 지속적인 저발전 상태의 원인이다. 소득 불평등이 높기 때문에, 포퓰리스트 정부라면 지지자들을 위해 소득 재분배를 추구할 것이고 엘리트 지배층이라면 민주주의와 대중 교육을 억압할 것이다. 최악의 경우 포퓰리스트 민주주의와 소수 독재 체제가 교대로 등장하며, 정책의 예측가능성을 파괴할 것이다. 이는 그 자체로 성장에 타격을 입힌다. 실제 데이터를 조사해 보면 불평등한 국가일수록 정치적으로 더 불안정하다는 것을 알 수 있다. 이런 국가들에서는 혁명과 쿠데타가 빈번하다.10 반면에 중산층이 다수인 사회는 성장, 정치적 안정, 민주주의를 위한 좋은 유인을 갖고 있다.

---

9) Husein 1999, 359쪽.
10) Easterly 1999b, 2000b.

인종 간 증오와 성장

소득 양극화가 사회를 여러 이익 집단으로 분열시키는 사회적 분화의 유일한 유형이 아니다. 또 다른 일반적인 현상은 인종 간 양극화이다. 가나의 예는 나쁜 정책의 수립 과정에서 인종별 이익 집단의 역할을 보여 주고 있다. 비록 인종 갈등이 역사적으로 중요한 주제이지만 경제학자들은 인종 갈등에 놀라울 정도로 관심을 기울이지 않았다. 이 같은 무관심은 정치경제학 이론이 양극화된 이익 집단 간의 투쟁이라는 사고를 중심으로 구축되는 상황을 고려할 때 더욱 이상하다. 사실 서로 증오하는 인종 집단보다 양극화된 이해관계의 정의에 부합되는 집단이 또 어디 있겠는가?

인종 간 양극화의 가장 명백한 신호는 유혈 학살이다. 인종 학살은 르완다에서 보스니아, 코소보에 이르기까지 오늘날 언론의 헤드라인을 장식하는 주제이다. 인종청소의 역사는 적어도 로마 제국의 역사만큼이나 오래되었다. 로마인들은 인종청소의 가해자이자 피해자였다. 기원전 146년, 로마인들은 그리스의 코린토스를 점령했다. 점령군들은 코린토스를 완전히 파괴했고 수많은 주민을 학살했다. 또 여성들을 강간했으며 생존한 코린토스인들을 전부 노예 시장에 팔았다. 그러나 역사는 돌고 도는 법이다. 기원전 88년 폰토스의 미트라다테스 6세는 소아시아의 로마 영토를 침략했다. 미트라다테스 왕은 아시아인 채무자들에게 로마인 채권자들을 죽이라고 부추겼고 아시아인들은 8만 명의 로마인들을 학살했다.[11]

---

11) Bell-Fialkoff 1996, 10~11쪽.

인종 학살 리스트는 매우 길다. 1002년 앵글로색슨 영국에서 데인 인들이 학살당했다. 1096~1099년 제1차 십자군 전쟁 동안 유럽에서 유대인들이 학살당했다. 1282년 시칠리아 섬에서는 프랑스인들이 학살당했다. 1302년 브뤼주에서 프랑스인들이 학살당했다. 1381년 영국에서 플랑드르인들이 학살당했다. 1391년 이베리아 반도에서 유대인들이 학살당했다. 1507년 포르투갈에서 개종한 유대인들이 학살당했다. 1572년 프랑스에서 위그노들이 학살당했다. 1631년 마그데부르크에서 신교도들이 학살당했다. 1648~1954년 우크라이나에서 유대인들과 폴란드인들이 학살당했다. 18세기와 19세기 미국, 오스트레일리아, 타스마니아에서 원주민들이 학살당했다. 19세기 러시아에서는 유대인들이 학살당했다. 1804년 아이티에서 프랑스인들이 학살당했다. 1841년 레바논에서 기독교인들이 학살당했다. 1895~1896년과 1915~1916년 터키에서 아르메니아인들이 학살당했다. 1915~1916년 터키에서 네스토리우스교도, 시리아교도, 마론교도가 학살당했다. 1922년 스미르나에서 그리스인들이 학살당했다. 1936년 도미니카공화국에서 아이티인들이 학살당했다. 1933~1945년 독일 점령지에서 유대인 홀로코스트가 벌어졌다. 1941년 크로아티아에서 세르비아인들이 학살당했다. 1946~1947년 영국령 인도에서 이슬람교도들과 힌두교도들이 학살당했다. 1965년 인도네시아에서는 중국인들이 1974년과 1998년에는 티무르인들이 학살당했다. 1967~1970년 나이지리아에서 이보족이 학살당했다. 1970~1978년 캄보디아에서 베트남인들이 학살당했다. 1971년 파키스탄에서 벵골인들이 학살당했다. 1956~1965년, 1972년, 1993~1994년 르완다에서 투치족이 학살당했다. 1958년, 1971년, 1977년, 1981

년, 1983년 스리랑카에서 타밀족이 학살당했다. 1990년 아제르바이잔에서 아르메니아인들이 학살당했다. 1992년 보스니아에서 이슬람교도들이 학살당했다. 1998~2000년 코소보에서 코소보인들과 세르비아인들이 학살당했다.[12] 이 리스트가 완전한 것과 얼마나 거리가 먼지는 1993~1994년 발생한 인종 갈등만 총 50건이라는 정치학자 테드 거Ted Gurr의 발표를 보아도 알 수 있다.[13]

또한 2000년 1월 16일, 워싱턴 포스트는 콩고민주공화국에 대해 다음과 같이 보도하고 있다.

서로 싸우기만 할 뿐 다스리는 사람은 없는 이 나라에서 혼란은 최악의 상황으로 치닫고 있다. 지난 6월 이후 7,000명이 사망했고 북동부 지방 앨버트 호수 위쪽에 거주하던 15만 명이 고향을 떠나야 했다. 주민들과 원조 제공자들에 따르면 지난 6월 언덕을 소유하고 있는 사람들을 대상으로 끔찍한 싸움이 발발했다고 한다. 칼과 활로 무장한 렌두족들이 마을과 마을로 이동하며 주민들을 죽이고 불구로 만들었다. 타버린 오두막집들이 도로를 따라 길게 늘어서 있다. 농사를 짓는 렌두족과 목축을 하는 헤마족 간 갈등은 콩고민주공화국을 휩쓸고 있는 호전적인 분위기를 반영한다. 콩고민주공화국은 1996년 시작된 내전의 혼란 속으로 깊이 빠져들고 있다.

한편 2000년 2월 22일 뉴욕 타임스는 북부 나이지리아에서 이슬람교도와 기독교도 간 폭동이 발생해 12명이 사망했다고 보도했

---

12) Bell-Fialkoff 1996, 10~11쪽.
13) Gurr 1994.

다.14 북부의 이슬람교도들은 북부 지방에 이슬람법을 요구했고 북부에 살고 있는 남부 출신 기독교도들은 이를 거부했다. 나이지리아는 독립 이래 남북 분열로 몸살을 앓고 있다. 나이지리아의 권력층은 북부의 이슬람교도들이다. 남부의 기독교도들은 1967년 비아프라 독립 실패처럼 분리 독립을 시도했으나 실패했다. 1999년 2월 민주적 선거를 통해 남부 기독교인이 대통령으로 당선되었지만 이후 수천 명이 사망하는 등 인종 갈등은 계속되고 있다.

2000년 4월, 인도네시아의 이슬람교도와 기독교인들은 몰루카스에서 서로를 죽이고 있으며 자카르타에서 이슬람 젊은이들은 이슬람교의 이름으로 지하드를 조직해 투쟁하고 있다.

역사가들과 기자들은 인종 갈등이 유혈 학살로 폭발할 때에만 인종 갈등에 관심을 기울인다. 그러나 다양한 인종 집단이 하나의 국가를 이루고 있는 사회라면 사실상 어디에서도 인종 간 대립과 차별은 뿌리 깊게 박혀 있다.

불가리아에서 집시에 대한 경제적 차별의 예를 들어보자. 디미트로프그라드 시는 그럭저럭 괜찮은 인프라시설을 보유하고 있지만, 빈민 거주 지역, 특히 집시 거주 지역 주민들에게는 그림의 떡이다. 집시 거주 지역은 '공식적'인 디미트로프그라드 시와는 전혀 관련이 없다. 그곳에는 도로도 없고, 전화도 없으며, 수도 시설은 부실하기 그지없으며, 많은 가정이 전기 없이 생활한다. 버스는 세 시간에 1 대가 지나갈 뿐이다. 상황은 수도인 소피아도 마찬가지이다. 소피아 시의 로마지구는 시의 다른 지구들과는 완전히 다르다. 하수시설도

---

14) 뉴욕 타임스, 2000년 2월 22일.

없고, 파이프관은 막혀 있고, 식수는 더럽고, 악취를 풍긴다. 쓰레기 처리장도 없고, 다른 공공 서비스도 없다. 그렇게 시에서 '분리된' 로마지구 주민들은 진정으로 버림받았다고 느끼고 있다. 주민들은 차별의 희생자로, '개처럼 취급받고' 있는 것이다.

에티오피아의 딥디브 왓주는 그리스정교도들이 주민의 대다수인 지역으로, 그리스정교도인들은 마을에서 신교도들과 어울리지 않는다. 또한 신교도가 죽으면 시신은 그리스정교 교회 뜰에 묻힐 수 없다. 시내에는 신교도용 묘지가 따로 있어서 신교도의 시신은 시내로 운구되어야 한다. 심지어 같은 이디르idir(장례 단체)라 해도 그리스정교 회원들은 기독교도 회원의 장례식에는 참석하지 않는다.

에콰도르에서 원주민들은 교사들이 원주민 자녀를 차별한다고 불만을 토로했다. 교사들은 학교 수업을 따라가려고 분투하는 아이들에게 "너희들은 당나귀야. 그러니까 공부를 못하는 거지. 너희들은 사람이 아니라 동물이야."라고 말했다고 한다. 원주민 아이들은 모국어가 아닌 언어로 공부해야 하며 이 때문에 학업에서 어려움을 겪고 있다.[15]

이 외에도 차별당하는 인종 집단은 방글라데시의 힌두교도들에서 인도의 하층민들, 불가리아의 포마크족, 우즈베키스탄의 타이크족, 베트남의 크메르족까지 그야말로 광범위하다. 〈사이언티픽 아메리칸〉 1998년 9월호의 기사처럼 "세계의 많은 문제들은 5,000개의 인종 집단이 거주하는 지구에 국가는 190개에 불과하다는 사실에서 유래한다."

---

15) 앞선 단락은 Narayan et al. 2000b에서 재구성한 것이다.

사회과학자들은 인종적 다양성이 존재하는 사회에서 경제 정책이 결정되는 과정의 문제를 조사했다. 첫째, 인종적 다양성이라는 어려운 개념을 측정해야 한다. 언어의 차이가 인종 간 차이를 측정하는 한 가지 가능한 기준이다. 사회과학자들은 같은 국가의 두 개인이 서로 다른 언어를 사용할 확률을 사용해 인종적 다양성을 측정한다. 이 확률은 그 국가에 언어 집단의 수가 많을수록 언어 집단의 규모가 서로 비슷할수록 상승한다. 같은 국가의 두 개인이 서로 다른 언어를 사용할 확률을 계산하려면 세계에서 사용되는 수백 개의 언어에 대해 국가별로 해당 언어 사용자 수에 대한 데이터가 필요하다.

　어떤 특별한 학자그룹이 1960년대 초반 인구 총조사 보고서에서 그 같은 데이터를 수집해 발표했다. 이 학자그룹은 구소련 연구소에 소속되어 있었다. 냉전이나 혹은 다른 알 수 없는 목적으로 이들은 국가별로 언어 사용자들에 대한 데이터를 수집하며 세계를 돌아다녔다. 이들의 데이터를 사용하면 한 국가에서 2명의 개인이 서로 다른 언어를 사용할 확률을 계산할 수 있다.

　그 결과 인종적 다양성은 사하라 이남 아프리카에서 가장 높았다. 이 지역의 각 국가에는 많은 소규모 부족들이 거주하고 있다. 국민 모두가 하나의 언어를 사용하는 한국과 일본 같은 동아시아 국가들에서는 인종적 다양성이 가장 낮았다.

　인종적(언어적) 다양성이 자동적으로 인종 갈등을 암시하지는 않는다. 인종적 다양성은 단순히 갈등의 가능성을 반영할 뿐이다. 기회주의적인 정치인들이 인종적인 권력 기반을 구축하기 위해 인종적 다양성을 이용하려고 시도할 수 있다는 뜻이다. 그 같은 기회주의는 공통된 현상이다. 표 13.1이 보여 주듯이 높은 인종적 다양성

은 내전과 집단학살의 좋은 지표이다. 조사 대상국들 중 인종적 다
양성이 가장 낮은 하위 25% 국가들보다 인종적 다양성이 가장 높은
상위 25% 국가들에서 내전의 위험은 2.5배, 집단 학살의 위험은 3배
나 높다.

인종적 다양성이 높은 사회는 공공 서비스의 질도 낮은 것으로 나
타났다. 표 13.1에 따르면 인종적 다양성이 높은 국가에서 학교 교
육은 인종적 동질성이 높은 국가의 2분의 1 수준이고, 노동자 1인당
전화선 수는 13분의 1 수준이며, 전력 손실은 거의 2배이고, 포장도
로는 2분의 1 수준에도 미치지 못한다. 이 모든 수치는 대부분 공공
서비스 제공과 관련이 있다. 그렇다면 왜 인종적으로 양극화되어 있
는 사회에서는 공공 서비스가 제대로 제공되지 않는 것일까?

공공 서비스를 공급하는 정부에 대해 이익 집단들은 어떤 종류의
공공 서비스를 원하는지 합의해야 한다. 심지어 도로 같은 아무 해

표 13.1_ 인종적 다양성, 폭력, 공공 서비스(1960년~1989년)

	평균, 인종적 다양성이 가장 낮은 하위 25% 국가들	평균, 인종적 다양성이 가장 높은 상위 25% 국가들
인종적 다양성(2명이 서로 다른 언어로 말할 확률)	5%	80%
폭력		
내전 확률	7%	18%
집단 학살 확률	5%	16%
공공 서비스		
노동자들의 평균 학교 교육 연수	5.3	2.6
포장도로 비율	53.9	24.2
전력 손실 비율	12.4	22.8
노동자 1,000명당 전화선 수	92.8	7.4

가 되지 않는 공공 서비스조차도 서로 다른 지역에 거주하는 인종 집단들은 자신의 지역에 도로가 건설되기를 원할 것이고. 다른 인종 집단이 거주하는 지역에 도로가 건설되는 것에서 별다른 이점을 찾지 못할 것이다. 그리고 인종 집단들이 서로 잘 어울리지 않는 편이라면 이는 지역 간 여행이 거의 없다는 것을 의미한다. 따라서 인종 집단들은 전국도로망 건설에 그다지 가치를 두지 않을 것이고, 이 경우 정치인들은 인종적 동질성이 높은 사회에서보다 도로 투자를 많이 하지 않을 것이다.

학교 교육 같은 공공 서비스의 경우, 각 언어 집단은 학교 교육이 자신들의 언어로 진행되는 것을 선호할 것이다. 타협점은 학교 교육이 예전 식민지 지배 국가의 언어 같은 혼성 언어로 제공되는 것이다. 그러나 학교 교육이 자신들의 언어로 제공될 때보다 제3의 혼성 언어로 제공될 때 각 집단의 만족도는 더욱 낮다. 따라서 언어 집단들은 인종적으로 동질적인 사회에서보다 학교 교육을 덜 지지할 것이다.

경제 성장을 바라보는 새로운 시각은 학교 교육에 대해 대중의 지지가 부족한 사실을 강조한다. 언어 집단의 사람들이 우선적으로 자기 집단의 사람들과 어울리고 다른 집단의 사람들과는 어울리지 않는다고 가정하자. 이때 교육 수준이 높은 사람들이 제공하는 지식 창조는 이들이 자신과 같은 집단에 속한 사람들일 경우에만 가치가 있을 것이다. 지식은 인종 집단 내에서 유출될 뿐 인종 집단 간에는 유출되지 않는다. 따라서 개인은 유익한 지식 유출의 혜택을 볼 수 있기 때문에 자신이 속해 있는 인종 집단을 위한 학교 교육은 지지하지만 다른 집단을 위한 교육은 지지하지 않을 것이다. 각 집단은 모두 같은 것을 느낀다. 동질적인 사회보다 이질적인 사회에서 사람들은 보편교육에 가치를 덜 둔다. 케냐의 서부 농촌 지역에 대한 연구도 이 같은 결과를 보여 준다. 인종적 다양성이 더 높은 지구의 경우 인종적 다양성이 낮은 지구보다 학교 시설은 더 열악했고, 초등학교 예산은 더 낮았다.16

다른 공공 서비스에도 유사한 주장들이 적용될 수 있다. 인종적으로 양극화된 경제에서 공공 서비스는 제한되어 있다. 아마도 이 같은 제한적 공공 서비스의 간접적인 반영이겠지만 유아 사망률, 기대 수명, 유아의 출생시 체중, 배수시설 접근성, 깨끗한 물 접근성이 인종적 다양성이 높은 사회에서는 더 나빴다.17

이것이 폐해의 끝은 아니다. 우리는 서로 다른 이익 집단들이 유익한 개혁안을 둘러싸고 소모전에 돌입할 수 있다는 것을 보았다. 인종별 이익 집단의 존재는 그같이 파괴적인 소모전의 가능성을 더욱 높인다. 아이러니하게도 인종적 폭력에 대한 관심과 함께 인종적 정책 전쟁은 아마 대부분의 국가들과 관련된 문제일 것이다.

만약 한 집단이 다른 집단들보다 부유하다면 재분배 정책이 매력적일 것이다. 우리는 12장에서 인종별 비즈니스 엘리트들이 전 세계에 존재한다는 것을 살펴보았다. 일반적인 불평등이 존재하고 정책 결정에는 동일한 상충관계가 존재할 것이다. 한편으로 마이너스 실질금리와 높은 암시장 프리미엄 같은 정책들은 소득을 비즈니스 엘리트로부터 정권을 잡고 있는 정당으로 재분배한다. 다른 한편으로 이 정책들은 미래에 대한 투자 유인을 약화시키기 때문에 성장을 저

---

16) Miguel 1999.
17) Easterly, 1999b.

표 13.2_ 인종적 다양성과 그 다양성이 정책에 미치는 영향(1960~1989년)

	평균, 인종적 다양성이 가장 낮은 하위 25% 국가들	평균, 인종적 다양성이 가장 높은 상위 25% 국가들
인종적 다양성(2명이 서로 다른 언어로 말할 확률)	5	80
1인당 연성장률	3.0	0.9
정책		
암시장 프리미엄	10	30
총통화/GDP	47	22

총통화 : 은행 시스템의 총자산

해한다. 정당의 정권 유지는 권력관계의 우위를 점하고 있는 인종 연합과 인종별 비즈니스 엘리트들 간 소득 격차에 상당 부분 의존한 다. 인종적 다양성과 인종 집단 간 대규모 소득 격차의 조합은 성장 을 죽이는 경제 정책으로 이끌 수 있다. 예로 동아프리카는 주로 아 프리카인들이 지배하는 곳으로 정부는 인도 출신의 비즈니스 엘리 트들에게 세금을 부과하기 위해 나쁜 정책을 선택했다.

표 13.2는 인종적 다양성과 정책의 두 가지 기준, 즉 GDP 대비 암시장 프리미엄과 총통화broad money 비율의 관계를 보여 준다. GDP 대비 총통화 비율은 화폐 보유를 줄이는 마이너스 실질금리의 존재 여부를 반영한다. 이는 또한 높은 폭력과 낮은 공공 서비스와 함께 왜 인종적 다양성이 낮은 국가들보다 높은 국가들에서 성장률이 2% 포인트나 더 낮은지 설명해 준다.

낮은 공공 서비스와 인종적 양극화는 미국과 같은 선진국에서조 차 문젯거리이다. 미국의 인종 집단은 인구 총조사에서 구분하는 방식을 따라 백인, 흑인, 아시아계, 아메리카 원주민, 히스패닉계로 분류할 수 있다. 인종적 다양성은 한 국가에서 무작위로 선택된 2명의 개인이 서로 다른 인종 집단에 속할 확률로 측정된다.

미국에서 인종적 다양성이 가장 높은 카운티는 도로와 교육 같은 핵심 공공 서비스에 지출되는 예산 비율이 낮다. 이 같은 차이는 통계학적으로 의미가 있다.[18] 이를 논리적으로 해석하면 사실상 모든 카운티에서 대다수 유권자가 백인이기 때문에, 인종차별주의자 백인들이 다른 인종과 공유해야 하는 학교 같은 공공재에 많은 돈을 지출하기를 원하지 않는다는 것이다.

빈곤 트랩을 제거하는 데 필수적인 빈민 소득 보조금은 어떠한가? 불행하게도 미국 카운티와 메트로폴리탄 지역에서 높은 인종적 다양성은 낮은 복지 지출 비용과 관련이 있다.[19] 한 연구는 성인 인구와 학생 인구의 인종 집단이 다를 경우 성인 인구의 공공 학교 교육 지원이 낮다는 것을 발견했다.[20] 또 다른 연구에 따르면, 미국에서 20세기 초 진행되었던 학교 교육 확대는 '인종적, 종교적 동질성이 높은 지역에서' 더 많이 일어났다.[21] 그보다 앞선 또 다른 연구는 미국의 사회복지 서비스가 서유럽 수준에 미치지 못한다고 분석하며 그 이유를 '역사적인 인종 대립' 때문이라고 설명한다.[22] 아프리카계 미국인들이 빈곤에서 벗어나지 못하고 있는 것이 미국의 인종 갈등과 전적으로 상관이 있다.

---

18) Alesina, Baqir & Easterly 1999. 인구가 2만 5,000명 이상인 1,397개 카운티 표본.
19) Alesina, Baqir & Easterly 1999. 또한 Luttmer 1997을 보라.
20) Poterba 1998.
21) Goldin & Katz 1998.
22) Gould & Palmer 1988, 427쪽.

사회학자 윌리엄 줄리어스 윌슨William Julius Wilson이 지적한 것처럼 "많은 미국 백인들이 소수 인종만 혜택을 볼 것이라고 생각하는 프로그램에 반대한다…… 공공 서비스는 주로 흑인과 관련이 있고, 민간 서비스는 주로 백인과 관련이 있다…… 백인 납세자들은 세금을 통해 자신들과 별로 상관없는 의료, 법적 서비스의 비용 지불을 강제당한다고 생각한다."23

외국 원조와 인종 갈등

원조 제공 기관들은 인종 양극화에 놀라울 정도로 무심하다. 원조 제공 기관들은 원조 자원이 얼마나 특정 인종 집단에 유리하게 배분되는지, 그 결과 얼마나 인종 갈등을 악화시키는지 충분히 모니터링을 하지 않는다.

스리랑카의 한 프로젝트에 대한 사례 연구는 이 점을 지적하고 있다. 스리랑카의 인종 갈등은 소수 인종인 타밀족과 다수인 신할리족 간의 오랜 갈등의 역사로 설명된다. 1977년 새로운 신할리족 정부는 '마하웰리 프로젝트'라고 불리는 대규모 관개 및 전력 프로젝트를 추진했다. 세계은행과 원조 제공국들은 프로젝트의 자금을 지원하기 위해 엄청난 금액의 외국 원조를 제공하였다. 1978~1980년 연간 원조액은 1970~1977년 시기에 비해 6배나 증가했다.24 원조 제공자들이 관심을 기울이지 않은 사이, 마하웰리 프로젝트는 주로 신할라 지역에서 추진되었고, 따라서 신할리족에게 대부분의 수혜가

---

23) Wilson 1996, 193쪽, 202쪽.
24) Athukorala & Jayasuriya, 1994.

돌아갔다. 1977~1982년 사이, 자프나의 타밀족 도시에서 외국 원조 사용은 제로였다. 북부 타밀 지역을 통과할 예정이었던 급수로는 프로젝트를 추진하는 초기에 취소되었다. 설상가상으로 프로젝트는 타밀족이 대다수인 지역에 신할리족 농민들을 정착시켜 타밀족을 분열시키고 지방 정부 차원에서 타밀족이 이해관계를 주장할 수 있는 능력을 약화시켰다.

마하웰리 프로젝트는 신할리족과 타밀족에게 상징적인 의미가 있었는데, 이 프로젝트가 중세 타밀족 침략자들에 의해 멸망했던 신할리족 불교 왕국의 수로문명이 부활되는 것을 상징하고 있었기 때문이다.

마하웰리 프로젝트 외에도, 1983년 이후 내전으로 비화된 많은 인종 갈등 계기들이 있었다. 그런데 마하웰리 프로젝트가 촉발시킨 양극화로 인해 인종 간 타협점에 도달하는 어려운 과정이 더욱 어려워졌다. 그 결과 스리랑카에서는 내전과 테러가 끊임없이 되풀이 되고 있다. 2000년 3월 11일, 워싱턴 포스트는 스리랑카 콜롬보에서 발생한 자살 폭탄 테러로 20명이 사망하고 64명이 다쳤다고 보도했다. "군부 관계자들은 타밀족 분리주의자들을 폭탄 테러의 배후로 지목하였고, 의회는 북부 스리랑카로 비상사태 계엄령을 확대할 것을 논의했다. 이 조치는 군대와 경찰이 타밀족 반군들을 진압하는 과정에서 광범위한 권력을 행사할 수 있도록 허가하고 있다."

계급과 인종 양극화

좋은 정책 입안과 정치적 자유를 가로막는 최악의 장애물은 높은 불평등과 동시에 인종적 다양성이 존재하는 경우이다. 1994년 1월 1일 멕시코 치아파에서 자파티스타 반란이 발발했다. 주로 치아파 지역 원주민들로 구성된 자파티스타 반군은 유명한 원주민 도시, 산 크리스토발 데 라스 카사스를 포함해 7개 도시를 점령했다. 멕시코 군대는 2만 5,000명의 병력을 동원해 반란을 무력 진압했고 자파티스타 반군은 1월 2일 패퇴했다. 군대는 생포한 반군들을 사형하고 산 크리스토발 남쪽 산에 폭격을 가했다.

1995년 2월, 멕시코 정부는 자파티스타 반군에 대한 새로운 군사 공격을 명했다. 자파티스타 반군을 소탕한다는 명목으로 멕시코 군대는 살인과 강간도 서슴지 않았고, 멕시코 내부에서 비난 여론이 들끓자 정부는 결국 공격을 중단했다.

자파티스타 반란 발발 후 몇 년 동안 자파티스타와 멕시코 군대 및 준軍군사조직 간에 낮은 수준의 '더러운 전쟁'이 진행되었다. 1997년 12월 22일 치아파의 아크테알에서 백인 지주들과 연합한 준군사조직이 45명의 비무장 원주민들을 학살했다. 희생자들 중에는 여자들과 아이들도 많았다. 멕시코 경찰은 학살 현장 근처에 있었지만 학살에 개입하지 않았다.

치아파의 평화 정착을 위해 많은 시도가 있었지만 모두 무위로 돌아갔다. 2000년 1월 멕시코 정부는 치아파 지역의 국제 인권 옵저버 43명에게 강제 추방 명령을 내렸다.25

자파티스타 반란은 치아파 지역에서 보통 백인인 지주들과 주로 인디언들인 농민들 간의 오랜 갈등의 역사의 한 장면일 뿐이다. 치

---

25) http://flag.blackneed.net/revolt/mexico/reports/five_years.html.

아파 주지사 압살론 카스텔라노 도밍궤즈Absalón Castellanos Domínguez는 1982년 이렇게 지적하고 있다. "우리 지역에는 중산층이 없다. 매우 부유한 부자들과 매우 가난한 빈민들만 있을 뿐이다." 카스텔라노의 지적은 카스텔라노 자신이 유서 깊고 부유한 지주 가문 출신으로, 1980년대 인디언을 학살한 군대의 군인이었다는 점을 고려하면 그 야말로 통렬하기 이를 데 없다.26 많은 옵저버들은 지주와 지주의 총잡이들pistoleros, 군대, 고위 정치인, 경찰 간에 '야비한 연합'이 구축되어 있다고 지적한다. 이들 지배층은 법적으로 인디언 농민 소유인 땅을 빼앗는 등 인디언 농민들의 권리를 억압하기 위한 무력 사용에 동의한다. 엠네스티 인터내셔널은 독립 농민 조직의 지지자들과 지도자들을 목표로 저질러진 '명백히 의도적인 정치적 살인'을 지적했다. 예로 카사 델 푸에블로 농민 조직의 4명의 지도자들은 차례로 암살당했다.27

부자들이 빈민을 억압하는 경우는 치아파 외에도 세계 곳곳에서 발견된다. 인도 바이하르 지역에서 상류층 지주들은 "자신들의 땅에 '묶여 있는' 노동자들 가족을 선별적인 살인과 강간을 무기로 위협하고 있다." 스리랑카 사말란쿨람에서 빈민들은 빚을 갚기 위해 노역을 한다. "빈민들은 부자에게 돈을 빌리고, 부채 상환 수단으로 부자들을 위해 무보수로 일하고 있다." 파키스탄 농촌의 특징은 "불공정한 봉건적 권력관계가 존재한다는 것이다."28

치아파, 과테말라, 시에라리온, 잠비아 같은 성장 실패 국가들은

---

26) Benjamin 1996, 246~247쪽.
27) Benjamin 1996, 223쪽, 242쪽, 249쪽.
28) Talbot 1998, 24쪽.

인종 간 증오와 계급 갈등이 치명적으로 혼합된 예이다. 반대로 덴마크, 일본, 한국 같은 국가들에서 낮은 불평등 및 높은 인종 동질성, 높은 사회적 합의 수준은 이들 국가의 성장 기적에 기여했다.

미국의 인종 비극

미국은 인종 간, 계급 간 증오에 익숙한 국가이다. 흑백 간 소득 격차와 인종 격차로 가장 양극화가 심한 지역인 남부 지방은 미국에서도 역사적, 경제적으로 가장 낙후된 지역이다.

남부에서 수십 년 동안 내려온 흑인을 린치하는 끔찍한 전통은 가장 기본적인 인권을 유린하는 것이다. 흑인 린치에 대해 어떤 글은 이렇게 묘사하고 있다. "1899년 4월 흑인 노동자 샘 호스는 정당방위로 백인 사장을 죽였다. 호스는 백인의 아내를 강간했다는 누명을 뒤집어쓴 채 2,000명의 열광하는 백인들 앞에서 수족이 절단되고, 칼로 찔리고, 산 채로 태워졌다. 토막 난 그의 시신은 수집가들에게 팔렸다. 애틀랜타의 한 식료품 가게는 호스의 손가락 관절을 일주일 동안 창문 앞에 전시했다."[29]

남부 지방에서 '짐 크로Jim Crow법'이 적용되던 시기, 흑인들은 단지 린치의 위험뿐만 아니라 수없이 많은 일상적인 모욕을 감내해야 했다. 학교, 물 마시는 곳, 수영장, 기차 객실, 식당, 호텔은 전부 흑인용, 백인용이 따로 분리되어 있었다. 거리에서 백인을 만나면 흑인은 백인을 위해 길을 비켜 주어야 했다. 백인과 흑인을 모두 받는

---

29) Litwack 1999, 281쪽, 286쪽.

가게라 해도 흑인은 가게 안의 백인 손님들이 용무를 끝마칠 때까지 기다려야 했다. 오만한 백인들은 흑인들에게 위스키를 마시고 흑인 춤을 추라고 강요하며 흑인들을 모욕했다.[30] 1960년대 짐 크로법이 시민권 운동에 의해 폐지된 후, '새로운 남부'가 북부를 따라잡기 시작한 것은 아마 우연이 아닐 것이다.

미국은 국가 전체로 볼 때 인종 갈등의 슬픈 역사에도 불구하고 경제적 번영을 달성한 역설적인 국가이다. 이는 아마도 비록 소수 인종은 소외되었지만 어쨌든 국민의 대다수를 포함하는 중산층 사회 건설에 성공했기 때문일 것이다. 토크빌Tocqueville은 저서《미국의 민주주의Democracy in America》의 유명한 서문에서 "미국 체류 동안 내 주의를 끈 새로운 대상들 중에, 조건의 일반적 평등보다 더 강렬한 충격을 준 것은 없다."고 말하고 있다. 물론 토크빌은 단지 백인 인구만 염두에 두었음이 분명하다.

미국 남부 지방의 예는 인종과 계급 양극화가 심화된 사회는 번영도 느리다는 사실을 보여 준다. 인종 양극화가 존재하는데도 미국이 성공한 이유는 아마도 제도적 안정성 때문이었을 것이다.

양극화를 공격하기

양극화된 사회를 치료할 수 있는 마법의 향유는 존재하지 않는다. 이익 집단들이 차이를 극복하고 성장을 위한 합의를 도출하기까지 는 수십 년이 걸릴 수도 있다. 예로 아르헨티나에서는 1990년대 정

---

30) Litwack 1999.

부가 마침내 인플레이션 억제에 성공할 때까지 높은 인플레이션에 대한 소모전이 20년 동안 계속되었다. 아프리카의 경우 아직도 많은 국가들에서 독립 후 40년이 지났지만 여전히 이익 집단 간 교착 상태가 해결되지 않고 있다.

그러나 경제학자들은 정부가 더 나은 정책을 추구하도록 유인을 창출할 수 있는 몇 가지 제도적 개혁을 제안했다.

첫째, 높은 인플레이션과 싸우는 국가들을 위한 가장 적절한 해결책은 중앙은행의 독립이다. 이익 집단 간 소모전은 높은 인플레이션을 지속시킨다. 어떤 이익집단에도 속하지 않는 중앙은행은 이익 집단의 인플레이션을 유발하는 신용 창조 압력에 더욱 잘 저항할 것이다. 독립적인 중앙은행은 물가안정화 부담을 이익 집단 사이에 더욱 잘 분배할 것이다.

정부에 대한 신용 제공을 제한하고 독립적인 총재단 회의를 보장하는 법의 유무 여부는 중앙은행 독립을 정의하는 한 가지 방법이다. 중앙은행 독립을 정의하는 좀더 실용적인 방법은 중앙은행 총재가 얼마나 자주 바뀌느냐이다. 중앙은행 총재가 자주 바뀐다는 것은 총재가 정부의 압력에 대항할 수 있는 운신의 폭이 좁다는 것을 함축한다. 연구자들은 실제로 독립적인 중앙은행은 낮은 인플레이션 및 높은 성장률과 상관관계가 있다는 것을 발견했다. 이 연구 결과는 선진국과 구공산권 국가들의 경우 중앙은행 독립의 법적 정의에 기초하고 있으며, 개발도상국은 실용적인 정의에 기초하고 있다.[31]

독립적으로 예산을 수립하는 당국은 높은 정부 적자와 채무를 초

31) Alesina & Summers 1993 ; Cukierman, Webb & Neyapti 1992.

래하는 공동 우물 문제를 해결할 수 있다. 강력한 재무장관이 전체 예산 규모를 지시한다면 각 이익 집단이 다른 집단의 돈으로 사치스러운 식사를 주문하는 과정을 줄여 나갈 수 있다. 여기서 예산 수립 과정도 중요하다. 가장 좋은 방법은 행정부에서 먼저 전체 예산안을 수립하고, 입법부, 즉 각 이익 집단의 대표들이 예산 구성을 두고 자웅을 겨루게 두는 것이다.[32]

좋은 제도

일반적으로 제도적 제약이 존재할 경우 각 이익 집단들이 공공 젖소의 우유를 거리낌없이 짤 가능성이 낮아진다.

12장에서 논했던 〈국제 신용 위험 가이드〉가 측정한 제도 같은 좋은 제도는 당파 간 양극화를 직접적으로 완화한다. 다인종 국가라 하더라도 좋은 제도가 갖추어져 있는 경우 일반적으로 인종적 다양성과 관련 있는 폭력, 빈곤, 재분배의 함정에 빠지지 않을 수 있다. 민주주의도 인종 간 차이를 완화하는 데 기여한다. 다인종 민주주의 국가가 단일 민족 민주주의 국가에 비해 경제적으로 불리한 위치에 있는 것 같지는 않다.[33]

특히 양질의 제도가 정착된 사회에는 인종적 다양성과 상관없이, 높은 암시장 프리미엄은 존재하지 않으며, 학교 교육이 널리 보급되어 있고, 금융 부문의 발전 수준도 높다. 또한 양질의 제도가 정착된 사회에는 인종적 다양성과 상관없이 전쟁도 일어나지 않는다. 좋은

---

32) Alesina 1996.
33) Easterly 2000b.

제도는 인종적 폭력의 가장 극단적인 형태인 인종 학살도 제거한다. 제도적 질 평가에서 높은 점수를 받은 상위 3분의 1 국가들에서는 인종 학살이 한 번도 일어나지 않았다. 반면에 제도적 질 평가에서 낮은 점수를 받은 하위 3분의 1 국가들과 인종적 다양성 측정 상위 3분의 1 국가들에서는 지난 수십 년 동안 정부의 묵인 아래 인종 학살이 벌어졌다. 앙골라, 과테말라, 인도네시아, 나이지리아, 파키스탄, 수단, 우간다, 콩고민주공화국이 인종 학살을 겪은 대표적인 국가들이다.34

제도적 해법은 성장을 죽이는 양극화된 정치를 확실히 해결할 수 있는 방법이 없는 상황에서 그래도 우리가 시도해 볼 수 있는 좋은 방법이다. 물론 계층이나 인종 간 양극화로 분열된 사회는 독립적인 중앙은행도, 독립적인 재무장관도, 양질의 제도도 창출하기 어려울 것이다. 그러나 적어도 양극화된 사회에서 정부 관료들이 직면하는 유인이 정책 실패의 근원이라는 것을 확인할 수는 있다. 이는 빈국을 상대로 정책을 개혁하라고 끝없는 설교를 하던 상황에 비하면 커다란 진전이다. 우리는 만병통치약은 아니지만, 문제 해결에 기여할 수 있는 몇 가지 제도적 해법을 알고 있다. 법치와 민주주의, 중앙은행 독립, 재무부 독립이 보장되고, 다른 좋은 제도들이 설립될 수 있다면 나쁜 정책과 빈곤의 끝없는 악순환은 종말을 고할 수도 있을 것이다.

---

34) Easterly 1999b 12월.

중산층 합의

아리스토텔레스는 기원전 306년 이렇게 말했다. "최고의 정치 공동체는 중산층 시민들로 구성된 사회이다. 이런 국가들은 통치 조직이 훌륭하고 중산층이 다수를 차지한다. 중산층이 다수를 차지할 경우 당파와 분열의 가능성이 가장 적다."

성장에 유리한 조건들을 한 마디로 요약한다면, 사회적 양극화의 두 가지 대표적인 형태인 인종 갈등과 계급 투쟁이 존재하지 않을 때 성장 촉진 정책을 집행할 가능성이 가장 높다고 말할 수 있다. 소득 분배에서 중산층이 차지하는 비율이 높고 인종 간 갈등이 적은 상황을 '중산층 합의' 상황이라고 부르자. 중산층 합의가 성립된 사회는 좋은 경제 정책, 좋은 제도, 높은 경제 성장률을 보여 준다. 중산층 합의와 높은 경제 성장률을 보여 주는 대표적인 국가들은 한국, 일본, 포르투갈이다. 반면에 볼리비아, 과테말라, 잠비아 같은 국가들은 인종 및 계급 갈등으로 분열을 겪고 있으며, 낮은 경제 성장률을 기록하고 있다.

그림 13.1은 일반적인 패턴을 보여 준다. 중산층 비율이 높고, 언어로 측정된 인종적 이질성이 낮은 국가들은 부유하며, 중산층 비율이 낮고 인종적 이질성이 높은 국가들은 가난하다.

국가 간 데이터를 조사해 보면, 중산층 합의가 성립된 사회는 학교 교육 보급률도 높고, 면역률도 높으며, 유아 사망률은 낮고, 양질의 통신 서비스가 제공되고, 위생시설 접근율도 높다. 또한 민주주의가 더욱 발전하여 안정적인 정부가 더 효과적인 거시경제 정책을 집행한다. 이 모든 조건은 그 자체로 높은 경제 성장과 발전에 기여

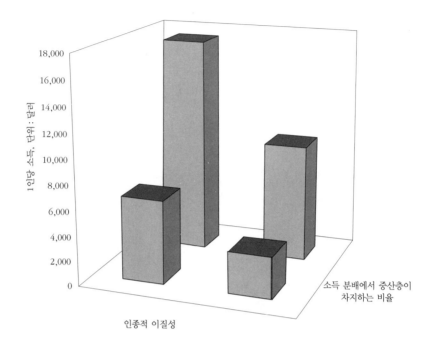

그림 13.1
경제 발전과 사회적 양극화

한다. 북아메리카와 남아메리카의 발전 격차와 각국의 성장 성공과
실패의 경험도 중산층 합의로 설명될 수 있다.

동유럽과 구소련의 성장 붕괴는 구舊중산층의 붕괴와 관련이 있
다. 신중산층이 등장하기 전에 구중산층이 너무 빨리 무너진 것이
다. 밀라노빅Milanovic은 구국가 부문 중산층의 '공동화'를 설명한다.
더구나 이들 신생국에서 여러 소수 민족들의 존재는 성장을 위한 국
가적 합의 도출에 장애물로 작용하고 있다.

고대 로마, 중국의 명나라(1368~1644), 인도의 무굴 제국(1526~

1707) 같은 사회가 전도양양한 시작에도 불구하고 산업화에 실패한 이유는 중산층 합의의 부재 때문이라고 생각할 수 있다. 로마인들은 도로공사 같은 놀라운 기술 프로젝트를 수행할 능력이 있었지만 이는 모두 엘리트 계층과 군대를 위한 것이었다. 로마 인구의 3분의 1은 노예였다.35 명나라는 만리장성을 보수하는 데 200년을 보냈다. 무굴 제국은 타지마할을 남겼지만, 타지마할 역시 엘리트를 위한 건축물이다.36 이는 오늘날 중산층 합의가 결여되어 있는 많은 국가들의 정부가 엘리트를 위한 기념물 건축에 국가 소득을 유용하는 것과 같다. 예로 코트디부아르의 대통령은 자신의 고향인 야마수크로에 세계 최대의 성당을 건립했다.

전산업화 시대의 제국들은 권위주의 체제였으며, 엘리트 계층을 제외하면 인적 자본 축적이 거의 없었다. 그런데 엘리트 계층은 보통 인종적으로 대다수 국민들과 구별되었다. 전산업화 사회가 산업 사회보다 더 평등한 사회라는 공통된 오해가 존재한다. 이는 산업화가 진행되면서 불평등이 초기엔 악화되었다가 점차 개선된다는 유명한 쿠즈네츠 커브 가설curve hypothesis의 기초가 되었다. 그런데 전산업화 사회를 관찰해 보면 불평등은 산업화와 함께 꾸준히 감소했다는 것을 알 수 있다.37 더 일반적으로 카를 마르크스Karl Marx의 유명한 지적처럼 산업 혁명은 사회 혁명이 노예제와 봉건제의 엄격한 계급체제를 제거하고 세계 역사상 최초로 부르주아 중산층을 탄생시

---

35) 이 수치는 아우구스투스 시대 로마 또는 이탈리아의 인구를 참조한 것이다.
   http://www.ucd.ie/%7Eclassics/96/Madden96.html.
36) http://www.sscnet.ucla.edu/southasia/History/Mughals/mughals.html과 http://pasture.ecn.pur-
   due.edu/?agenhtml/agenmc/china/scengw.html.
37) Anand & Kanbur 1993; Ravallion 1997.

키면서 시작되었다. 노예제나 봉건제가 여전히 남아 있는 지역에서는 산업화가 느리게 진행되었다. 멕시코 치아파, 파키스탄 농촌 지역, 인도 바이하르 주 같은 개발도상국의 몇몇 후진 지역에는 봉건주의의 형태가 오늘날까지 잔존한다.

결론

나는 카이로에서 국가의 부와 빈곤을 연구하기 위해 개발도상국 출신 연구자들이 모인 컨퍼런스에 참석한 적이 있다. 그때 친구와 함께 카이로의 이집트 박물관을 둘러보았다. 친구와 나는 거의 5,000년 전에 세워진 피라미드의 규모에 압도당했고, 투탕카멘 왕릉에서 발굴된 3,000년 전에 만들어진 놀라운 금 세공품을 보며 감탄을 금치 못했다.

카이로는 개발 경제학자들에게 한 가지 중요한 질문을 던지고 있다. 왜 이집트는 피라미드가 건설된 이후 4,000년 동안 가난에서 벗어나지 못하고 있는 걸까? 왜 파라오가 통치하던 시절에는 산업 혁명이 일어나지 않았을까? 대략적인 분석을 해 보면 답을 알 수 있다. 바로 소득 분배이다. 파라오는 모든 것을 소유했지만 억압받던 민중들은 아무것도 가진 게 없었다. 부유층 엘리트들은 기념물을 세우는 멋진 일을 해냈지만, 그것도 민중의 노동을 이용했기 때문에 가능했다. 다른 과두정치 사회처럼, 이집트의 부유층 엘리트들은 민중을 무지하고 가난한 상태로 두는 길을 선택했다. 결국 소수에게는 번영이 수천 년 동안 지속된 셈이지만, 오늘날 카이로의 대다수 민중에게 번영은 여전히 잡기 어려운 꿈이다.

14장

결론
다시 라호르로

나는 내가 한 번도 가본 적이 없는 곳을 그리워합니다.

_미국 포크송

　나는 펀자브 지방의 공공 지출 분석을 위해 파견된 세계은행 대표단의 일원으로 파키스탄 펀자브 주의 주도州都 라호르 시에 머물고 있다. 펀자브 주정부는 중앙 정부에 수입의 4분의 3 이상을 의존하고 있는데, 중앙 정부는 GDP의 94%에 달하는 부채를 지고 있고, 핵무기나 아무도 이용하지 않는 고속도로 같은 사업에 엄청난 자금을 지출하고 있다. 그래서 중앙 정부는 지방 정부로의 자금 이전 같은 이자도 낳지 않고, 국방 지출도 아니며, 보여주기용 프로젝트도 아닌 분야에는 지출을 최대한 아끼고 있다. 세계 은행의 여러 보고서에서 읽었던 몇 가지 통계치를 제외하면 파키스탄에 대해 아무런 사전적인 경험도 없는 나는 의지할 데 없는 사람들에게 어떤 조언을 해야 하는지 그야말로 무력감을 느끼고 있다.

라호르 시는 활력이 넘치다 못해 과할 지경이다. 길은 나귀가 끄는 짐수레 행렬이 이어지고, 자전거에는 두세 명이 함께 타고 있으며, 사람들은 차도로 걷고, 오토바이와 스쿠터에는 핸들바에 매달려 있는 어린이를 포함해 2명에서 5명이 타고 있다. 자동차, 손수레, 트럭, 택시, 인력거, 엄청난 짐을 싣고 가는 트랙터, 사람들이 창문이며 문에 거의 매달리다시피 타고 있는 알록달록한 버스들이 각자 최고 속도로 정신없이 사방을 누비고 지나간다. 사람들은 구시가지의 시장으로 밀려 들어온다. 구시가지의 도로는 너무도 좁아 차가 군중 때문에 보이지 않을 지경이다. 사람들은 물건을 사고, 팔고, 먹고, 요리를 한다. 모든 거리와 도로가 가게들로 가득하고, 가게는 사람들로 가득하다. 그야말로 역동성이 넘치는 민간 경제의 광경이다.

라호르 시의 올드포트는 라호르 시의 유구한 역사를 체현하고 있다. 힌두교인, 무굴 제국, 시크교인, 영국, 파키스탄 등이 라호르 시의 역대 정복자들이다. 나는 아름다운 이슬람사원과 신도들의 감동적인 헌신을 찬미한다.

나는 라호르 시에서 결혼식에 참석한 적이 있다. '메헨디mehndi'라고 불리는 결혼식에 앞서 열리는 의식은 마치 다른 세상을 들여다보는 창문 같았다. 집의 뒤뜰에는 사방에 카펫이 깔려 있고, 신랑과 신부가 입장하는 레드카펫은 가장자리가 양초와 꽃으로 장식되어 있었다. 레드카펫 위쪽에는 밝은 등이 매달려 있어 레드카펫을 환하게 비추고 있었다. 신랑은 노란색 터번과 하얀색 로브를 입고 손님들에게 인사를 했다. 그때 신부가 입장했는데 신부의 얼굴은 천으로 덮여있고, 다른 천이 머리 위에 드리워져 있었다. 신부를 시중드는 여자들이 신부를 오렌지 꽃으로 완전히 뒤덮인 그네로 이끌었고 신랑이 신부 옆에 앉았다. 신부와 신랑의 부모들은 사위와 며느리들에게 사탕을 던졌다.

둥둥거리는 드럼소리에 맞춰 신랑과 신부의 손님들은 정열적인 춤을 추기 시작했다. 모두들 다른 사람보다 더 잘 추려고 최선을 다했고 나 역시 둔한 몸이지만 열심히 춤을 추었다.

그 순간 갑자기 전기가 끊겨 사방이 암흑에 휩싸였다. 그러나 긴급 상황을 대비해 마련해 놓은 발전기가 다시 전력을 공급했고 모든 것이 다시 시작되었다. 하객들은 넉넉히 준비된 각종 파키스탄의 전통 음식을 마음껏 즐겼다. 나는 손님들과 이야기를 했는데 그들 중 많은 사람들이 미국에서 박사학위를 받았거나 MBA 학위를 받은 사람들로 라호르 시에서 많은 돈을 벌고 있었다. 이들은 우아하고 재치가 넘치고 친절했다. 그들은 모두 세련된 영어를 사용하고, 교육 수준이 높고, 예의바른 사람들이었다. 이들을 보니 파키스탄의 문화는 아름답고 훌륭하며, 파키스탄은 창조성과 번영을 위한 엄청난 잠재력을 보유하고 있다는 것을 알 수 있었다.

라호르 시의 이탈

그러나 라호르 시, 펀자브 주, 그리고 파키스탄에는 아직 너무도 많은 것이 잘못되고 있다. 훌륭한 국민들에 끔찍한 정부라고 할 수 있을 것이다. 인구의 대다수는 문맹이며 열악한 주거 환경에서 제대로 먹지도 못하고 있다. 정부는 군부 독재 정권이건 부패한 민주주의 정부이건 국가의 번영보다는 수단과 방법을 가리지 않고 권력을 유지하는 일에 더 관심이 있다. 파키스탄 정부는 간단하고 저렴한 홍역 백신 프로그램을 보급할 수는 없지만 핵무기를 만들 수는 있다. 군부는 1947년 이후 인도가 점령하고 있는 카슈미르 지방을 수복해야한다는 끝없는 강박관념을 갖고 있다. 지역 일간신문의 헤드라인은 항상 뭔가 카슈미르에 대한 내용을 포함하고 있다. 그러나 이들은 국민을 위해 번영이라는 점령되지 않은 영토를 공격할 생각은 하지 않는다.

나는 여기서 15명으로 구성된 팀을 이끌고 펀자브 주정부의 공공 서비스를 조사하고 있다. 모두들 현장 경험이 많고, 많이 알고, 생각이 깊은 세계은행 스태프들이다. 우리는 펀자브 지방의 절망스러운 공공 서비스 수준의 원인은 부패하고, 위계적이며, 독재적인 관료주의 때문이라는 사실을 금방 알 수 있었다. 관료들은 자신의 주머니 불리기에 도움이 되지 않는 서비스를 제공하려는 유인을 거의 갖고 있지 않다. 예로 1985~1999년까지 반부패 법정은 모든 종류의 불법 행위에 대해서 단지 102건의 유죄판결을 내렸을 뿐이다. 100만 명의 부패한 지방 공무원들의 존재를 고려할 때 유죄판결이 102건에 불과하다는 것은 이상한 일이다.

파키스탄 국민을 위해 수십 년 동안 외국 원조가 제공되었는데도 펀자브 지방은 세계에서 가장 가난한 지역이다. 각종 사회 지표도 열악하기 짝이 없다. 펀자브 주민들이 겪고 있는 대부분의 건강 문제가 쉽게 예방할 수 있는 문제들이고, 원조 제공국들이 후원하는 '사회 행동 프로그램'이라는 캠페인을 통해 서비스 제공을 늘리기 위한 많은 노력이 행해지고 있지만, 펀자브 지방의 1인당 의료 지출은 1.5달러에 불과하다. 또한 전체 어린이들 중 절반만이 면역력을 갖고 있으며 임산부의 27%만이 산전 진료를 받고 있다. 결핵이 만연하여 의료당국의 통제를 벗어난 상황이며, 전체 1차 보건소의 50%에서는 1999년 4사분기 동안 두 가지 이상의 기본 의약품이 부족하다고 보고되었다.

펀자브 지방의 초등 교육 시스템도 실망스러운 수준이다. 비록 8년 동안 '사회 행동 프로그램' 하에서 교육 서비스의 질과 보급을 개선하기 위해 집중적인 노력을 기울였지만, 교육에 지출되는 총금액은 1992년 프로그램이 시작된 이래 인플레이션을 고려하면 크게 오르지 않았다. 원조금을 사용하는 지출이 증가하면 국내 지출이 줄어드는 전형적인 예이다. 성인 문맹률은 펀자브 지방에서 약 40%이며, 여성 문맹률은 27%이다. 그런데 문맹률의 정의는 현대의 삶에서 요구되는 교양 수준과는 확실히 동떨어져 있음이 분명하다. 1999년 10학년에 진학한 학생들의 41%만이 대학입학시험을 통과했다.

1997~1998년 학생 1인당 초등 교육 직접 지출은 연 27달러로 파키스탄이 빈국임을 감안해도 매우 낮은 수치이다. 학생 1인당 교육 자재 지출은 0.36달러에 불과하며 학생 1인당 교육 자재 보수유지 지출도 0.36달러이다. 초등학교와 중등학교에서는 예산의 3%만이 비非임금 비용으로 지출될 뿐이다. 높은 낙제율은 기초교육에 할당되는 자원의 약 3분의 1이 숫자계산과 읽기능력의 개발에 기여하지 못하고 있으며, 결국 낭비되고 있다는 것을 암시한다.

대다수 인구가 농업에 의존하고 있지만 농업은 노후한 공공 서비스 때문에 어려움을 겪고 있다. 펀자브 지방은 인더스강 유역에서 풍부한 물이 공급되며, 1세기 동안 세계 최대의 관개시스템을 자랑해 왔다. 그러나 지나치게 중앙화된 관개시스템 관리로 인해 일상적이고 예방적인 보수유지 작업에 많은 지출이 집행되지 않았다. 그 결과 수로의 상류에서 공급되는 물의 35%만이 하류에 도달할 뿐이다. 배수설비에 투자를 제대로 하지 않아 경작지가 침수되는 일이 잦고 경작지의 염도가 높아져 농작물 산출이 감소하고 있다. 물의 가격이 너무 낮게 유지되기 때문에 관개시스템의 보수유지 자금을 확보하기가 어렵다. 보수유지 작업에 필요한 자금과 실제 지출 사이의 차이는 30~40%에 달한다. 힘 있는 지방 유지들은 물을 확실히 확보할 수 있지만 가난한 농민들은 보통 경작지의 일부에 물을 댈 수 있을 뿐이다.

우리가 만난 정부 관료들은 진정으로 선의를 가지고 있는 것처럼 보였다. 정부가 제시한 해결책은 지방자치이다. 지방의 공공 서비스 수혜자 자신이 해당 서비스 개선에 돈을 얼마나 지출해야 하는지 결정하게 두는 것이다. 주민이 시장을 선출하면 민주적으로 선출된 시장은 지방 공공 서비스에 책임을 진다. 지방자치는 과도하게 중앙집권적이고, 수직적이며, 4,000개의 크고 작은 프로젝트를 세세한 점까지 관리해야 하는 관료제도의 개선책으로 들린다. 아마도 지방자치가 실현되면 성장 유인도 개선될 수 있을 것이다. 그러나 지방자치는 공무원 행정 서비스와 반봉건적인 토지 소유 제도의 더 근본적인 개혁 없이는 해결책이 될 수 없다. 지방자치가 실현된다 해도 교활한 공무원들은 자신들의 강력한 봉건적 지배력을 유지하는 한편 지역 참여라는 쇼를 제공할 수 있다. 봉건 영주들은 잘 연마된 농민 지배 기술을 통해 지역 정부를 장악할 수 있다. 다시 한 번 말하지만 성장을 촉진하는 올바른 유인을 창출하는 것은 극히 어려운 일이다.

나는 라호르 시 근처 쉐이쿠푸라 지역의 여자초등학교를 공식 방문한 적이 있다. 우리가 도착했을 때 아주 어린 여자아이와 남자아이가 우리 모두에게 꽃다발을 전달했다. 학교의 여학생들은 두 줄로 서서 각자 색색의 꽃이 가득한 종이접시를 들고 있다가 우리가 줄을 통과해 학생들 사이로 걸어가자 우리에게 꽃을 뿌렸다. 우리는 꽃으로 덮인 채 학교 안으로 들어갔다. 다른 아이들은 교실에서 예의바르게 앉아 있었다. 각 교실은 두 학년이 사용하고 있었는데, 교실이 부족해 1학년은 야외수업을 받고 있었다. 우리가 교실에 들어서자 반 전체가 모두 일어섰다. 아이들은 교과서도, 공책도, 연필도 없었다. 주임선생님은 학생들의 부모들이 임금을 받는 월말까지는 교과서와 공책을 살 수 없다고 말했다. 전시용 학교가 이럴진대 다른 학교들의 상황은 어떨지 분명하지 않은가?

플레이어들을 위한 유인

부자들은 가난한 사람들과 다르다. 부자들은 더 많은 돈을 보유하고 있다. 빈국을 부유하게 만들겠다는 목표를 갖고 빈국을 연구하다 보면 많은 문제에 직면하게 된다.

왜 제네바에서 빛나는 번영을 목격한 후, 비행기로 몇 시간만 가면 라호르 시의 가난한 주민들을 만날 수 있는 것일까? 어떻게 서유럽, 북아메리카, 태평양 지역에 거주하는 9억 명의 인구는 번영을 만끽하는 반면 50억의 인구는 빈국에서 가난하게 살고 있는 것일까? 왜 12억 명의 인구가 하루 1달러에도 미치지 못하는 생활비로 극단적인 빈곤을 겪고 있는 것일까?

우리는 이미 성장을 향한 탐색의 해피엔딩을 보장하는 마법의 약은 존재하지 않는다는 것을 배웠다. 번영은 발전 게임의 모든 선수가 올바른 유인을 가질 때 발생한다. 또한 번영은 정부 유인이 기술 적용, 양질의 기계 투자, 양질의 학교 교육을 촉진할 때 발생한다. 또 원조 제공자들이 원조가 낭비되는 나쁜 정책을 펴는 국가들이 아니라 높은 원조 수익이 보장되도록 좋은 정책을 실행하는 국가들에 원조를 제공하려는 유인을 가질 때 발생한다. 번영은 가난한 사람들이 좋은 기회와 유인을 가질 때 발생한다. 이를 위해 소득 행위를 저해하기보다는 보상하는 정부 복지 프로그램이 필요하다. 그리고 번영은 적대적인 이익 집단 사이에 정치 양극화가 발생하지 않을 때 미래 투자에 대한 공통된 합의가 존재할 때 발생한다. 정부가 자신의 행위에 책임을 지고, 적극적으로 의료, 교육, 법대로 적용되는 규칙 같은 공공재 투자의 책무를 다할 때 광범위하고 근본적인 발전을 기대할 수 있다.

발전 실패를 설명하면서 나는 실패한 유인이 야기한 결과를 제시했다. 민간 기업과 가계는 높은 암시장 프리미엄이나 높은 인플레이션 같은 정부 정책이 투자 유인을 떨어뜨렸기 때문에 미래에 투자를 하지 않았다. 각국의 빈민들은 미래를 위해 투자해 봤자 다른 저숙련 인구와 매치될 수밖에 없기 때문에 미래에 투자를 하지 않았다. 빈민의 소득에 보조금을 지급해야 했지만 정부는 빈민들에게 보조금을 제공하지 않았고 성장을 저해하는 정책을 선택했다. 다수의 이익 집단이 미래 소득에 대한 투자보다 기존 소득의 분배를 두고 치열한 경쟁을 벌였기 때문이다. 원조 제공자들은 비개혁주의 정부에 정치적인 이유로 원조를 제공함으로써 원조 수혜국의 개혁 유인을 약화시켰다. 당파싸움으로 분열된 정부는 빈민들에게 보조금을 제공하고, 공공 의료, 교육, 통신, 교통 서비스를 제공하려는 유인이 약하다. 문제는 이 모든 것이 삶의 질을 위해 필수적이라는 사실이다.

해결 방안을 제시하는 것은 문제를 설명하는 것보다 훨씬 더 힘들다. 가장 중요한 것은 정부, 원조나 대출 제공국 및 기관, 개인들이 성장에 대한 유인을 갖도록 하는 것이다.

첫째, 정부이다. 각국의 정부가 민간 부문 성장을 창출하려는 유인을 갖고 있는가? 아니면 민간 부문에서 뭔가를 강탈하려는 유인을 갖고 있는가? 계층별, 인종별 이익 집단이 부정 이득을 얻기 위해 부도덕한 경쟁을 벌이는 양극화되고 비민주적인 사회에서라면 당연히 후자가 맞을 것이다. 이는 노골적인 부패로 드러나지 않을 수도 있다. 예로 인플레이션율을 훨씬 밑도는 금리로 국민의 저축을 훔치고 공식 환율보다 몇 배나 높은 암시장 환율로 수출업자의 이윤을 훔치는 행위로 나타날 수 있다. 소수 이익 집단의 권리와 사적 소유권, 개인의 경제적 자유가 제도적으로 보호되는 민주주의 사회에서 정부는 민간 부문 성장을 촉진하려는 올바른 유인에 직면한다. 이 세계에서 정부는 약탈도 하지 않고 의료센터, 초등학교, 잘 관리되는 도로, 광범위한 전화 및 전기 서비스 같은 국가 인프라시설을 제공하고 빈민들을 지원할 것이다.

둘째, 원조나 대출 제공국 및 기관이다. 원조 제공 기관은 다음 연도의 원조 예산을 확보하기 위해 각국에 원조금을 제공하는 것일까? IMF와 세계은행은 모부투 같은 독재자가 다스리는 국가에 대출을 제공할 것인가, 아니면 빈민을 돕고 인프라시설을 건설하려는 믿을 수 있는 의지를 보여 주는 정부에 원조를 지원할 것인가? 만약 IMF와 세계은행 및 다른 원조 제공 기관을 그냥 내버려 둔다면 원조 제공 기관들은 대출을 결정하는 내부 관료 제도로 회귀할 것이다. 이 같은 상황에서는 각국의 빈민을 돕는 행위보다 대출 제공 행위가 더 많은 보상을 받을 것이다. 해결책은 '원조 콘테스트'를 공개적으로 여는 것이다. 이를 통해 각국 정부는 과거의 정책 성과와 믿을 수 있고 공개적으로 제시된 정책 의지를 기초로 대출을 받기 위해 경쟁할 것이다. 이 세계에서 국제 제공 기관들은 다음 연도의 원조 예산을 확보하기 위해 대출을 제공하는 것이 아니라 빈민을 도울 수 있는 국가에 대출을 제공할 것이다.

셋째, 사적 행위 주체들이다. 가계와 기업은 때로 빈약한 투자 유인을 갖는다. 나쁜 정부가 미래 투자 수익을 몰수하기 때문이다. 심지어 사회 전반적으로 성장 유인이 좋을 때도 빈민들은 빈약한 성장 유인을 갖는다. 개인의 생산성은 동료들의 생산성에 달려 있는데, 빈민의 동료들은 보통 다른 빈민들이기 때문이다. 따라서 빈민들에게 자신의 소득 증가에 따라 지원금을 제공한다면 이 같은 빈약한 유인을 개선시킬 수 있다. 이 세계에서는 부자들뿐만 아니라 빈민들도 올바른 유인에 반응하는 존재로 간주될 것이다.

나는 이 책에서 세계은행과 IMF의 몇몇 정책을 비판했다. 그럼에도 이 기관들의 필요성은 명백하다. 헌신적이고 현명한 많은 사람들이 세계은행과 IMF에서 열심히 일하고 있다. 이들은 집을 떠나 세계 곳곳에서 많은 시간을 보내고 있다. 세계은행은 세계의 빈민들을 도와주는 강력한 기관이 될 수 있고, IMF는 건전한 자본주의 경제들도 맞닥뜨릴 수 있는 단기 위기 탈출을 도와 주는 역할을 수행할 수 있다.

성장을 위한 탐색에서 다른 건 포기하더라도 빈국을 연구하는 경제학자들은 과거의 오만함을 버려야 한다. 빈국을 부유하게 만드는 문제는 우리가 생각하는 것보다 훨씬 더 어렵다. 빈국이 직면하고 있는 문제를 묘사하는 것이 빈곤 문제를 해결할 수 있는 효과적인 방법을 제시하는 것보다 훨씬 쉽다. 내가 제시한 방법들도 그 자체로는 결코 치료책이 아니다. 꾸준한 노력과 더 많은 자금이 필요하기 때문이다. 그러나 탐색 자체를 포기하는 것보다 슬픈 것은 아무것도 없다.

나는 다시 수로와 밀밭이 펼쳐진 아름다운 농촌에 있던 파키스탄의 여자초등학교를, 교과서도 없이 꽃을 뿌려대던 학생들을 떠올리며 미래는 더 나아질 것이라고 믿는다. 다음 50년 동안의 성장을 위한 탐색은 과거 50년 동안의 탐색보다 더 성공적이지 않을까? 마침내 더 많은 빈국들이 부유해질 수 있지 않을까?

옮긴이의 말

경제 성장은 경제학의 아버지라는 애덤 스미스의 '국부론' 등장 이전부터 경제학자들의 화두였다. 금의 유입을 장려하고 유출을 막아 국부를 축적하려고 했던 중상주의자들도 결국 오늘날의 언어로 말하자면 화폐의 축적을 통해 경제 성장을 도모한 셈이었으며, 농업 생산을 국부의 원천으로 본 중농학파도 마찬가지였다. 국부의 축적, 다시 말해 경제 성장이 중요했다. 어떻게 보면 국부론을 통해 국부의 성질과 원인을 분석하고자 했던 스미스 역시 결국 경제 성장의 방법을 모색한 것이라고 말할 수 있다. 이처럼 성장은 경제학자들의 영원한 주제요, 꿈이었다.

경제학은 사회과학의 한 분야로 '과학'이라고도 할 수 있지만 '사회'과학이기 때문에 '사회'를 반영한다. 19세기 후반부터 20세기 초반 대공황을 거치기까지는 불황과 호황을 거듭하는 현실경제를 반영하여, 경제학 분야 중에서도 경기변동론이 매우 중요했다. 반면에 1945년 이후 유럽이 전후 경제 재건에 성공하고, 미국과 유럽 등 이른바 제1세계가 '영광의 30년' 동안 안정적인 호황이 계속되면서, 경제학자들의 가장 큰 관심은 다시 '국부의 축적', 즉 성장으로 돌아간다. 그것도 제3세계가 제1세계로부터 독립해 '경제 성장'이라는 당면과제에 직면하고, 냉전의 맥락에서 동서 양진영이 경제 성장 대결 국면으로 돌입하면서 경제 성장론은 더욱 중요해졌다. 당시 소련의 경제 성장은 제1세계의 경제학자들이 위기감을 느끼기에 충분했으며 멀리 갈 것도 없이 우리나라의 경우를 봐도 1960~1970년대 북한의 경제 성장은 남한을 압도하고 있었다.

이제 문제는 제3세계 개발도상국들을 위한 성장모델을 제시하는 것이었다. 사실 경제 성장이론은 부국과 빈국 모두에 해당하는 이론이며 해로드-도마 모델이나 후진국의 선진국 '캐치업catch-up' 가능성을 암시하고 있는 솔로 성장모델이다. 모델 자체는 선진국 중심으로 구축되었지만 개발 경제학과 결합되면서, 국가 일반보다는 특히 빈국의 성장해법을 모색하는 방향으로 나아간 것이다.

윌리엄 이스터리는 《성장, 그 새빨간 거짓말》에서 경제학자들이 제시한 여러 가지 성장해법을 소개하고 분석하고 비판하고 있다. 책을 관통하는 테마인 '사람들은 유인에 반응한다.'는 원칙을 기준으로 날카로우면서도 유머러스한 문체로 무엇이 문제였는지, 왜 기존의 성장이론들이 해법을 제시할 수 없었는지 설명한다. 이 책은 오늘날 성장보다는 물가안정을 중시하고, 경제에서도 금융이 엄청난 비중을 차지하면서 다소 외면 받고 있는 듯한 성장이론에 대한 주의를 환기하고 있다. 사실 이는 너무도 자명하다. 아직도 지구상에는 너무도 많은 사람들이 가난으로 고통 받고 있으며 너무도 많은 국가들이 저발전 상태로 남아있다. 이런 상황에서 경제학의 화두였던 '국부의 축적'을 고민하지 않는다면 무엇을 고민해야 할 것인가?

찾아보기

성장, 그 새빨간 거짓말

경제개발 정책을 위한 개발 경제학자들의 모험과 불운

초판 1쇄 발행일 · 2008년 1월 25일
초판 2쇄 발행일 · 2008년 1월 30일

지은이 · 윌리엄 이스터리
옮긴이 · 박수현
펴낸이 · 양미자

편집 · 추미영 · 한지은 · 정안나
경영 기획 · 하보해
본문 디자인 · 이춘희

펴낸곳 · 도서출판 **모티브북**
등록번호 · 제 313-2004-00084호
주소 · 서울시 마포구 동교동 203-30 2층
전화 · 02-3141-6921, 6924 / 팩스 · 02-3141-5822
e-mail · motivebook@naver.com

ISBN 978-89-91195-21-9 03300